RDI
蓝迪国际

新质生产力的企业动能

蓝迪平台企业发展报告

2023

THE ENTERPRISE DYNAMIC OF NEW QUALITY PRODUCTIVE FORCES
DEVELOPMENT REPORT OF RDI PLATFORM ENTERPRISES 2023

荣誉主编　黄奇帆
主　　编　赵白鸽　马　融
副 主 编　吕红兵　杨　剑　陈　璐

中国经济出版社
CHINA ECONOMIC PUBLISHING HOUSE
·北 京·

图书在版编目（CIP）数据

新质生产力的企业动能：蓝迪平台企业发展报告．2023／赵白鸽，马融主编．-- 北京：中国经济出版社，2024．11．-- ISBN 978-7-5136-7971-8

Ⅰ．F492.6

中国国家版本馆 CIP 数据核字第 20248Z5V01 号

责任编辑　姜　莉
责任印制　马小宾
封面设计　任燕飞设计工作室

出版发行　中国经济出版社
印 刷 者　北京富泰印刷有限责任公司
经 销 者　各地新华书店
开　　本　710mm×1000mm　1/16
印　　张　22
字　　数　370 千字
版　　次　2024 年 11 月第 1 版
印　　次　2024 年 11 月第 1 次
定　　价　99.00 元
广告经营许可证　京西工商广字第 8179 号

中国经济出版社　**网址** http://epc.sinopec.com/epc/　**社址** 北京市东城区安定门外大街 58 号　**邮编** 100011
本版图书如存在印装质量问题，请与本社销售中心联系调换（联系电话：010-57512564）

编 委 会

序　言

2023年终将被历史铭记。

这一年，全球经历着产业重构与地缘政治重构带来的深刻调整。俄乌冲突及其引发的全面制裁与反制裁正在颠覆经济全球化的底层逻辑；能源与粮食危机推升全球物价，消费投资信心低迷，股市、汇市波动加剧。疫情余波导致全球经济复苏疲软、供应链断裂，美国试图通过《芯片法案》重塑半导体产业链。气候变化导致极端天气频发，生态环境承受重压。不稳定与不确定性交织，人类发展面临严峻挑战，现代化进程再次来到历史的十字路口。

尽管世界动荡不安，中国前进的步伐却坚如磐石。2023年，中国以坚定的决心和强大的行动力，在危机中探寻破局之路。

正是这一年，数字经济、绿色经济等新兴产业快速崛起，成为推动中国经济增长的新引擎。华为突破芯片封锁，实现国产自研替代。有数据显示，中国新能源汽车以949.5万辆的销售佳绩实现弯道超车，占全球销量的64.8%。中国航天共实施67次发射任务，发射载荷质量达155吨，研制发射221个航天器[①]。全球经济复苏乏力，我们却毅然完成了"天宫"空间站的建设，或使中国成为世界上唯一拥有在轨运行空间站的国家。"科技兴国"并不是一句口号，中国人民用实际行动向世界交出了一份斐然的成绩单。风云万变的2023年，中国GDP总量超过126万亿元（约合18万亿美元），对全球经济增长的贡献率超过30%，充分显示了中国经济的强大韧性和潜力，更体现了大国的责任与担当。

站在全球高度，2023年无疑是新旧秩序更迭的关键节点，旧有的国际经济体系和政治体系正经历解构与重组，而新的秩序也在悄然孕育并崭露头角。

在变革之中，新的经济形态如雨后春笋般涌现。国家间默契的易货贸易、

---

① 《中国新能源汽车行业发展白皮书（2024年）》，EVTank、伊维经济研究院联合中国电池产业研究院发布，https：//www.battery100.org/report/011G3P52024.html；央视新闻：https：//mp.weixin.qq.com/s/dIexHqEVwluC6udLpv1buA。

点对点的双边贸易及货币互换协定、能源经济体将能源实质化作货币本位，一系列创新举措，如同破晓前的曙光，刺破了束缚全球的影子网络。与此同时，数字统治的力量也在悄然崛起。数字信用作为数字统治的核心，正以前所未有的速度发展，其影响力已经渗透到社会的各个角落。它隐藏在纷繁复杂的科技花丛之下，对传统的信用基石发起了猛烈的冲击。随着数字信用的全球认同逐渐形成，一场深刻的经济社会变革正在悄然展开，引领我们进入一个全新的时代。

面对着全球的复杂局势，各国围绕科技制高点、数字渗透、信用霸权和碳排放权进行竞争。在此时刻，中国提出的发展新质生产力，正是破局的题眼。“新质”一词强调生产力需要从“质”上进化，有别于过去几十年在“形”上的花样翻新。

世界话语权的构建已非附属之选，而是关乎中国全球竞争力的核心要素。中国正集中力量攻坚可重塑全球格局的战略级科研课题，并推动这些原生科技产业化，确保价值链闭环自主。面对当前全球割裂对抗的态势，中国不再局限于过去的全球化分工角色，而是自主构建主链，同时开放各环节与全球伙伴协同发展，打造能辐射全球的经济神经网络。科技是赢得数字渗透战的关键，而数字渗透的深入是构建信用霸权的基石。此外，中国正加速推进全面低碳化进程，通过碳排放的约束推动社会经济实现“质”的飞跃。在新旧交替之际，我们也将见证碳霸权世界的崛起，催生出庞大的碳控和碳交易经济体。碳权作为新兴“稀缺”资源，其潜在霸权属性不容忽视，因此提前布局至关重要，以抢占未来先机。

作为国家新型应用智库典范，蓝迪国际智库聚焦新质生产力的发展与应用。此外，蓝迪国际智库在积极推进“一带一路”建设和“金砖国家”国际交流合作等方面作出了积极努力，被授予金砖国家智库合作中方理事长单位，这份荣誉承载着沉甸甸的责任，更将成为激励我们奋勇前行的动力。

中国正蓄势待发，迎接新秩序的曙光。在这个充满变革的时代，“新质”成为引领未来 10 年的核心关键词。我们每个公民、每个企业都将在不久的将来深刻感受到“质”的日新月异与蓬勃繁荣。蓝迪国际智库将持续为先行者提供深入的分析与预判，揭示隐藏在迷雾中的机遇，携手共创新文明的新奇迹。

十二届全国人大财经委员会副主任委员
重庆市原市长
蓝迪国际智库专家委员会联合主席
黄奇帆

2024 年 3 月

目　录

第一章　全球经济变局中的“危”与“机”

在这个充满变数的时代，我们不得不正视当前国际形势的严峻性和复杂性。时代主题由“和平与发展”向“安全与发展”转换，世界经济格局正经历前所未有的深刻调整。值此百年未有之大变局，我们正处于一个挑战与机遇并存的时代交汇点。

随着新兴市场国家的崛起和发达国家实力的相对下降，国际政治舞台上的力量对比正在悄然发生变化。各国为了寻求更加稳定、高效和可持续的发展路径，减少对单一市场的依赖，提高供应链的韧性和安全性，都在积极寻找对策。伴随逆全球化潮流、单边主义、保护主义抬头，供应链也在全球范围内悄然重构。新兴产业的崛起和供应链的调整会改变国家间的经济联系和依赖关系，从而影响国际政治格局的发展。

放眼全球，亚太地区作为全球经济最具活力的区域，正引领经济复苏的步伐。亚太经济合作组织（APEC）等区域合作机制的深化，为亚太地区的经济发展注入了新的动力。欧洲虽深陷经济严冬，但中欧关系的逐步趋稳，为双方合作带来了新的机遇。拉美地区在经历多重挑战后，正积极探索新的发展道路，力求在变革中寻找新的增长点。

在国内，我们正处于新旧动能转换的关键时期，经济发展的周期性与结构性矛盾交织，总需求不足成为制约增长的“瓶颈”，人口负增长更是对传统发展模式提出了严峻考验。然而，中国经济能够在世界经济极大不确定、不清晰、不稳定的国际环境中继续稳重前行，不仅是因为中国经济具有极大的韧性和潜力，更重要的是其把握住了世界经济和中国经济发展的大方向和大趋势。

面对百年未有之大变局，中国需充分发挥“一带一路”倡议的优势，破除外部设置的种种陷阱，精心布局共同发展的大棋局。同时，加快发展新质生产力，构建适应新时代要求的生产关系，以更加开放的姿态融入全球经济体系，为世界经济增长贡献中国力量。

正所谓不破不立，当前全球正经历产业重构与地缘政治重构的大洗牌。一切都在被打破，一切也都在被重建。这正是时代给予新型全球化全新的发展机遇！

一、踏上新征程，中国应如何以经济高质量发展推进中国式现代化

黄奇帆[①]

随着 2023 年的到来，中国经济的巨轮迎来了新的激流险滩。国际环境错综复杂，全球经济复苏步履维艰，逆全球化潮流暗流涌动，单边主义与保护主义风头正劲，全球性问题层出不穷，这使得我国发展所面临的外部环境更加错综复杂。国内形势亦不容乐观，周期性与结构性矛盾相互交织，总需求不足的矛盾日益凸显，企业困境与风险隐患并存，生产性服务业和服务贸易发展不足，实现经济社会发展的既定目标面临更大挑战。与以往常规、周期性的复苏不同，疫情后时代的经济复苏之路注定波折且漫长。正因如此，我们更需坚定信念，稳步前行，坚定不移深化改革开放，坚定不移推动高质量发展，持续释放改革的红利、市场的红利、人才和创新红利与开放红利以应对重重挑战。迈入新征程，我们应以经济高质量发展推进中国式现代化，为我国实现社会主义现代化建设目标创造条件。

（一）当下中国经济发展的短板

当前，我国所处的发展阶段、国际投资与外贸环境均发生变化。对外，供应链循环受阻、全球需求不振等因素使得外贸环境充满不确定性。对内，房地产结构性调整、发展速度变缓、人口老龄化三大矛盾使得全国经济下行。

步入对外开放的新阶段，中国经济发展还存在一些短板，这些短板既是差距所在，也是潜力所在、破局之关键所在。目前，中国经济发展的短板主

---

① 黄奇帆，十二届全国人大财经委员会副主任委员，重庆市原市长，蓝迪国际智库专家委员会联合主席。本文是蓝迪国际智库对黄奇帆公开讲话和发表文章的综述，包括 2023 年 4 月“读懂中国·湾区对话”专题论坛上发表的题为《中国高质量发展的战略选择》致辞；2023 年 5 月清华五道口首席经济学家论坛上发表的演讲；2023 年 12 月“读懂中国”国际会议（广州）发表的主旨演讲；2024 年 1 月第二十五届北大光华新年论坛发表的题为《围绕新制造、新服务、新业态推动新质生产力发展》演讲；《以经济高质量发展推进中国式现代化》，载《探路：中国式现代化现代金融建设方略》中信出版社 2024 年版，第 3~43 页。

要表现为中国现代化产业体系中与制造业强相关的生产性服务业发展不到位，并引起服务贸易发展不足。具体表现为以下两个方面：

一是中国经济结构中生产性服务业的比重较低。2022 年国内生产总值（GDP）当中制造业增加值占 27.7%，服务业增加值是 52.8%，在服务业中，中国的生活性服务业占比在 2/3 以上，生产性服务业占比不到 1/3。相比之下，欧美国家的生产性服务业比重普遍为 40%～50%，而中国的比重明显偏低，相差一半以上。

二是中国服务贸易仍有较大发展空间。主要表现为以下三个方面：第一，我国的服务贸易逆差大。2022 年，全世界服务贸易逆差总额约 1 万亿美元，其中我国的逆差占全世界逆差的 5%。第二，我国服务贸易结构比重落后。我国服务贸易仅占我国进出口总额的 12%，远低于全球服务贸易占比（30%），我国货物贸易大于服务贸易，生产性服务业附加值有很大增长空间，GDP 增长还有余地。第三，我国传统服务贸易高于知识密集型服务贸易。以生活性服务业为代表的劳动密集型服务业，服务价值相对较低。目前，我国服务贸易进口主要是以生产性服务业为代表的知识密集、技术密集、资本密集、附加值利润比较高的服务业，其中 80%～90%是由外国企业完成后输出给中国。因此，我国服务贸易出现了逆差大、比重低，结构比较落后的情况。

（二）中国经济的优势和发展新变化

党的十八大以来，以习近平同志为核心的党中央面对纷繁复杂的国际国内形势、立足我国国情和发展阶段，先后提出了深化供给侧结构性改革、建设全国统一大市场、加快构建新发展格局等重大宏观经济治理体系，成功驾驭中国经济驶过了一个个激流险滩，经受住了“三期叠加”带来的增速下行、美西方对华持续打压遏制、长达 3 年的世纪疫情冲击等内外部重大考验。迈入中国式现代化新征程，中国经济高质量发展未来可期，这要求我们既要认识到中国经济的优势，也要关注中国经济发展的新变化。

首先，我们要意识到中国经济有四大优势，有巨大的改革空间和发展潜力，未来仍是世界经济增长的主引擎。2023 年 11 月 16 日，习近平主席在 APEC 工商领导人峰会上的书面演讲指出，中国具有社会主义市场经济的体制优势、超大规模市场的需求优势、产业体系配套完整的供给优势、大量高素质劳动者和企业家的人才优势，经济发展具备强劲的内生动力、韧性、潜力。这四大优势是我们化解当前各种风险隐患、迎难而上推动中国经济高质量发展的基本盘。发挥好这四大优势，需要我们做到党的二十大报告所要求的“五个坚持”，即坚持和加强党的领导、坚持中国特色社会主义道路、坚持以人民为中心的发展思想、坚持深化改革开放和坚持发扬斗争精神。其中，坚持深化改革开放是我们推进经济高质量发展的不二法宝。

其次，我们要关注中国经济发展的新变化。近年来，我国经济运行出现三大积极变化：

一是我国出口结构明显改善。近十几年，制造业转型升级和贸易高质量发展的推进使中国在全球产业分工中的地位不断上升，出口向高端、高附加值方向转变的趋势明显。相较于 20 年前，劳动密集型产品在出口中的占比已大幅下降，高新技术产品出口额占比则显著增长。现在，高新技术产品和机电产品出口占总额的比重已超 90%，新能源汽车、锂电池和光伏产品等“新三样”正在塑造中国外贸新格局。面临美国贸易战和“脱钩断链”等挑战，部分低技术含量、低附加值的产业已转移至东南亚国家，实际上，这为中国企业“走出去”、开展全球布局提供了契机，能够更充分地利用国际、国内两个大市场进行资源配置。展望未来，中国出口结构和国际贸易条件还将会有新的、更高的质量效益的提升。

二是引进外资规模逐年增长，中国已成为全球资源要素的“引力场”。过去几十年间，中国引进外资规模不断攀升，即使在面临疫情和经济下行压力的时期，实际到账外资仍创下历史新高。这一现象背后的逻辑在于中国已经形成超大规模统一大市场，这个大市场拥有庞大的 GDP 总量、人口规模和中等收入群体，为外商提供了巨大的商机。此外，中国语言文字统一、法律政令统一、营商环境优良，这些因素都有效摊薄了制造业的采购、研发、销售、物流、固定资产投资甚至人力等成本，形成了大市场吸引的“销地产”和综合制造低成本的“产地销”两种外商进入中国的模式或原因，吸引了大量外商进入中国市场。因此，尽管面临一些外部压力，但中国仍以其强大的“引力场”吸引着全球的资源要素，外资规模不断攀升，为中国经济发展注入了新的动力。

三是新发展格局初步形成，以国内大循环牵引带动国内国际双循环的态势越发显著。中国的新发展格局已初步形成，以国内大循环为主导，同时牵引国内国际双循环的态势越发明显。在过去的 30 多年里，中国以外循环为主推动经济增长，但自 2009 年全球金融危机后，特别是党的十八大以来，中国通过深化供给侧结构性改革，逐步将进出口贸易占 GDP 的比重从 2006 年的

64%平稳调整至2016年的32%，为应对美国对华贸易战做好了充分准备。这一战略调整不仅显示了中国经济的韧性，也凸显了以内循环为主的双循环战略的成效。假如2016年中国外贸依存度仍然较高，那么面对美国的贸易战，中国经济可能会受到更大的冲击。然而，得益于内循环的加强，中国成功抵御了外部风险。2022年，中国的外贸依存度保持在33%左右，证明了双循环战略的成功。总体来说，党的十八大以来，中国提出了一系列宏观经济治理体系，成功引领中国经济渡过多个难关。展望未来，中国经济高质量发展的前景充满希望，迈入中国式现代化新征程指日可待。

（三）新质生产力赋能中国式现代化，短板亦是未来巨大的增长极

中国当前现代化产业体系的薄弱环节源于生产性服务业发展滞后导致的国际化水平不高，具体表现为服务贸易发展不充分。同时，我们也要看到，我们国家在制造业板块、服务业板块、新业态板块都有巨大的潜力，现在的短板就是未来巨大的增长极，可通过培育新质生产力推动中国经济克服短板，赋能中国式现代化，成就未来发展新的增长极。

“新”首先是新制造。新制造涵盖新能源、新材料、新医药、新制造装备和新信息技术五大领域，强调颠覆性的科技创新。颠覆性科技创新需要至少满足五个新标准中的一个：一是新的科学发现；二是新的制造技术；三是新的生产工具；四是新的生产要素；五是新的产品和用途。当前，我们应重点发展战略性新兴产业和培育未来产业，如新一代信息技术、生物技术、新能源、新材料、高端装备、新能源汽车、绿色环保以及航空航天、海洋装备等，并加速前沿科技和产业变革，如类脑智能、量子信息、基因技术、未来网络、深海空天开发、氢能与储能等。全球在这些领域的快速进展预示着颠覆性产品和科技将深刻改变人们的生产生活方式，推动生产可能性曲线实现新的拓展和跃迁。

“新”还体现为新服务。新服务主要指的是在全球产业链和供应链中具有关键控制作用的生产性服务业。这种新服务作为生产力的重要组成部分，随着社会分工的深化显得越发重要。当前，服务业在全球经济中呈现出三大特征：一是在各种高端装备中，服务业的价值往往占高端装备或终端50%～60%的附加值；二是世界服务贸易占全球贸易比重越来越大，目前服务贸易与货物贸易相比，货物贸易比重在收缩，服务贸易比重在扩张；三是在世界各国尤其是发达国家GDP总量中，生产性服务业比重越来越大。然而，与这些国

际趋势相比，中国的生产性服务业发展相对滞后，占 GDP 的比重远低于欧美国家。为了实现中国式现代化和高质量的制造，我们必须加快发展与制造业紧密相关、高附加值的生产性服务业。此外，我国服务贸易存在结构比例与世界不同步的问题。根据联合国贸易和发展会议的数据，2019 年，全球服务贸易占全球贸易总额的25%左右；2023 年，我国服务贸易在货物贸易和服务贸易总额中的比重为 13.6%。2023 年，我国服务贸易出口 2.69 万亿元，其中知识密集型服务出口 1.54 万亿元，生产性服务业占比有所上升①。因此，培育新质生产力意味着要显著提升生产性服务业在 GDP 中的比重，并增加服务贸易的比重，要使我国服务业的 50%是生产性服务业，在整个 GDP 板块中生产性服务业的比重应力争达到 30%，以提高我国在全球产业链、供应链中的地位。这将是我国经济高质量发展的重要方向和新动力。

新业态也是重要的新质生产力。新业态的培育以推动产业变革为核心，这要求产业组织的深刻调整。其中有两个关键推力：第一个关键推力是全球化。新业态的形成要与全球潮流连在一起，形成国内国际双循环相互促进的新格局，要坚定不移推进制度型开放，促进形成新发展格局。培育新业态、新模式需要内外贸一体化，换言之，市场体制必须从规则、规制、标准、管理等方面进行改革，形成内外循环一体化、市场化、法治化、国际化的营商环境。第二个关键推力是数字化。数字化形成的产业互联网不仅是国内产业互联网，还包括国际国内产业互联网，尤其是通过互联网平台实现全产业链贯通与全球化配送的产业互联网。产业互联网平台上集聚了众多提供生产性服务业、制造业和原材料供应的企业。通过数字系统实现全面贯通，以客户为中心的全产业链紧密协作的产业集群将形成并带动销售、金融结算与各类服务，进而成为金融中心、贸易中心、服务中心。掌控未来产业互联网平台者也将掌握“三中心”的制高点。

总体来说，以战略性新兴产业和未来产业为代表的新制造、以高附加值生产性服务业为代表的新服务，以及以全球化和数字化为代表的新业态形成的聚合体就是新质生产力，利用好新质生产力，现在的短板就是未来巨大的

① 经济日报：http：//finance.people.com.cn/n1/2019/1225/c1004-31522716.html；世界贸易组织（WTO）发布 2023 年全球货物贸易数据：中国进出口 5.94 万亿美元；中国服务贸易协会专家委员会：https：//mp.weixin.qq.com/s/SCayiioCBYsou2LsZY8LeA；中国服务贸易协会专家委员会：https：//mp.weixin.qq.com/s/c2po0-sXUTdwFlT-fLSpDg；商务部微新闻：https：//mp.weixin.qq.com/s/kTFsBWRf6B9oIriClasq8w；上海证券报：https：//www.sohu.com/a/755662298_ 120988576。

增长极。

（四）展望未来，中国经济企稳向好未来可期

中国经济未来前景光明，目前的困难也是暂时的。我们需要看到中国经济增长将有四个方面的红利有待释放。

一是供给侧结构性改革红利。我国应把供给侧结构性改革与扩大内需战略相结合，释放改革红利。中高收入群体对中高端产品和服务有巨大需求，但供给抑制政策限制了供给能力，导致有效需求得不到释放。要通过扩大中高收入人群消费，带动就业和增加收入，推动经济循环进入供需适配新水平。例如，汽车消费受限行、限牌等措施抑制，理顺这些可刺激消费。类似行业还有改善性住房、高品质医疗教育等，应通过深化供给侧结构性改革释放有效需求，推动经济高质量发展。

二是中国大市场的规模经济效应红利。这一红利源自中国庞大的人口规模、统一的法律、税务、商业规则和语言文化，以及全要素全门类全产业链的工业基础。这三者结合产生了显著的规模经济效应，使得在中国市场的制造业能够大幅降低各项成本，从而以价格优势在国际竞争中胜出。这种规模经济效应既是中国现代化进程中自然产生的新红利，也是中国稳定外贸外资基本盘的底气所在。

三是人才创新红利和资本市场红利。从需求端看，中国已成为全球最大网络零售市场，即将成为全球最大的消费市场，而且这个市场在不断升级换代，这将为本土创新提供最为肥沃的土壤。从供给端看，中国有规模庞大的工程师等人才队伍，有随时可以对各种创意创新创造进行产业化的市场主体群，这也是中国创新越发有底气、有后劲儿的重要源泉。此外，资本市场在国民经济发展中的支撑作用也日益凸显。深化资本市场基础制度改革，以资本市场的改革贯通创新全链条，将科技—金融—产业的高水平闭环打通，是构建新发展格局的关键所在。具体来说，需要健全退市制度以实现资本市场行稳致远，并推动长期资金入市以提供充足的资金支持。这些措施将有助于改善投资者结构、推动资本市场进入良性增长轨道，并贯通普通职工参与资本市场、获取财产性收入的渠道。

四是创新对外开放红利。《区域全面经济伙伴关系协定》（RCEP）的签署带来新开放红利，这一举措将带动货物贸易规则发展，促进服务贸易准入门槛降低，深入应用原产地累积规则，有利于高质量“引进来”和“走出

去”，加快形成具有国际竞争力的产业链集群，推动“一带一路”建设。RCEP的实施将显著提升东亚区域经济一体化水平，促进区域内产业链、供应链和价值链的融合，对东亚乃至全球的经济复苏具有重大意义。此外，应进一步促进《全面与进步跨太平洋伙伴关系协定》（CPTPP）与RCEP的高质量对接。CPTPP作为亚太地区的重要自贸协定，其高标准的市场准入、知识产权保护、环境保护等规则，将为我国带来更为广阔的市场空间和更加公平的竞争环境。

只要我们坚定不移深化改革开放，坚定不移推动高质量发展，持续释放改革的红利、市场的红利、人才和创新红利与开放红利，必将使中国经济增速保持在5%以上。

（五）迈入新征程，如何从经济层面推动实现中国式现代化

党的二十大明确指出，中国共产党的中心任务是团结带领全国各族人民全面建成社会主义现代化强国、实现第二个百年奋斗目标，以中国式现代化全面推进中华民族伟大复兴。其中，深刻阐述了中国式现代化的五大特征：人口规模巨大、全体人民共同富裕、物质文明和精神文明相协调、人与自然和谐共生、走和平发展道路。面对新征程中的未知挑战，特别是在一个发展中经济体如我国这样人口众多、经济庞大且区域差异显著的大国建成社会主义现代化国家，任务艰巨。因此，高质量发展成为实现中国式现代化的首要任务。迈入新征程，从经济层面推动实现中国式现代化的路径有以下五个方面。

1. 全面深化改革，构建高水平社会主义市场经济体制

构建高水平社会主义市场经济体制，核心就是要处理好两类问题：政府与市场的关系、国有与民营的关系，进而放大中国作为超大规模单一市场的优势和红利。

第一，处理好政府与市场的关系。笔者认为，着重体现在党的二十大报告中的两句话上，即“构建全国统一大市场，深化要素市场化改革，建设高标准市场体系”“完善产权保护、市场准入、公平竞争、社会信用等市场经济基础制度”。要通过这些市场基础制度的完善，在更高起点、更高层次、更高目标上推进经济体制改革及其他各方面体制改革，加快营造稳定、公平、透明、可预期的营商环境，进一步降低市场交易成本，进而持续推动国内市场高效畅通和规模拓展。当然，社会主义市场经济条件下，政府不是自由放任的市场经济中的“守夜人”，更好发挥政府作用就是要在维护市场、弥补市

场、发展市场方面有所作为，以有为政府促进形成高效市场。

第二，处理好国有与民营的关系。处理国有与民营的关系是我国经济发展的重要方面。党的二十大报告强调，巩固和发展公有制经济，同时鼓励、支持和引导非公有制经济。改革以来，我国大致形成了政府、非公主体、公有制主体，这三类经济主体经济贡献的占比格局为 15∶60∶25。这种经济格局有助于保持经济活力、涵养就业、促进创新等。为了稳定民营企业家的信心，应落实好习近平总书记在民营企业座谈会上提出的六条要求：一要切实减轻企业税费负担；二要采取措施解决民营企业融资难、融资贵的问题；三要营造公平竞争环境，特别是鼓励民营企业参与国有企业改革；四要完善政策执行方式，将“加强产权保护”落到实处；五要构建“亲”“清”新型政商关系；六要保护企业家人身和财产安全。同时，推动国有经济布局优化和结构调整，做强、做优、做大国有资本投资、运营公司，发展混合所有制经济。在绿色革命背景下，我国清洁能源产业将蓬勃发展，应依托国有资本运营公司主动培育潜在独角兽企业，分享产业发展红利。

这两件事做好了，中国经济将在劳动力红利之后迎来一个新的红利，也就是我们的超大规模单一市场所产生的红利——市场红利。

2. 坚持实体经济为重心，加快建设现代化产业体系

制造业是工业的躯干、经济的基础、民生的保障，制造业的高质量发展是我国构建现代化产业体系的关键一环。与发达国家相比，中国制造业发展存在两个突出问题：一方面，自 2011 年以来，中国制造业增加值占 GDP 的比重持续下降，从 2006 年的峰值（32.5%）降至 2020 年的 26.3%；另一方面，中国制造业在品种和质量上与国际水平存在显著差距，如高端高质产品匮乏、同质化竞争激烈、细分市场开发不足、关键技术受制于人以及缺乏国际高端品牌等。

《中华人民共和国国民经济和社会发展第十四个五年规划和 2035 年远景目标纲要》明确提出，深入实施制造强国战略，保持制造业比重基本稳定，推动制造业高质量发展。现代化产业体系除了要“稳定”制造业增加值在 GDP 中的比重，还要积极“进取”。未来，要在以下五个方面努力实现新进展、新突破。

一是以产业链招商打造产业链集群。要从过去招商引资就项目论项目的“点招商”模式向“产业链招商”模式转变，打造空间上高度集聚、上下游紧密协同、供应链集约高效、规模达万亿级的战略性新兴产业链集群，努力

推动形成三种集群：第一种是制造业上中下游集群，以汽车产业为例，通过实现70%~80%的本地化生产，将原材料、零部件产业和各种模组紧密结合；第二种是同类产品、同类企业的集群，让多个龙头企业在同一区域落地，共享上游原材料和零部件配套产业，形成集群效应；第三种是生产性服务业和制造业的集群，通过研发、设计、科技成果转化服务等生产性服务业的配套，延伸创新链条，与制造业相互促进，共同发展。

二是进一步扩大开放，加快补链、扩链、强链。要聚焦于战略性新兴产业。通过吸引优势外资进入相对薄弱的生产性服务业领域，如物流、保险、工业设计、金融科技、数字经济等，以弥补我国供应链的短板，实现更高层次的水平分工与垂直整合。同时，利用现有贸易关系导入产业链上下游优势企业，形成高度集成的产业链新布局。此外，推动现有优势企业向价值链高端延伸，提升我国企业在全球价值链中的地位。这样的产业链集群不仅有助于防范和应对类似新冠疫情这种因天灾导致的全球“断链”风险，而且因其形成的巨大市场份额能有效降低未来在关键领域被人“卡脖子”的风险。

三是培育并形成一批既能组织上中下游产业链水平分工，又能实现垂直整合的制造业龙头企业，这些企业将在推动产业链、供应链、价值链（“三链”）发展和融合中扮演引领者的角色。中国制造业已经形成了强大的复杂产品组装能力，这是由众多企业组成的产业链上的“龙头”支撑的。虽然与掌握着“三链”的跨国公司相比，我们在中间环节的增加值还有待提高，但几十年来的改革开放已经让许多内资企业培养出了大规模制造和管理的能力，这为我们培育具备上中下游产业链水平分工和垂直整合能力的制造业龙头企业奠定了坚实基础。

四是培育中国自己的生态主导型“链主”企业。微软公司、谷歌公司、苹果公司是生态主导型企业的典型例子。以苹果公司为例，它已经是一个“无部件制造商”，是一个以知识产权为基础组织全球价值链的、特殊的商业组织。当前，中国部分领域已有此类企业，如华为，我们要倍加珍惜。第一，用中国大市场为这类企业推广应用、迭代技术提供强有力的支持；第二，鼓励这类企业树立全球视野，根植全球化基因，通过搭建国际交流、项目合作和市场开拓平台，帮助这类企业在全球进行知识产权、行业标准的布局；第三，强化知识产权保护。生态主导型“链主”企业的共同特征是在底层技术上形成自主的知识产权。支持此类企业发展壮大，强化其知识产权保护就是从根本上对其竞争力形成有效保护，这方面尚需持续加强。

五是谋划和布局一批符合未来产业变革方向的整机产品。这是新一轮产业变革的制高点。产业链集群化真正的主战场在于一些世界性的、具有万亿美元级别的耐用消费品。今后二三十年，能够形成万亿美元级别市场的“五大件”大体包括以下五种：第一，无人驾驶的新能源汽车；第二，家用机器人；第三，头戴式的增强现实/虚拟现实（AR/VR）眼镜或头盔；第四，柔性显示；第五，三维（3D）打印设备。要积极进行前瞻性布局，主动出击，围绕“五大件”等重点产业形成一批具有全球竞争力的产业链集群。此外，大健康产业的未来发展势头也很强劲，不容忽视。

3. 立足我国国情，推动乡村振兴促进区域协调发展

中国的乡村振兴与区域协调发展面临“胡焕庸线”的基本约束，这要求我们立足国情，通过社会、经济、技术手段对其进行破解制约。推动乡村振兴促进区域协调发展可抓住两个重点：

一是以工业的思维、互联网的思维经营农业，形成从“田园”到“餐桌”的高水平产业链、供应链。要发展农业深加工业、涉农服务业。一些地方已将发展“一村一品”等特色农业与冷链物流、直播电商结合起来，探索出了根在农业农村、触角延至全国各地的成功模式，这就是以工业的思维、互联网的思维经营农业。

二是增加农民的财产性收入。盘活农村“三块地”，即农村土地、集体经营性建设用地、宅基地，实现土地资源依法有序流转，为增加农民财产性收入创造条件，农民和农村因“三块地”带来的财产性收入会逐步增加，城乡差距也会因此得到较大改善。对于西部大开发，关键是发挥西部资源禀赋优势，如发展滴灌农业和光伏发电产业，这需要大资本、大企业集团、高科技、国内外大市场和配套大系统的支持。通过这些措施，有望缩小东西部差距，实现共同富裕。

4. 坚持全球视野，做强城市群、都市圈这个新动力源

党的二十大报告提出了“以城市群、都市圈为依托构建大中小城市协调发展格局”的目标，旨在推动高质量城市群、都市圈的形成，并发挥其辐射带动效应，促进大中小城市的协调发展。

近年来，我国城镇化进程不断加速，常住人口城镇化率在2021年末已达64.7%，形成了全球最大的城市体系。各类城市逐渐由“各管各”的发展阶段迈向都市圈和城市群发展阶段。特别是京津冀、长三角、珠三角、长江中

游、成渝等地区，已经开启了大都市圈、城市群的发展征程。其中以京津冀、长三角、粤港澳等为主的城市群经济总量占全国经济总量的比例超过 40%，是我国经济增长的压舱石、动力源。2013 年，我国提出了“一带一路”伟大倡议，亚欧大陆的整体格局悄然发生变化。特别是中欧班列的开通和运行，将几乎中断的亚欧大陆桥变成了沿线国家间“政策沟通、设施联通、贸易畅通、资金融通、民心相通”的陆上丝绸之路。

在这样的大格局下，我们可以看到，国际经济版图也将发生新的变化。事实上，与海洋贸易相比，这种基于跨国班列的陆路贸易有四重经济价值：一是压缩了贸易环节，进而推动贸易分销体系形成新的变革；二是以比空运省钱、比海运省时的独特优势丰富了国际运输服务供给；三是沿路推行“三互”大通关和多式联运“一票制”，将推动形成陆路贸易规则和标准体系；四是既给铁路枢纽城市带来了枢纽经济，也给沿线带来了通道经济，从而更能适应各类贸易业态的创新发展。在跨国班列的带动下，处于“世界岛”中间的中国中西部地区也由过去的开放末梢一跃成为开放前沿。依托这些内陆城市建设的国际陆港，如重庆、成都、西安、郑州等陆港城市，也必将如海洋运输中的海港一样，在全球贸易体系中占据重要地位。

未来，在泛亚铁路的推进下，中国与东盟近 9000 亿美元的货物贸易，如果有 40%的运输由泛亚铁路及其跨境高速公路来实现，那么在我国西南地区的云南与东盟 4000 多千米的边境线上，多年发展的边境贸易将从原来边境线上两地居民互通有无的、单一层次的摊贩式集市，发展为多层次的口岸贸易、加工贸易、服务贸易等，进而推动沿线的通道经济、口岸经济、枢纽经济快速发展，促进区域性陆港城市群的发展，形成沿边开放的新格局。

5. 推进高水平对外开放，增强内外双循环联动效应

党的二十大强调推进高水平对外开放，提出要依托我国超大规模市场优势，以国内大循环吸引全球资源要素，增强国内国际两个市场、两种资源联动效应，提升贸易投资合作质量和水平。为此，部署了五个方面的任务：

一是以推动制度型开放为重点贯通内外循环。要通过高水平对外开放让中国的超大规模单一市场成为全球要素资源强大的“引力场”，就需要打造市场化、法治化、国际化的营商环境，让内循环与外循环有效贯通起来。一方面，要以内外贸一体化为重点，推进内外贸监管体制、经营资质、质量标准、检验检疫、认证认可等的衔接工作，实现同线、同标、同质。支持市场主体

内外贸一体化经营，促进内外贸产业链、供应链融合发展；引导加工贸易企业向研发设计、关键零部件生产、维修与再制造、销售结算等产业链中高端延伸；依托开放平台开展内外贸一体化试点，打造内外贸融合发展平台，支持建设内外贸“一站式”解决方案。另一方面，围绕我国对外开放长期存在的短板领域，如金融服务、教育、医疗、卫生、养老和数字经济等，进一步扩大市场准入，继续合理缩减外资准入负面清单。同时，要在国民待遇、公平竞争、知识产权、环境保护、政府采购、公共服务等方面继续深化改革，特别是在政府行为法治化方面迈出新步伐，依法保护外商投资权益。

二是以服务贸易、数字贸易为重点建设贸易强国。在过去10年中，全球价值链的重构主要是由知识密集型服务业推动的。权威机构预测，到2030年，全球商品贸易在全球贸易中的比重将因智能制造、增材制造等技术的进步减少10%，到2040年服务贸易的占比有望提高到30%。中国已是全球货物贸易第一大国，要成为贸易强国必须在服务贸易和数字贸易上发力。目前，中国已经申请加入《数字经济伙伴关系协定》（DEPA），将有助于中国与国际上的高标准数字规则进行兼容和对接，推动数字贸易领域的开放，为企业提供数字产业合作的机会。可以预见，未来我国服务贸易额占全部贸易额的比重将会逐步提升，服务贸易中数字贸易的比重也会逐步提升，服务贸易、数字贸易将与货物贸易一道支撑中国贸易强国建设。

三是以高质量共建“一带一路”，带动全域、全方位对外开放。迈入新征程，要继续深化改革，扩大开放，突破一些“瓶颈”和障碍，加快形成以中欧班列为依托，以沿线主要枢纽为支撑，产业链、供应链深度融合的国际经贸合作大通道。特别是要考虑通过对运力布局的优化调整，为带动全域、全方位对外开放作出新的更大贡献。除了北上（东中部两通道）、西出（西部通道）两大战略方向，还有南向大通道，其中一个是西部陆海新通道，另一个是以中老、中越、中缅三大通道为依托，面向中南半岛的南向通道。这些通道在将“丝绸之路经济带”与“21世纪海上丝绸之路”无缝连在一起的同时，也将带动相关区域的对外开放迈上新台阶。

四是实施“自由贸易港+自由贸易试验区+高标准自贸区网络”战略。作为新时代改革开放的试验田，自由贸易港、各自由贸易试验区牢牢把握制度创新这一核心任务，主动对标国际经贸规则，形成了一大批创新探索成果。其中，海南自由贸易港建设已进入具体施工阶段，预计2025年封关运作，这将是一个里程碑。总体来看，国际经贸规则演进的基本方向是“三零”，即零关税、零壁垒、零补贴，由边境外措施向边境后开放转变，更加强调营商环境的趋同化。这就要求自由贸易港、自由贸易试验区以更大的力度、更高的标准和更实的举措开展创新探索和压力测试，重点围绕高水平经贸规则所涉及的准入前国民待遇、负面清单管理、知识产权保护、生态环境保护等方面形成突破，加快打造市场化、法治化、国际化的营商环境，为中国参与国际经贸新规则谈判和全球经济治理探索新经验形成新示范。

五是以“人民币国际化+高质量走出去”深度参与全球产业分工合作。人民币国际化正步入制度设计与行动的有序发展新阶段。环球银行金融电信协会（SWIFT）数据显示，人民币国际支付份额于 2021 年 12 月提高至 2. 7%，超过日元成为全球第四位支付货币，2022 年 1 月进一步提升至 3. 2%，创历史新高。接下来，要在进一步扩大与沿线国家和地区人民币互换和清算安排的基础上，推动中国与沿线的贸易和投资尽可能以人民币计价、以人民币收付、以人民币结算、以人民币储备，在扩大使用中加快推进人民币国际化。预计未来 15 年，随着中国跨境贸易、大宗物资进口、中国企业“走出去”投资逐步推行以人民币结算，人民币国际化将取得重大进展。

（六）加快实施创新驱动发展战略，不断开辟新领域新赛道

当前，开辟发展新领域新赛道是新形势下适应新科技革命要求、打破各种“脱钩断链”图谋、谋求科技自立自强的有效手段。中国经济有条件开辟新领域、制胜新赛道，这得益于庞大的市场需求、人才队伍和产业基础。

新形势下塑造发展新动能、新优势必须形成新型举国体制。一是要加快形成国家战略科技力量。按照“四个面向”要求，聚焦制约国家发展和安全的重大难题，布局建设一批具有前瞻性、战略性的国家重大科技基础设施，抢占事关长远和全局的科技战略制高点，为核心技术攻关和产业创新提供支撑。二是要组织开展一批重大科技攻关项目。发挥“五个一批”的作用：解决一批科技难题、形成一批原创性成果、培养一批优秀科技人才、培育或支撑一批战略性新兴产业、占领一批国际科技创新前沿高地。三是要按照“揭榜挂帅”的原则实行科技“赛马制”。实行重大科技项目“揭榜挂帅”有利于形成相互竞争、万马奔腾的“赛马制”，针对同一个科技问题形成多路线、多方向、多种解决方案，通过比选、分析，形成更加科学合理的联合攻关方案，减少科学探索的盲目性，节约科技资源。

此外，加快创新驱动要与市场和资本有机结合起来，克服创新链条的三

个短板。要针对我国科技创新存在的三个短板——原始创新、技术转化创新以及产业化能力——采取分类施策。在原始创新方面，应加大基础研究投入，吸引高层次专业人才参与；在技术转化创新方面，需完善激励机制，促进科技成果的有效转化；在产业化能力方面，要发挥科创板的资本引领作用，优先支持关键技术产业化项目。通过这些措施，力求将科创板打造成与美国纳斯达克相媲美的资本市场，激活全流程创新链条，从而推动全社会科技创新的蓬勃发展。

回望2023年，世界百年未有之变局加速演进，中国经济在历经无数挑战与风雨后，依旧展现出其坚韧不拔的底蕴与蓬勃的生机。我们要正视经济发展中的短板，同时，我们也要看到，我们国家在制造业板块、服务业板块、新业态板块都有巨大的潜力。以战略性新兴产业和未来产业为代表的新制造、以高附加值生产性服务业为代表的新服务，以及以全球化和数字化为代表的新业态形成的聚合体就是新质生产力，利用好新质生产力，现在的短板亦是未来巨大的增长极。迈向中国式现代化的新征程，中国将以经济高质量发展推进中国式现代化，发展实体经济构建现代产业体系，重点着眼于坚持“国内大循环为主体、国内国际双循环”的新阶段格局，深化改革构建高水平市场经济，立足国情振兴乡村，强化城市群都市圈动力，实施创新驱动发展战略，推进高水平对外开放，建设贸易强国，持续推动“一带一路”倡议。展望未来，中国将坚定不移深化改革开放、坚定不移推动高质量发展，持续释放改革的红利、市场的红利、人才和创新红利与开放红利，持续以自身的新发展步伐，为全球舞台注入源源不断的新动力与新机遇。

二、百年未有之变局，中国经济的“危”与“机”

曹远征①

当前，世界正处于百年未有之大变局中，时代主题由“和平与发展”向“安全与发展”转换，世界经济格局正经历前所未有的深刻调整。从外部形势

① 曹远征，中国银行首席经济学家，中银国际控股有限公司董事、副执行总裁，中国诚通控股集团有限公司外部董事，蓝迪国际智库专家委员会委员。本文是蓝迪国际智库对曹远征公开发表文章和讲话的综述，包括：《去全球化，还是全球化新安排？——2023年全球与中国经济展望》，载《文化纵横》2023年第1期；2023网易经济学家年会·夏季论坛特别节目“思辨之夏”的演讲《2023，中国经济复苏的关键是什么》；“2023全球财富管理论坛”的发言实录；《美国对华经济脱钩能走多远？》，载《文化纵横》2023年第4期。

来看，全球正经历产业重构与地缘政治重构，俄乌冲突及其引发的全面制裁与反制裁正在颠覆经济全球化的底层逻辑，世界经济体系陷入前所未有的动荡之中，这对深度融入全球化的中国经济构成重大挑战。从内部形势来看，2023 年是全面贯彻党的二十大精神的开局之年，是 3 年新冠疫情防控转段后经济恢复发展的一年，中国经济在持续承压中走出一条回升向好的复苏曲线，高质量发展扎实推进。全球产业格局的重构既是去全球化的表现，又是全球化新安排的机会。作为世界第二大经济体、第一大贸易国，中国式现代化要求我们从全球大变局和中国新时代之中建立起自身发展逻辑，把握市场机会，寻找能够带动中国经济持续增长的新引擎。我们需要敏锐地洞察风险与机遇，精准研判世界大势，通过探索中国式现代化道路，准确把握和顺应经济社会发展规律，实现中华民族伟大复兴和创造人类美好未来。

（一）全球经济形势研判

1. 世界经济进入历史转折性调整，俄乌冲突影响深远

当前，世界正经历产业重构与地缘政治重构，外部形势依然复杂严峻，对深度融入全球化的中国经济构成了重大挑战。“和平与发展”的时代主题缔造了经济全球化。冷战结束后，全球都采用了市场经济体制。体制的一致性使制度性可交易成本大幅下降，全球因此出现了生产要素的自由流动，并体现为以 WTO 为代表的全球投资贸易自由化的制度安排。俄乌冲突以及背后西方的制裁与俄罗斯的反制裁都以国际规则为武器，不仅严重破坏了国际经济贸易秩序，而且极大地动摇了经济全球化的制度根基。世界经济体系陷入前所未有的动荡之中，其后果与影响十分深远，全球因之焦虑。俄乌冲突对世界经济的深远影响主要表现为以下四个方面。

（1）世界经济格局发生深刻调整。

价值观至上的地缘政治等非经济因素驱使着世界经济“团团伙伙”化，并相互竞争、相互冲突，给世界和平蒙上阴影。由此，时代主题开始由“和平与发展”向“安全与发展”转变。这意味着世界经济不再像全球化时期那样追求经济利益最大化。世界不再是和平的，“价值观至上”主导之下，世界经济开始碎片化，出现了两个趋向：

一是价值观至上的“小院高墙”，意味着“跟谁做生意比做生意本身更重要”。在这一逻辑主导下，在亚太和印度洋地区形成了三个不同的多边圈子，有着不同的机制安排。即已经成立的、以日本为龙头的 CPTPP11 国，2022 年

刚成立的、有中国参与的 RCEP15 国和由美国主导和成立的印太经济框架。三者不仅理念不同，还相互竞争，甚至对立。

二是安全为上的产业链重组。突出地表现在美国近年来出台的一系列法案上。自 2021 年 11 月以来，美国相继出台了《基础设施投资与就业法案》《芯片科学法案》《通胀削减法案》等，在加大制裁中国企业力度的同时，采用惩罚或补贴的方式力促产业特别是高新科技产业回流美国。与此同时，美国提出“近岸生产”和“友岸生产”的概念，用以取代经济全球化条件下普遍使用的“在岸”和“离岸”的概念，以缩短产业链条并集中于价值观相同的国家或地区生产。在亚太和印度洋地区上述三个圈子中，除 RCEP 外，其余两个都将中国排除在外，尤其印太经济框架（IPEF），其意图更为鲜明，企图通过设立新的标准和机制，形成排除中国的“小院高墙”，并加快产业链向 IPEF 的集中，实现对中国的“脱钩断链”。其目的是减少产业链供应链对中国的系统性依赖，实现针对中国“去风险化”。

（2）世界经济分化加剧。

尽管俄乌两国 GDP 和进出口总额占世界的比重不高，但其基础产品能源与粮食对世界经济有着重大影响。俄乌冲突导致了全球能源与粮食价格暴涨。一方面推高了全球的物价水平，另一方面因成本提高减弱了经济增长，从而推动全球经济由“类滞胀”快步进入滞胀状态。

发达经济体受到巨大冲击，尽管货币政策已经收紧，但物价压力依然居高不下，同时经济下行趋势已显现。发展中经济体经济表现略好于发达经济体，但出现分化。由于发展中经济体更依赖国际贸易，尤其出口，因此当国际贸易条件出现变化时，发展中经济体的经济表现就会出现变化。亚洲新兴经济体，尤其东盟和印度是世界制造业中心的重要组成部分，因制成品出口的增长，其增长态势良好且物价稳定。而西亚及拉美地区面临物价上涨和货币贬值的压力。与此同时，不产石油的西亚、北非和撒哈拉以南非洲的低收入国家不仅出口能力薄弱，而且还因俄乌冲突造成国际粮价上涨及运输困难，导致人道主义危机加重。

（3）全球多数经济体陷入衰退。

2022 年，全球经济体的演进呈现出一条清晰的路线，即“俄乌冲突爆发—能源及大宗商品价格大幅上涨—物价形成恶化—宏观经济政策快速收紧—在物价未大幅下落的同时，经济率先下行”。这条路线预示了两层含义：首先，全球物价上涨已不仅是过去宽松货币政策所致的单纯需求拉动通货膨胀，即典型的通货膨胀，而且是更具有能源及大宗商品成本推动的性质，并向 40 年前工资、物价螺旋上升的典型“滞胀”方向转化；其次，其演进指向经济衰退，种种迹象已经表明，衰退是大概率事件，成为滞胀过程的主要倾向。

2023 年 7 月 25 日，国际货币基金组织（IMF）发布了《世界经济展望报告》更新内容，预计世界经济增速将从 2022 年的 3.5%降至 2023 年的 3.0%，这一增速恐维持至 2024 年。IMF 首席经济学家皮埃尔-奥利维耶·古兰沙表示：“越来越多的迹象表明，全球经济活动正在失去动能。”众多迹象表明，俄乌冲突已开始持久化、常态化。当暴风骤雨式的冲击过去，市场开始反思；尤其是冬季到来，能源的可靠供应无论是对欧洲经济、社会还是政治都十分重要，市场因此开始平复。当市场回归理性时会发现，目前的世界经济正处于十字路口。对于发达经济体而言，在经济滞涨的情况下，意味着宏观经济政策的选择两难：如果继续坚持收紧财政货币政策，物价并不一定再显著下行，反而会使经济加快进入衰退；如果不收紧财政货币政策，经济增长并不一定显著改善，反而会使物价进一步上涨。目前，发达经济体在政策选择上还在犹豫。对于发展中经济体而言，尽管许多经济体表现尚好，但实际上，一旦全球经济进入衰退，覆巢之下，难以独善其身。

（4）“脱钩断链”将成为对世界经济的长期挑战。

经济全球化推动了全球市场经济体制的一致性，降低了交易成本，促进了商品和生产要素的全球流动，形成了全球产业链和供应链，使世界经济成为一个整体。中美两国作为全球最大的经济体和经贸伙伴，在经济全球化中扮演着重要角色。然而，美国政府在面对全球经济再平衡的挑战时，采取了贸易战和制裁措施，试图在产业链和供应链上与中国“脱钩断链”，这将对世界经济构成长期挑战。中国通过扩大内需、增加居民收入等战略，持续推动经济发展，制造业增加值不断上升，展现了强大的经济韧性和潜力，并且中美经济结构紧密互补，强行“脱钩断链”必将导致两败俱伤。俄乌冲突的滞胀效应已为全球经济带来严重冲击，提醒世界“脱钩断链”的后果不堪设想。美国宏观经济政策在滞胀环境下陷入困境，财政货币政策的急剧波动引发金融市场动荡，硅谷银行等一系列倒闭事件震惊全球。同时，美元大幅波动给世界经济带来重大冲击，发展中国家面临汇率不稳定和金融危机等风险。在此背景下，国际社会对中国的期望再次升高，人民币国际使用扩大成为“去美元化”潮流的兴起原因之一。全球金融市场的动荡不安，凸显了加强国际合作、维护全球经济金融稳定的重要性。

2. 2023 年中国经济有所复苏，但尚不足以支撑经济全面增长

2023 年，中国经济仍处在恢复之中，但是这种恢复尚不足以支撑中国经济全面增长，由于三大挑战的存在和两个新变化的出现，稳增长和稳就业成为核心主题。

中国经济在新冠疫情冲击下面临着三大挑战：供给冲击、需求不足和预期转弱。自 2023 年以来，尽管经济有所恢复，但这些问题仍然存在。在全球变局下，中国式现代化正在进入新阶段。一方面，经过改革开放以来 45 年的高速成长，中国已经告别绝对贫困，处于高收入社会的门槛。另一方面，中国人口出现符合人口现代化规律的老龄化、少子化。这些变化既预示着高质量发展的必要性，又表明了高质量发展的艰难性。在这一阶段因供给结构和需求结构都在变化，错配的风险加大了。一方面，一般工业制成品等传统产品供给大，需求弱；另一方面，新型产品需求强、供给少，如教育、医疗和养老等服务产品。畸高畸低，极易使供给冲击与需求收缩同时发生，并造成社会预期偏弱且不稳。2023 年 1—5 月的经济表现就是如此，新冠疫情结束后，并未出现人们期望的报复性经济反弹，而是仍处在低迷中，尤其物价仍保持低位运行。2023 年 5 月居民消费价格指数（CPI）同比涨幅仅为 0.2%，生产者物价指数（PPI）则同比负增长 4.6%，并已经连续 8 个月负增长。

目前，中国经济形势还出现了两个新变化：第一，出口下降。新冠疫情期间，出口一直是中国经济增长的重要支撑，然而，随着新冠疫情过去，世界经济逐渐恢复常态，新冠疫情带来的出口机遇随之减少，这对中国经济和就业产生了显著影响。第二，内需不足。中国过去最大的内需就是房地产，但是房地产下降幅度非常大。根据国家统计局数据，2023 年，房屋新开工面积 9.5 亿平方米、商品房销售面积 11.2 亿平方米，比上年分别下降 20.4%、8.5%。房地产本身牵涉四五十个行业，如果建筑面积不够，那么钢铁、水泥、玻璃这些前项产业就会出现过剩，家电、家装、家具这些后项行业的销量也会下降，这是消费不足很重要的原因之一。

（二）中国经济的未来发展趋势

从未来发展趋势来看，中国经济出现积极信号，2024 年结构性机会远大于总量机会：

一是中国经济正在发生深刻变化。过去两年以低碳经济为代表的新能源技术呈现突飞猛进的增长，中国装机容量上升，新能源汽车开始大规模出口，

近两年成为出口最重要的增长主力。

二是区域结构正在发生变化。中国基础工业在全球具有非常明显的竞争力，中国钢铁产能占全球的 34%，铝产能占全球的 60%，化工产能占全球的 34%，这些是工业基础原材料，预示产业链开始在“一带一路”延伸，形成溢出效应，这些为未来财富管理奠定了新基础。

三是中国财富管理市场正在发生深刻变化。过去以产品为中心，现在以需求为中心。中国经济进入新阶段有两个非常重要的变化，第一，中国已经在高收入门槛前，人均 GDP 在 12000 美元左右，人均 GDP 水平已超过全球平均水平，与 2022 年世界银行公布的高收入社会的标准只差 600 美元；第二，在这个阶段，中国恩格尔系数降至 30% 以下，这意味着更多的钱可以用来做投资、做理财、做其他安排。理财一定是高风险高收益的，目前缺少与中等收入阶层成长相匹配的中等风险中等收益产品设计。

四是中国人口结构发生深刻变化。2022 年，中国人口首次出现负增长，养老问题受到广泛关注。养老金融成为关键领域，尽管美国金融市场发达，但养老渗透率仍然不足，远低于全球平均水平。因此，加强养老金融产品设计至关重要，其不仅能补充中国养老金体系，还是未来发展的重要方向。养老金作为长期资本来源，有助于稳定股市并推动其健康发展，对中国资本市场建设具有深远意义。

（三）世界产业重构背景下，中国经济发展面临的机遇

全球产业格局的重构既是去全球化的表现，又是全球化新安排的机遇。

一是全球产业链正向亚欧大陆中心方向集中，从而使“一带一路”的意义凸显。俄乌冲突后，全球生产力布局出现了预期之外的变动——俄罗斯经济向东看，欧洲重化工业受到冲击，而东南亚成为产业转移的新热点。这一变动既体现了去全球化趋势，又形成了新的全球化安排，使全球产业链向亚欧大陆中心集中，凸显了“一带一路”的重要性。在“一带一路”沿线，已有上海合作组织（以下简称上合组织）和 RCEP 两个多边国际机制。而中国处于枢纽地位，是主要成员，不仅拥有庞大的制造业基础，而且还成为全球重化工业基地，具有技术和成本优势，可以在“一带一路”产业链中发挥强链、补链作用。事实上，乌克兰危机所引发的制裁与反制裁已使广大发展中经济体认识到自身的利益，它们不再完全地选边站队，这突出表现在上合组织和金砖国家机制的扩员，以及以首届中国—海湾阿拉伯国家合作委员会峰

会为标志的中海战略合作关系的成立上。与此同时，“一带一路”基础设施互联互通已取得巨大进展，并将继续取得进展。“全球南方”力量的兴起为中国带来了新的合作机遇，在“一带一路”框架下，中国西部和东北地区都面临新的发展机遇。中国中亚峰会的提出和21世纪海上丝绸之路的蓬勃发展，为中国西部地区打开了新的交通通道和市场空间。而俄罗斯向东看的态度，不仅为东北亚地区格局变动增添了新因素，也为中国东北经济振兴带来了新契机。此外，中俄农业合作和石化工业合作也展现出广阔的前景。

二是中美竞争合作进入战略相持阶段，低碳经济将成为带动中国经济增长的新引擎。美国已认识到中国的独特性和不可改变性，因此其在将中国视为战略竞争对手的同时，也采取了“该对抗的对抗，该竞争的竞争和该合作的合作”的态度，展开体系性竞争。在经济方面，美国对中国的高新科技产业和技术采取了打压措施；在一般产业和技术方面，则以竞争为主，要求以对等原则实施包括竞争中立、劳工保护等在内的准入前国民待遇，并辅以关税和非关税惩罚手段，推行公平贸易；在合作方面，主要集中在气候变化和核扩散等全球性问题上。2022年11月，在20国巴厘岛峰会期间，中美两国领导人会见并坦诚地交换了意见。以此为标志，美国对华竞争与合作的战略态度明确，中美竞争进入相持阶段。随着美国经济面临衰退和全球金融风险上升，中美两国高层经济交流开始启动，特别是2023年6月18日美国国务卿布林肯访华，开启了中美双方高层之间进一步交往，预示着双方经济关系的相对缓解。这种战略相持可能形成长期的“冷和平”状态，中美各自暗暗较劲，进行“体系性竞争”。其中，经济金融领域将是赛场，经济的可持续发展将是核心。

在全球气候变化的背景下，低碳经济成为中美及全球共同关注的合作领域。对于中国而言，低碳经济是扩大内需的重要投资方向，在房地产和基建投资下滑时更显关键。中国作为拥有完整产业体系的经济体，各产业均有减碳需求且规模巨大，有利于技术商业化和吸引巨额投资。据估算，为达到《巴黎协定》的目标，中国未来几十年需年均投资数万亿元。在低碳技术领域，中国与西方先进国家差距不大，甚至在某些领域领先，如风电、光伏、新能源汽车等。这不仅改变了全球技术路线，还有效抵制了与西方的“脱钩”趋势，加强了全球合作。电动汽车的崛起就是例证，它既推动了世界新能源汽车的发展，也为中国带来了巨大的机遇。

三是中国经济的可持续发展已成为全球关注的焦点，中国经济增长仍有巨大空间。作为现代化进程中的一部分，中国成功地实现了从传统农业社会向现代工业社会的转型，其独特的发展模式和成功经验为其他国家提供了新的选择。中国经济在全球化背景下的蓬勃发展，得益于其有效的市场机制设计、渐进式改革推进方式、强大的国家行动能力以及绿色发展理念的推行。这些经验逐渐受到“全球南方”国家的重视。中国在“一带一路”倡议中提倡通过“共商、共建、共享”，构建人类命运共同体。“一带一路”虽然只有沿线65个国家和地区，但它并不全然是个地理概念，更是个治理理念。“共商、共建、共享”是在中国式现代化成功实践的基础上总结出来的国际经济治理新理念。

未来，中国消费市场的巨大潜力将逐渐被释放。预计到2035年，中国中等收入人口将翻一番，成为全球最大规模的中等收入群体，这将为全球带来前所未有的消费机遇。同时，中国的工业化进程和城市化进程仍在继续推进，为经济增长提供了巨大空间。通过坚持改革开放精神、激发全社会创业活力、推动制度型开放等措施，中国有望建设超大规模国内市场，并实现可持续的历史发展进程。这一过程不仅将推动中国走向世界舞台中央，也将为世界各国带来共享的发展机遇。

（四）展望未来，中国应在全球大变局和中国新时代中把握市场机会

全球产业格局的重构既是去全球化的表现，又是全球化新安排的机会。在当前深刻复杂变化的国际形势下，我们仍要继续拥抱全球化、坚持全球化。展望未来，中国应在全球大变局和中国新时代中把握市场机会，采取新的经济策略，推动经济好转。

1. 以低碳经济为抓手，抵制“脱钩”逆风

在房地产投资出现转折性下降以及政府主导的基建投资出现疲态时，低碳经济是目前可以把握的投资方向。这是因为中国是唯一一个联合国产业目录中所有产业都具备的经济体，而且所有产业都有减碳的需求，并且规模巨大，因此各种技术不仅都有用武之地，而且有利于实现商业化。根据初步测算，按照《巴黎协定》的要求，在2050年将全球气温升高控制在2℃以内，中国最少需要投资100万亿元；如果要控制在1.5℃以内，则需要投资138万亿元以上。换言之，每年平均需要投资3万亿元以上，持续30年。这将是带动中国经济持续增长的引擎。

更为重要的是，相对于芯片等高科技产业，中国在低碳技术方面没有代

差，并且处于领先态势。例如，供给端的风光电技术，需求端的新能源汽车及电池技术。如果说芯片等中国仍有代差的产业和技术较易被美西方打压，成为“脱钩”压力较大的产业，那么在低碳的赛道上竞争，美西方没有优势。相反，中美乃至全世界都认为这一赛道是需要加强合作的领域。因此，通过赛道的转换，将有效地抵制“脱钩”逆风，而绿色金融将发挥至关重要的作用。

2. 防范房地产历史性下行带来的金融风险

自 2022 年开始，中国人口转入负增长，这标志着房地产靠人口增量产生的刚性绝对需求增长的年代已经结束。区别于过去房地产需求旺盛导致的市场波动，尤其是价格波动的问题，当前出现了全国性的普遍需求不足。需求端的急剧变化不仅使供给端严重不适应，而且极易导致金融快速去杠杆，目前出现的交楼拖延导致的停贷现象就是信号。房地产业占中国 GDP 的 16%，加上其前后关联的行业，对宏观经济表现影响巨大。因此，对于房地产历史性下行带来的金融风险，必须做好政策准备。

3. 警惕美元指数升高带来的全球金融动荡

俄乌冲突冲击着全球金融市场，其中尤其需要警惕俄乌冲突带来的美元指数大幅波动的风险。美元指数是 1973 年布雷顿森林体系崩溃、美元与黄金脱钩后出现的，迄今共发生三次大幅上升与下降的过程，都对世界经济造成重大冲击。历史上，美元指数大幅升高在导致发展中经济体货币及债务危机的同时，也导致国际货币结构发生变动，并造成相应的金融动荡。根据 IMF 及世界银行的测算，目前阿根廷、土耳其、黎巴嫩、尼泊尔、缅甸、巴基斯坦、秘鲁等多个经济体面临债务违约风险，而中国是其中不少经济体的最大债权国，这成为中国经济面临的最大外部风险。因此，需要警惕美元指数升高带来的全球金融动荡。

4. 坚持改革开放，坚持全球化

改革使我国从传统的国家主导的工业化转变为全面工业化，这既是亚洲发展的经验，也是全球普遍通行的经验；开放则是把这样的工业化进程变成全球化，并在不断升级的过程中加速高度化。我国将改革和开放放在一块，在改革开放过程中改善资源配置。面向 2035 年，改革开放的基本思路对内是以新型城市化为纲，着力促进中国居民，尤其是中低收入居民的收入增长，为扩大以最终消费为目标的内需创造条件；对外是以中美关系为纲，创造和发展和平稳定的国际环境，在内需扩大的基础上，缔造以国际贸易和投资中性化为代表的制度型开放体系，使中国日益扩大的市场有机地融入世界，以此来捍卫和引领全球化。在当前深刻复杂变化的国际形势下，中国仍要继续拥抱全球化、坚持全球化。

当前正处于新旧交替之际，世界之变、时代之变、历史之变以前所未有的方式展开。俄乌冲突后的产业重构与地缘政治重构、全球生产力布局变动为中国带来了新的挑战和机遇。中国经济正处于转型阶段，旧动力逐渐衰退，需寻找新动力促进增长，展望未来，低碳发展将成为中国经济乃至世界经济的新方向，中国消费市场的巨大潜力将逐渐被释放，中国的工业化进程和城市化进程将继续推进，为经济增长提供巨大空间。通过坚持改革开放精神、激发全社会创业活力、推动制度型开放等措施，中国有望建设超大规模国内市场，并实现可持续的历史发展进程。这一过程不仅将推动中国走向世界舞台中央，也将为世界各国带来共享的发展机遇。未来 5 年也是中国式现代化的关键 5 年。一方面，中国将进入高收入社会，这是百年民族复兴的历史性转折；另一方面，中国人口将进入负增长。不同于低收入和人口正增长社会，高收入和人口负增长社会意味着其发展方式、产业结构、政策安排都会发生重大变化。因此，面对复杂严峻的国际环境、艰巨繁重的改革发展和稳定的任务，中国需要积极应对挑战，把握机遇，通过探索中国式现代化道路，准确把握世界发展局势，把握经济和社会发展规律，推动“一带一路”建设不断向前发展，推动构建人类命运共同体，为自身和全球经济的繁荣作出更大贡献。

三、人口负增长时代，中国经济增长的挑战与机遇

蔡　昉①

随着时代的变迁，人口发展态势也在不断地调整与重塑。近年来，中国逐渐步入人口负增长的新阶段。人口负增长时代的到来，意味着传统意义上的人口红利正在逐步消失，劳动力市场的供需关系、消费结构乃至社会保障

① 蔡昉，十三届全国人大农业与农村委员会副主任委员，中国社会科学院国家高端智库首席专家，蓝迪国际智库专家委员会联合主席。本文是蓝迪国际智库对蔡昉公开发表文章和讲话的综述，包括：《人口负增长的时代：中国经济增长的挑战与机遇》，2023 年 3 月出版；第 18 期 CF40 · 孙冶方悦读会发表的演讲；《以人口高质量发展支撑中国式现代化》，载《学习时报》2023 年 5 月 26 日第 A1 版；长安讲坛第 398 期发表的题为《人口库负增长的经济社会挑战》演讲；《财经》专访，题为《人口负增长之后，中国经济的新冒险》；《人口发展新常态下需加快破除城乡二元结构》，载《中国党政干部论坛》2023 年第 9 期。

体系都将面临重大变革。这些变革无疑会给中国经济的持续增长带来压力，但其也为经济结构的优化升级、创新驱动发展战略的实施以及改革开放的深化提供了新的契机。站在新的历史起点上，我们需要深刻认识到人口负增长时代所带来的挑战并非不可逾越的障碍，而是推动经济发展方式转变、实现高质量发展的重要契机。只有紧紧抓住这一机遇，积极应对挑战，才能确保中国经济在人口负增长的新时代继续保持稳健的增长态势。

（一）中国人口发展新常态的主要表现

2023 年 5 月，二十届中央财经委员会第一次会议提出：“必须全面认识、正确看待我国人口发展新形势。要着眼强国建设、民族复兴的战略安排，完善新时代人口发展战略，认识、适应、引领人口发展新常态……加快塑造素质优良、总量充裕、结构优化、分布合理的现代化人力资源，以人口高质量发展支撑中国式现代化。”在过去几年里，中国人口发展发生了一些关键性的转折，进入一个新常态。人口发展的新趋势和新常态给整体经济社会发展带来巨大影响，对此，我们可以从几个方面的变化来进一步认识和把握。

第一个变化是中国的人口负增长时代已经来临。中国的总和生育率（每位妇女平均生育孩子数）1992 年降低到 2.1 这个能够保持人口稳定的更替水平之下，2020 年仅为 1.3，成为世界上生育率最低的国家之一。作为长期低生育率的必然结果，2021 年中国人口达到峰值，2022 年首次出现负增长，并且难以逆转。这个人口趋势变动意味着中国进入一个人口发展新常态，无疑将对中国经济社会发展产生深远的影响。

与此同时，中国人口发展“未富先老”的特征进一步凸显。与世界其他国家相比，中国人口年龄结构更像橄榄形，而世界其他国家更像金字塔。中国人均 GDP 在 2021 年、2022 年均超过了 1.2 万美元，位于中等收入国家和高收入国家的临界点。世界人均 GDP 大体为 1.2 万美元，虽然我国与其他地区富裕程度相同，但我国老龄化程度高得多，呈现未富先老，或者说老龄化程度高于富裕程度的特征。其中，城乡之间的人口特征差异就属于一种未富先老的特征。例如，由于劳动力外出务工和人口向城镇迁移，农村人口老龄化程度更高，养老矛盾更加突出。这种未富先老的现象在放大人口挑战的严峻性的同时，也孕育着一些特有的机会窗口。

第二个变化是中国已进入中度老龄社会。2021 年，中国的老龄化率，即 65 岁及以上人口比重达到 14.2%。国际上有一个公认的老龄化划分定义：其一，老龄化率超过 7%即可称为老龄社会，或低度老龄社会。中国在 2000 年已经达到这一水平。其二，老龄化率超过 14%，一般称为老龄社会或中度老龄社会。中国从 2021 年开始进入这个阶段。其三，老龄化率超过 21%即为高度老龄社会。也就是说，随着人口开始负增长，中国已经正式进入中度老龄社会，预计在 2030 年前后进入高度老龄社会。预计到 2040 年，我国老龄化率将达到 27%，这既是挑战也是机遇。

第三个变化是劳动年龄人口的负增长进一步加速。劳动年龄人口的峰值出现在 2011 年，随后进入负增长，造成劳动力短缺、人力资本和生产率改善速度放慢、资本回报率下降等，从而导致 GDP 的潜在增长率降低，以及实际增长的减速。随着我国人口负增长时代的来临，劳动年龄人口将加速减少。在 2011—2022 年，中国 15~59 岁劳动年龄人口每年减少的速度为 0.14%，在 2022—2035 年，这个速度预计将大幅提高到 0.83%。

第四个变化是人工智能（AI）技术的广泛应用与深远影响。近年来，AI 技术在中国取得了长足发展，正逐渐改变社会的各个方面。AI 的崛起带来了劳动力市场的重构，许多传统行业的工作为 AI 技术所替代，同时，也催生了新的职业，如 AI 工程师、数据科学家等，为社会带来了更多的就业机会。预计未来，AI 对劳动力市场的影响将越来越大，我们需要充分利用 AI 带来的机遇，积极应对其挑战，推动社会的和谐与进步。

（二）中国人口负增长的挑战

如果能够利用好我国的超大人口规模，那么无论是劳动年龄人口规模还是老年人口规模，都能带来红利，这也是发展的机会。从上述关于人口发展几个方面的变化，再来看由此产生的对中国经济社会的三重挑战。

1. 人口负增长从供给侧影响经济增长

从供给侧看，中国经济的潜在增长能力进一步降低。这是经济发展到达一定阶段必然会发生的，主要原因是人口红利的式微。按照更新后的人口数据，我们可以对 2021—2035 年 GDP 的潜在增长率进行重新估算，从估算结果可以看到，中国经济潜在增长率从原来预测的 4.84%降至 4.53%。人口负增长对经济造成的影响主要包括以下四个方面：一是随着劳动人口数量进一步下降，中国在劳动密集型产业中占据的比较优势不再明显，传统产业的国际竞争力也势必减弱。二是由于中国的教育发展起步较晚，新成长劳动力的受教育程度更高，随着人口负增长，每年进入劳动力市场的新生劳动力减少，人力资本的改善速度也相应放缓。三是未来劳动力短缺形势更加严峻，企业倾向使用机器等资本代替人力从事生产，而当资本使用到一定程度时，资本边际报酬递减，企业的投资回报率也相应下降。四是随着人口负增长，农村16~19岁年龄段的人口同步加速减少，农村劳动力转移到城市的速度将会变缓。过去，生产率的提高主要得益于大量农村劳动力从生产率低的第一产业，释放到生产率更高的第二、第三产业，带来了资源的重新配置。未来生产率增长速度也必然相应下降。

2. 人口负增长从需求侧影响经济增长

从需求侧看，在净出口、资本形成和最终消费这“三驾马车”中，国内需求部分，特别是其中居民消费需求因素，越来越成为经济增长的常态制约，这是以往从未出现的情况。也就是说，如果不能稳定和扩大居民消费，进而打破“瓶颈”制约，经济潜在增长率的实现也会受阻。原因有以下三个：首先，人口总量减少意味着消费者总量减少，社会总需求形成了一定的抑制。其次，当经济增长减速时，居民收入的增速降低，能用于消费的支出增速也同步降低，从而社会需求的增长变缓。此外，随着人口老龄化，老年人口占比逐步提高，整体消费水平也会受到影响。中国社会科学院人口与劳动经济研究所于2016年进行的一项抽样调查显示，23~85岁的这个生命区间中，中国城镇居民的年龄每提高一岁，平均消费支出降低1.8%。这是因为老年人没有劳动收入，社会保障水平也不够高，有时还要替下一代着想，导致老年人的消费能力和消费意愿都不高。更不用说外需侧，受当前地缘政治影响，逆全球化形势兴起，即便中国积极保持对外开放，外需也难以回到曾经的高增长时期。这些因素导致了中国经济增速的下行趋势。由于人口负增长的提前到来，劳动年龄人口减少的速度加快，未来的潜在增长率甚至可能更低。

3. 人口负增长在社会领域的挑战

老年人口抚养比将加速提高。直到2035年之前，中国的老年人口赡养比会一直快速提高。根据联合国人口预测，60岁及以上人口与20~59岁人口之间的比率，将从2022年的0.32提高到0.57，提高幅度高达80%。人口负增长也会使劳动年龄人口加速减少，导致老年人口的赡养比提高，也就是65岁以上人口与劳动年龄人口的比例会加快提高，老年人口赡养比的变化会使现收现付制的养老保险、医疗保险都难以为继。此外，老龄化的加剧会增加高龄老年人的数量。总体来看，预期寿命是在提高的，高龄老年人增加后，虽然延长退休年龄能让更多的人就业，但是那些需要家庭照料、赡养的老年人比例也在不断提高，这些老年人在物质和精神等各个方面得到的照料都比较匮乏。过去中国老年人的劳动参与率相对较低，因为他们的健康水平和受教育程度均较低，因而人力资本低，就业能力差。这导致劳动参与率随着年龄的增加迅速下降，女性老年人的劳动参与率下降会更快。老年人劳动参与率下降不仅使其收入难以保障自身生活需要，给家庭增加负担，也使这部分人群难以成为现代化的充分分享者。

（三）中国人口负增长的机遇

人口负增长时代并不意味着中国经济发展的终结，而是一个新的起点和机遇。人口负增长时代中国经济发展的机遇包括以下三个方面：

第一，人口负增长对经济增长的正向影响，主要体现在以下四个方面：一是有利于缓解人口规模带来的资源环境压力，提高资源利用效率和环境保护水平；二是有利于改善劳动力市场供需矛盾，提高劳动力素质和收入水平；三是有利于促进科技创新和生产率提升，推动经济转型升级；四是有利于优化人口结构和分布，提高城镇化质量和区域协调发展水平。

第二，人口负增长对经济结构调整的促进作用，主要表现在以下四个方面：一是有利于促进消费结构升级，扩大消费需求和市场空间；二是有利于促进产业结构优化，加快战略性新兴产业和现代服务业发展；三是有利于促进投资结构改善，加大基础设施、公共服务和社会保障等领域投入；四是有利于促进外部结构平衡，降低对外依存度和外部冲击。

第三，人口负增长对经济社会发展的激励效应，主要体现在以下四个方面：一是有利于激发政府改革创新的紧迫感和主动性，加快完善治理体系和能力；二是有利于激发企业转型升级的动力和活力，加快培育新动能和新优势；三是有利于激发社会参与发展的积极性和责任感，加快形成共建共治共享的社会治理格局；四是有利于激发国际合作共赢的意愿和能力，加快推进全球治理体系改革。

总之，人口负增长时代的到来，并非意味着中国经济发展的终结，相反，它开启了一个崭新的篇章，为中国经济带来了全新的起点和无限的机遇。

（四）人口负增长应对之策：以人口高质量发展支撑中国式现代化

现代化建设发展和人的全面高质量发展是紧密相关的，我国现代化发展需要人口高质量发展的支撑。在促进人口高质量发展中实现现代化，是现代化建设的重要目标。因此，我们需要正确认识并主动适应人口发展的客观规律，也需要通过有针对性的政策部署和制度建设，积极应对挑战和抓住机遇，进而引领这个新趋势和新常态。具体而言，我们可以从以下三个方面推动人口的高质量发展。

1. 要正确地认识人口负增长

第一，人口负增长无涉“好”“坏”判断。没必要就人口负增长是好是坏选边站队，悲观派、乐观派都不重要。既然人口负增长和老龄化都是必然过程，总体上也属于水到渠成，因此既不需要悲观，也不能忽视它的含义。随着经济社会发展，生育率降低是一个自然而然的过程，各国都会经历。未来，在非常高的人类发展水平上，生育率可能会稳定甚至回升，但是目前大部分国家处于下降的自然过程中。总体而言，中国的生育率下降和人口负增长也是水到渠成。虽然轨迹是自然的，但很多国家也在应对人口负增长或生育率极低带来的挑战。因此，我们虽然认识到这个规律，但因为中国有未富先老的特殊性，所以我们也要考虑如何应对这个具有特殊性的挑战。

第二，要关注趋势的变化，而非只关注总量的变化。尽管中国拥有 14 亿的庞大人口基数，甚至劳动年龄人口规模远超发达国家总和，但我们不能仅局限于总量的视角。事实上，自 2011 年中国劳动年龄人口达到峰值后，便开始了负增长。这意味着人口红利不能仅归因于劳动力丰富，我们需要更深入地理解人口动态对经济增长的影响。经济增长关注的是变率，即增长的速度和方向，而非仅是人口的绝对数量。人口变化，无论是正增长、零增长还是负增长，都会通过劳动力供给、人力资本改善、资本回报率和生产率等多个渠道对经济增长产生深远影响。2007—2011 年，我国人口年增长率显著为正，但到 2021 年已接近零，预计到 2035 年，我们将面临人口的逐年减少。这种从加到减的趋势变化，对经济增长的影响方向和程度有着根本性的差异。因此，我们必须更加关注人口的增量、趋势以及这些变化所代表的意义。

第三，要遵循经济学“假定其他因素不变”的思维方式。在面临劳动力数量减少的挑战时，有人提出通过提升教育水平、机器替代和 AI 应用来提高生产率，从而缓解对劳动力数量的依赖。然而，这种观点忽略了经济学中“假定其他因素不变”的原则。实际上，人口负增长并不会自动引发生产率的提升；相反，这需要新的发展方式和经济增长动能来替代传统的模式。此外，尽管AI等技术已在广泛应用，但生产率的实质性提高仍然面临挑战，这反映了“索洛悖论”的现实有效性。因此，关注人口负增长并非无的放矢，而是强调了改变“其他条件”的迫切性和必要性。在预测未来潜在增长率时，使用新、旧人口数据都显示出长期下降的趋势，但改革力度和全要素生产率的提高速度可以影响这一趋势。因此，我们需要深入探讨如何改变这些“其他条件”，以获得真正的改革红利并推动生产率的提升。

第四，应对人口冲击，要着眼于增量的挑战、结构的潜力、总量的机遇。中国有超大规模人口、超大规模市场、超大规模创新创业活动，人口从正增长变成负增长，对潜在增长率存在负面影响，尤其是经济增长速度可能显著下降，甚至影响中国2030年超越美国成为世界最大经济体的前景。尽管中国劳动力供给无法再增加，并且不能像美国那样依赖移民，但中国农业劳动力占比仍高达23%，远超发达国家，这意味着可以通过转移剩余劳动力释放巨大潜力。同时，我国居民消费率低于世界水平，提升消费意愿和增加居民收入将大幅促进消费增长。因此，中国存在结构上的巨大潜力和总量上的重要机遇，改革应围绕挖掘这些潜力和机遇，从供给侧增加劳动力供给，从需求侧扩大居民消费，从而创造真正的改革红利。

2. 要通过改革释放“人口红利”

针对人力资本、土地和收入这三个领域的改革不仅可以提高资源配置效率，促进经济增长，还可以缓解人口负增长带来的供需两侧的压力，增强社会公平和包容性。

第一，要改革人力资本的分配问题。人力资本既是经济增长的重要驱动力，也是应对人口负增长和老龄化的关键因素。在人口负增长时代，提高人力资本素质和利用效率，可以提升劳动生产率和创新能力，扩大有效需求和消费潜力，缓解劳动力短缺和社会保障压力。因此，应挖掘人口红利潜力和开启人才红利。从供给侧看，要加大教育投入，提高教育质量和公平性，培养高素质的劳动者和创新者，应该利用2035年之前青少年人口占比下降、公共教育经费较快增长这一时间窗口，延长义务教育年限、提高教育质量和均等化水平；从需求侧看，要优化就业结构，促进劳动力市场流动性和灵活性，激发劳动者的积极性和创造性；从制度安排看，要完善社会保障体系，建立多层次的养老保障机制，鼓励延迟退休和再就业。

第二，要改革土地的分配问题。土地不仅是经济发展的重要资源，也是社会稳定的重要基础。在人口负增长时代，推进土地制度改革，可以促进城乡一体化发展，提高土地利用效率和价值，改善居民生活环境和福祉。从城市看，要加快推进城市土地供应制度改革，实现土地市场化配置；从农村看，要深化农村土地制度改革，保障农民土地权益；从区域看，要优化区域土地开发格局，促进区域协调发展。

第三，要改革收入的分配问题。改善收入分配对于中国经济的持续增长而言至关重要。过去，随着整体经济蛋糕的不断做大，尽管分配并不完全公平，但各群体收入都有所增长。然而，未来经济增速可能放缓，若不能公平地分配蛋糕，收入差距可能进一步扩大，从需求侧抑制经济增长。当前的数据显示，虽然农村和城市的总体收入差距在缩小，但城市收入差距在扩大，并且近年来缩小幅度有限。这表明初次分配领域的改善已达到“瓶颈”，再分配才是根本动力。与此同时，城市收入差距的扩大可能意味着整体收入差距的扩大，这凸显了扩大中等收入群体、提高低收入群体收入的重要性。此外，城乡差距仍是收入差距的重要组成部分，需要重点关注。因此，在人口负增长时代，完善收入分配制度可以调节收入差距，扩大中等收入群体规模，激发消费潜力和创新动力，通过再分配手段，如政府基本公共服务均等化以及缩小城乡差距，中国才能有效改善收入分配，保障消费，支撑经济增长。从税收政策看，要建立综合与分类相结合的个人所得税制度，加强对高收入者的调节作用；从转移支付政策看，要完善社会保障体系和社会救助制度，提高对低收入者的保障水平；从产权政策看，要加强国有资产管理和监督机制，提高国有资产收益率和回报率。

中国当前需要改革的地方还有很多，这些改革相互之间也有密切联系。针对人口负增长的影响，户籍制度、教育制度和市场制度的改革也非常重要。

第一，要进行户籍制度改革。户籍制度改革的核心是推动农民工在城市落户，此举具有多重效益。它不仅能通过劳动力转移增加非农产业劳动力供给，提升劳动生产率，还能稳定农民工就业与收入，并使他们享受更优质的基本公共服务，从而消除消费顾虑，大幅提升消费倾向。有数据显示，农村劳动力迁移到城镇后消费可增长 28%，若再获得城镇户口，消费可再增加 27%。此外，拥有城镇户籍的农村劳动力及其家庭将更积极地提升自身及子女的人力资本，包括技能培训和教育水平，以适应未来的产业结构升级，形成良性循环。

第二，要进行教育制度改革。建议从三方面提升：一是延长义务教育年限，即将义务教育年龄拓展至 4~18 岁，通过提高劳动力的平均受教育年限，提升中国的人力资本总量；二是缩小学校之间、城乡之间、区域之间教育的差距，以免随着科技的进步进一步加大数字鸿沟，造成社会不平等；三是以AI为代表的科技进步，提升了对思辨能力、创造能力的要求，也对教育质量提出了新要求，过去传统应试教育模式的缺陷被放大，诸如“死记硬背”式的教育手段需要改进。

第三，要进行市场制度改革。通过企业改革、投融资制度改革，加速要素流动、市场竞争和优胜劣汰，进一步提高生产效率。根据熊彼特提出的“创造性破坏”的概念，新的创新淘汰现有技术的过程，更高的生产率诞生于市场竞争中的优胜劣汰。因此，要让市场在资源配置中发挥决定性作用，通过市场竞争机制，让高生产率的企业生存和扩张。这也是一项提高未来经济潜在增长率的必要手段。

3. 建设福利国家缓解人口老龄化的困扰

人口老龄化的应对策略之一是加快福利国家建设。福利国家的典型代表为瑞典。瑞典因人口增长停滞的危机，推出了“从摇篮到坟墓”的社会福利政策，旨在通过全方位的社会扶助鼓励生育，进而影响了整个北欧甚至欧洲的福利国家政策。

现今，当人类发展指数达到极高水平且性别平等得到保障时，部分国家出现生育率回升的趋势。这表明福利国家的建设有助于逆转生育率下降的趋势。

同时，福利国家建设也是提升社会流动性的关键，当前我国制造业比重下降，人口从第二产业转向第三产业和农业，导致生产率增速放缓和社会流动性降低。为了促进共同富裕和社会流动，政府应提供更好的基本公共服务，确保每个人都有分享改革开放成果的机会和动力，从而有机会攀登社会阶梯。

我们可以清晰地看到，虽然人口负增长给中国经济带来了新的挑战，但也孕育着前所未有的机遇。面对这一时代变革，我们不应沉溺于过去的成就，也不应惧怕未来的不确定性。相反，我们应该以更加开放和创新的姿态，去拥抱这个充满无限可能的新时代。通过深化户籍制度改革、加快福利国家建设、促进社会流动和增强再分配效应，我们有望逆转生育率下降的趋势，释放巨大的消费潜力，并推动产业结构的优化升级。这些举措不仅有助于应对人口老龄化的挑战，更是实现经济高质量发展和共同富裕的重要途径。人口负增长时代的到来，并非意味着中国经济发展的终结，相反，它开启了一个崭新的篇章，为中国经济带来了全新的起点和无限的机遇。只要正确把握人口变化规律，积极应对人口老龄化、低生育率等挑战，有效提升人口素质、释放人口红利，我们就能够实现高质量发展、建设现代化强国。因此，让我们以更加坚定的信心、更加务实的作风、更加有力的措施，共同迎接人口负增长时代带来的挑战与机遇。相信在不久的将来，我们定能开创出中国经济发展的新篇章，让世界再次见证中国的崛起与辉煌。

四、研判全球经济形势，行稳中国经济发展

龙永图[①]

在这个充满变数的时代，我们不得不正视当前国际形势的严峻性和复杂性。长时间的新冠疫情、乌克兰危机和美国对华政策的变化是当前国际形势的底色，全球多边体制的衰落与中国崛起交织成一幅复杂的画卷，使得我们置身于一个百年未有之大变局之中。在这个承前启后的历史交汇点，我们驻足回首，思考中国在当今百年未有之大变局中的使命与责任。在这个充满不确定性的时刻，我们需要审视经济、政治、文化等多个层面的挑战，深刻思考中国在未来发展中应如何因势而谋，坚持以市场和规则为基础的全球化，以及如何在外交舞台上保持自信、改善国际形象。通过对这些关键问题的深入剖析，我们将能更好地理解中国所面临的历史性挑战，并迎接未来发展的巨大机遇。

（一）国际环境形势研判

当前国际形势严峻、复杂、充满不确定性，对各国领导人的政治智慧和判断能力是很大的考验，也给企业和经济工作者的应变能力、承受能力带来了巨大挑战。造成这种形势的原因是多方面的。

一是长时间的疫情导致国际交流受阻。过去 3 年的疫情使得国际交流几乎停滞，中国与外国人员、企业和国家高层间的对话交流基本停止，导致国家之间的相互了解和信任减弱，产生了信息不对称、误读、误判的问题，给中西关系带来了困扰。

---

① 龙永图，全球 CEO 发展大会联合主席，中国与全球化智库咨询委员会主席，全球跨境电商大会主席。本文是蓝迪国际智库对龙永图公开发表文章和讲话的综述，包括：2022 南方财富峰会的发言；2023 凤凰网财经年会发表的题为《中国经济的外部形势和我们的对策》演讲；百川论坛发表的题为《“不确定性”是当前国际形势的基本特征》演讲；2024 网易经济学家年会发表的题为《“一带一路”与中国的历史担当》演讲。

二是乌克兰危机改变地缘政治格局。乌克兰危机改变了世界地缘政治格局，使得欧洲国家团结起来，并倾向于与美国合作，给中国带来一定的压力。此外，乌克兰危机还在延续，后续的发展充满了不确定性，给世界带来了更多的不确定性。

三是美国对华政策的变化加剧全球经济的不确定性。美国采取了一系列对中国企业的制裁措施，试图打压中国在全球产业链中的地位，加剧了中美关系的紧张局势。这种政策的变化增加了全球经济的不确定性，特别是对于中国这一全球制造业中心的国家而言，影响尤为显著。

（二）中国面临的百年大变局

在严峻、复杂、充满不确定性的国际形势之下，中国当前还面临着百年未有之大变局，未知与变化交织，给中国领导人的决策选择及中国的发展带来极大挑战。谈及当今的形势，在百年未有之大变局的“变化”中，最引人注目的有以下三条。

一是以美国为首的西方国家逐渐削弱多边体制，尤其是全球多边贸易和经济体制。这一趋势导致多边体制无法发挥其应有的作用，例如，WTO 的关键职能被美国单方面剥夺，加剧了国际体系的不稳定性。回顾战后，美国等西方国家建立了以世界银行、国际货币基金组织、关税及贸易总协定为支柱的多边经济体制，为经济全球化和发展中国家脱贫作出了积极贡献。然而随着多边体制力量对比的变化，尤其是发展中国家的增加，西方国家逐渐发现它们难以掌控整个多边体制的发展，从而开始削弱甚至抛弃当今多边体制的关键功能。它们开始削弱甚至抛弃全球多边体制的主要组成部分，使得这些多边体制无法发挥其应有的作用。其中以 WTO 为例，其三个主要的职能分别是制定国际规则、组织全球的开放市场谈判和贸易仲裁争端解决，这些关键职能被美国单方面剥夺。在多边体制经过几十年的发展之后，以美国为首的西方国家开始削弱体制，甚至抛弃了它们为全世界提供的一个最重要的国际公共产品。

二是中国的迅速崛起引发质疑与仇恨。中国在过去几十年里实现了惊人的经济崛起，已经从一个相对较弱的国家发展成为世界第二大经济体。中国的崛起不仅是内生的改革和内生经济发展的结果，也与全球多边体制的推动密切相关。中国加入 WTO 的过程就是一个例子，通过多边机制推动国内改革，放开外贸经营权，相当于联产承包责任制，解放了生产力。这使中国的经济发展取得了巨大的进展，在大约 10 年内保持外贸 20%的增长。中国崛起速度过快，使得西方国家来不及适应这一变化。这种崛起引发了西方国家的质疑和仇恨，使得它们感到中国的崛起威胁了它们的大国地位和霸权主义。正是因为中国的崛起改变了全球多边体制的力量对比，引起了西方国家的竞争和威胁感，才加速了它们对多边体制的放弃。比如，美国放弃了无国别、国民待遇这两条最基本的 WTO 原则，对俄罗斯进行制裁，对中国的企业进行制裁，这使得全球多边体制发生了根本性的变化。

三是全球产业链出现一些重大的风险和缺陷。国际形势的复杂、严峻和不确定性，使得全球产业链的风险和缺陷日益显露，例如，中间产品贸易中存在的政治化干扰，信息沟通不畅、运输成本变化的风险，因此，全球产业链呈现了重构的趋势。许多国家开始认识到，在生产链中间产品的布局供应方面，既要考虑距离，又要考虑安全度和可靠性，所以全球产业链的发展趋势呈现了从全球化到区域化的走向。这也是为什么美国大量的制造业要转移到墨西哥，即美国希望它的制造业即便不能回流到美国，也能通过所谓近岸外包和友岸外包，从距离上较近、关系上较稳定的国家，如墨西哥，得到比较可靠的中间产品，即零部件、原材料的供应。这样一来，墨西哥和美国之间的贸易便大幅增加了。全球产业链的重构对全球贸易产生了重大影响，但只要全球经济保持稳定发展，那它对全球贸易的影响便不会太大。国与国之间的贸易有些原本很多，现在减少了；有些国家原来贸易不多，现在增加了。这样对冲下来，全球贸易的总量仍然会相对稳定。因为全球贸易的一半以上是中间产品，而不是最终品。比如，中国进口的原材料、零部件占进口总额的一半左右，中国出口的 70%是产业链中的零部件。人们通常只关注从哪里购买最终产品，实际上，中间产品（如原材料和零部件的产业链布局）决定了贸易的基本走向。

（三）当前中国经济面临的机遇和挑战

在当前国际形势严峻、复杂、充满不确定性的大背景下，中国经济面临独特的机遇和挑战。这一系列的变化，不仅为中国经济在全球的定位和发展提供了新的契机，而且还伴随一系列的挑战，需要我国制定明智的政策和灵活的应对措施。在机遇和挑战并存的时刻，中国如何稳步前行，是摆在我们面前的重要课题。应当说，当前中国面临着独特的机遇。

一是中国政府对新冠疫情防御整合侧的调整。政府对新冠防控政策的调整，特别是取消近3年的相关出入境管控措施，标志着一个重要时刻的到来。以北京地铁客流量为例，疫情导致客流锐减，但政策调整后，客流迅速复苏，这是经济回暖的重要迹象。2022年12月26日晚，卫生健康委印发了《关于对新型冠状病毒感染实施“乙类乙管”的总体方案》的通知，取消了因疫情实施近3年的相关出入境管控措施，这是一个具有重大意义的决定。政府决定取消边境管制引发国际积极反响，全球主流媒体都给予了报道，这也反映在投资者信心的回升，尤其是在国际媒体和金融机构的关注下，中国经济的前景备受肯定。中国的措施为当前面临衰退的世界经济注入强大的动力，该措施的影响力之所以如此巨大，是因为中国近年经济高速发展，已经成为世界第二大经济体，GDP、进出口贸易额、外汇储备、出国旅游人次与2001年相比都实现了翻番增长。可以说，这一措施不仅对中国的经济发展是一个很大的机遇，对世界的经济发展也是一个很大的机遇。

二是“一带一路”倡议开始机制化过程。2013年，中国提出了“一带一路”倡议。最初，这个倡议侧重推动互联互通的具体项目，但逐渐演变为建立国际论坛、会议、人文交流等多层次国际合作机制。第三届“一带一路”高峰论坛展示了在传统和新兴领域建立对话平台的努力，包括开放性体制、绿色发展和数字经济等，并且开始在很多领域组织新的交流平台，比如，贸易畅通、海洋合作、智库交流、民心相通、地方合作等问题，这些议题已经超越了现行国际组织和多边体系涉及的一些重要问题。从这个意义上讲，“一带一路”已经开始了机制化的进程。在全球经济逆转、供应链混乱的严峻时刻，中国推动“一带一路”倡议，为全球搭建了最大规模的国际合作平台，这一倡议已经成为当今世界最受欢迎的国际公共产品之一，不仅在多个领域产生合作项目，还吸引了数万亿美元的投资。这一举措是对国际多边合作的重大贡献，超越了世界银行等机构的业绩。中国在“一带一路”倡议中体现的国际担当不仅是为中国的崛起作出的贡献，也是为全球人民带来的利益，强调国家之间的交流、合作、沟通，也就是民心相通。中国通过“一带一路”倡议注入新的活力、内容和动力，同时继续支持现有多边体系发挥作用。这种积极贡献将为全球多边体制的稳定性、长期性和可持续性注入最大的正能量。

三是我国拓展了更多的贸易合作伙伴和市场。东南亚已经成为中国最大的贸易伙伴，而且中国和东南亚国家、澳大利亚、新西兰、日本、韩国签订了RCEP的自由贸易协定，引领了全球自由贸易和投资贸易自由化、便利化的潮流。同时，中国也关注与阿拉伯国家的贸易发展，拓展多样化的贸易合作国家。总体来说，我们会拓展新的市场、新的投资目的地，而且这会成为我们吸引外资的一个重要的来源。

四是中国始终保持着对外开放。在全球化时代，中国的对外开放不仅是自身需要，也是全球经济繁荣的重要引擎。在美国抛弃以世界贸易赤字为代表的多边规则时，中国更应坚定遵守国际规则，推动高水平、制度化的开放，以维护和拓展国际市场。

当然，我们现在面临全新的国际环境，新的形势给中国的经济发展带来了新的挑战。

一是西方国家反全球化的趋势。把现在的全球化分裂成以价值观为界限的两个全球化，这对整个世界的发展是非常不利的。而当今中国已经拥有强大的经济实力，与全球形成紧密联系、相互依存的经济格局，这种局面将生成强大的力量，并非意识形态的反全球化力量能轻易打败的。

二是美国的科技优势施压。美国利用科技优势来打压我国的重要产业链，如芯片产业，给中国的发展带来挑战。但是，高科技产业也是一个商业性的产业，高投入需要高回报、需要一个巨大的科技产品市场，而中国正好是这样的大市场，如中国的芯片市场就占了全球的1/3。在这种情况下，美国利用科技优势来卡我们脖子，实际上我国也是在卡它们的脖子，因为在全球化的时代经济代价是相互的。此外，我们现在自主研发的力量越来越强，所以美国企图破坏我们产业链的全球布局是不能够得逞的。

三是经济下行对供给侧和需求侧造成重大冲击。过去3年，中国经济面临下行压力，导致消费减少、供给侧受到冲击，对未来发展的信心相对疲弱。当前的首要任务是提升信心，以支持稳中求进的方针。首先，要认识到中国特色社会主义体制在3年新冠疫情中的优势，这使得我们的社会保持了稳定，医疗体制没有崩溃，为提振信心奠定了基础。其次，提振信心需要特别关注和支持民营企业的发展，坚持并加大力度宣传“两个毫不动摇”方针，在政策和舆论上给予企业更大的支持，依法保护其财产权利和正当权益，以稳定和提振整体经济信心。

（四）中国的应对措施

在如此严峻的国际形势下，为确保中国经济稳步发展，我们必须审慎应对当前的挑战。在深入探讨应对之策后，我们更加明白当前形势给中国经济带来的诸多压力和影响。只有深刻认识问题的严重性，我们才能更明智地制定出切实可行的解决方案。而中国的应对措施主要有三个方面：坚持以市场和规则为基础的全球化，对中美关系改善怀有信心，要把中国自己的事情做好。

1. 坚持以市场和规则为基础的全球化

在全球化方面，以市场和规则为基础的全球化应该是未来的方向，相较于以价值观为基础的全球化，这种全球化更加稳定，能够更好地适应市场力量的考验。全球化对中国对外开放至关重要，不仅有利于企业充分利用全球资源和市场，也为国家提供了相对稳定的国际环境。以华为为例，全球化的核心是利用全球最好的零部件和生产设备，生产最优质的产品。

然而，当前全球化面临诸多困难。二战前，全球化的基本原则是丛林法则，强者胜出。二战后，西方国家通过多边主义建立了一系列国际组织和规则，形成基于规则和市场的全球化。但现在，美国准备抛弃这一多边体制，将国际组织边缘化，丧失了国际贸易和经济的基本规则，如最惠国待遇。在此背景下，全球化正处于十字路口中：一条路，按照美国的方式建立霸权主义体制，以价值观为基础，排斥中国；另一条路，就是坚持二战以来的多边体制和规则，继续推动基于规则和市场的全球化。在这种情况下，我们应坚守现有秩序，不颠覆规则，并在现有基础上推动全球化。

不得不承认，现有规则并非完美，例如，WTO 等国际组织在很多议题上难以做到与时俱进；又如，面对发展迅速的跨境电商，在美国的阻碍下一直没能建立一个全球适用的跨境电子商务规则体系。但通过加入新内容，如“一带一路”倡议，并遵循习近平总书记提出的人类命运共同体，可以使全球化朝着更好的方向发展。

以美国为首的西方国家要把全球化带向以价值观为基础的全球化，中国却要继续坚持以市场和规则为基础的全球化。以市场和规则为基础的全球化定能战胜以价值观为基础的全球化，因为前者更能适应市场力量的考验，而后者是完全政治化的全球化，难以经受市场的考验。

2. 对中美关系改善怀有信心

在迎接这些挑战时，强调加强相互沟通和建立信任至关重要，特别是在国与国之间进行面对面的交流。元首外交被强调为最重要的手段之一。以 2017 年中美元首会晤为例，我国领导人在特朗普上台的短时间内前往佛罗里达，与他在海湖庄园进行了一次经典的中美对话。这次对话取得了显著成果，特朗普表示这次面谈使得两国元首建立了非凡的友谊。元首之间的良好关系有助于缓解紧张局势，减少误解和不确定性。

在面对当前紧张的中美关系，尤其是美国对中国经济制裁的强硬态度时，我们还是要保持对中美关系改善的信心。习近平总书记在广东考察时说道：“中国改革开放政策将长久不变，永远不会自己关上开放的大门。一切愿意与我们合作共赢的国家，我们都愿意与它们相向而行，推动世界经济共同繁荣发展。”习近平总书记的重要讲话强调了中国对外开放政策的坚持，为改善中美关系提供了积极信号，同时希望中国企业接收该积极信号，维持和美国的经贸关系。

加强中美关系要从三个关键方面入手。首先，要加强中美关系的政治基础。历代中国领导人建立了中美关系的政治基础，三个联合公报体现的“不寻求改变中国的体制”是最重要的。拜登的“四不一无意”承诺重申了一个稳定和发展的中国符合美国和世界的利益。当时习近平总书记就给予了肯定，并且表示“中国从来不寻求改变现有国际秩序，不干涉美国内政，无意挑战和取代美国”。另外，台湾问题是中美关系政治基础的基础，我们一定要严守这个底线，但是台湾问题不是中美关系的全部。这些政治基础对于关系稳定十分重要，要通过舆论宣传向美国人传递积极信息。

其次，要强化中美关系的经济基础。一方面，中美脱钩的后果不堪设想。尽管美国提出脱钩，但中美经济紧密相连。美国财政部部长耶伦表示，中美两国脱钩将是灾难性的。欧盟主席冯德莱恩访问中国后提到中美脱钩，她明确表示“三不”：脱钩不可行、不可取、不现实。另一方面，美国最终仍看重实际经济利益，中国庞大的市场和经济实力将为美国带来切实的利益，而脱钩会让它们付出沉重代价。

最后，要加强中美关系的民意基础。近年来，由于中美双方交流不足，民意发生了变化，尤其在网络舆论中，中美之间的看法变得较为负面。必须进一步改善双方的交流，消除误解，提升两国之间的民意基础。第一，中美两国有着深厚的历史渊源，中美两国曾在二战期间并肩作战，20 多年前，笔者曾随卡特总统到湖南的芷江机场参加飞虎队陈纳德将军塑像揭幕仪式，当时他曾说：“中美两国有血肉相连的关系。”此外，美国在中国改革开放特别是“入世”过程中发挥了积极作用。在“入世”谈判中，如果没有美国对中国“入世”采取积极态度，谈判将难以成功。最终，中国加入 WTO 的协定中，相当一部分内容源自中美协议。第二，中美的民间交往相当频繁，包括中美留学生、贸易企业等在内都期待中美关系改善。我们需要营造良好的民意氛围，使中美外交有更大的空间和回旋余地，不断努力改善双边关系。

3. 要把中国自己的事情做好

在面对当前的不确定因素时，习近平总书记强调要把中国自己的事情做好。首先，要集中精力谋发展，特别是全力以赴促进经济增长，确保中国经济持续发展和社会稳定，为全球提供巨大市场，创造积极的国际环境。其次，坚持对外开放至关重要，尤其需要警惕外部势力在台湾问题上制造麻烦，干扰中国的建设进程。中国的庞大市场和经济实力是吸引美国和其他国家与之合作的最大优势，通过持续的对外开放，中国能够为其他国家提供利益，建立互利共赢的国际关系。而且在应对困难时，中国应更加坚定地开放。在当今的国际形势下，改善营商环境至关重要，尤其要在各地培养干部的开放意识和专业经济知识，以提升投资者信心；进一步建立透明、稳定、可预见性的法律法规体系，为改善营商环境奠定基础。

中国当前正在建设的大湾区，其发展对中国经济的发展是一个强大的动力。如果将海南自由贸易港纳入其中，可能创造新的经济格局。比如，在广东省版图内的雷州半岛或者粤北地区内建立自由贸易加工区，完全享受海南的零关税政策。如果把海南也建设成一个 WTO 之下的单独关税区，类似香港的地位，让海南发行货币或者干脆就用港币，实行资本项目全开放，将会大大加快人民币国际化的进程。又如，把三亚旁边的自然岛屿租给澳门发展博彩业，海南的旅游业也将发展起来。总之，将海南自由贸易港与粤港澳大湾区更深度融合，使得海南自由贸易港和香港、澳门、广东都建立紧密的联系，这是一个很好的研究课题。

中国在解决当前经济不确定性方面有很多可做之事，通过坚持以市场和规则为基础的全球化、改善中美关系以及做好自己的事情，中国将能够克服困难，保持经济的稳定发展；进一步解放思想，通过建立自由贸易港，探索新的经济政策，中国的经济发展还能为世界注入强大的动力。

在当前的时代潮流中，中国站在了国际经济发展的前沿，面对世界的变局，我们更应该凝望未来，把握机遇。中国作为全球经济的引擎，要在自身发展中注重可持续性和高质量，不仅要在经济领域取得更大突破，而且要更加注重社会的全面进步，为人民提供更多福祉。在这个过程中，加强创新，推动科技发展，将是中国未来发力的关键领域。与此同时，中国在国际事务中应当更加积极地发挥建设性作用。加强与其他国家的协调合作，共同应对全球性问题，推动国际多边体制更加公正、有效地发挥作用。通过“一带一路”倡议，推动经济全球化更加包容和普惠，为世界注入更多正能量。最后，让我们怀揣信心，共同努力，为构建人类命运共同体贡献更多中国力量。在新的一年，期待祖国继续在开放、创新、可持续的道路上迈出坚实步伐，成为全球共同发展的中流砥柱。愿中国在变局中璀璨绽放，为世界带来更多希望与活力。

五、聚焦 APEC 机遇，携手亚太走向美好未来

周　密[①]

亚太地区作为全球经济规模最大、发展活力最充沛的区域，长期引领着全球经济的发展方向。2023 年，在世界经济复苏乏力的大背景下，亚太地区经济展现韧性和活力，区域合作不断取得新进展。2023 年，亚太经济合作组织（APEC）第三十次领导人非正式会议在美国旧金山举行，作为亚太地区最重要的开放合作平台，APEC 为区域乃至全球经济治理作出了重要贡献。展望未来，为了应对亚太地区在推进区域经济一体化和实现经济复苏过程中所面临的艰巨任务，APEC 各成员应当继续借鉴并践行过去的成功经验，紧密围绕“亚太”这一核心，专注“经济”发展，深化“合作”机制。作为亚太地区最重要的经济体之一，中国经济增长潜能巨大，将继续发挥引擎作用，为促进地区经济增长作出重要贡献。通过携手努力，我们期待推动亚太合作取得更为丰硕的成果，共同开启亚太地区的下一个“黄金 30 年”！

（一）回顾过去，亚太经济繁荣的 30 年

1. 亚太经济繁荣创造巨大吸引力

过去 30 年，亚太区域经济合作蓬勃发展，亚太区域的经济体量在包括 APEC 在内机制的促进下，获得了明显改善，使得亚太成为全球最具活力的区域之一。1990 年，APEC 成员的经济体量只有 23.5 万亿美元，2018 年就已增

---

① 周密，商务部国际贸易经济合作研究院太平洋研究中心主任，研究员。本文是蓝迪国际智库对周密公开发表文章和讲话的综述，包括：《RCEP 生效一周年：在动荡环境中创造大市场》，载《世界知识》2023 年第 3 期；世界知识论坛 2023 发表的题为《RCEP 为区域新能源合作提供助力》演讲；《亚太经济合作：如何开启下一个“黄金 30 年”》，载《世界知识》2023 年第 23 期。

长至 66. 2 万亿美元，人均国内生产总值（GDP）也从 10258 美元增至超过 2. 2 万美元。2022 年，世界银行的数据显示，全球 GDP 排名前十的经济体中，美国、中国、日本分列前三位，俄罗斯排在第八位。仅上述四个 APEC 成员的 GDP 总量已经达到 47. 5 万亿美元，比 1990 年所有 APEC 成员 GDP 的总和还要多 102. 1%。无论是中等收入群体数量、绝对贫困率还是温室气体排放量，APEC 经济体都表现出稳定改善的趋势。经济规模的快速扩大得益于 APEC 成员间资源优势禀赋的发挥和市场的持续整合。在包括《区域经济伙伴关系协定》（RCEP）在内的等协定的支持下，亚太成员之间的经贸合作进一步加强，形成了稳定和可持续的产业链供应链关系。过去 30 年，亚太地区的平均关税水平从 17%降至 5%，对世界经济增长的贡献达到七成。

2. 中国持续发挥积极而重要的作用

作为亚太地区人口最多且起步较晚的经济体，中国始终尊重 APEC 的基本理念与规则，为包括政府、企业、智库在内的相关方参与经济合作提供不断优化的舞台。与中国改革开放的基本国策一致，中国的营商环境持续优化，并通过对外协定和国内法律法规的完善，建立起稳定、可预期的协同发展模式，不仅充分支持了亚太经济体的经济社会发展，也为中国经济发展提供了持续的支撑和激励。2022 年，中国与 APEC 成员的进出口总额为 37390. 8 亿美元，占中国进出口总额的近六成（59. 7%）。中国已经成为 13 个 APEC 经济体的第一大贸易伙伴，而与中国发展贸易关系也符合 APEC 经济体各方的长远稳定发展利益。同时，APEC 成员分别在中国前十大外资来源地和前十大对外投资目的地中占据了半数位置，双向的资本流动进一步强化了亚太经济体间的利益联系。2022 年，中国利用 APEC 经济体投资占比达到 86. 6%，对外投资的近 3/4（73. 3%）流向了 APEC 经济体。

中国对促进亚太地区经济合作的作用不仅来自对多边经贸规则的遵守和对合作共赢发展理念的坚守，也来自主动创新、持续优化的积极努力。在 2001 年和 2014 年两次担任 APEC 轮值主席期间，中国都依托当时重要的历史背景，为创新合作作出积极努力。2001 年适逢中国加入 WTO，在这一利好因素的带动下，APEC 成员达成《上海共识》，在推动反恐协作、建设数字 APEC 上形成合作文件。2014 年，APEC 经济体聚焦区域经济一体化和包括绿色供应链在内的发展创新，发表了 APEC 成立 25 周年声明。创新合作为 APEC 成员主动迎接外部挑战、率先开展创新实践创造了更多可能和条件。

（二）亚太经济局势中的“危”与“机”

2023 年，亚太地区处于一个风起云涌的经济交汇点，面临多重且错综复杂的挑战。

一是供应链紊乱和通胀压力的挑战。2007 年美国次贷危机引发的全球金融危机对世界的影响尚未结束，叠加新冠疫情和俄乌冲突等一系列的问题，因此不少国家采取了相对保守的保护性政策，严重扰乱了全球供应链关系，导致不少国家的通货膨胀连创历史新高。在这样的背景下，一些国家选择独自解决问题，试图通过增加贸易壁垒和投资限制，提出“去风险”战略，从而加大了全球经济复苏的成本和复杂性。

二是地缘政治冲突和气候变化的全球性挑战。亚太地区面临地缘政治冲突和气候变化等全球性问题的挑战，这些问题需要各国合作解决。然而，单边主义和缺乏沟通的行为可能阻碍解决方案的达成，增加了解决问题的成本和复杂性，还可能引发更为广泛的负面影响，破坏国际合作的基础。

三是推动开放合作和基础设施建设的挑战。虽然 APEC 经济体具备开放合作的条件和意愿，但需要进一步加强传统基础设施的互联互通，以充分发挥各国资源禀赋优势。同时，构建新一代互联网也是迫切需求，以减少信息不对称和数字鸿沟对发展的制约。在新能源交通领域，亚太地区的市场需求旺盛，但相关供应链的保障能力和新能源技术的标准化发展空间仍有待提升。

四是区域经济一体化与碎片化的并行发展，亚太地区经济合作呈现出多元化和复杂化的挑战。一方面，APEC 等传统机制仍在推动区域经济一体化；另一方面，美国主导的印太经济框架（IPEF）等新机制的出现，使得地区合作出现亚太、印太两个路径之争，增加了区域合作的复杂性和不确定性。此外，美国对亚太经济合作的态度和政策充满不确定性。美国一方面肯定 APEC 的平台作用和成员地位，另一方面推行 IPEF 等新的区域合作机制。这种政策上的摇摆和不确定性可能对亚太地区的经济合作和一体化进程产生负面影响。

五是中美关系的不确定性挑战。中美关系也是影响亚太地区经济合作的重要因素。两国虽然经济互补性强，市场容量大，但发展模式差异和地缘政治考量给合作带来了复杂性和不确定性。如何妥善处理两国关系，共同推动亚太地区的开放与合作，是各方需要深思的问题。

2023 年，尽管全球经济社会面临重重挑战，但亚太地区的经济依旧保持了较好活力。根据国际货币基金组织（IMF）最新一期的《世界经济展望》报告，亚洲国家 2023 年的实际 GDP 增速将达到 4.6%，比上年提高 0.7 个百分点。经济活力为各领域的合作提供了更多可能，而合作又能够反过来改善亚太国家的经济社会发展。当前，亚太经济发展面临着独特的机遇。

一是 RCEP 引领的新机遇。2023 年 1 月 1 日是 RCEP 生效一周年。该协定已成为全球最大的自由贸易区，涵盖 15 个成员国。数据显示，2022 年前 11 个月中国与 RCEP 其他成员国的贸易额同比增长 7.9%，其中出口增长尤为显著。RCEP 不仅降低了成员国商业成本，还为企业提供了稳定的大市场环境，促进了跨国产业链与供应链的优化调整，在动荡的国际经贸背景下更显其价值。作为全球规模最大的自由贸易协定，RCEP 的深化实施为成员国间带来了显著的利益。它不仅通过降低关税壁垒和非关税壁垒有效减轻了商业活动的成本负担，特别是在中日、日韩等过去未签订自贸协定的国家间释放了新的增长潜力；同时，RCEP 也为区域构建了一道坚实的外部风险“防火墙”，稳定了市场预期和供应链网络。此外，RCEP 的规则透明度和投资自由化措施加速了跨境产业链的优化，提升了资源配置效率，进一步激发了企业的创新活力。在全球经济环境充满不确定性的背景下，RCEP 有望成为亚太地区的经济“避风港”，通过协同合作创造新的市场需求。各缔约国对于深化合作、完善协定内容的积极态度，预示着 RCEP 将继续推动亚太地区的繁荣与发展，为企业创造更加广阔的商机。

二是在新能源领域面临巨大的机遇。随着全球新能源浪潮的推进，中国与 RCEP 成员国在新能源基础设施建设方面的合作前景广阔。双方可以发挥各自优势，在充电桩建设、发电站和输电、储能等硬件环境建设上展开紧密合作，降低能源转型和消费、生产的成本。同时，中国在工程设计、建设运营和成本管理方面的强大能力，将为新能源项目提供有力支持，缩短转型周期，增强可持续性。此外，RCEP 成员国间的货物、服务和技术合作也将助力新能源发展，而中国完备的制造业和快速发展的服务业将为此提供有力支撑。亚太地区的巨大市场为产业国际转移和降低风险提供了多元路径，政策协同将有助于减少社会福利损失。然而，也需关注域外国家对 RCEP 规则和市场活动的影响，避免不切实际的规则和贸易摩擦对新能源合作造成冲击。通过合作与协调，各方有望共同实现能源发展目标，减缓气候变化，降低对生物多样性的破坏，为亚太地区创造更好的环境和条件。

三是中国式现代化以新发展为亚太地区提供新机遇。中国的发展为亚太地区带来了前所未有的机遇。通过积极推动高标准自贸区网络建设，中国不断扩大市场准入，促进贸易和投资自由化，为亚太各国提供更多合作与增长的空间。同时，中国致力于推动全球经济治理体系改革，维护多边贸易体制，增强亚太地区在全球经济治理中的影响力。此外，中国还引领数字经济发展，推动数字贸易规则的完善，为亚太地区的数字经济合作注入新动力。在绿色经济合作方面，中国倡导环保产业和绿色技术的国际合作，助力亚太地区实现可持续发展。最后，通过加强产业链供应链合作，中国维护亚太地区的稳定与安全，促进各国经济的协同发展。这些机遇共同构成了中国发展为亚太地区带来的重要红利，为推动亚太地区的繁荣与发展作出积极贡献。

（三）续写 APEC“黄金 30 年”的中国方案

相比 APEC 创立之初，当前的全球经济环境已经发生了深刻的变化，APEC 成员的关注点逐渐从“收割”全球化的红利过渡到反思总结经验教训以及如何推进新一轮的全球化。展望未来，APEC 如何续写“黄金 30 年”的辉煌？中国方案给出了以下四条路径：

一是坚持创新驱动。亚太地区有着全球领先的创新力量，无论是跨国公司、研发机构，还是应用市场，都秉持拥抱创新的态度，积极寻找解决矛盾、提升效率、降低成本的新产品、新服务、新模式，以提升企业的积极性，为不同类别的参与者带来机会。APEC 成员在签订的自由贸易协定中，将知识产权章节纳入其中，为国际经贸活动中创新收益权提供了保障。与此同时，包括人工智能在内的新领域对知识产权的确认和保障提出了更多新的议题。如何建立创新发展下权利保护和创新激励的新平衡，是 APEC 成员现阶段需要思索的课题。在此方面，亚太地区过去 30 年的成功实践和良好范例将为未来 30 年的创新实践提供参照。

二是坚持开放导向。诚然，阻碍外部优势企业参与本国竞争在短期内可能会带来收益，但“鸵鸟主义”损害的是长期和全局的发展利益，解决全球化的负面影响不能靠保护主义。开放既是时代的特征，也是技术发展的规律。现有多边经贸体系的开放承诺仍应成为未来 APEC 成员行动的重要准则，开放所涉及的领域需要从关税向更多影响跨境资源配置的非关税壁垒和边境后措施扩展，同时应更多关注数据作为新的要素资源跨境自由流动和配置所需的新协调。开放始终应该是双向和多层次的，也不只是一开了事，需要伴随持续的能力建设，以帮助社会中各个群体快速提升开放适应力，采取切实协同防止系统性风险的扩散和对经济体造成的损害。

三是坚持绿色发展。绿色是 APEC 成员下一个 30 年经济社会的基本色。主要的亚太经济体承诺在这一期间完成碳中和，这需要相关各方付出持续巨大努力。但绿色转型也将相应地为 APEC 成员创造更为广阔的发展空间。APEC 经济体应承担引领和支持全球可持续发展的必要责任，强化政府间协同，鼓励能源结构调整升级，并为之做好相关的法律法规和制度升级的准备，逐步形成市场主导的绿色发展模式，使得绿色发展更具成本优势和市场竞争力，塑造亚太地区消费者的绿色消费意愿。

四是坚持普惠共享。必须看到，亚太经济体之间的差异性可能并不比 30 年前小，各方的发展目标和理念更为多元。要实现下一个“黄金 30 年”，需要尊重这种差异，并为共同发展创造条件。经济发展并不存在单一、普适的模式，在进行规则设计时需要充分倾听和考虑各方的声音，为最不发达经济体和中小企业创造更有利于其发展的环境，加强各种规模和类型企业或产业之间的互利合作。要充分认识到，摒弃零和思维和意识形态导向的各种竞争论，推动包容与普惠、共享发展成果，将有助于改善亚太地区经济发展的质量，降低单一（少数）产业或模式占优而受到外部冲击的风险。

回顾过去，我们深知亚太地区作为全球经济增长的重要引擎，肩负着引领和推动全球经济发展的重任。在当前全球经济面临诸多挑战的背景下，亚太地区的经济活力与合作潜力更加凸显。面对这些挑战，2023 年的 APEC 峰会以“互联、创新和包容”为关键词，为我们指明了前进的方向。只有通过加强互联互通，推动创新合作，关注发展中经济体的需求，才能共同为全球经济复苏和发展注入动力。通过加强基础设施建设、构建新一代互联网、推动新能源交通发展等举措，我们能够深化亚太地区的互联互通，为各国经济发展提供有力支撑。同时，包容性创新合作是激发亚太地区经济潜力的关键。我们需要充分尊重各国的发展模式和选择，避免以己方优先的预设逻辑和体量优势迫使其他各方接受和改变，而应寻求共同利益和合作空间，推动包容性创新合作在亚太地区落地生根。此外，中国一直以来是区域经济增长的动力，中国经济生产的恢复将为世界经济发展带来机遇，中国式现代化不断以中国新发展为世界提供新机遇，为亚太经济强劲复苏增强信心。展望未来，我们有理由相信，只要亚太各国携手合作、共谋发展，就一定能够走向更加美好的未来。让我们聚焦 APEC 机遇，携手亚太，共同书写全球经济发展的新篇章！

六、多重考验在眼前，欧洲应以开放向未来

丁　纯[1]

2023 年对欧洲将是充满巨大不确定性的一年，也是面临诸多考验的一年。目前，欧洲仍然深陷经济严冬之中。能源危机、通胀高企、制造业萎缩等多重压力，给欧洲经济复苏前景投下阴影。除内部的一连串问题外，外部挑战也不容忽视。百年变局加速演进，世界不稳定性、不确定性显著上升，能源危机的阴影伴随俄乌冲突和中东局势始终笼罩在欧洲经济上空，欧洲经济整体增长乏力，短期内大国将面临经济失速。回望 2023 年，中欧关系低开高走，逐渐趋稳。对于欧洲国家来说，在国际形势动荡加剧、全球挑战日益增多的背景下，如何面对严峻且困难的经济形势，如何推动中欧关系行稳致远，是欧洲国家需要解答的问题。中欧作为全球两大力量、两大市场、两大文明，能够加强战略沟通协调，推动双方全面战略伙伴关系行稳致远，为动荡变革的世界局势注入稳定性。

（一）疫情与战争重压下，欧洲经济增长乏力低位徘徊

在新冠疫情和俄乌战争的叠加冲击下，当下欧洲经济形势堪忧。宏观经济指标显示，欧元区和欧盟经济均呈疲软态势：2023 年第三季度，欧元区 GDP 增速环比下降 0.1%，同比增长 0.2%；欧盟 GDP 增速环比增长 0.1%，同比零增长，连续三个季度表现出非常微弱的增长势头。欧洲经济仰赖的对外贸易也呈现持续萎缩趋势，第三季度，欧盟进出口贸易额环比分别下降 4.6%和 1.2%，欧盟出口总额连续三季度下降，进口总额连续四季度下降。原本因能源价格高涨造成的创纪录的高通货膨胀，在欧洲中央银行（以下简称欧洲央行）迅速地 10 轮加息应对下渐趋回落，2023 年 10 月，欧元区通胀率已经降至 2.9%，欧盟通胀率则降至 3.6%，但与 2%的目标仍有距离。另外，欧盟成员国的财政赤字和政府债务水平也令人担忧，欧盟各国政府平均财政赤字的 GDP 占比为 3.2%，仍高于《稳定与增长公约》要求的 3%，公共

---

① 丁纯，复旦大学经济学院世界经济研究所教授，复旦大学欧洲问题研究中心主任，欧盟让-莫内讲席教授。本文是蓝迪国际智库对丁纯公开发表文章和讲话的综述，包括：《欧洲能源危机及其影响分析》，载《国际经济评论》2023 年第 1 期；《欧洲经济的现状、突出问题与发展态势》，《上观新闻》“大咖谈”栏目；为公众号“深海区”撰稿《中欧关系持续企稳回暖，多领域值得关注》；为公众号“深海区”撰稿《欧盟“全球门户”应以开放向未来》。

债务的GDP的占比为83.1%，远高于60%的红线，希腊、意大利、法国、西班牙、比利时的政府债务的GDP占比更是超过100%。相较令人沮丧的增长、通胀、进出口及财政赤字、公共债务指标而言，劳动力市场的表现无疑是一抹难得的亮色，欧洲失业率长期维持在历史低位，欧元区8月6.4%的失业率创下历史新低。但欧洲劳动力市场仍然呈现紧张态势，部分行业劳动力短缺、劳动力成本增长等问题对欧洲经济造成一定困扰。

总体而言，欧洲经济在内部高通胀、高利率和外部国际需求不振的背景下处于低位徘徊。外部需求不振、加息等融资条件收紧加剧了投资压力，通胀造成的实际收入下降又遏制了消费。同时，欧洲制造业产出持续下降且影响外溢到服务业。欧盟月度商业统计数据显示，工业、建筑业、零售业和外贸持续疲软，欧洲经济的相对停滞无疑是全方位的。故近期欧盟分别将2023年欧盟和欧元区的增长预期下调至0.6%，并且降低了2024年欧盟和欧元区的经济增速各0.1%。而据IMF《世界经济展望》的最新预计，相较2023年美国、日本、中国和印度分别2.1%、2.0%、5.0%和6.3%的预期增速，预期增速仅为0.7%的欧元区，位居末尾。

（二）欧洲经济发展面临的突出问题

短期内疲弱的欧洲经济复苏态势与长期内相对滞后的欧洲经济转型进程，共同构成未来欧洲经济发展进程中可能面临的临时性与结构性问题，主要表现为：

一是短期内通胀压力与增长压力并存，欧盟面临经济政策的两难抉择。尽管欧洲央行和成员国政府相互配合，逐渐走出了能源危机的高通胀困局。但欧元区通胀水平与2%的目标还有距离，而欧洲央行10轮加息的紧缩性货币政策的后果已经显现，存款便利利率达到4%，为1999年以来的最高水平，再融资利率达到4.5%，边际贷款利率达到4.75%，利率高企所带来的债务压力与投资降低使得欧洲经济短期内“硬着陆”的风险提高。由于此前高通胀引致的内部需求不足叠加融资条件收紧抑制了国内经济活动，欧盟内部包括欧洲央行管委会内部出现了关于何时降息的分歧。归根结底，俄乌冲突持续带来的能源供应压力、因巴以冲突而空前紧张的中东危局等地缘政治形势因素、极端天气的可能性，以及难以一蹴而就的欧盟能源转型和劳动力成本上涨的压力等均令欧洲经济决策者无法对后续通胀走势掉以轻心，从而放弃紧缩政策而改弦更张，全力复苏经济。同时，各国政府以财政赤字为代价的应对措施也非长久之计，德国、荷兰与法国、意大利等在降低政府负债水平的步骤和标准上已经出现了明显的矛盾。纪律优先还是复苏优先，降通胀还是保增长成为困扰欧洲经济政策的两难选择。

二是短期内欧洲大国经济增长普遍失速，外需疲弱，传统增长模式遭受质疑。原本作为“欧洲经济火车头”的德国，再度显现出“欧洲病夫”的疲态，2022 年第四季度与 2023 年第一季度 GDP 分别环比下降 0. 5%与 0. 3%，德国已经陷入技术性衰退，消费、贸易、产业及对外投资等各方面表现均不佳。其他主要经济体的表现也只能说是差强人意，欧盟《秋季经济预测报告》显示，2023 年法国经济环比增长 0. 1%，同比增长 0. 3%，意大利经济环比和同比增长率均为 0，更有甚者，还预测 2025 年德国和意大利的经济增速将并列欧元区末尾。究其原因，除人口老龄化、数字化转型滞后等长期困扰欧洲经济与社会发展的结构性问题外，俄乌冲突以及衍生的能源危机冲击，令德国等欧洲制造业大国过往依赖的以俄罗斯廉价能源供应与中国等广阔海外市场为基础的增长模式遭受空前质疑，欧洲大国普遍面临全球贸易遇冷下的出口大国困境许是佐证。短期来看，在地缘政治冲突阴影下，国际需求不足的问题还将持续一段时间，作为区域产业链核心的欧洲大国的经济失速无疑将继续拖累欧洲经济的整体复苏。

三是长期内欧洲熟练专业劳动力结构性短缺的问题日益突出，低失业率与较高的职位空缺率共同构成欧洲劳动力市场的基本特征。欧盟统计局数据显示，2023 年 9 月欧盟与欧元区失业率分别为 6%与 6. 5%，而第二季度的职位空缺率分别为 2. 7%与 3%。欧盟内政专员约翰松公开承认欧洲“需要更多的劳动力移民”。在制造业的一些部门，劳动力短缺仍然远高于历史平均水平，而建筑、医疗保健和信息技术行业的劳动力短缺也引起了欧盟委员会（以下简称欧委会）的关注。对于欧洲而言，短期内解决熟练劳动力短缺的问题并非易事，长期内如何缓解劳动力结构性短缺对经济发展的负面影响同样存在挑战。一方面，长期来看，深受人口结构老龄化和教育导向制约；短期来看，受工资上涨带来的掣肘。另一方面，引进移民，在经历了难民危机冲击的欧盟成员国之间，早已不是一个纯粹的经济问题，各国政府和主要政治势力难免抱有谨慎态度。

四是欧洲数字化转型与绿色转型进程中的相对滞后可能降低欧洲的长期增长潜力。在数字化转型领域，欧委会数据显示，2020 年，90%的欧盟数据由美国超大型互联网公司管理，仅有不足 4%的互联网在线平台归欧盟所有，欧盟科技企业在世界数字市场上的占有率不足 4%，远低于美国 73%的水平。在绿色转型领域，欧洲车企正面临越来越强的中国新能源汽车产业竞争压力，欧盟对中国锂电池产品进口高度依赖。近年来，欧盟频频针对中国新能源汽车产业出台限制措施，挑起对中国新能源车企的“双反”调查，而通过保护性政策增强欧洲市场绿色壁垒正是欧盟新能源转型焦虑的直接体现。对于欧洲而言，如何加快数字化转型与绿色转型的脚步是保障欧洲长期经济增长必须直面的问题。

五是能源危机对欧洲经济的影响深远且复杂。短期来看，供应链中断和供需失衡导致的能源价格上涨，使得通货膨胀率飙升至历史新高，同时家庭和企业的能源成本激增，削弱了消费能力并导致大量企业减产、停产或倒闭。此外，市场对未来经济复苏的预期下降，消费者和投资者的信心低迷。避险情绪的加剧使金融市场承压，欧元汇率下跌，外贸状况恶化。在政策方面，欧盟和成员国面临财政赤字、公共债务累积以及货币政策操作难度加大的困境。长期来看，能源供需“瓶颈”问题和政策应对的不确定性将进一步延缓欧洲经济的复苏步伐，增加经济的不稳定性。这场能源危机不仅影响了当前的经济状况，还可能对欧洲的工业结构和市场信心产生持久的影响，其后果可能会持续较长时间。

（三）欧洲经济复苏前路漫漫，应从危机求转机

展望欧洲经济前景，有忧有喜，但欧洲的经济复苏恐怕不会是一帆风顺的，需要内外兼修。

短期来看，持续至今的俄乌冲突的负面冲击恐一时难有改观，能源危机的阴影伴随俄乌冲突和中东局势始终笼罩在欧洲经济上空，只是这一回欧洲还有没有“暖冬”救急尚未可知。近来欧盟内部经济活动渐趋活跃，服务业需求有望攀升。而随着欧盟最大的贸易伙伴美国的经济增速超过市场预期，中国经济日臻回暖，日本复苏呈现少有的强势，以及英国的经济情况有所好转，外部需求回升，出口不振的问题有望得到改善。然而，美欧经贸关系始终绕不开美国政治因素的干扰，尤其是美国大选的不确定性；同时，欧盟 2023 年起推动对华“去风险”，又为欧洲经济带来了一重挑战。当然也应看到，因新冠疫情和俄乌冲突而被压抑的投资和消费需求也积蓄了巨大的恢复动力。

长期来看，欧洲经济要走出自欧债危机以来缺乏增长动力、相较世界其他主要经济体而言疲弱的困境，实现战略自主，关键还是要推进结构改革。

欧洲解决能源供应问题离不开绿色转型；提高新型行业竞争力离不开数字转型；改善赤字、债务问题，协调各国经济政策离不开资本市场联盟、银行联盟乃至财政联盟的建设。或许可以令欧洲聊以自慰的是，欧盟清楚地了解自身经济面临的问题，于是早在新冠疫情以前，欧盟就开始做出加强欧洲央行权力、重启产业政策、推动转型和创新等种种努力。俄乌冲突、能源危机加速了以能源转型为主，包括增长、治理模式的欧洲结构转型。当然，这些转型和创制绝非一朝一夕可以完成的。在浩浩荡荡不断重组的世界经济大潮中，留给欧洲经济的时间和空间已经不多了，就欧洲政策制定者而言，如何审时度势，综合平衡内外各类问题挑战与利益偏好，制定并协调政策实施尤为关键。希冀欧洲能在困难中确定方向，从危机中觅得转机，加速复苏，扩大战略自主。

（四）加强对华合作是改善欧洲经济动力不足的一剂良药

尽管目前欧洲经济面临重重挑战，但从长远来看，欧洲经济复苏依旧有独特的机遇，而欧洲经济发展的机遇主要体现在与中国的合作上。中欧关系呈现全面复苏和稳中向上的良好态势，加强与中国合作具有战略意义和全球影响，也为欧洲经济复苏找准了一剂良药。

一是中国作为欧盟的第二大贸易伙伴，对欧洲经济复苏具有重要意义。中欧合作符合双边经济发展的需要。中国的发展离不开国内国际两个市场、两种资源，欧盟作为我国第二大贸易伙伴与主要投资和技术来源地的作用不可替代。

二是加强与中国合作可以帮助欧洲解决通胀压力、出口不振、大国经济失速等经济问题，为欧洲经济复苏提供动力。

三是改善中欧关系符合欧盟的政治需求。作为欧洲的传统盟友，美国2022年推出了《通胀削减法案》，许多欧洲有识之士意识到美国单边主义并不可靠；在2023年的巴以冲突中，美国偏袒以色列、变相火上浇油的行为更是引发不少欧洲国家的不满和担忧。与此同时，欧洲时刻关注着大国关系的变化，避免由于自身立场激进而陷入孤立。美国2024年将迎来大选，美欧关系可能再次面临威胁。在种种不确定因素之下，改善对华关系成为欧盟的理性选择。

四是中欧合作对国际治理具有重要意义。在国际经济治理中，中欧在维护多边主义，尤其是推动WTO和IMF改革上具有共同利益。在气候变化、传染病防控等议题上，中欧也有强烈的合作意愿与潜力。此外，双方还发现了在第三方市场、循环经济、绿色金融等新兴领域的合作与治理增长点。

五是共建“一带一路”为欧洲带来了诸多发展机遇。①促进了中欧之间的贸易增长和基础设施互联互通，推动了中欧关系的深化。②通过打造优质民生工程项目，提升了当地民众的获得感和满足感，促进了人民间的交流与理解。③推动了欧洲地区的经济发展和绿色转型，助力实现可持续发展目标。④共建“一带一路”倡议以文化交流促进和平共处，展现了让世界各国和各种文化更好地和谐共生的宏伟愿景。因此，共建“一带一路”已成为深受欢迎的国际公共产品和国际合作平台，为欧洲地区的发展带来了重要机遇和稳定因素。

中欧关系的回暖升温不仅符合双方经济发展的需要，也符合欧盟的政治需求，对国际局势的和平稳定、全球经济的复苏发展具有重大意义。

（五）展望未来，应持续推动中欧关系回暖升级，为世界注入更多稳定性

回望2023年，中欧关系低开高走，逐渐趋稳。法国总统马克龙、欧洲理事会主席米歇尔、欧委会主席冯德莱恩、欧盟“外长”博雷利以及多位欧盟高级官员先后访华，尽管强调对华“去风险”，但也反复重申“不脱钩”，中欧政治交往呈现持续回暖和稳定势头。2023年12月7日召开的中欧峰会又为中欧关系发展奠定了企稳回暖再出发的基调，习近平总书记强调中国愿将欧盟作为经贸合作的关键伙伴、科技合作的优先伙伴、产业链供应链合作的可信伙伴，双方均表明了加强战略沟通、推进双边关系健康稳定发展的意愿。

2024年正值中法建交60周年，展望2024年中欧关系有三个领域值得关注：

第一，在经济领域，经贸合作的压舱石作用能否稳固值得关注。一方面，随着双边往来不断恢复，中欧经贸关系具备了充分的回暖条件；另一方面，欧盟自身经济复苏动力不足，能源危机阴影持续，通胀压力仍在，货币和财政政策调整陷入两难。如果欧盟坚持贯彻“去风险”及对华贸易逆差“零容忍”政策，滥用外国补贴条例、反胁迫法等制裁工具，只会恶化中欧经贸关系。

第二，在政治领域，双边互信如何重建尚待检验。尽管欧盟对华“三重定位”，即“合作伙伴、经济上的竞争者和制度上的对手”难以改变，但随着中美关系缓和、中欧多个双边机制线下对话渐次恢复，政治互信或有望加强。2024年是中法建交60周年，中法密切的交往互动有望为中欧关系注入新的助力。

第三，在人文交流领域，中欧即将举行的高级别人文交流对话机制第六次会议备受瞩目，此次会议预计将达成一系列具有深远意义的合作成果。其中，中国对欧洲五大国实施免签政策以及降低签证费用，不仅将极大便利双边人员往来，还将有力推动人文领域的深度交流。这些举措的效果无疑将成为各界关注的焦点，其积极影响值得期待。

中欧关系的持续转暖也受到一系列内外部因素的影响和制约，还需要双方相互尊重、冷静务实，克服多重不确定因素，相向而行。

一是加强合作实践，形成有力抓手。中欧双方应积极推动在已达成合作共识的领域，如供应链稳定、气候变化、数字经济、公共卫生和地区热点问题等，特别是在备受期待的“数字”和“绿色”两大板块，将共识转化为具体实践。双方可设立联合工作组或专项机制，加强政策对接和项目合作，确保形成有力的抓手，推动中欧关系深入发展。

二是促进欧盟内部共识，采取务实对华政策。2024 年欧盟将迎来欧洲议会大选和欧盟机构领导人换届，面对欧盟内部政党势力碎片化、民粹势力崛起等不确定因素，中欧应加强对话与沟通，促进欧盟内部在对华政策上形成共识。同时，欧盟应坚持谨慎务实态度，不搞价值观划线，不泛化“去风险”，不触碰台湾问题等红线。在处理分歧时，应坚持通过磋商解决，避免对抗升级。

三是应对地缘政治影响，加强外交选择自主性。中欧应密切关注国际地缘政治形势的变化，加强在外交政策上的协调与合作。欧洲应增强自主决策能力，秉持战略思维，妥善处理与各方关系，避免为单一大国或集团所左右。同时，中欧应加强在国际热点问题上的理解与合作，求同存异，相向而行共同维护国际和平与稳定。

四是关注美国因素，维护中欧关系稳定。中美关系的走向对中欧关系具有重要影响。中欧应密切关注美国政治动态和政策变化，评估其对中欧关系的影响。同时，欧盟应坚持战略自主，不做盲目跟班，不搞集团对抗，采取真正有利于维护和平的举措。在面对美国因素时，中欧应加强沟通与协调，共同维护双方关系的稳定发展。

五是调整心态，抛开门户之见，以开放面向未来。2021 年，欧盟在布鲁塞尔提出“全球门户”倡议，宣称以民主价值为导向，致力于通过高质量的基础设施投资，将世界各地的商品、人员和服务连接起来。尽管该计划与中国的“一带一路”倡议在投资区域上有所重叠，但两者在目标和实施方式上存在差异。然而，欧盟的“全球门户”计划面临多重挑战，包括经济实力不足、内部决策机制复杂、地区矛盾突出、道德优越感过重以及地缘环境的不稳定等。这些问题导致该计划在推进过程中举步维艰，难以取得突破性进展。相比之下，中国“一带一路”倡议的成功表明全球对基础设施的巨大需求，以及互联互通、互利共赢的合作理念得到广泛认同。因此，欧盟应该调整心态，抛开门户之见，秉持更加开放和包容的态度开展多边合作及参与多边倡议。通过合作解决“全球门户”计划所面临的问题，欧盟可以早日将投资计划落到实处，实现“团结变强”的目标。这不仅符合全球发展的利益，也有利于欧盟自身的长远发展。

随着 2023 年的落幕，欧洲站在了历史的十字路口，眼前既是迷雾重重的挑战，也蕴藏着未知的机遇。经济严冬的寒风中，能源危机、通胀压力与制造业的困境交织成一幅沉重的画卷，而外部环境的变幻莫测更为这幅画卷增添了几分不确定的色彩。总体来说，欧洲经济在短期和长期均面临着诸多挑战，但其中也蕴藏着转型的机遇。如何在变局中开新局，是欧洲各国政府和经济决策者需要深思的问题。加强与中国的合作，无疑是欧洲在寻求经济复苏和增长动力过程中的一剂良药。中欧关系在经历波折与调整后逐渐显现企稳向好的态势，这份来之不易的稳定为动荡中的欧洲提供了一盏指引前行的明灯。展望未来，中欧关系站在了新的历史起点上。面对风云变幻的国际形势和层出不穷的全球性挑战，中欧双方更需携手合作，共同应对。我们期待中欧关系在相互尊重、平等互利的基础上持续回暖升级，为世界注入更多稳定性与确定性。让我们携手努力，推动中欧关系不断迈上新的台阶，共同开创人类更加美好的未来！

七、百年变局下，发挥“五通”引领和发展新质生产力

陈文玲[①]

百年未有之大变局并非空泛口号，而是真实存在的多重陷阱，包括“修昔底德陷阱”“中等收入国家陷阱”“战争陷阱”“小院高墙陷阱”以及“意

① 陈文玲，中国国际经济交流中心总经济师，国务院研究室综合司原司长、研究员。本文是蓝迪国际智库对陈文玲的公开发表文章和讲话的综述，包括：人大重阳系列讲座发表题为《共建“一带一路”在人类发展史上具有里程碑意义》演讲；“通州·全球发展论坛”战略对话；中宏论坛第四十四场在线研讨会的主题发言。

识形态陷阱”。面对那些不怀好意、企图设置陷阱的势力，中国应充分发挥“一带一路”倡议的“五通”优势，即政策沟通、设施联通、贸易畅通、资金融通和民心相通，以此来破除陷阱，精心布局中国的共同发展大棋局。同时，中国需坚定不移地发展新质生产力，加快发展人力资本，提高创新新质生产力的基础能力和现代技术能力，加快构建适应新质生产力发展的新型生产关系，发挥生产力、生产资料、生产关系的综合性成效，构建具有创造新质生产能力的企业主体。通过持续提升新质生产力，中国将以更加从容的姿态应对百年未有之大变局所带来的种种挑战。

（一）百年大变局下的陷阱

世界的未来，在于各国人民共同作出的明智选择。当前的抉择将塑造未来的世界格局。从全球视角来看，我们需跨越多重陷阱，既有旧有的，也有新设的。

第一，“修昔底德陷阱”。“修昔底德陷阱”实际上是一个伪命题，关键是中美如何选择。习近平主席与拜登总统旧金山会晤，达成多领域多方面重要成果，两国元首在关键历史当口为中美关系把舵定向。2022 年 11 月，习近平主席与拜登在巴厘岛会晤也达成了共识，但在落实中出现了很多问题。所以，不仅要看达成了多少共识，发表了多少声明，关键要看美方怎么做，怎么做才是面向未来的正确选择。

第二，“中等收入国家陷阱”。全球经济排在第一位的是发展，发展是最大的公约数。根据世界银行报告，全球有一百零几个国家跨越了“中等收入陷阱”，但只有 13 个国家在二战后进入高收入国家行列，其余都没有跨越“中等收入国家陷阱”。中国提出“一带一路”倡议后这 10 年之所以取得了进展，得到了 3/4 国家的赞成和参与，就是抓住了发展这个最大的公约数，寻求共同发展、共享发展、可持续发展。

第三，“战争陷阱”。如何避免新的战争爆发，特别是防止灾难性的“第三次世界大战”或核大战，是每个国家都应深思的问题。选择战争还是和平？这是对一个国家道德和道义的重要考验。

第四，“小院高墙陷阱”。把“小院高墙”称作陷阱，指的是为了遏制打压别人，把院子越修越小、墙越筑越高的行为。用中国的成语来说，就是会慢慢地成为井底之蛙。“脱钩断链”这种做法只会限制自身的视野和发展空间，最终受损的不仅是外部，更可能是自己。

第五，“意识形态陷阱”。一些国家制造这种议题，按照意识形态划分国家阵营，人为制造阵营对立。然而，人类的共同价值是超越意识形态的。将国家利益凌驾于全球利益之上，并非真正的关爱。

人类如何共创美好未来？这需要我们回归理性，展现更大的智慧。尽管世界充满各种陷阱，但多数为人为所设，是对人类历史和智慧的嘲讽。只要我们能够跨越这些陷阱，摒弃思维迷思，在关键时刻觉醒，以人类命运共同体的理念构建更为合理、公平、正义和可持续的世界秩序，我们便能够战胜一切挑战，跨越所有陷阱。

（二）“一带一路”塑造中国破局方案

一是政策沟通。习近平总书记讲的标准规则作为“一带一路”重要支撑，即软联通在这方面取得了重大的进展。这一进展基于对共建“一带一路”的广泛共识和认知，完成了从响应到参与再到共建的跨越。目前，中国已与151个国家、32个国际组织签署合作文本，伙伴遍布全球五大洲。特别是非洲，涵盖52个国家，几乎覆盖整个非盟。所以，“一带一路”倡议和很多国家的规划、战略对接，如哈萨克斯坦的“光明之路”、土耳其的“中间走廊东西方大通道”以及俄罗斯的“大欧亚伙伴关系倡议”等，深化了合作关系。2022年，习近平总书记访问印度尼西亚，进一步推动了与印度尼西亚国家发展规划的对接和认同。此外，国际组织如联合国、上合组织、金砖国家等也积极推动“一带一路”。我们还和东盟、非盟、中非合作论坛、世界论坛等多边合作机制在相互信任的基础上发挥推进“一带一路”的多边作用。2023年，在北京举办的第三届“一带一路”国际合作高峰论坛推出更多新的理念倡议，稳定连续地推动共建“一带一路”行稳致远。

二是设施联通。共建“一带一路”将硬联通作为重要方向，六廊建设就是硬联通，从基础设施互联互通开始。基础设施互联互通已经形成了刚才讲的“六廊六路多国多港”，形成了一大批标志性项目，代表着共建“一带一路”基础设施的水平。在铁路交通方面，拉合尔轨道交通、匈塞铁路、中老铁路、雅万铁路、中泰铁路、蒙内铁路以及中蒙俄中线铁路升级改造等项目均取得了显著进展。在公路交通方面，中国与多个国家实现了货车通行免检免验，大幅提升了物流效率。在港口建设领域，目前，西部陆海大通道的港口已经覆盖全球119个国家和地区的393个港口，初步实现了丝绸之路经济带和21世纪海上丝绸之路的有机衔接。在港航建设方面，中国也迈出了坚实的步伐，“空中丝绸之路”的建设也取得了重要进展。目前，中国与全球200多个国家和地区的600多个主要港口建立了航线联系，形成了五大港口群，与全球港口建立了非常顺畅的航线关系。值得一提的是，中国企业在收购和运营国外港口方面也取得了显著成果。例如，中远海运集团收购了希腊的比雷埃夫斯港，不仅盘活了港口，解决了大量人员的就业问题，还使该港口成为地中海地区的重要港口之一。这些成功案例不仅展示了中国企业在全球港口建设中的实力，也为共建“一带一路”倡议的深入推进提供了有力支撑。

新亚欧大陆桥的建设也是共建“一带一路”设施联通的重要组成部分。中欧班列的发展尤为迅速，在抗击新冠疫情期间发挥了至关重要的作用。当公路运输、海洋运输等受阻时，铁路运输的通畅性为欧洲国家提供了急需的抗疫物资。如今，国内中欧班列出发的城市已达到109个，通达欧洲25个国家211个城市，构建了一条贯通亚欧大陆的国际贸易大动脉，所以也叫“钢铁驼队”。这些基础设施的互联互通是共建“一带一路”倡议的生动体现，它们看得见、摸得着，具有极强的说服力。虽然一些国家对中国的基础设施建设提出疑问，但事实胜于雄辩。这些项目不仅为沿线国家带来了实实在在的利益，也为未来创造了长期可持续发展的优质资产。

三是贸易畅通。参与“一带一路”的国家之间贸易的活跃度不断提升，规模持续扩大。商务部数据显示，已与中国签署自贸协定的共建国家达15个，另有9个正在谈判，6个正在研究中。此外，中国还与35个国家签署了经认证的经营者互认安排。即便在2022年新冠疫情期间，上海进博会、海南消博会等展会也均未中断，中国与“一带一路”国家的贸易依然逆势增长。特别值得一提的是，中国-中南半岛走廊建设进展迅速，与东盟的制造业产业链供应链联系日益紧密。目前，中国和东盟互为最大贸易伙伴。2022年，在沿线非金融类直接投资的主要目标国家中，东盟国家占据6席。IMF分析指出，中国经济每增长1%将带动东盟国家增长0.3个百分点，显示了中国经济对东盟的强大带动力。在经贸合作规则对接方面，中国已联合共建国家制定了682项国际标准，涵盖中医药、智能电网、船舶等领域。税收征管合作机制倡议理事会成员和观察员数量也在不断增加，税收协定网络已覆盖110个国家。近年来，在新冠疫情冲击下，“一带一路”相关国家的贸易占比仍超过全部贸易的30%，投资增量占比更是达到60%以上。这表明“一带一路”倡议在贸易畅通方面发挥了巨大作用，为全球经济复苏注入了强劲动力。

四是资金融通。中国人民银行（央行）与40多个“一带一路”沿线国家签署了本币互换协议，并授权了多个人民币清算银行，极大地便利了贸易和投资。亚洲基础设施投资银行（AIIB）自 2015 年倡议以来，截至 2023 年，成员国已增至 105 个，覆盖全球约 80%的人口和 65%的经济总量，国际影响力与合作潜力巨大。AIIB 的高标准、专业性获国际认可，其在基础设施建设、经济发展中的作用不可忽视。同时，丝路基金等金融机构也为沿线国家提供资金支持，推动经贸合作。中资银行扩大在沿线国家的金融服务网络，提供便捷服务。人民币跨境支付系统（CIPS）的发展也为全球贸易和投资提供了便利。此外，中国与共建国家互设金融分支机构，加强金融合作，推动资金融通，提升中国金融业国际化水平，为沿线国家提供更多金融服务选择。

五是民心相通。大家在共建“一带一路”过程中，有矛盾、有纠葛、有探索、有进展、有成效，在民心相通方面，把“一带一路”中心联通作为重要基础，习近平总书记在第三次“一带一路”建设座谈会上讲，把高标准、可持续、惠民生作为共建“一带一路”的目标。怎样实现心联通，能够让更多国家人民有更高的认同感，实现心联通是重要的基础，也是最基本的保障。在民心联通方面，不仅有爱心的工程，还有一些教育项目，还有提供的留学生来华学习奖学金，还有学历学位互认，还有鲁班工坊，等等。世界银行在 2019 年做过一个研究报告，“一带一路”倡议仅交通设施互联互通就可以使相关国家 760 万人摆脱极端贫困，使 3200 万人摆脱中度贫困，并将使参与国贸易增长 2.8%~9.7%，全球贸易增长 1.7%~6.2%，全球收入增加 0.7%~2.9%，这是保守的第三方评价。截至目前，我国在全球 56 个国家设 115 个医疗点，特别是抗疫中我国的贡献不必赘述。随着“一带一路”行稳致远，“一带一路”带给世界的希望和机会越来越多。

在百年未有之大变局的时代背景下，“一带一路”倡议的成功不仅为全球治理和国际合作注入了新的活力，也为我们提供了深刻的启示。这一倡议自诞生以来，便以其独特的中国智慧，赢得了全球超过 3/4 国家和 30 多个国际组织的广泛认同与积极参与。它之所以能够如此深入人心，关键在于它深刻回应了世界各国人民对和平与发展的普遍渴望。“一带一路”倡议不仅是对时代之问、历史之问、世界之问的积极回应，更在回答这些重大问题的过程中，彰显出中国的责任与担当。它以“共商、共建、共享”为原则，推动构建开放、包容、普惠、平衡、共赢的新型国际关系，为国际社会提供了全新的合作范式。

作为“一带一路”倡议的重要支撑，中国式现代化道路为发展中国家实现赶超战略或比较优势战略提供了新的选择。它打破了西方体制的垄断，为那些渴望跨越发展的国家提供了切实可行的路径。通过共建“一带一路”，这些国家看到了中国发展的未来，也看到了中国在全球治理中的积极角色和贡献。

经过10年的不懈努力，“一带一路”已经形成了跨国际合作的基础框架和发展态势。它构建了互联互通的全球性平台与载体，推动了陆海空网冰等多个领域的空间构建。数字丝绸之路、绿色丝绸之路等多维度推进的互联互通项目，为世界经济注入了新的动能，为各国携手发展提供了有力支撑。我们深知，共建“一带一路”并不容易，我们需要在项目论证、设计、风险防范等方面不断提升自身能力。

共建“一带一路”是高水平开放，是制度性开放，是引领性开放，也是开放型中国和开放型世界连接的黏合剂和桥梁纽带。共建“一带一路”是关乎人类命运与前途的开放性、创新性、历史性倡议，是人类发展史、世界发展史、中国发展史上的奇迹，也是一个具有里程碑意义的标志性事件。共建“一带一路”正在跨越不同文明、文化、人文和发展阶段的差异，开掘出追求和平、繁荣的憧憬和越来越深厚的社会根基。

作为全球公共产品，“一带一路”并非由中国独自投资和建造，而是代表中国提出的理念、基本原则和主要内容，给世界带来了新的发展理念与机遇，形成了更多的发展渠道和平台。共建“一带一路”跨越了不同国家、不同发展阶段、不同宗教文化的差异，弘扬了和平、发展、公平、正义、民主、自由的全人类共同价值。中国共建“一带一路”体现的正是全人类的共同价值，它与把一个国家的利益凌驾于其他国家利益和全球利益之上的霸权主义、霸凌霸道形成了鲜明对照。在这个意义上，共建“一带一路”与其说是“带”与“路”，不如说是中国文明中最重要的范畴——“道”与“势”，中华文明以海纳百川、开放包容的胸襟，不断吸收、借鉴域外的文明成果，在漫长的历史中与相关国家一起书写了丝路画卷。习近平总书记深刻指出，只有充满自信的文明，才会在保持自己民族特色的同时包容、借鉴、吸收各种不同的文明。所以，在经济全球化遭受逆流的新形势下，共建“一带一路”代表着未来发展的大方向。

（三）加快形成新质生产力，推动社会生产力迈向更高台阶

2023年在经济上属于修复和恢复的一年。迈向2024年，中央经济工作会

议作出全面部署，其中一个非常重要的提法就是发展新质生产力。2023 年 9 月，习近平总书记在黑龙江考察调研期间首次提出新质生产力。结合推进中国式现代化进程，笔者对此有几点深入见解。

人类历史上每一次重大的科技进步，都会带来生产力和生产方式的重大变革。能否形成更具创造力的生产力，决定了经济社会发展的水平和质量。习近平总书记提出“五大发展理念”，创新在五大发展理念中排在第一位，创新是引领经济社会发展的第一动力。所以，加快发展新质生产力，提高我国科技创新水平，是我国从高速增长阶段转向高质量发展阶段的必然选择。这次中央经济工作会议提出要以科技创新推动产业创新，特别是要以颠覆性技术和前沿技术催生新产业、新模式、新动能，发展新质生产力。可以说，新质生产力是由技术的革命性突破、生产要素的创新性配置和产业形态的深度转型升级和具有创造性的人力资本加快培育而形成的当代先进的生产力。按照政治经济学的观点，生产力的概念由劳动者、劳动资料（或称生产工具）、劳动对象以及这些因素优化组合的方式与能力所产生的收益构成。能否实现生产力从量变到质变的飞跃，作为其基本内涵的一部分，全要素生产率的提升是一个核心的标志。新质生产力是代表新技术、创造新价值、适应新产业、重塑新动能构建的优质高效的新型生产力，发展新质生产力是推进中国式现代化迈向成功的重要保证，也是重要的方式。

培育新质生产力要从五个方面入手。第一，按照新质生产力的内涵，就是要提高生产力中最重要的因素——人的质量（或称劳动力的质量），形成具有强大创新能力的劳动力队伍和人力资本。创新驱动本质上是人才的驱动，加快形成新质生产力，就必须充分调动和激发人的积极性、主动性和创造性，要从根本上培育具有创新能力、创造能力的劳动力队伍。提高人才素质，推动产业链、供应链、资金链、创新链与人才链的深度融合。高素质的具有创新能力的人才向具有形成新质生产力的良好条件和基础的区域流动。像中国已经有的几个创新高地，比如，深圳具有创新能力人口流入排在第一位的比较优势。促进人口红利向人才红利转变，这是我国长周期提升优质新质生产力的前提条件。所以，要通过教育的改革、科技制度的改革、人才培育制度的改革，塑造科学家精神和企业家精神，塑造创新的生态环境。当前，尤其要健全要素参与收入分配的机制，激发劳动、知识、技术、管理、数据和资本等生产要素的活力，更好地体现知识、技术、管理、数据和资本等生产要素的价值，更好地体现人的价值等，使之成为转化新质生产力中最重要、最活跃的生产要素。这样才能使更多具有原始创新能力的人才进行更多的基础性研究和原创性研究，才能推动我国迈向从 0 到 1 的以原创性研发为基础的新阶段。

第二，按照生产力的性质、生产力的内涵，提高生产力中创造新质生产力的基础能力和现代技术能力。通过技术革命推动新质生产力，从源头不断产生科技创新成果。特别是当前，中国要提高新质生产力，必须掌握关键核心技术，要用科学技术（如数字技术）赋能新兴产业，同时推动传统产业向新兴产业转化。根据世界知识产权组织（WIPO）发布的 2023 全球创新指数，中国排在第 12 位，2019 年曾经排在第 11 位，我们是唯一中等收入经济体在全球占据前 20 位的国家。2022 年末，中国研发人员总量超过 600 万，研发经费投入超过 3 万亿元，投入强度是 2. 54%。其实，很多企业投入强度早已超过这个平均数。比如，华为 2022 年研发投入占销售总额的 25. 1%；小米 2022 年研发投入占销售额的 28%以上。2022 年，我国的发明专利有效量达到 421. 2 万件，居世界第一位；企业科技创新主体地位进一步提升，高新技术企业数量从 2012 年的 3. 9 万家上升到 2022 年的 40 万家，专精特新中小企业已经达到 12 万家，还有接近 1000 家的隐形冠军。中国隐形冠军企业数量排在德国之后，位于世界第二。中国 2022 年战略性新兴产业增加值占 GDP 的比重超过 13%。

我国以量子技术、人工智能、移动通信、物联网、互联网、区块链为代表的信息技术加快迭代发展，而且我们的发展还受到美国等国家强力打压、遏制和围堵。在这种情况下塑造新质生产力，促进数字经济与实体经济深度融合，加速中央经济工作会议提出的重塑产业形态和商业模式变革，成为我国在大国经济、科技、金融博弈中能否胜出的关键。所以，培育新质生产力，在科学技术生产工具方面的发展至关重要。笔者认为，新生产工具、新技术一定要包括新型基础设施，也就是数字化基础设施。中国在数字化基础设施建设方面已经走在世界前列，比如，中国 5G 基站目前已经达到 232 万个，北斗卫星系统已经覆盖到全球 230 多个国家和地区，其中 137 个国家和我国签署了合作协议，北斗的精度、覆盖面已经超过美国 GPS 定位系统。又如，我国正在构建超算底座，“东数西算”已经有了完整的国家规划，国家规划西部 8 个省份作为“东数西算”的基地，国家还规划了一大批全国一体化大数据中心。中国的数字化技术基础设施建设，也是中国新质生产力形成的重要基础。

第三，加快构建适应新质生产力发展的新型生产关系，包括制度设计和体制机制革命。通过改革开放打通束缚新质生产力的堵点和卡点，让各类优质生产要素优化配置，向发展新质生产力高效地流动。特别是在生产关系方面，我们具有一些国家不可比拟的优势，要完善我们的举国体制，新质生产力就是要能够继续把我们的举国体制变成培育新质生产力的基础保障，这是中国迈向社会主义现代化国家的重要制度优势。特别是要发挥政府的战略导向作用，让企业真正成为创新主体，让人才、资金等各类要素向创新主体集聚。新型举国体制是形成新质生产力最重要的生产关系中最重要的因素。所以，我们要研究那些对形成新质生产力有约束的体制机制制度，要通过改革构建适应新质生产力的生产关系。

第四，生产力、生产资料、生产关系的综合性成效一定体现为科学技术的发展水平。加快发展代表新质生产力水平的战略性新兴产业和未来产业，需要依托我国的5G、人工智能、工业互联网、物联网等数字化基础设施。应充分发挥我国具有超大规模制造业和产业配套能力的优势，发挥我国巨大规模的人口优势，发挥我国巨大规模的制造业优势，促进我国制造业从过去中低端迈向中高端，再从中高端迈向高端，迈向顶端。当前，制造业的发展有三点是非常重要的，一是制造业的比重必须保持在30%左右。中国制造业占GDP的比重最高时已经超过32%，最低时降到26%，现在回升到27.7%，这个比重不能继续降低。二是推动制造业从东部沿海有序、有效地向中西部转移。头部企业国内基础研发能力在国内，关键核心零部件在国内，形成与周边国家、与世界的“双循环”的基础。培育新质生产力要求我们必须把制造业的主体、制造业的核心竞争力、制造业头部企业的关键部分留在国内。由我们国内与周边国家、“一带一路”相关国家、世界上其他国家形成新的产业链、供应链关系。三是推动我国产业数字化和数字产业化。其实，现在这个步伐迈得比较快，头部企业像华为、中兴通讯等，它们已经走在全世界前列。在华为的Pro60发布之前，60%以上营收来自产业数字化，为企业、产业设计数字化转型，实际上已经做得很深了，如数字医疗、数字矿山、数字制造。现在的智能制造+汽车，华为的智驾系统和若干个汽车厂、汽车产业进行深度融合，用数字化技术特别是人工智能系统地改造制造业流程。这个代表新兴产业的产业链集群化，正在不断开发新模式、新产品、新业态，进行产业整体转型升级的新实践。所以，中国发展新质生产力是有基础、有条件的，我们在发展未来产业和产业发展新方向方面迈出了新步伐。

第五，构建具有创造新质生产能力的企业主体，特别是头部企业，还有专精特新企业、“小巨人”企业、隐形冠军企业，形成了支撑我国新发展格局中产业链、供应链、创新链、价值链，包括人才链组合优势。发展新质生产力，这五个方面我们已经具有基础，而且我国非常重视社会生产力的发展，出台了很多国家战略、国家规划、行动计划。但是从总体来看，我们生产力水平还亟待提高，和一些发达国家特别是美国相比，我国在科技的原始创新能力方面、基础研究方面、人才能力培育方面、使用方面、释放方面，还有很大差距。我们的创新能力，特别是数字技术的创新能力，取得了结构性突破，但从整体上看和美国仍有很大差距。只有把生产力水平提高到一个新的水平和阶段，而且有实质性的提升，作为一个 14 多亿人口的大国才能从大国迈向强国，才能实现我们“两个一百年”奋斗目标，才能真正实现中华民族伟大复兴的中国梦。

展望未来，在百年未有之大变局的浪潮中，中国将坚定不移地以“一带一路”五通为战略引领，携手各国共同面对挑战，书写合作共赢的崭新华章。我们将以更加开放的姿态，深化政策沟通，增进相互理解与信任，共同打造和平稳定的国际环境。同时，我们将致力于加强设施联通，推动基础设施互联互通，为区域经济发展注入强劲动力。在贸易畅通方面，我们将进一步拓宽合作领域，促进贸易自由化和便利化，打造互利共赢的贸易格局。在资金融通方面，我们将加强金融合作，推动跨境资本流动，为沿线国家提供更多元化的融资支持。此外，民心相通是我们合作的坚实基石，我们将通过文化交流、教育合作等方式，增进人民之间的友谊与互信。在应对百年未有之大变局的挑战中，中国将坚定不移地发展新质生产力，加快科技创新和产业升级，提升国家核心竞争力。我们将加大人力资本投入，培养高素质人才，为经济社会发展提供有力支撑。同时，我们将推动构建新型生产关系，释放新质生产力的巨大潜能，为全球经济增长注入新的活力。我们坚信，在“一带一路”五通的战略引领下，通过各国的共同努力，我们将共同打造一个开放、包容、合作、共赢的世界。在这个世界中，各国将携手共进，共同应对挑战，实现共同发展繁荣。让我们携手前行，共同开创人类社会的美好未来！

八、拉美经济增长的困境与突破

张 勇[①]

当前世界进入新的动荡变革期，不确定、不稳定因素增多。发达经济体经济增长不及预期，全球经济复苏步伐明显放缓。根据国际货币基金组织（IMF）在2023年7月的预测，2023年和2024年全球经济增长均为3%，低于2010—2019年的年均增长率（3.7%），处于历史较低水平。

更为复杂的是，发达国家和发展中国家复苏步伐并不一致，且差距逐渐拉大，这使得全球宏观经济政策难以协调。在这种背景下，拉美地区经济面临严峻挑战。增长乏力、高通胀和高负债等多重问题相互叠加，不仅给拉美国家宏观经济政策操作增加了难度，而且给其中长期增长前景蒙上了阴影。尽管面临着内外多重困境，拉美地区仍在积极寻求突破，它们正在探索一条新的发展道路，试图通过渐进性的结构变革来寻找经济增长的新动力。这种变革不仅关注经济的数量增长，更注重质量的提升和环境的可持续性。建立可持续的政策框架、拓展融资渠道、加强国际经济参与度，这些都是拉美国家在探索新发展模式过程中需要重点关注的领域。从历史的长周期来看，拉美经济经历了多次波动与调整，每次都孕育着新的发展机遇。如今，站在新的历史起点上，拉美地区正以其独特的方式回应着全球经济的挑战与变革。它们的探索与实践，不仅为自身的发展开辟了新的道路，也为其他发展中国家提供了宝贵的经验与启示。

（一）拉美经济增长特征

根据2023年9月联合国拉丁美洲和加勒比经济委员会（以下简称拉美经委会）发布的数据，当前拉美经济呈现“两高两低两弱”的特征。

“两高”是指高通胀、高负债。就消费者价格而言，2000年以来拉美地区通胀率从2000—2004年的年均7.7%降至2015—2019年的年均4.3%，但是新冠疫情冲击叠加乌克兰危机导致2021年和2022年通胀率飙升至7.6%。尽管2023年拉美地区通胀率预计回落至5.1%，但仍高于新冠疫情前（2015—2019年）平均水平，并且超出多数国家中央银行通胀目标上限。高

① 张勇，中国社会科学院拉丁美洲研究所副主任，研究员。本文编写自《拉美经济增长的困境与突破》，载《中国金融》2023年第19期。

位的通胀水平一方面会侵蚀居民的实际购买力，尤其是中低收入群体；另一方面因紧缩货币政策的应对措施推高了国内融资成本，促使企业信贷萎缩，进而打击投资者信心。就负债而言，估计 2023 年 3 月拉美地区中央政府公共债务占 GDP 的比例为 49.5%，虽然较 2022 年（51.4%）有所回落，但仍高于 2019 年的水平（45.3%）。其中，截至 2023 年 3 月，阿根廷和巴西的负债水平分别高达 85.4%和 73%，远超 60%的国际警戒线。在外债方面，2022 年拉美地区总外债占 GDP 的比例为 42.3%，超出 20%的国际警戒线。公共债务水平高企不仅限制了财政的可操作空间，而且会增加主权债务违约风险。尤其，中央政府公共债务中外债比例过高容易引发债务危机。截至 2023 年 3 月，在尼加拉瓜和巴拉圭，外国债权人持有公共债务总额的 90%，这些国家容易受汇率风险的影响，厄瓜多尔、萨尔瓦多和巴拿马等美元化国家也存在同样的外部脆弱性。

“两低”是指经济增长率低迷以及劳动生产率增速较低。数据显示，2023 年和 2024 年拉美地区经济增长率预计分别为 1.7%和 1.5%，处于脆弱复苏态势。即使按照 IMF 的预测，2024—2028 年拉美地区的年均增长率也仅为 2.4%，低于 3%的长期潜在增长率目标。而经济增长率低迷的主要根源为劳动生产率和全要素生产率增长不足。2023 年拉美劳动生产率增速继续下降，主要归因于更多的就业集中于生产率低下的服务业，以及制造业和建筑业的劳动生产率降低。除此之外，投资急剧放缓以及非正规就业率持续接近 50%，也是自 20 世纪 80 年代以来该地区劳动生产率停滞不前的重要原因。

“两弱”是指就业创造能力弱和“双赤字”造成的对外脆弱性。在就业创造能力方面，尽管失业率已经从 2020 年的 10.5%降至 2022 年的 7%，即从新冠疫情最高点回落了 3.5 个百分点，但是就业创造质量依旧疲弱，主要表现为新增就业主要集中于效率低下的服务业、非正规就业（维持在 48%的高位）以及女性劳动参与率恢复更慢且远低于男性（相差通常超过 20 个百分点）。而“双赤字”主要体现为经常账户和财政账户赤字。鉴于收入下降以及支出保持大体稳定，拉美地区财政赤字 2023 年预计为 3%，比 2022 年（2.3%）和新冠疫情前的 2019 年（2.9%）分别高 0.7%和 0.1%。与此同时，鉴于贸易账户、收益账户赤字减少以及经常性转移保持稳定盈余，预计 2023 年拉美地区经常账户赤字为 1.8%，比 2022 年（2.6%）有所缓和。然而，经常账户赤字需要资本账户盈余来平衡，这将引发短期投机资本的跨境流动，一旦方向逆转将加剧国际收支危机，而财政账户长期赤字将严重损害主权债务信用。鉴于此，拉美“双赤字”长期存续将增加地区的对外风险。

（二）拉美经济增长的困境

从短期来看，拉美经济呈现上述特征主要是内外因素共同作用的结果。就内部因素而言，主要归因于反周期的宏观经济政策受限。鉴于拉美地区曾饱尝恶性通胀之苦，因此在宏观政策目标实践上拉美国家通常将抑通胀置于促增长之前。然而，紧缩的货币政策将提高全社会融资成本，进而不利于短期经济增长；同时，财政政策操作空间也会因公共债务持续攀升而受限，政策效果大打折扣。就外部因素而言，近两年拉美地区虽然再次获得大宗商品价格飙涨的收益，但是其所面临的环境与 21 世纪前 10 年完全不同。21 世纪前 10 年是大宗商品超级繁荣、经济全球化加速和人口红利释放的叠加期，外部发展环境十分有利。而当前初级产品价格上升主要是新冠疫情冲击叠加乌克兰危机等供给侧造成的，同时国际环境的不稳定性、不确定性和不可预期性相互交织，给拉美经济带来严峻的挑战。

首先，全球主要发达经济体复苏远低于预期以及全球商品贸易量增速放缓削弱了拉美地区的外部需求。其次，美联储激进加息周期的外溢效应间接推高拉美国家的国内融资成本。再次，大宗商品价格从 2022 年高位滑落继续压制拉美地区贸易条件的改善，委内瑞拉、哥伦比亚、厄瓜多尔、玻利维亚以及特立尼达和多巴哥等油气出口国的贸易条件明显恶化。最后，国际金融市场波动、新兴市场的债务风险以及 2023 年上半年的国际银行业倒闭风波进一步扩大了拉美经济的风险敞口。

从历史长周期来看，最近 70 余年（1951—2022 年）拉美地区的经济增长呈现明显的波动性且经历了四个阶段。20 世纪 50—70 年代是进口替代工业化时期，该地区独享了 30 年持续性高增长，三个年代平均增长率分别达到 5.1%、5.5%和 5.9%。20 世纪 70—80 年代，拉美地区因石油危机与债务危机的双重打击而陷入困境。美国等央行实施的加息政策使得该地区经济陷入衰退；随后尽管宽松政策出台，但通胀率再次攀升，拉美国家债务急剧膨胀。随着 20 世纪 80 年代债务危机的全面爆发，拉美经济持续萎靡不振，社会形势也急剧恶化。这一时期被普遍称为拉美地区“失去的十年”，年均增长率仅为 1.2%。20 世纪 90 年代和 21 世纪前 10 年，该地区经济分别增长 3.2%和 3.3%，呈现外向型经济复苏与波动的典型特征。自 2011 年以来，拉美地区进入“后危机时代”的下行周期，特别是 2014—2023 年平均增长率仅为 0.8%，甚至低于债务危机时期，可谓又一个“失去的十年”。这两个“失去的十年”

给拉美经济带来了巨大冲击，导致拉美经济被世界“边缘化”。债务危机使拉美地区占世界经济的比重由 1981 年的 8.1%降至 1988 年的 4.8%，而后危机时代，百年变局与世纪疫情交织导致该比例由 2011 年的 8.1%降至 2022 年的 5.2%。回顾第二个“失去的十年”不难发现，拉美地区经济增长面临经济内生驱动力不足、反周期政策空间有限和全要素生产率增长低三重困境。因此，拉美地区迫切需要进行增长方式的转型，探索新的发展模式，以恢复经济、实现可持续发展。

首先，经济内生驱动力不足。从需求方面看，自 2000 年以来拉美地区最终消费占 GDP 的比重高达 80%，其中私人消费始终是拉动拉美经济增长的主要动力，与此同时，拉美地区资本形成总额占 GDP 的比例大多处在约 20%的水平。这种高消费、低投资的增长方式易导致经济增长不可持续。因为当严重依赖消费的增长模式遭遇生产率下降引发的收入增长不足时必然耗尽储蓄，从而转向举债发展，这将加重债务负担并引发偿债风险。从供给方面看，拉美地区初级产品专业化、“去工业化”和经济非正规化三大特征增加了其面对外部冲击时的脆弱性。尤其是以制造业为主的第二产业，其比重下降不是拉开“后工业化时代”的序幕而是陷入“去工业化”的困境；服务业比重虽然加速上升，但是非正规就业的急剧膨胀实际上使第三产业的内部结构异常分化。

其次，反周期政策空间有限。从财政政策看，高额政府债务不仅会带来巨大的经济风险，而且会限制经济衰退期间财政刺激的规模和有效性，并通过影响私人投资来抑制长期增长。因此，拉美地区财政政策通常面临扩大支出与防范债务风险的两难选择。此外，财政政策还面临结构性挑战，如资源动员能力不足、再分配机制薄弱、公共产品和服务供给存在短板，以及反周期措施的制度框架欠缺等问题。从货币政策看，通胀率高和汇率波动使得拉美国家货币当局用于刺激总需求方面的操作空间受到限制。自 2022 年以来，拉美地区货币政策面临抑通胀和促增长之间的两难困境。特别是在发达国家和发展中国家货币政策趋势不一致的情况下，权衡难度进一步加大。例如，当 2023 年美联储依旧保持加息通道时，2023 年 8 月巴西和智利的中央银行已经启动 3 年来首次降息，这种货币政策的分歧将加剧跨境短期资本流动的压力，进而增加这些国家的汇率风险。

最后，全要素生产率增长低。全要素生产率来源于技术进步和制度创新两个方面。对于前者而言，一方面，拉美产业结构中的初级产品专业化不利于技术进步；另一方面，拉美国家研发支出占 GDP 的比重较低，远低于经济合作与发展组织（OECD）国家平均水平。对于后者而言，结构性改革进展放缓直接导致制度创新动力不足。一方面，近两年拉美地区多国步入大选周期，大选前执政党为寻求连任而避免触动权势集团利益，因此改革时间窗口关闭；另一方面，因政党碎片化和利益集团制衡导致国会对改革议案久拖不决或对方案“注水”而使效果打折，巴西税收改革就是典型案例。

（三）拉美发展模式的“突破”

为摆脱经济陷入“失去的十年”的泥淖，拉美地区亟须进行发展模式转型，寻找增长的突破点。为实现 2030 年联合国可持续发展目标，近年来联合国拉美经委会在报告中提出一种“经济—社会—环境”三位一体的新发展模式，其中渐进性结构变革是重要方面。渐进性结构变革强调以基于生产结构质量变化的增长为中心，同时融合凯恩斯（增长）效率、熊彼特效率和环境效率。可以预计，未来拉美国家在探索新发展模式的过程中会重点关注以下三个领域：

第一，建立可持续的政策框架，为结构性改革创造环境。这个政策框架需要保持财政政策的可持续性、货币政策的稳健性、产业政策的引导性和社会政策的包容性。财政政策应侧重于加强公共收入和提高公共支出的效率、效力和公平性。货币政策需要保持独立性并与宏观审慎政策相结合，以防范系统性金融风险为主。产业政策需要发挥政府在发展中的重要作用，以提升产业内部效率、引领产业结构升级以及培育新兴和战略性产业。社会政策应使劳动力市场保证高质量就业和体面的工资、消除妇女进入劳动力市场的障碍以及加强社会保障体系。

第二，拓展融资渠道为结构性改革提供增量资金。融资缺口通常是困扰发展中国家的发展难题，为此发展中国家需要大力吸引外资和举借债务予以弥补。然而，外资流入受全球经济景气度的影响，举债发展也面临财务成本上升的约束。鉴于此，拉美国家一方面应努力改善营商环境以吸引外资，另一方面应推动区域和国家开发银行合作以拓展贷款渠道以及通过国际市场发债来获得融资。拉美国家在获得流动性的同时，力图与中长期发展目标相结合，从而促进以平等和环境友好为核心的可持续发展。然而，这一过程并非一帆风顺，尤其在防范和化解债务风险、避免系统性经济危机方面，拉美国家将面临巨大的挑战。

第三，加强国际经济参与度以提升国际竞争力。一是通过再工业化战略提升全球价值链参与度和竞争力。拉美地区的“去工业化”趋势严重影响其承接全球价值链转移的能力。因此，在全球价值链和供应链重塑过程中，提高制造业的竞争力是必要条件之一。与此同时，数字经济、人工智能等发展也给拉美国家建立有竞争力的工业体系提供了巨大机遇。二是通过区域一体化对冲全球的不确定性和不稳定性。面对全球化遭遇逆流的严峻挑战，发展中国家开始尝试通过区域一体化来对冲风险。联合国拉美经委会一直提倡加快区域一体化，进而实现“以平等为目标的结构变革战略”。具体而言，通过贸易一体化加强总需求，以弥补发达国家留下的需求缺口；通过生产一体化（通过重组价值链和促进生产结构均质性）增强生产率和竞争力；通过基础设施一体化节省物流成本以提升营商环境的“硬件”；通过金融一体化和促进区域内开发银行合作增强区域抵御外部冲击的能力。简而言之，拉美地区探索的新发展模式是以提高生产率为核心、以融入世界经济为新动力、以促进包容性社会发展为目标、以提高政府治理能力为手段，从而促进经济高质量发展。这些都为发展中国家实现经济现代化提供了有益启示。

在当前全球动荡变革的背景下，拉美地区经济面临着前所未有的挑战。从短期来看，这些挑战主要源于内外因素的共同作用，包括宏观政策受限、外部需求疲软、融资成本上升、大宗商品价格波动以及国际金融市场的不稳定性。从历史长周期来看，拉美经济增长的困境更深层次地体现在经济内生驱动力不足、反周期政策空间有限以及全要素生产率增长低等方面。拉美地区经济虽然面临着内外多重困境，但其也在积极寻求突破。拉美地区正在积极探索新的发展模式，以寻求经济增长的突破点。从建立可持续的政策框架，到拓展融资渠道，再到加强国际经济参与度，拉美国家正努力探索一种“经济—社会—环境”三位一体的新发展模式。这种模式以提高生产率为核心，以融入世界经济为新动力，以促进包容性社会发展为目标，以提高政府治理能力为手段，旨在促进经济高质量发展。这不仅为拉美地区自身的经济发展指明了方向，也为其他发展中国家实现经济现代化提供了有益启示。尽管前行的道路充满挑战，但拉美地区展现出的变革决心和创新精神让人看到了希望。通过坚持不懈的努力和持续的结构性改革，拉美地区有望摆脱美国干预下增长乏力、外债危机频发的“失去的十年”的阴影，迎来经济发展的新曙光。

第二章 “中国方案”顺应大势，合作共赢

在全球经济复杂多变、机遇与挑战并存的背景下，中国凭借其独特的智慧和前瞻性的战略，积极应对国内外环境的深刻变革，推动形成全面开放的新格局。

港澳地区作为现代化建设的璀璨明珠，向世界充分展现了中国经济的活力与政策引领的精准效能。香港以“超级联系人”的身份，深度融入粤港澳大湾区（大湾区）和“一带一路”建设，深化与内地及国际的全方位合作，推动更高水平的对外开放，促进国际贸易与投资，积极引领数字经济、科技创新及基础设施建设的新潮流。澳门亦展现出经济快速复苏、社会和谐稳定的良好态势，聚焦产业多元化发展，推动横琴粤澳深度合作区（深合区）建设，并作为“一带一路”建设的重要支点发挥着不可或缺的积极作用。两地的蓬勃发展，不仅极大地提升了自身竞争力，也为中国的现代化进程注入了源源不断的强大动力。

面对国内外环境的复杂变化，中国经济正面临结构性减速压力。然而，通过深化市场化改革、加强法治化治理、保护产权、优化开放制度以及鼓励创新创业等举措，我们有信心摆脱当前困境，推动中国经济实现更高质量、更有效率、更加公平、更可持续的发展。

在全球经济格局深刻调整的背景下，推动区域经济高质量发展和积极推动全球经济治理体系的建设显得尤为重要。中国正致力于打造引领高质量发展的重要增长极和动力源，通过整合关键要素和动力源泉，推动区域经济实现更高质量发展。同时，中国正坚定不移地推进高水平对外开放，以更加开放的姿态和创新的思维融入世界经济体系。加入 CPTPP 等重要经贸协议，不仅彰显了中国对外开放的坚定决心和强大信心，也为中国在全球经贸规则制定中增强主动权和话语权提供了重要机遇。

展望未来，中国将继续以开放包容的姿态，顺应全球化的大势，推动合

作共赢。在全面深化改革开放的道路上，中国将不断探索创新，以更加坚定的步伐走向世界舞台的中央，为全球的和平与发展贡献更多的中国力量，书写新时代的辉煌篇章。

一、中国香港：聚焦大湾区规划和“一带一路”倡议，香港扮演好“超级联系人”角色

中国香港 梁振英①

在当今全球化背景下，中国香港作为大湾区规划和“一带一路”倡议的战略要地，正紧密融入国家发展大局，扮演着独特而重要的“超级联系人”角色。回顾过去，中国香港在临危艰难中崭露头角，克难前行，展现出强大的韧性和责任担当。香港在“一国两制”的指引下，紧密契合国家发展战略，积极融入大湾区和“一带一路”建设。展望未来，香港将继续发挥“超级联系人”作用，深化与内地、国际的合作，以更高水平对外开放促进国际贸易与投资，全力推动数字经济、科技创新与基础设施建设。同时，香港将继续致力于海外侨胞联谊与中医药产业发展，为构建开放、包容、创新的未来贡献更多中国智慧。我们有信心，香港将继续在中国式现代化进程中绽放光彩，成为连接世界与中国梦的重要纽带。

（一）加深香港与内地城市的互相了解和交流

在香港与内地城市之间，存在一些“相互不了解、不知道”的问题，甚至演变为“不知道对方不知道”。这源于香港与内地之间的信息差距和沟通不足。内地和香港有影响力的媒体应该携手合作，成为促进双方加深了解、解决“不了解、不知道”问题的桥梁。通过共同建设英语传播平台等方式，讲

① 梁振英，第十四届全国政协副主席，香港特别行政区第四任行政长官，“一带一路”国际合作香港中心主席，蓝迪国际智库专家委员会名誉主席。本文是蓝迪国际智库对梁振英公开讲话的综述，包括：海外侨胞深度参与“一带一路”建设座谈会的讲话；2023 年大湾区科学论坛的讲话；接受“南方+”专访题为《专访梁振英：参与土地与住房制度改革，我感到非常光荣》讲话；2023 年助推湘赣粤港澳中医药产业协同发展联席会议暨湘赣粤港澳中医药全产业链协同发展联盟会议的讲话；访问老挝琅勃拉邦省的讲话，人民网《促进“一带一路”民心相通 香港共享基金会在路上》；就“一带一路”国际合作高峰论坛答记者问，环球网：《香港因“一带一路”获得巨大发展空间》；接受香港文汇报访问：《要让香港市民认识“国家”两个字背后的意义》；数字经济发展新机遇峰会的讲话；大湾区科学论坛发表题为《用好香港国际优势 湾区科创如虎添翼》开幕致辞；海丝博览会主题论坛上的讲话；广州台、香港圈传媒一行拜会梁振英：《梁振英勉励穗港媒体加强合作 助力推动大湾区高质量发展》；接受大公文汇的专访：《梁振英勉励港人：放眼整个大湾区》。

好中国故事、大湾区故事，吸引更多海内外企业了解大湾区，并在这里落户。

一是加深了解和沟通。内地和香港圈传媒可以通过更多模式的合作，共同致力于深化“香港各界对内地发展情况、内地对香港功能定位”的了解，从而推动两地居民加强交流，增进相互理解。共同建设英语传播平台是其中的一个创新举措，通过讲好中国故事和大湾区故事，吸引更多的目光，为大湾区的发展注入新的活力。

二是拓宽视野，把握大湾区机遇。很多香港人将视野局限于香港本身，但大湾区的其他城市与香港距离相近，文化和语言相通，气候亦相同。在过去的 4 年中，香港与国家发展改革委、广东省签署的大湾区发展框架协议已经成为一份承前启后的重要文件。然而，香港人若未来 5 年未能充分把握大湾区发展的黄金机遇，将会错过许多可能的发展机会。年轻人应该亲身体验大湾区的城市，摒弃主观臆断，因为两地社会已经发展到“你中有我，我中有你”的阶段，每年都有相当比例的香港人与内地人通婚，这不仅是两地人民的自由选择，更代表着两地融合是时代的潮流。

三是发挥香港大学生的优势。香港大学生在学成之后应该学以致用。有些学子将自己困在香港，未能将所学知识应用到实践中，导致学与用之间的严重错配。例如，香港理工大学、香港科技大学拥有卓越的机械工程和航天航空工程学科，毕业生可以考虑到南沙的中科宇航火箭生产基地投身国家航天事业。现今，香港与南沙庆盛站之间已经开通了高铁，方便当天往返。通过组织学生参观内地企业，了解内地的发展前景，我们可以为学生们提供更广阔的发展空间，使他们的事业更上一层楼。

（二）香港共建共享，促进国际贸易和投资的惠民性

“一带一路”倡议强调共商共建共享，通过扩大合作领域和渠道，促进各国之间的互利共惠。建设更加紧密的经济、政治、文化等多方面的伙伴关系，推动不同民族社会和文化的融合包容，增进了解和信任，从而促进永续发展。对于深化合作，有以下三条建议：

一是共享机遇。粤港澳大湾区是国家发展的重大战略，也为“一带一路”共商共建共享带来新的机遇，被赋予了新的使命。大湾区各城市正在通过融合发展建立更紧密的联系，并助力国家全面深化改革开放，构建开放型经济新体制，广泛与国际接轨。其中，深合区和前海深港现代服务区是重要平台，未来大湾区将成为中国经济活力最强、开放程度最高的区域之一，发展动力

强大，国际合作前景广阔。

二是共谋发展。在世界经济变革和新一轮产业革命的形势下，“一带一路”建设正在加速向绿色经济、数字经济、跨境电商、电子商务和金融科技等新领域转型，为国际合作带来更多机遇。我们正在贯彻新发展理念，构建新发展格局，积极构建具有区域合作特色的开放型经济新体制。

三是共创未来。随着“一带一路”倡议不断展开，建设高质量境外合作区已成为沿线国家和地区推动经贸增长的共同方式。近年来，中国不断深化多边经贸合作，持续推进境外经贸合作区的建设。2021 年签署的《区域全面经济伙伴关系协定》已经正式生效，标志着全球人口最多、经济规模最大、最具发展潜力的自由贸易区正式落地，充分体现了各方共同维护多边主义和自由贸易、促进区域经济一体化的信心和决心，将为区域乃至全球投资贸易增长和经济繁荣作出重要贡献。要坚定不移地推进高水平对外开放，搭建高质量境外经贸合作区平台，促成区域经济更加开放和融合，并且在取得突破性进展和标志性成果的基础上，更深入地加强区域合作和跨境投资，提高国际贸易和投资的惠民性。

（三）香港扮演好“超级联系人”的角色

香港不仅是大湾区和“一带一路”的对外窗口，更是“超级联系人”，在对外贸易、创新科技、团结海外侨胞等领域具备联系大湾区、东盟国家和世界各国的独特优势。

1. 香港发挥好在贸易中的超级联系作用

香港在过去的百年中一直保持贸易优势，未来依旧坚挺。香港的贸易占据本地生产总值的 16%，拥有约 10.5 万家贸易公司，员工总数达 44 万。作为香港的第二大贸易伙伴，东盟国家与香港签署了《自由贸易协定》和相关投资协定。香港昔日有个地方叫“南北行”，取意南北之间的商业实体，主要经营东南亚及中国内地的贸易。尽管现在性质有所改变，但香港在国际贸易中仍担当转口港角色，“超级联系人”的地位非常明显。以进口日本食物为例，不仅是为了本地消费，而且还在做转口贸易。香港的贸易优势将持续，其中包括市场的开放性、思想的开放性、公平竞争环境、货币体系的稳定性以及良好的交通基础设施。

香港也在积极寻找与内地和世界各地的合作机会，特别是在绿色金融、绿色科技、文化交流等领域。香港作为“超级联系人”是一个行为上的概念，一手拉着内地，一手拉着国外。在贸易方面，香港卖的东西不全是香港人生产，买的东西也不完全是香港人所需，但香港是全世界最成功的一个国际贸易体，高质量发展要用好香港优势，做好国际贸易。香港以其完全开放的姿态和稳健的经济发展，展现出高效的经济活动能力。内地可借鉴香港在国际贸易规则、金融服务等方面的先进经验，并通过香港来优化制度、规则和市场等方面的建设。笔者相信这也是为什么"南沙方案"是"面向世界的粤港澳全面合作"的方案，要强调"面向世界"。无论是粤港澳大湾区城市还是东盟国家的供应商和市场，都会充分认识到香港在贸易方面所扮演的"超级联系人"角色。

2. 香港发挥好在科技中的超级联系作用

香港发挥科技的超级联系作用，一方面要利用好服务业的优势，另一方面要依托粤港澳大湾区的战略规划。香港的服务业优势将为大湾区的科学和科技创新提供有力支持。科技创新需要资金，成果需要保护，产出需要市场，用好香港的国际金融服务、国际贸易服务和国际知识产权保护以及交易服务等服务业优势，大湾区的科学和科技创新事业将如虎添翼。粤港澳大湾区是重大国家战略，粤港澳合作是区域合作和"一国两制"合作的良好典范，是香港和澳门更加积极主动助力国家全面开放、融入国家发展大局、参与国家治理和促进国际人文交流的近水楼台。

科技创新是开放的、协作的、共享的。新时代的粤港澳合作是全方位的合作，包括在科学和科技创新领域的合作。要更好地推动科技创新协作，需要做好以下四个方面：一是充分发挥大湾区科学论坛的影响力，该论坛是大湾区与境内外思想碰撞、共享科研成果、催生创新合作、促进产业发展的高层次交流合作平台，要集中经验和智慧，以问题为导向，聚焦几个关键问题，研究出解决方案，争取早日落实。二是吸引更多的港澳青年把从事科技创新的兴趣延伸到大湾区的内地城市，大湾区既是国内外高端人才聚集地，也是香港和内地合办大学的集中地，要吸引更多的港澳青年把从事科技创新的兴趣延伸到大湾区的内地城市，一方面在内地扩大有境外经验的科创队伍，另一方面解决的学有所成港澳青年科创人才不能学以致用的问题。三是用好香港服务业的优势，科技创新需要资金，成果需要保护，产出需要市场，用好香港的国际金融服务、国际贸易服务和国际知识产权保护和交易服务，为大湾区的科学事业贡献新动力，走好"最先一公里"和"最后一公里"。四是用好两种制度差异带来的效益，包括香港和澳门高度开放和国际化的优势，同时解决一些堵点和难点问题，包括科研、科创和转化所必需的要素跨境流通。用好两种制度的差异，大湾区各城市在科学和科技创新领域的融合，将可以释放巨大的、其他城市群合作无可比拟的潜力。

3. 香港发挥好在数字经济发展中的超级联系作用

香港作为国际金融中心和创新科技枢纽，决定了它在全国数字经济发展进程中的定位。香港是国际金融、贸易和航运中心，是粤港澳大湾区的主要国际城市，不仅与国际高度接轨，还有法律制度、电讯基础设施、开放和鼓励性政策环境、人才国际化等优势。香港和内地要优势互补，以市场需求驱动数字经济产业发展，带动全国走向世界。内地有很好的数字技术，香港有很好的国际资源，两地应加强交流合作，携手迈向国际。东南亚市场当前非常具有潜力，值得关注。

未来中国数字经济的发展趋势是乐观的，以下有五个方面的预测：一是实体经济和数字经济将实现产业协同融合和创新，提升传统产业的智能化水平和竞争力，推动各产业顺利数字化转型。二是势必会加强数据资源的统一管理和数据要素的优化利用，通过建立数据治理体系规范数据采集绳索流转和使用，加强数据安全保护。三是会加大对数字基础设施的投入和建设，包括网络基础设施、数据中心、云计算、物联网等领域，为数字经济的快速发展提供有力支撑。四是体现在通过推动人工智能发展来提升核心技术水平方面，产业化应用程度和产业的创新能力将推动人工智能技术在各个领域的广泛应用，包括智慧城市、智能交通、智能制造等，同时会加强相关人才的培养。五是数字经济国际合作将会带来前所未有的机遇，通过拓展数字贸易、跨境电商、数字货币等领域的合作，推动国际标准制定、知识产权保护、数字技术创新合作等，大量的国际合作可以提升中国数字经济的全球影响力。

这五个方面的突破发展，不仅是中国数字经济未来的景象，也为香港提供了全新的机遇。香港重视并将肩负起各个产业衔接全球数字经济的重大使命，激活大湾区数字经济发展。

4. 香港发挥好在“五通”中的超级联系作用

2023 年是“一带一路”倡议开启 10 周年，倡议提出了政策沟通、设施联通、贸易畅通、资金融通、民心相通“五通”，香港在其中发挥着举足轻重的超级联系作用。香港在贸易方面具有开放的市场、开明的思想、公平竞争的环境、稳定而兼容性强的货币体系以及完善的交通基础设施等多重优势，这些特质将有助于香港在“五通”方面大显身手。香港可以充分发挥其金融、贸易和专业服务等方面的优势，为“一带一路”建设提供强有力的支持。习近平总书记明确表示，中国将加大资金支持，“一带一路”建设需要有良好的规划和管理。香港在规划方面，特别是在房地产价值规划方面，积累了丰富的经验。有效的规划和管理使香港的资金得以更加合理、高效地运用，为“一带一路”建设注入强大动力。基础建设是社会发展的重要保障，而香港通过其高度国际化的社会环境和众多优势产业，能够在“五通”中发挥其独特作用。例如，香港地铁、车站周边的房地产价值得以提升，形成可利用的资金，为基础建设提供了可持续的支持。同时，香港的社会环境也吸引了大量国际投资和合作，使得香港能够成为“一带一路”建设中设施联通方面的关键推动者。香港的国际化特质还体现在其与国外众多民间团体保持的友好往来上。这种国际化的交流有助于香港更好地配合国家“一带一路”建设中的“五通”，加强与沿线国家的合作，共同推动区域互联互通的进程。香港通过这种方式，不仅在地区内扮演着桥梁和纽带的角色，而且作为“超级联系人”的角色推动“一带一路”倡议的成功实施。

5. 香港发挥好在民间外交中的超级联系作用

香港的联络能力非常强，无论是个人层面、业务层面、社会层面还是特区政府的层面，因此，在民间外交、公共外交方面，香港可以做很多工作。香港还有很多民间团体与国外保持着友好往来，这些民间团体，包括青少年团体、专业团体、宗教团体等较善于交流工作。现在，西方国家以及日本、韩国有一种现象，即它们的民众受到西方媒体等误导，对我们国家有一些偏颇的看法，香港人可以用好自己的力量去讲好中国故事。2022 年 7 月，日韩刚刚放宽疫情限制政策时，“香港再出发大联盟”组织了一个代表团去日本、韩国访问，取得非常好的效果。大家对香港的“超级联系人”作用很重视，希望能够通过这些在经济合作方面的信息，牵动、牵引外国和我们国家的外交关系。

同时，香港在非经济领域也可以做好公共外交工作。在中央大力支持下，笔者牵头在香港成立的全国性非政府组织——香港共享基金会，致力于为“一带一路”共建国家提供医疗和公共卫生援助，愿继续促进各国民心相通，助力两国命运共同体建设。近年来，香港共享基金会在东南亚和非洲地区开展的“消除白内障致盲项目”被列入“一带一路”合作成果之一。该项目在民心相通方面的效果相当不错，对我们国家促进与当地人民、政府、政界之间的关系，做了一个有意义的补充。

6. 香港发挥好在海外侨胞中的超级联系作用

发挥海外侨胞在“一带一路”建设中的独特作用，既有利于高质量共建“一带一路”，又有利于深化海外统战和侨务工作，进一步凝聚侨心侨力侨智。截至2023年4月，我国有6000多万海外侨胞，分布于世界近200个国家和地区，形成了巨大的人才、资本优势以及成熟的商业网络，是推进“一带一路”建设不可多得的宝贵资源。

推动海外侨胞深度参与“一带一路”建设，既是高质量共建“一带一路”的必然要求，又是做好海外统战和侨务工作、凝聚侨心侨力侨智的有效抓手；推动海外侨胞深度参与“一带一路”建设，既需要国家有关部门的合力推动，又需要充分调动广大海外侨胞的积极性、主动性、创造性；推动海外侨胞深度参与“一带一路”建设，既要重视海外侨胞参与建设重大项目，又要注重发挥海外侨胞的“软实力”。

7. 香港发挥好在中医药产业协同发展的超级联系作用

党的十八大以来，以习近平同志为核心的党中央把中医药工作摆在更加重要的位置，作出一系列重大决策部署，为中医药传承创新发展指明了方向。进入新时代，中医药应当走出国门、走向世界，这不仅是推动中医药传承创新发展的重要实践路径，也是增进民生福祉的现实需要。要以党的二十大精神为指引，深入贯彻落实习近平总书记关于中医药工作的重要论述，大力推动中医药“走出去”，更好地传承创新，造福世界人民。

要进一步重视外部竞争，更加主动推广中医药的理念和方法，支持和鼓励国内中医药企业“走出去”，努力开拓海外市场，加强品牌建设和市场营销，不断提升中医药国际市场占有率。要坚持固本培元，充分利用湘赣粤道地药材产地优势和中医药制造业产业优势，港澳地区具有公信力的平台优势，主动加强在中医药政策法规、产品注册、市场准入、质量监管等方面的交流合作，强化中医药企业“走出去”的技术、人才、市场等要素保障，推动中医药行业规范化发展，树立中医药正面形象，加速推动中医药现代化、国际化。

值得一提的是，香港、澳门与内地倾力合作，组建了湘赣粤港澳中医药全产业链协同发展联盟，深入贯彻落实党的二十大提出的“促进中医药传承创新发展”明确要求，服务国家中医药高质量发展战略的大局，创新湘赣粤港澳三省两区中医药全产业链合作模式，发挥港澳前沿开放优势，建立中医药科研交流与协作机制，打造ISO国际标准引领的品牌集群，助推形成“研发在大湾区、产业化在湘赣粤、市场向海外”的中医药产业合作模式，全面助推区域内中医药产业协同发展。

展望未来，在国际贸易和投资方面，香港将更加积极地搭建桥梁，推动“一带一路”倡议，深化与大湾区内城市和东盟国家的合作，共享发展机遇。香港将继续发挥“超级联系人”作用，促进国际合作，推动多方伙伴间的互利共惠。在科技创新方面，香港将充分发挥其国际化的科研环境和金融服务优势，推动大湾区科学创新的高质量发展。香港将为中医药、数字经济等产业链的深度合作提供强有力的支持，助力这些领域成为引领国际潮流的典范。数字经济的快速崛起为香港带来了前所未有的机遇。香港将通过整合国际资源，强化数字经济产业的驱动力，为中国在全球数字经济中占据更重要地位作出积极贡献。同时，香港将进一步搭建起连接海外侨胞的桥梁，充分发挥海外侨胞在“一带一路”建设中的独特作用，凝聚更多的侨心侨力，促进民心相通。通过共享基金会等机构，香港将积极参与国际医疗和公共卫生援助，推动中医药产业在国际上的交流与合作。

特区政府将深入贯彻党的二十大精神，继续发挥香港的独特优势，以更高的智慧和努力，推动香港融入国家发展大局，迎接更多的历史性机遇。作为国家发展的重要引擎，香港将在“一国两制”下继续砥砺前行，展翅翱翔于国际舞台，为实现中华民族伟大复兴的中国梦贡献更多的智慧和力量。香港将成为连接东西、融合中外的世界级城市，它的明天将更加璀璨辉煌。

二、中国澳门：充分发挥澳门区位优势，深度融入地区和国家发展

中国澳门　贺一诚[①]

自2023年以来，澳门特别行政区（以下简称澳门特区）政府认真落实党

---

① 贺一诚，澳门特别行政区第五任行政长官、横琴粤澳深度合作区主任。本文整理自澳门特区行政长官贺一诚《2024年财政年度施政报告》。

的二十大报告战略部署和习近平主席系列重要讲话及指示精神，全面准确、坚定不移贯彻“一国两制”、“澳人治澳”、高度自治的方针。总体来看，澳门特区呈现疫情后经济快速复苏、社会大局稳定祥和、各项事业稳健推进的良好态势。在实现经济复苏的同时，澳门积极融入国家发展大局，聚焦产业多元项目推动深合区建设，跟进落实大湾区发展规划，发挥澳门参与和助力“一带一路”建设的平台作用。展望未来，澳门特区政府将按照“巩固复苏，聚力多元，优化民生，提升发展”的施政总体方向，巩固经济复苏势头，着力落实“1+4”规划，更快、更好、更务实地推进经济适度多元发展。同时将更加积极主动地融入国家发展大局，高水平推动澳琴一体化建设，充分发挥澳门海上丝绸之路节点的作用，积极参与和助力“一带一路”建设，为强国建设、民族复兴更好地发挥作用！

（一）回望过去，澳门经济发展与国家发展战略相辅相成

过去一年，澳门特区政府把握疫后复苏大势，积极而务实地推进各项施政工作。澳门特区政府紧密将澳门经济发展融入国家的整体发展大局，积极响应国家“双循环”新发展格局，成功使澳门经济发展与国家的整体发展大局相辅相成，实现了经济的稳步增长和多元化发展的新突破。在国家大局战略的引领下，澳门特区政府持续推进深合区建设，巩固和拓展深合区的发展成果。充分发挥澳门独特的地理位置和区位优势，积极参与粤港澳大湾区的发展，为整个区域的繁荣和发展作出了积极贡献。同时，澳门特区政府还充分发挥澳门参与和助力“一带一路”建设的平台作用，持续拓展对外交往和合作，加强与葡语国家的交流，推动更广泛的区域合作与发展。

1. 经济持续复苏向好

全力推动经济复苏。持续扩大公共工程投资，开展公共基础设施、公共房屋等各类工程项目，截至 2023 年 10 月，预算超过 1 亿澳门元的已完工及在建工程达 51 项。延续 2022 年多项临时补贴及税务优惠措施。

多措并举促进综合旅游休闲业恢复，持续开拓国内外客源。丰富社区旅游元素、盘活社区经济是 2023 年促进综合旅游休闲业恢复发展的着力点。推出“新马路任我行——步行区试行计划”；结合幸运博彩经营承批公司承诺的非博彩项目，筹划启动六个历史文化片区的活化工作；试行“福隆新街步行区活化计划”，创设条件吸引商户进驻，并加强串联城中各项盛事活动；延续扩大“关前荟”品牌效应。善用不同社区独特的文化、历史、品牌盛事、美食、滨海等资源，举办具有特色的社区活动，吸引居民及旅客消费。与各地知名网络影片平台、电视台合作，拍摄突显澳门社区魅力的综艺节目，线上线下合力加强澳门社区宣传推广。

2023 年上半年，本地生产总值按年实质增长 71.5%，经济总量恢复至 2019 年同期的 71%。首 8 个月入境旅客同比增长 3.6 倍，澳门居内地居民出境旅游目的地首位。上半年零售业销售额比 2019 年同期增长 19%。物价保持基本稳定，持续监测燃油产品价格变动和保障民生必需品供应稳定，社会各界对澳门经济发展的信心持续增强。在经济逐步恢复的同时，就业状况持续改善。2023 年 6—8 月，本地居民失业率回落至 3.1%，就业不足率回落至 2.3%，较疫情高峰期的 17.9%，大幅回落 15.6 个百分点。

2. 深合区取得新进展

2023 年以来，澳门特区政府以促进澳门经济适度多元发展为主线，聚焦产业多元项目，务实推进深合区建设，主要开展了以下六个方面的工作：

一是“四新”产业发展成效初显，澳门元素不断增加。截至 2023 年 8 月，“四新”产业实有企业 16185 户，同比增长 10.4%，占深合区企业数量的 29.2%。深合区实际运营的集成电路企业超 40 家，澳资企业数量持续增加，活力进一步增强。截至 2023 年 9 月，深合区登记在册的澳资企业同比增长 13.8%；1—6 月规模以上澳资企业营业收入同比增长 28.6%。

二是加快深合区总体方案相关政策落地实施。21 项重大政策已落地 12 项。2023 年上半年，深合区“发展促进条例”“金融三十条”“鼓励类产业目录”等重大政策法规陆续出台。完成《横琴粤澳深度合作区总体发展规划（2022—2035）》（送审稿），报送中央政府审批。国土空间规划编制工作稳步推进。全力推进落实分线管理体系，加快完善“一线”“二线”基础设施建设及出台相关配套政策。落实“双 15%”税收优惠政策，印发《横琴粤澳深度合作区享受个人所得税优惠政策高端和紧缺人才清单管理暂行办法》，逐步营造与澳门趋同的营商、工作和生活环境。

三是推进深合区与澳门规则衔接、机制对接。善用珠海经济特区立法权，制定便利澳门医疗人员和药学技术人员在深合区执业的法规。新修订的《澳门公共行政工作人员通则》及相关法规生效实施，澳门特区政府共有 29 名公务人员以临时定期委任方式派遣至深合区工作，另有 26 名澳门居民通过考试被录取到深合区执委会工作。

四是持续推进基础设施互联互通建设。横琴口岸二期部分永久客货车道已开通试运行，实施“合作查验、一次放行”创新通关模式，进一步提升通关便利化水平。

五是支持澳门青年到深合区创新创业。截至2023年9月，深合区5个面向港澳青年的创新创业基地累计孵化港澳企业项目717个，澳门青年创业企业实际办公人数达1123人，推动各园区引入合作投融资机构24家。

六是推动“澳门新街坊”综合民生项目。该项目于2023年8月落成，设有4000多个住宅单位、5000多平方米的商业空间，另附有学校、卫生站、长者服务中心及社区服务中心。对接澳门教育、医疗、社会服务、交通等民生公共服务和社会保障体系，为居民营造趋同澳门的宜居生活环境。

3. 融入国家发展大局

澳门特区政府紧紧抓住发展机遇，持续采取一系列创新性措施，其正通过深度融入大湾区的整体发展、深化葡语国家的合作、推动“一带一路”建设等多维度的努力，为促进区域经济协同发展、加强国际合作，以及助力国家整体战略贡献着独特而积极的力量。

落实《粤港澳大湾区发展规划纲要》，有序推进《2023年粤港澳大湾区建设重点工作安排》的各项工作，跟进落实《粤港澳大湾区现代产业发展规划（2021—2035年）》。首先，持续完善便利澳门居民在大湾区城市工作生活的政策措施，试点实施往来港澳人才签注政策，实施及不断优化“澳车北上”政策措施，《内地与澳门关于互认换领机动车驾驶证的协议》生效，签署《粤澳跨境巴士和出租车配额安排》。“粤澳社保一窗通”（横琴专窗）正式启用。其次，深化与泛珠三角区域的合作，支持泛珠各省区与葡语国家的交流合作。进一步加强港澳在科创、金融、中医药、旅游、文化体育、会展商贸等领域的合作。根据粤澳、沪澳、闽澳等既有合作会议机制，推进重点领域合作。有序落实与海南省、重庆市、深圳市、佛山市等内地省（区、市）的合作专班机制。签署《乡村振兴合作框架协议》，务实参与支援江西省乡村振兴工作。

2023年，澳门特区政府还举办系列活动庆祝中国—葡语国家经贸合作论坛（澳门）成立20周年，借此契机，增强对中葡企业合作的支援服务，为促进中国和葡语国家各领域交流合作发挥平台作用。

进一步发挥澳门参与和助力“一带一路”建设的平台作用。参加第三届

“一带一路”国际合作高峰论坛、中国国际进口博览会等主场外交活动，持续扩大对外交往合作。组团访问葡萄牙、卢森堡、比利时欧洲三国，加强双边友好关系，深化相关领域合作。推动与东帝汶首都帝力市缔结为友好城市，完善友好城市联络机制，拓展经贸、文化、旅游等领域的交流合作。

（二）着眼未来，贯彻“一国两制”和加速经济多元复苏

2024 年是中华人民共和国成立 75 周年，国家将坚持推进高水平对外开放，加快构建新发展格局，以高质量发展全面推进中国式现代化，国家发展将为澳门提供新机遇、新动力。在新时代的征程上，澳门特区必须始终和中央保持一致，坚定不移贯彻落实习近平主席对“一国两制”和澳门工作提出的新理念、新思想、新战略，积极发挥自身优势，充分把握国家发展机遇，全面对接国家发展战略，更好融入国家发展大局，为强国建设、民族复兴更好发挥作用。

从澳门自身发展来看，一方面，随着非博彩元素相关的投资计划有序展开，旅游跨界融合深入推进，世界旅游休闲中心的内涵不断丰富，澳门将加强开拓国际旅客市场，持续加强综合旅游休闲业与关联行业联动，带动整体经济稳健复苏。另一方面，明年是实施“1+4”规划的开局之年，中医药大健康、现代金融、高新技术、会展商贸及文化体育等重点产业板块一批重点项目陆续实施，必将为澳门经济复苏、民生改善和经济适度多元发展提供新的动力和支撑。此外，澳门将积极主动融入国家发展大局，深合区建设步入加快发展阶段，澳琴产业联动将进一步强化，贯彻落实粤港澳大湾区建设工作，积极参与“一带一路”建设，发挥澳门独特优势，促进国际人文交流。

1. 坚定维护国家安全和社会稳定

国家安全和社会稳定是经济发展的基础。澳门特区负有维护国家安全和社会稳定的宪制责任，居民也承担相应的责任和义务。澳门特区政府将以更高的政治站位、更强的责任担当，坚定不移贯彻总体国家安全观，坚定维护国家主权、安全、发展利益，坚决防范和遏制外部势力干预澳门事务，坚决打击任何势力利用澳门危害国家安全。推动全体公务人员和澳门社会各界，切实增强维护国安的意识、提升维护国安的能力、确保维护国安的成效，牢牢守住“澳门不能乱”的底线。具体而言，澳门特区政府将采取以下三个方面的措施：

一是增强忧患意识，坚持底线思维，务实有序推进维护国家安全的相关

配套立法，持之以恒推进、落实和完善系统完备、科学规范、运行有效的澳门维护国家安全的法治体系和执行机制。始终对澳门面临的复杂形势保持清醒认识，结合实际需要，有针对性地加强维护国家安全部门的人员编制及资源投入，确保澳门特区维护国家安全的执法力量。全力支持国家安全事务顾问和国家安全技术顾问依法履职。严格执行新修订的《维护国家安全法》，全方位、前瞻性地防范和化解危害国家安全和社会稳定的各类风险隐患。贯彻落实新修订的《维护国家安全法》关于宣誓的规定，进一步完善落实“爱国者治澳”原则的法律机制，完成《行政长官选举法》和《立法会选举法》的修改工作，修改《就职宣誓法》及相关法规。

二是深化爱国爱澳宣传教育。深入认真学习和贯彻《爱国主义教育法》，加强爱国主义教育，培育和增进澳门居民对中华民族和伟大祖国的情感，传承民族精神，增强国家观念，铸牢中华民族共同体意识。发挥爱国爱澳社团作用，通过在线上线下多元活动及跨媒体形式，广泛宣传宪法、基本法和维护国家安全法，营造知法、守法、护法的良好环境。不断提升居民的国家认同感、归属感和自豪感，推动各界加深认识没有国家安全就没有澳门繁荣稳定的深刻道理。不断发展壮大爱国爱澳力量，巩固爱国爱澳核心价值，筑牢“一国两制”行稳致远的社会政治基础。

三是推进城市安全体系建设。积极深化智慧警务，进一步优化网络安全的防范保护和预警处置能力，加强对澳门关键数据和关键基础设施的安全防护，充分运用科技手段维护海域安全。继续完善《民防总计划》和“应急指挥应用平台”，加强民防中心的应急及抗灾防灾工作，持续优化民防智慧化管理，积极推动区域应急救援合作，凝聚社区力量共同构筑民防安全防线。持续评估各类治安风险，前瞻调整执法部署，全面预防和严厉打击各类违法犯罪活动，不断深化与周边地区警务部门的交流合作，切实维护澳门社会的安全稳定。

2. 促进经济适度多元

2024 年是“1+4”规划实施开局之年，其中，“1”是指按照建设世界旅游休闲中心的目标要求，促进综合旅游休闲多元发展，做优做精做强综合旅游休闲业；“4”是指持续推动中医药大健康、现代金融、高新技术、会展商贸及文化体育四大重点产业板块发展，着力构建符合澳门实际且可持续发展的产业结构。澳门特区政府将以“1+4”规划为引领，积极推动经济适度多元发展，从政策、人力、财力等方面多管齐下，聚力攻坚，做好经济适度多元发展这个必答题，着力构建符合澳门实际且可持续发展的产业结构，加快推动澳门经济适度多元和高质量发展。

一是做优做精做强综合旅游休闲业，丰富世界旅游休闲中心内涵。加强对外宣传，推广澳门旅游休闲城市形象，深化旅游跨界融合，加强旅游业与美食、研学、体育、科技、文创、会展、大健康等产业联动发展，支持发展研学旅游、文化旅游、大健康旅游、体育旅游。严格执行新的博彩法，严格监察幸运博彩经营承批公司履行批给合同，确保博彩业依法有序健康发展。

二是促进中医药大健康产业高质量发展。以澳门协和医院投入使用为契机，推动“医疗+旅游”发展，提供高端医疗服务，逐步开拓包括医学美容、中医等特色服务，吸引更多以医疗和保健为目的的旅客来澳。打造具有影响力的澳门经典名方研制技术体系和创新平台。促进中医药产业化发展，进一步引入大健康及医药企业落户。发挥国家药品监督管理局的法定职能，执行《中药药事活动及中成药注册法》，确保药物安全有效及质量可控，支持和鼓励更多具临床创新性的药物于澳门上市使用。引入内地优质的中药医院制剂到澳门使用。修订医疗机构牌照法律制度，增设介于医院和诊所之间的医疗机构类别。协助更多中成药产品在澳门获准上市许可，并在深合区生产，开拓内地及国际市场。加强粤澳中医药科技产业园与科研机构的合作，推动更多应用研究及成果转化。

三是加快现代金融业发展。优先发展债券市场，推进澳门“中央证券托管系统”功能优化，争取中央支持国债、地方债在澳门常态化发行，引入更多国际投资者。完善金融领域法律法规，加快推进《证券法》立法。推动金融科技创新，助力现代金融发展，优化便民便商服务。与内地及香港相关部门探讨“跨境理财通”的优化措施。研究通过税收优惠措施，鼓励资产管理公司落户澳门。研究货币体系引入数字货币，以配合数字经济发展。以积极开放且严谨规范的态度发展新型金融业态，并推动获批牌照的新型金融机构服务澳门中小微企业。

四是加大力度推动高新技术产业及传统产业转型升级。开展“企业创新研发资助计划”，鼓励企业与高等院校和科研机构开展合作，强化产学研合作与成果转化。支持高标准建设产学研示范基地。充分发挥科技企业创新主体的作用，加大对科创研发的投入，联合深合区产业投资基金，加大对科技研发和高端制造业的支持，培育和发展科创产业链。加强数字城市建设，推出中小企业数字化升级支援服务，协助中小微企业利用科技壮大发展。支持推广“澳门制造”，促进澳门品牌工业提质发展。鼓励澳门品牌工业企业用好深合区工业园空间。

五是促进会展商贸产业提质发展。加快会展业市场化、专业化及国际化发展步伐，探索引入更多葡语国家高附加值商品的展销主题活动。鼓励会展业界加入国际会展组织，提升澳门国际会展竞争力。加强会展业与其他重点产业的联动。争取具有国际影响力的会展活动在澳门举办。搭建澳琴会展新平台，推动更多展会以“一会展两地”的模式在澳琴联合举办。进一步优化与落实澳琴联合招商部署，充分利用深合区“鼓励类产业目录”的政策优势，拓宽招商引资渠道。

六是推动文化及体育产业持续发展。开发符合市场需求的文化旅游产品及体验服务，拓展文创产品销售平台。打造更多历史建筑活化空间，支持文化产业联动旅游发展。推出资助计划重点推动澳门影视、文化展演，以及以文化旅游为主题的文创项目开发，助力发展澳门文创品牌。支持影视产业发展，筹建“澳门影视专题网站”。打造文艺体育品牌盛事，持续举办更多高水平的大型体育活动，打造具有澳门特色的体育品牌赛事。推动体育、文化、旅游等产业联动发展，建设“演艺之都”“体育之城”。

此外，为“1+4”规划做好保障。完善营商环境，协助中小企业排忧解难，实现创新发展。继续通过各项援助及补贴计划，支持和鼓励企业转型升级，协助中小企业把握“1+4”产业多元发展机遇。与银行业界协调，将“还息但暂停还本”措施及“中小企业调整还款计划”延续至2024年底。支持推出“跨境电商一站式服务”，推动电商发展。优化社区经营环境，通过不同方式盘活社区商圈。在确保本地居民优先就业的前提下，切实保障中小企业在经济恢复和创新发展时必需的人力资源。中小企业亦要与时俱进创新求变，不断提升竞争力。

配合产业多元发展需求，有效落实人才引进制度，不断优化人才引进计划。开展大健康、高新技术、现代金融、文化体育及其他产业人才引进计划，发挥所引进人才的产业带动作用，提高澳门的创新力和竞争力。丰富“人才数据库”的登记和更新，开展博彩、酒店、饮食业人才需求调研。

3. 高水平推动澳琴一体化建设

2024年是深合区发展的关键一年。对标总体方案确定的第一阶段发展目标，加快推进深合区各项建设，在支撑澳门经济适度多元发展、构建澳琴一体化发展格局、实现民生深度融合等目标任务上取得新突破，确保在深合区成立 3 周年之际交出满意答卷。

一是加强区域法律事务统筹规划、交流协作、人才培养和宣传推广等，继续深化澳琴规则衔接和机制对接。配合珠海市人大完成港澳建筑及相关工程咨询企业资质和专业人士职业资格认可规定、港澳旅游从业人员执业规定等法规修订。澳门特区政府结合实际情况，适时制定和完善相关法律法规。

二是加快推动澳琴“政策通”。对接澳门“1+4”规划，编制深合区产业发展规划。推进落实文旅、会展及商贸产业发展三年行动计划，健全完善政策支撑体系，实现澳门“1+4”产业布局与横琴“四新”产业的联动发展。用足用好深合区清单式授权政策，适时启动深合区新一批清单式授权事项研究工作，加快推动放宽市场准入特别措施等重大政策尽快落地。

三是构建富有澳琴特色产业发展体系。完善产业发展空间载体，规划建设澳门品牌工业园、专精特新高端制造产业园，拓展澳门品牌工业发展空间。全面完成“澳门监造”系列标志评审机制的设置。加快中葡科技交流合作中心暨科技型中小企业创新创业集聚地建设。持续引导更多优质资源进驻深合区，吸引更多优质资产、标杆项目落地，优化布局重点产业。培育建设高水平科创平台，完善创新人才供给体系，出台实施深合区支持人才发展若干措施，加快实施琴澳人才工程。出台优化营商环境行动方案，营造更具活力的创新生态环境。

四是进一步优化落实澳琴联合招商机制。设立“事前技术会议”机制，对项目落户深合区所涉及的证照申请等事宜提供指导，加快推进流程，吸引更多葡语国家企业落户，加强与中央企业、驻澳中资企业的沟通对接，争取一批带动性强的优质产业项目落地澳琴。加强澳琴科技合作。通过各类资助计划，支持更多具有产业化条件的项目在深合区示范应用或中试生产，推动获资助成果在深合区转化。

五是推动跨境要素流动更加便捷。加快推进澳琴人流、物流、资金流、信息流实现便捷流通。完成“一线”横琴口岸二期工程及智慧口岸公共服务平台建设，正式启用“二线”海关监管作业场所，争取深合区“一线”“二线”税收配套政策出台。探索联通澳门内港新通道。配合建成资金电子围网系统，推动深合区金融市场进一步开放。积极争取在“澳门新街坊”项目打造趋同澳门的互联网环境。

六是促进澳门国际机场、澳门航空股份有限公司等参与澳琴一体化进程。加快开通横琴口岸澳门机场值机业务，共同开发澳琴“一程多站”联程旅游。加强澳门国际机场与内地知名物流、跨境电商企业对接合作，推动开通澳琴跨境物流快速通道。

七是支持和鼓励澳门居民在深合区就业、创业和生活。适时出台实施支持澳门青年在深合区就业和创新创业的政策措施，为有意到深合区就业及创业的居民提供相关服务和协助。在深合区打造新一批面向澳门青年的创新创业孵化载体，持续开展澳门青年实习计划。与内地相关部门沟通和探讨澳门高校在深合区开展创新的办学模式。支持澳门社团在大湾区、深合区开展服务并不断提升服务水平。“澳门新街坊”内的第一所澳人子弟学校，将于2024/2025学年正式启用，卫生站、社区服务中心和长者服务中心亦将投入运作，以便利澳门居民在深合区生活。

4. 强化区域合作和国际合作共促发展

贯彻落实《2024年粤港澳大湾区建设重点工作安排》，积极参与大湾区专项政策规划的制定工作。加强与广东、香港合作，携手高质量共建粤港澳大湾区。积极参与泛珠三角区域合作，加强与泛珠省区合作组团赴葡语国家招商引资和专项交流，联手开拓葡语国家市场。充分发挥粤澳、沪澳、闽澳等既有合作机制，以及与海南省、重庆市、深圳市及佛山市等内地省（区、市）的合作专班的作用，围绕综合旅游休闲业、中医药大健康、现代金融、高新技术、会展商贸及文化体育等重点领域加强合作。同时发挥澳门的独特作用，促进澳台经贸文化交流合作。继续推进支援江西省修水县乡村振兴的工作。

此外，进一步拓展澳门中葡平台功能，积极参与举办中葡论坛（澳门）第六届部长级会议，办好澳葡联合委员会第七次会议等重要活动，助力提升中国与葡语国家经贸合作的质量和水平。加强与葡语国家在能源、金融、基建、数字经济等领域务实合作。充分发挥澳门海上丝绸之路节点的作用，积极参与和助力“一带一路”建设。持续善用澳门归侨侨眷和海外侨胞的力量，扩大与“一带一路”沿线国家和地区的交流合作。发挥澳门独特优势促进国际人文交流。加强与友好城市开展经贸文化交流合作，落实与东帝汶帝力市缔结为友好城市，研究开展与巴西的巴西利亚市的缔结工作。借助澳门与珠海市缔结的友城合作机制，推进澳门、珠海市及友好城市三方交流合作。

神州大地生机勃勃，大湾区建设方兴未艾。推进经济适度多元发展是新时代澳门特区的一道必做题，唯有齐心实干方能取得成效。澳门特区政府和社会各界必须统一思想、坚定信心，凝心聚力谋发展，排除万难促多元，想方设法巩固社会经济稳健复苏的良好态势，务实有为落实执行“1+4”规划确定的各项主要任务和重点项目，不断巩固和提升自身优势，切实增强经济的发展动能和综合竞争力，以更大作为加快推动澳门经济适度多元、可持续和高质量发展，开创澳门更加美好的未来。澳门特区政府将牢记使命，始终遵循“一国两制”、“澳人治澳”、高度自治的方针，按照党的二十大报告的战略部署，发挥澳门所长，服务国家所需，积极参与构建国家新发展格局，务实推进深合区建设，更好融入国家发展大局，为全面推进中华民族伟大复兴而团结奋斗！

三、中国经济如何走出经济增长减速的困境

徐　林[①]

在全球化浪潮与国内经济转型的双重背景下，中国经济正面临结构性减速压力，这种减速不仅是对过去高速增长的自然回调，还是内外部多重因素交织的结果。在这一背景下，如何重新激发经济增长活力、找到新的增长动力，成了全社会共同关注的焦点。面对中国经济转型中的结构性减速压力，我们要意识到，经济增长趋势放缓并非不可逆转，而是需要我们从深层次的结构性改革中寻找出路。通过审视中国经济的内在逻辑和发展趋势，我们只有坚持市场化改革、法治化治理、产权保护、开放制度和创新创业等基本思路，才能有效化解当前困境，在这个过程中，我们需保持战略定力，坚定发展信心，以创新实践应对挑战，推动中国经济走出经济增长减速的困境，实现更高质量、更有效率、更加公平、更可持续的发展。

（一）中国经济正面临结构性减速压力

当前，中国经济目前正处在一个结构性减速的状态，这种减速不是周期性的。导致经济面临结构性减速压力的因素有以下五个方面。

---

① 徐林，国家发展改革委原发展规划司司长，中美绿色基金管理有限公司董事长，蓝迪国际智库专家委员会委员。本文编写自徐林在第七期辛庄企业家精神大课堂的授课内容。

1. 要素条件恶化

中国经济面临日益恶化的要素条件，最明显的是老龄化程度越来越高。随着老龄化程度的加深，劳动力供求关系发生了变化，中国现在劳动年龄人口每年都在减少，自2022年起中国总人口也开始净减少，整个国家的人口抚养比迅速提高，年轻人的养老负担在持续加重。这种劳动力供求关系的变化会导致劳动力成本上升和传统劳动密集型产业的优势逐渐减弱。同时，整个国家的总体储蓄率呈现下降趋势，这可能会对未来的经济发展产生影响。尽管如此，中国的生产要素供给条件仍然优于其他国家，只是与过去相比有所减弱。因此，劳动力和资本作为生产要素供给的条件，实际上都在弱化甚至是恶化。

2. 劳动生产率增速持续下降

当要素条件变得不利时，提高要素配置效率可能抵消其对经济增长的负面影响。然而，研究表明，中国过去10年的要素配置效率和劳动力生产增速都在下降。由于要素供给条件恶化和配置效率降低，根据新古典增长模型估算，经济增长速度也会下降，这是显而易见的。

3. 中美关系紧张导致的外部环境恶化

中美关系持续紧张，导致外部国际环境发生较大变化。特朗普政府和拜登政府推行贸易保护政策，限制中国出口，并试图与中国“脱钩断链”。中美关系如今的变化，特别是美国对中国崛起的焦虑，正在不断削弱中美之间本来就不多的相互信任，进而导致美国国内涉及中国议题的政治偏激，以及由此导致的美国主导的全球化产业链、科技链“去中国化”趋势，这种变化虽然会激励中国加大自主自立的努力，但也会对中国产生非常不利的影响。在这个过程中，基于WTO规则的国际贸易秩序也在恶化。我们所依赖的自由贸易体系在未来也可能被边缘化，为新的区域性高标准自由贸易体系所取代。

中美关系的紧张局势给中国经济带来了很大的不确定性。美国拉拢一些国家实施的“去中国化”的“脱钩断链”的趋势才刚刚开始，相关国家如何响应，对国际贸易体系的影响如何，国际格局最终会演变成什么样子，我们如何来应对，还需要时间来观察。但这种变化一旦成形，对于我们的经济增长，特别是对于过去支撑我们强劲增长的外部需求来说，可能是非常不利的。

4. “双碳”目标机会和挑战并存

中国企业在环保转型和经济竞争中面临两重挑战：一是中国为实现“双

碳”目标设定了时间表，并在过去几年加强了环保限制，这给高排放和高能耗的传统产业带来了转型压力。这些产业，特别是钢铁、水泥、建材、有色冶炼和化工类企业，需要进行成本更高的技术改造以满足减排要求。转型带来的成本压力可能导致一些行业和中小企业失去国际市场竞争力。二是欧盟即将实施的碳边境税将增加中国企业的成本，特别是对生产或销售碳足迹含量较高的产品的企业。

“双碳”目标不仅带来挑战，也为中国带来了巨大的机遇。绿色低碳转型推动了中国能源行业向清洁能源的过渡，这一过程催生了众多创新和投资机会，尤其在材料技术、电子电力技术、绿色低碳能源基础设施等方面。为实现 2060 年的净零排放目标，预计需要近 500 万亿元人民币的投资，这样的规模将为经济增长提供持续动力。同时，这也是扩大内需、应对外部需求减弱的关键领域。值得一提的是，中国在这一领域已经走在了全球前列。

5. 未来 10 年潜在经济增速展望

综合考虑上述所有因素之后，未来 10 年潜在经济增速展望为 4%～5%，较之前制定“十三五”规划时的测算下降约 2 个百分点。这种结构性减速给国家规划和政策制定带来了很大的挑战，因此在“十四五”规划中未提出具体经济增长预期目标，而是由年度计划确定。政府面临诸多不确定性，难以明确提出 5 年年均增长目标，而且实际结果与规划目标偏离在市场经济体制下是常态。在结构性减速和外部不确定性增加的情况下，政府提出明确的增长目标变得困难。2022 年全国人大通过年度计划提出的 5.5%的年度预期增长目标最终仅实现 3%，可见即便是短期增长的预期也会受到不确定因素的较大影响。

（二）走出经济增长减速的困境，需提高创新驱动增长的能力

在国家要素条件恶化和要素配置效率下降的情况下，保持经济增长势头的关键在于创新。通过创新提高要素配置效率，进而提升创新驱动增长的能力，是应对这一挑战的有效途径。因此，全方位创新成为解决当前问题、保持经济增长势头的关键所在。

1. 长期向好的经济基本面

中国经济长期向好的基本面主要源于中国企业家和老百姓不断学习、刻苦耐劳、持续创新以及渴望致富的动力。这些基本面需要政府更加高效地利用和保护，包括提升劳动力素质和质量，如加强培训、加强教育等，更加高

效地利用我国的人才资源，减少人才浪费，以及更好地利用体制内退休人才等。同时，随着机器人对劳动力的替代和制造业岗位需求的变化，中国经济的希望在于充分发挥基本面优势，以保持竞争力和持续增长，特别是中国企业家的创新和成本控制能力。这是中国制造业在国际市场上取得成功的重要原因。

2. 加快推进市场化导向的体制机制创新

中国需要加快推进市场化导向的体制机制改革和创新，要通过创新获得经济增长的新动力。这种创新必须是全方位的，特别是要推动体制机制创新，因为体制机制和经济增长的关系非常密切。过去的以市场化为导向的改革开放已经证明了其对中国经济高速增长、人民富足和国家富强的贡献。然而，与完善的市场经济体制相比，中国在这方面仍有差距，政府对资源配置的干预和国有企业对资源配置的规模近年来有所增加，由此降低了资源配置效率，这不仅不利于提高经济增长速度，而且不符合高质量发展的要求，因为高质量发展的核心就是提高资源配置效率。

推进市场化体制机制创新，中国需要维护统一大市场。构建全国统一大市场，则需要有实实在在的改革。因此，对于中国来说以下三点必须做到：

一是尽快终结城乡分割和区域分割的制度。中国城乡和区域分割的制度问题依然存在，尤其是户口制度及其相关的社会保障差异，导致资源配置效率低下。超大城市的户口管制更加严格，给很多人带来不便。地方保护主义也普遍存在，例如，不同城市的出租车品牌选择反映了地方保护现象。新能源汽车补贴政策也往往与地方保护相结合，可能导致落后产能和产能过剩。这些问题表明，统一市场制度建设需要更深层次的改革，涉及中国经济社会制度的基本安排。统一大市场对于实现规模经济、促进专业化分工、提高效率和竞争力至关重要，中国必须消除城乡和区域分割，充分发挥大市场的优势，确保市场经济的有效运行。

二是加强产权保护，特别是对私人产权的保护，这对于激发创新和长期投资至关重要。缺乏良好的产权保护会削弱企业家的创新动力，影响经济社会的长期发展。在中国，如果产权保护不到位，企业家可能会采取短期行为，如股市上的资产套现和资金出境，这将动摇资本市场的微观基础，增加社保资产、保险资产和投资人的风险，进而影响股市的财富积累和融资功能。

三是进一步减少政府对资源配置的干预，降低国有企业在资源配置中的比重，同时不断提升民营经济的地位。虽然政府多次出台文件支持民营企业发展，但由于政策的不稳定性和缺乏可预见的法治环境，企业家仍感不安。因此，政府需要推动一系列底层制度改革，建设好的制度和环境，为民营企业创造稳定的发展环境，增强民营企业的发展信心。这将有助于提高资源配置效率，推动经济增长和高质量发展。

3. 加大科学与技术创新的投入

一是要持续加大科技创新投入。中国在科技创新方面的投入持续增加，2022年，全社会研发支出占GDP的比重已达到2.55%，研发支出总量位居全球第二。尽管如此，中国在基础研究和原创研究方面与美国相比仍有较大差距，需要持续加大投入。

二是要创新体制。当前，讨论较多的是新型举国体制，这一体制源于老的举国体制，后者在解决重大科技问题如“两弹一星”上显示出有效性。然而，面对新的技术挑战，特别是西方国家的技术封锁，老的体制已不适应。因此，新型举国体制应运而生，以适应市场经济环境。尽管其具体形式尚未有官方全面阐述，但普遍认为它应更好地激励科研机构和企业进行研发，政府则更多地关注基础和原创研究。新型举国体制能集中资源解决关键性的技术问题，但难以覆盖所有领域。因此，企业仍需在多样化、精细化的科技创新中发挥主要作用。

三是要加强国际合作。封闭体制只会导致与国际先进水平的差距越来越大。通过持续不断的科技创新，可以形成新的增长动能，其中企业家精神发挥着重要作用。因此，中国需要继续强化政府和企业的研发投入，推动科技创新的国际合作与分工，以实现科技创新的持续发展。

4. 以制度型开放推动高水平对外开放

制度型开放是实现高水平对外开放的关键。从封闭走向开放，可以拓展资源获取和配置的市场边界，这一点在我国过去的开放成效中得到了充分证明。然而，现有的国际环境对开放提出了更高要求，制度型开放成为必要选择。我们可以从以下四个方面来提高对外开放水平：

一是提高开放标准，为中国企业的全球化经营创造更可靠和可预见的国际规则和制度。未来的中国开放必须提高开放标准，一方面，必须坚持用全球视野配置资源，这样我们企业的市场边界会更大，效率会更高，竞争会更充分；另一方面，在海外利益规模不断扩大的情况下，我们要建立一套被广泛接受的国际体系，用基于国际规则的制度体系来保护我们的海外利益，为企业发展营造良好的全球化经营环境。

二是坚持公平竞争基础上的自由贸易和投资。全球化经营带来了巨大利益，特别是中国加入 WTO 后，贸易顺差帮助中国积累了大量财富。在现代经济文明体制下，贸易顺差是国家财富积累的重要手段。因此，我们应该坚持公平竞争基础上的自由贸易，并相信中国企业能够在全球竞争中为国家创造更多的财富。

三是坚持以制度型开放和自身改革来应对国际贸易环境的挑战和变革。当前，中国正面临国际贸易环境中的一系列挑战和变革。一些国家对中国贸易实践提出批评，主要集中在政府补贴、国有企业以及非市场经济行为等方面。这些指责虽带有一定的偏见，但仍需中国认真对待和反思。在补贴问题上，中共中央和地方政府对特定产业的专项补贴较多，尤其在面临技术封锁等挑战时，进口替代补贴增加。这些补贴中，部分属于 WTO 禁止性补贴，如进口替代补贴，大部分则是可诉性补贴。各国普遍存在不同程度的产业补贴，但中国的补贴规模和实施方式更易引起关注。这主要是因为中国仍被视为非市场经济国家，国有企业大量存在，被认为可能影响公平竞争。同时，中国作为贸易大国和持续货物贸易顺差国，其不合规行为可能产生系统性影响。在全球贸易体系中，中国的地位和作用举足轻重。然而，当前地缘政治冲突不断冲击全球体系，原有体系摇摇欲坠。在这样的背景下，中国如何通过制度型开放融入并完善全球和区域体系成为重要议题。中国必须与其他国家，特别是主要贸易伙伴共同构建基于规则的、更高水平的全球贸易制度。这一过程需要中国对自身进行改革和变革，积极主动地参与国际体系的建设和改革，与其他国家共同推动全球治理体系的完善。

四是防止制度性脱钩。相较于产业链脱钩，制度性脱钩可能对中国造成更大的危害。为了防止制度性脱钩，我们需要加强与国际社会的合作和交流，了解国际规则和通行标准的变化趋势，并及时调整自己的政策和做法。同时，我们需要加强国内改革和创新，提高自身的竞争力和适应能力，为实现高水平对外开放提供有力保障。

（三）走出经济增长减速的困境，需瞄准创新增长主赛道

对于如此庞大的中国经济体而言，创新已经渗透到各个层面和角落，无

论是在新兴产业还是在传统产业中，都涌现出了形形色色的创新实践。中国未来创新的主赛道和方向主要有以下三个。

1. 数字智能转型

党的十九大报告明确提出，就是要把数字技术与经济社会发展方方面面深度融合。

中国在数字经济领域拥有巨大优势，尤其是其庞大的市场规模。这使中国基于互联网和数字技术的平台经济得到迅速发展，并形成了专业化的平台和各种精细化的 App。即使不依赖国际市场，中国国内市场也能支撑起多个领域的规模效益。阿里巴巴、抖音等中国企业展现出强大的实力，未来国际化潜力巨大。同时，平台经济为创业、就业和消费者提供了更多机会。名人在数字经济中也发挥了重要作用，例如，俞敏洪的直播带货转型，体现了互联网上的名人效应。数字经济、人工智能涉及的领域非常多，涉及的创新也非常多，大到芯片产业链，小到某个材料，还有制造设备和设计服务软件等。由于美国联手日本和荷兰“卡脖子”，我们在先进制程芯片发展上遇到了很大的挑战和困难，解决这个问题涉及的创新相当广泛，需要持之以恒地、系统地发力。因此，数字经济赛道我们可以重点关注以下六个方向：

一是区块链领域。中国展现出许多创新和应用，并拥有一些优秀的底层技术公司，如从事区块链服务网络（BSN）技术研发和服务的公司。这些发展引起了美国国会的关注，突显了中国在区块链技术领域的实力。若中国公司能占据区块链技术服务网络的技术主导权，就相当于在互联网领域掌握了 HTPP 分目录的技术。

二是产业数字化和智能化。产业数字化和智能化是未来发展趋势，可大幅提升传统产业效率，满足消费者定制化需求，减少浪费和库存，降低能耗和二氧化碳排放。未来，柔性化生产、精准定制、系统集成等将普及，包括工业互联网、数字孪生等技术在内，这将降低成本并提高竞争力。

三是智能化的新能源体系建设和数字能源发展。中国正致力于智能化的新能源体系建设和数字能源发展，为实现“双碳”目标，计划构建以新能源为主体的电力系统。由于新能源发电的不稳定性，需要构建源网荷储智能一体的数字能源系统，其中风光发电、储能和智能电网将是主体形态。华为等科技公司也看到了这一趋势，并发挥其在数字技术领域的优势，积极参与数字能源发展。

四是智慧城市、智慧社区、智慧家居的发展与普及。随着智能化的发展，智慧城市、智慧社区、智慧家居等概念逐渐普及。社会治理不仅依赖物理系统的智能化，还需要高效提供公共服务，而智慧系统能提高服务的精准度和效率。未来数字化建设将涵盖国家、城市、社区、企业、家庭等层面，并与大数据、云计算、人工智能等技术融合。这既涉及硬件技术和软件技术支撑，也涉及数据资源的管理和使用等体制问题。为此，国家成立了数据管理局来规范数据的使用，推动其产业化应用。同时，人工智能如OpenAI和ChatGPT等的快速发展，对经济社会的渗透和对现有模式的颠覆性影响，对现有认知和管理体制提出了挑战，需要在技术和制度上进行创新和突破。

五是数字技术领域的国际合作。全球各国在产业链上相互依赖。在面对国外技术封锁时，强化自主研发和产业技术自立是必要的，但国际合作同样重要。中美两国在数字经济领域存在泛安全化的担忧，导致数据跨境流动和应用面临障碍。然而，数据的跨境流动可以带来许多好处，推动医学、创新药物研究等领域的进步，并有助于金融安全和稳定等方面的国际合作。尽管中美之间存在地缘政治障碍，但中国与其他国家建立合作关系和模式仍是可行的。未来数字经济领域的相互开放可能在对等的基础上推进，中国需要对此认真研究和制定制度安排。

六是国内数据共享障碍与隐私保护问题。在国内，跨部门、跨地区、跨企业、跨机构之间的数据共享存在障碍，同时，数据隐私保护等基础性制度问题也亟待解决。这需要新成立的国家数据管理机构认真应对，并在观察、思考、借鉴的过程中审慎立法。

全球范围内，数字经济和数字技术已成为大势所趋，美国已明确其发展方向。对于中国而言，拥有大市场优势的我们，有机会在这个领域做得更专业、更精细，并且规模更大。

2. 绿色低碳转型

中国政府提出的“双碳”目标已成为资源配置的新约束条件，深远地影响着经济布局。高耗能企业为降低碳足迹，选择在有清洁能源的地方布局，如青海。这导致新能源企业纷纷在西部新能源资源丰富地区布局，如四川的水电资源。“双碳”目标正在重塑中国经济的区域布局，对未来产生重要影响。实现“双碳”目标，在绿色低碳赛道我们可以重点关注以下四个方面：

一是能源转型。对于中国而言，实现碳中和的关键在于能源转型，这是巨大的投资和增长赛道。中国碳排放主要源自能源消耗，其中电力和供热生产占50%，制造业占30%，交通占10%。建筑行业自身排放约占30%，全产业链计算则高达50%。农业方面，化肥使用和畜牧业产生的温室气体排放也不容忽视。因此，减少化肥施用和推动少食用动物蛋白或食用排放更少的人造蛋白替代品成为减少农业排放的有效途径。与发达国家相比，中国需更加重视农业排放问题，并加快植物肉等替代品的推广，以应对气候变化和实现碳中和目标。

二是新能源发电。中国新能源革命中，绿电替代主要由风电、光电、水电、核电和生物质能源构成。2023年第一季度末，清洁发电装机容量已超过总装机容量的50%，但新能源发电量占比仅为33%。随着风光发电技术的不断进步和成本下降，未来其占比将进一步提高。特别是光伏发电，其电池转换效率在创新基础上进步迅速，预计未来五六年内中国光伏发电转换效率将达到30%左右，使得光伏发电成本大幅降低，与火电相比更具有竞争力。因此，采用“光伏+储能+智能电网”模式进行清洁能源替代，将不再需要政府补贴，同时有利于实现“双碳”目标。此外，材料技术、电子电力、半导体器件、智能技术、电池技术等也是该领域的重要创新方向，宁德时代等企业通过一代又一代的电池技术创新，在动力电池和储能电池领域已取得全球领先水平，并在不断开发新一代技术以保持技术优势。总体来看，电池技术需要在能量密度、安全性、使用寿命和降低成本等方面取得最佳平衡。在当前经济低迷的情况下，投资绿色低碳发电项目是值得政府考虑的一种选择。

三是可控核聚变。可控核聚变是一个投入巨大、研究周期长的领域，中美两国都在此技术上进行投入。该技术一旦取得突破并具备商业化潜力，将颠覆其他新能源技术，但预计还需几十年。目前，中美两国在该领域处于领先地位，同时国内已有投资机构开始布局。

四是碳捕集、利用与封存技术（CCUS），特别是二氧化碳捕捉和利用技术是一个值得关注的创新和投资领域。

中国如果要实现碳中和，至少需要使绿电占比达到80%，涉及巨大投资规模，对经济有显著拉动作用。更重要的是，如果能在绿电基础上实现整个社会电气化、电动化，中国就可以降低能源对外依存度，对能源安全具有战略意义。真正的新能源车应基于绿电，而非仅依赖火电。

生态文明转型是指从依赖化石能源的工业文明转向以绿电替代为基础的生态文明。工业文明的动力来源于煤、石油和天然气等化石能源，但这种方式会导致二氧化碳排放。而生态文明通过自然能源的转换来获取所有动力，实现了对环境的保护和可持续发展。生态文明是在工业文明基础上的真正飞跃，其标志是能源和动力获取方式的改变。习近平主席提出了生态文明理念，而真正的生态文明不仅是环境生态好，更重要的是通过自然能源的转换来获取整个经济社会的持续动力。

3. 生命科学与合成生物

合成生物技术作为新兴领域，受到中美等主要国家的高度关注。美国政府和中国政府均发布了相关报告和规划，视其为未来竞争的重要领域。合成生物技术的意义主要体现在三个方面：

一是在能源和化工材料领域，生物质能源是一方面，但比重并不太高；另一方面，生物技术产品正逐渐替代传统化工产品，实现更绿色、更低碳的生产方式。合成生物技术在此领域具有广泛应用，如生产染料、化妆品原料等精细化工产品，能够有效降低污染，满足中国精细化工产品市场巨大的需求。此外，该技术在石油开采领域的运用可以进一步提高石油、矿井开采率，在生产可降解塑料等方面也展现出潜力。然而，当前挑战在于如何将更多技术从实验室推向产业化，确保技术稳定性和成本控制。尽管面临挑战，但该领域的前景依然广阔，吸引着众多企业家和科学家去努力探索。

二是在农林食品领域，合成生物技术已被应用于生产人造肉，包括鱼肉等。这种人造肉在适应中国人多样化的烹饪方式方面仍存在一定挑战，如切成肉片、肉丝的效果不佳，其更适合用于包饺子、包包子等。相比之下，美国人对肉的烹饪方式较为简单，他们用人造肉制作的汉堡在口感上与真肉几乎无异。人造肉生产技术的推广有望改变农业生产方式，对减排和绿色低碳转型具有重要意义，值得中国在该领域进行深入的探索和发展。

三是在生物医药治疗领域，包括疾病检测、治疗服务、药物开发、医疗保健和养老延寿等方面，中国具有一定的优势。过去有大量中国学生在美国学习生物领域知识，回国后成功创业，为该领域的发展作出了贡献。然而，中国在实验室仪器设备方面仍存在短板，依赖进口。因此，维护良好的国际合作环境和研发环境对于该领域的未来发展至关重要，也将有助于推动中国未来产业的进步。

（四）走出经济增长减速的困境，城市化和房地产依然是动力

应对当前经济减速的困境，应该重视城市化和房地产的发展。中国的城市化进程与房地产业发展紧密相连，目前城市化率约为 66%，预计未来将达到 80%以上。尽管有观点认为中国已进入逆城市化阶段，但由于城乡差距，特别是农业与非农产业劳动生产率的差距，以及城乡收入差距和公共服务差距，城市化动力依然强劲。随着农村人口向非农产业转移，城市空间和城市居民的规模将进一步扩大。在这个过程中，房地产业将继续发展，尽管其全面红火、持续涨价的时代已经过去，但作为支柱产业之一，房地产仍将在经济中发挥重要作用。政府对房地产市场的调控措施，如“四限”政策，已经对房地产业产生了巨大影响，整个行业陷入了萧条，对宏观经济也产生了负面影响。因此，需要更有效的方式来调控房地产市场，比如，通过房地产交易增值收益税等税种和税率的设计来合理调节市场交易行为。此外，未来的房地产市场将不仅限于新建筑的投资，还包括老建筑的节能改造和更新改造，这将释放出持续的房地产投资和消费需求。同时，也需要探索更有效地利用农村闲置住宅和宅基地的方式，以及改善土地产权制度，来提高土地质量和利用效率。城市化进程也推动了服务业的发展，服务业的发展对就业和收入分配有重要影响，因此，需要放手让城市服务业尽可能发展，以推动经济增长和就业。

应对当前经济减速的困境时，更应重视供给侧的结构性改革，而非单纯扩大内需。通过建立便利供给和需求相互迎合的制度，可以激发经济的内生动力。实际上，中国存在大量未被满足的需求，但由于供给侧的制约，这些需求无法得到有效响应。因此，推动供给侧结构性改革，如调整房地产调控政策、增加公租房和长租房供给、鼓励创新创业等，可以形成更好的有效供给，促进经济增长。同时，应坚持市场化改革、法治化治理、产权保护、开放制度和创新创业的基本思路，以摆脱经济困境。尽管面临挑战，但中国应坚定不移地推进改革，以实现经济的持续健康发展。

当前，中国经济面临经济增长减速的困境，但并非没有解决之道。坚持以全方位创新为核心深化供给侧结构性改革为我们指明了前进的方向。我们应提高劳动力素质和质量，以市场化为导向提升机制创新，通过持续创新投入和创新体制优化，培育增长的持续动力，以制度型开放保障中国企业全球化经营、高质量发展，提高对外开放水平。同时，重点关注数字智能转型、绿色低碳转型和生命科学与合成生物的创新赛道，利用好城市化和房地产作为未来经济增长的持续动力。只要我们坚定不移地推进改革，加强创新驱动，优化经济结构，就一定能够走出困境，实现经济持续健康发展。未来的中国，必将以更加开放、包容、创新的姿态，迎接全球经济的挑战与机遇。

四、把握时代机遇，推动区域经济高质量发展

张大卫[①]

在当今经济全球化、区域经济一体化的时代背景下，如何推动区域经济高质量发展，已成为各国、各地区共同面临的重要课题。党的二十大报告指出，高质量发展是全面建设社会主义现代化国家的首要任务。打造引领高质量发展的重要增长极和动力源，是推动中国区域高质量发展的必然要求，也是推进中国式现代化进程的重要方面。在这一宏大的历史背景下，我们需要审视区域经济高质量发展面临的挑战与机遇，深入探寻撬动区域经济协调和高质量发展的支点，把握核心要素，找准关键点，充分利用各种利好因素，形成推动发展的强大合力。我们相信，通过整合这些关键要素和动力源泉，我们一定能够牢牢把握时代机遇，以更加开放的姿态和创新的思维，推动区域经济实现更高质量、更有效率、更加公平、更可持续的发展。

（一）我国区域经济高质量发展面临的挑战与机遇

党的二十大开启了以中国式现代化全面推进中华民族伟大复兴的新征程。在这一宏大的历史背景下，我国区域经济发展的理论和实践均面临着改造、提升、转型、重塑、建构和创新的重要任务。区域经济协调发展，实际上是一个与内外部环境及系统各结构间互动的过程。当前，我国区域经济发展的内外部环境有了很大变化，国际上受到价值观及地缘政治冲突、科技与供应链“脱钩断链”等因素的消极影响，国内面临供给冲击、预期转弱、需求收缩三项压力。另外，还有一些基础性矛盾和长期性制约因素，成为我国区域经济发展必须面对并需通过不断改革予以破局和解决的问题和挑战。

一是行政区划与经济区划的矛盾问题。我国幅员辽阔、人口众多，自然条件迥异，区域与城乡差异大，由于社会治理、民族团结和国家安全的客观需要，现行的行政管理体制与层级结构、空间结构必须保持一定的稳定性，

---

① 张大卫，中国国际经济交流中心副理事长兼秘书长，河南省原副省长、河南省人大常委会原副主任。本文是蓝迪国际智库对张大卫的公开发表文章和讲话的综述，包括：《促进区域经济发展的几个问题——学习二十大文献的体会》；2023 首届中国产业园区大会的主题致辞。

一些制度性管控规定仍有很强的合理性（如土地资源的空间管制与用途管制），这在某种程度上会影响要素按市场规律自由流动和高效配置，在推进区域一体化发展、同城化发展、城乡融合发展时，这些都是绕不过去的坎。

二是“胡焕庸线”所揭示的规律性特征与国土开发战略的矛盾问题。自 1935 年至今，“胡焕庸线”所揭示的我国人口分布及密度情况并无大的改观。线东南地区的城镇化水平、产业集聚度还在不断提升，新要素、新技术、新产业和新就业机会仍然在向线东南方向倾斜。但线西北方向承担着国家能源安全、资源安全和国土安全等重要责任。如何提升线西北方向的城镇化水平，特别是如何使线西北的产业发展更健康和可持续，是对区域经济协调发展战略的重大考验。

三是绿色低碳发展的需要和各区域承担的发展任务之间的矛盾。我国的优化开发区域和重点开发区域既要继续为国家长期稳定发展提供动力，又要下力气首先解决自己的绿色转型问题。粮食生产区在地力、水利、土壤条件不断退化的情况下，亟须通过休养、涵养和修复，走上绿色集约发展的路子，但当前其还要承担起提高单产、扩大总产的任务以确保国家粮食安全。在环境容量（环境承载力）严重不足的情况下，我们既需要在城乡社区及产业部门建立起循环畅通的生态系统，又需要在大尺度空间甚至全国范围内进行绿色、生态资源的腾挪和互助协作。如何在这一协作中使东北和中西部地区的优势得以发挥并从中受益，仍是需要认真研究和探索的问题。

四是全国统一大市场和构建“双循环”发展新格局的需要与现行政策体系造成的利益不平衡问题和矛盾。我们在改革、开放、创新的制度设计与安排上及一些财税制度和公共品供给的安排上，仍需做深刻调整，并建立起体现区域公平、科学合理的利益补偿机制，这样才能真正促进实现区域经济协调发展。

区域经济发展机遇和挑战并存，在复杂多变的背景下，区域经济发展仍有四个重大机遇：

一是基于自由贸易的全球化和国际经贸合作仍在持续发展。我国加入 RCEP 和申请加入 CPTPP 等国际多双边自贸协定，必然会给区域经济发展带来许多新的机会。

二是国家深化改革、扩大开放、坚持新发展理念、构建“双循环”新发展格局、建设统一大市场、促进消费升级等战略举措的实施，为区域经济发展带来了新的增长动力。

三是科技革命引领的产业变革，促进产业组织发生了深刻变化，形成了新的市场和市场关系，以及新的要素生成机制。它的显著特征就是互联网平台形成全球性生产与贸易网络，而其每时都在产生的大数据和其巨大的信息流量成为新的生产要素，成为国家和地方未来的基础性资源。科技革命带来的产业变革也在重新定义区域经济，使我们对自然禀赋、空间位置及产业形态这些区域经济的基础结构产生新的判断，赋予我们以新的竞争手段和协同方式，也给区域经济带来新的公平竞争环境。许多地区这几年的发展实践正在证实这一点。作为创新动力，我国经济转型和产业升级正在形成几个新的风口，包括生命科学与生物技术产业、绿色低碳产业、数字经济和智能产业等。这些新产业形态的发展，在各区域发展中都很强劲，这也是我们看好区域经济高质量发展前景的重要原因。

四是数字化空间的出现，为区域开放和争取公平竞争环境创造了难得的机遇。构建数字化空间，需要激发起我们的空间想象能力、形式塑造能力和内容生成能力。各区域可以通过数字化平台的便利性，高效连接世界的每一个角落，公平分享全球化的红利。

（二）如何推动区域经济高质量发展

1. 找准撬动区域经济协调和高质量发展的支点

一是要找准促进区域经济协调发展的工作抓手。要把改革、开放、创新和治理能力现代化作为区域经济协调和高质量发展的持续动力、持久动力。需要特别强调一下“开放”，这是由我国的基本国情决定的，也是我们国家制度创新和可持续发展乃至实现中华民族伟大复兴的必然选择。作为内陆地区，开放更是解决诸多发展问题的肯綮之所在。

二是要把建设现代化产业体系作为区域协调与高质量发展的重要内容。产业发展是区域经济的核心。在建设现代化产业体系方面，一定要着重推动产业结构的调整、转型升级。其路径大体是以下五个方面：第一，巩固优势产业地位，推动制造业高端化、智能化、绿色化发展。第二，培育战略性新兴产业，促进其实现融合集群发展。构建由新一代技术和新经济业态支撑的增长引擎，促进新旧动能转换。第三，推进现代服务业发展并实现与现代制造业和现代农业的深度融合。第四，发展数字经济，促进数字技术改造提升传统产业，培育数字新技术产业、数据产业的发展，形成数字产业集群。第五，优化基础设施的布局、结构和功能，提高系统集成水平。

三是要重视区域发展规划的战略定位和功能塑造。由于区域间自然禀赋、产业结构、基础条件的差异性极大，各地的发展方向和发展目标也是多向度的。因而，在制订区域发展规划时如何准确把握其战略功能定位并围绕这一定位推进区域功能的塑造，就显得十分必要。这里有几个原则是需要遵循的：第一，要有前瞻性；第二，要遵循客观规律；第三，要把自身的优势调动起来，使其集成化；第四，要接受市场的选择，毕竟市场在配置资源中发挥着决定性的作用；第五，要做好与国家战略及国家规划的对接和承接。

四是要重视平台经济发展在区域高质量发展中的支撑作用。平台是连接消费与生产、需求与供给、国际与国内、现在与未来的枢纽。比如，有了完善的功能性口岸体系，就可以促进“双循环”供应链中物流、信息流、资金流的链接；加强柔性化公共服务平台建设，就可以打破在很多地方出现的公共服务供给不足和体系薄弱、僵化局面。现在是互联网和大数据时代，建设强大的可以有效配置信息资源的数字化平台至关重要。尤其要重视发挥平台经济这一新产业组织的作用，让汇之于全球的信息流量和具有自我学习、自我生成能力的数据成为区域发展不竭的资源，使之成为带动区域就业和产业发展、税收增加、绿色增长的持久动力。

五是要营造突破地理界限的经济空间和数字空间。区域协调发展、协同发展、一体化发展、同城化发展，其实质就是要突破地理和行政区划的限制，让生产要素在区域间自由流动，使产业链、供应链、价值链在区域间自主配置资源，让区域内居民共享公共服务和发展红利。目前，以推动协调、协同发展为目标的城市群、都市圈、经济圈，都紧紧抓住国家构建“双循环”发展新格局和建设全国统一大市场的机遇，在加强交通、网络、管道等基础设施建设、提升区域连通性方面，在培养发展动力、增强经济联系的黏度、建设功能性平台和开放性空间上下功夫。

六是要加强区域经济理论的创新，及时调整区域经济发展评价体系。在科技革命不断推进产业变革的背景下，在社会脱域机制越来越活跃的趋势下，我们要清晰地认识其给区域经济发展带来的深刻影响，加强区域经济理论的创新，特别是要加强对“超区域空间”状态下数字经济、互联网平台、供应链体系、新应用场景等方面的研究，使其能够更好地服务区域经济高质量发展。为真正实现高质量发展，区域经济发展评价体系也应及时调整。过去我们比较看重经济规模、增长速度、投资增长、产业结构等，现在更应看重的是开放程度、营商环境、绿色增长水平、社会创新能力、创新要素集聚能力、供应链畅通能力、增进民生福祉和促进人的发展的能力等。

2. *以产业园为区域经济高质量发展的动力源*

2023 年 12 月召开的中央经济工作会议明确提出，必须坚持把高质量发展作为新时代的硬道理。高质量发展已成为我们国家经济社会发展的主旋律，实现高质量发展要找准方向和路径，明确任务、方法和措施，但最根本的是要找到并培育高质量发展的动力源，为高质量发展提供持久而充沛的动力，装配上效能强劲的动力系统。产业园区则肩负着将这些动力源系统化的重要任务，为高质量发展提供持久且强劲的动力支持。

（1）产业园的历史作用。

改革开放 40 多年来，产业园区在经济社会发展的历史进程中发挥了非常重要的、不可替代的作用，无论是高新技术开发区、经济技术开发区还是各类的示范区、特殊监管区、产业集聚区、自由贸易试验区等，它们为一个地方的增长提供了动力，成为区域经济发展的重要载体，乃至成为国家战略的重要组成部分。经过几十年的发展，产业园区存在的意义和对经济社会发展作出的贡献，已经超出了当时设立时的预期，很多地方已成为开放程度最高、营商环境最优、资源配置效率最好、居民宜居宜业的制度高地、政策洼地和风水宝地。

我国的产业园区在发展中普遍做到了以下五点：一是与国际规则标准对标对表，使国内的产业融入了全球化的大市场，参与了效率更高的国际产业分工体系，带动了我们自身生产效率的提升。二是使市场经济的原则和规律得到尊重，打破了各种框架的限制，促进了生产要素的流动。三是推动了政府监管创新，提高了行政效率，降低了社会生产的成本。四是推动了创新资源的集聚，使人才、技术、服务等要素在配置和流动中发生了耦合效应，或者叫乘数效应。五是节约高效利用了土地资源、生态环境资源和城市规划资源。地方政府之所以热衷于搞试验区和各种园区，重要的原因之一是能节约和高效利用土地资源、环保资源、规划资源。产业园区在各地经济增长中贡献了 GDP，贡献了税收，贡献了新就业岗位，提供了强劲的新发展动能。在发展过程中各地有很多创新，我们要认真加以总结。例如，河南当年创造的“五规合一”和“四集一转”的原则，笔者认为现在仍然有生命力。

（2）产业园区发展面临新课题。

目前，我国的大部分产业园区面临转型发展的巨大压力，这和它们面临的严峻挑战是分不开的。

第一，由于制度、规划和效率的约束，政府的政策性资源逐渐衰减，靠补贴、让利、划地、零地价、减税等办法已难以为继。更多的政府资源要体现在制度创新和监管创新上，体现在优良营商环境的营造上。过去，有企业是专门吃政府补贴、吃政府零地价的，不少地方可能也上过当，吃过亏。还有企业钻政府政策的空子，在这儿吃了补贴，换个地方又吃一个补贴，这类企业每年靠吃补贴就获得很大的利润。有的企业先圈一块地，坐等土地涨价，然后再开发。这种情况也不能再搞下去了。

第二，众多产业园区面临信息等新技术快速迭代及生命科学、材料科学、绿色化技术不断突破的挑战，如何开发应用追踪新技术，培育汇集更多的新生产要素，促进园区内企业及整个园区实现数字化转型、智能化转型、绿色化转型已成当务之急。

第三，面临产业变革带来的产业组织、企业集群发展模式、企业与市场关系的一些深刻变化和挑战。在平台经济背景下，现在有些地方为园区招商时还强调企业必须落户园区、就业在园区、税收也在园区等。但我们看浙江余杭区搞平台经济，2023 年前 10 个月的财政收入已经达到了 700 多亿元。余杭的模式是不管企业在哪，只要平台在这儿就行。这就不再是原来的产业集群模式。供应链还涉及金融、物流和各种其他生产性服务业配套，涉及政府服务，这样的网状结构和传统产业的链式结构就不一样了。我们要积极研究产业形态、产业链供应链价值链关系的变化，顺应科技革命引致的产业变革，使园区在不断蜕变中保持发展活力。

第四，产业园区的功能构建也面临重塑和创新的艰巨任务。现在中央提出深化改革、扩大开放和创新发展的理念，构建新发展格局的理念，把推进中国式现代化作为最大的政治理念，使各类园区发展的大背景发生了深刻变化。现在中央提出的构建新发展格局、“一带一路”倡议、高水平的制度型开放等，不仅需要搞若干小试点。这种新的战略背景的变化，在内涵上有以下六个方面：

一是要构建外向型经济新体制，全面推进制度型开放。比如，我们要参加 CPTPP，那么就要找一个地方进行测试，这个测试和原来那些改革试点的任务是不一样的，它完全是制度性的。

二是要构建联通内外的“双循环”枢纽，保证国家供应链安全、畅通、可靠。这要求园区不仅是区域的一个经济增长点，或者是成长为城市新区，还要成为保证国家供应链系统安全、可靠、顺畅的枢纽。

三是要继续坚持自由贸易原则和多边主义，推进投资贸易自由化和通关便利化，需要各种各类的开发区、园区为国家在这方面多做一些积极探索。

四是要支撑城市圈与城市群发展，促进相关城市的一体化发展、同城化发展、城乡融合发展和以县域为重点的新型城镇化。现有的产业园区把这些任务都承担了。

五是要成为区域创新的重要平台，支持绿色化、智能化、数字化发展，培养区域发展的新动能。产业园区要像发动机、引擎一样，把一个大区域的发展、结构调整升级带起来。

六是要推动营商环境改善和人才聚集，使产业园区成为城市真正开放的高地、人才聚集的洼地等。它不仅要为园区自身发展服务，而且要为整个大区域经济社会的发展服务。

总之，产业园区要为区域发展提供转型发展的动力和持续发展的动能，不断创造新价值，成为面向未来的一个强大的动力源。

（3）展望未来，如何推动产业园区成为区域经济高质量发展的动力源。

产业园区在发展上有八个方面的问题要引起高度关注，并在规划、战略定位、目标设计、功能构建上进行调整。

一是在继续完成国家规划目标和赋予的各项任务的同时，按照区域增长与发展的动力源和增长极的价值定位，对园区进行全面考量和重新塑造，使优质资源得到集约配置和高效利用。

二是承担国家和所在地区、城市的重大战略任务，推动实现新旧动能的转换，配套进行新基建和公共设施、公共服务包括公共管理、社会治理、政府治理体系的建设。

三是培育和建设创新机制与创新平台，使园区的创新系统能够与国际创新体系、国家创新体系、产业创新体系和社会创新体系相对接，并力争让它们成为园区的重要组成部分，提升产业园区对各种创新资源的系统集成能力，使创新资源活力永不枯竭。

四是构建使园区产业集群和相关企业能够合作共生、共同进化的底层逻辑架构，引导园区实现数字化转型、绿色化转型、智能化转型，从而带动园区和区域实现高质量发展。

五是顺应科技进步和产业变革，将园区过去以硬件为主导、垂直分层的传统供应链系统，升级成以软件为主导包括技术、管理、网络等专业化分工合作的融合网状的供应链。重视金融服务、物流集成、人才技术支撑、产业协同等软能力建设，形成新的供应链集群。

六是建立“谷”的概念，重点营造和发展新的产业生态系统，将招商引资重点放在生态营造和新生态的构建上。一些以“谷”为目标的产业园区，像动力谷、智能谷、数字谷、绿谷、汽车谷等要以主导产业和主导产品为载体，调整核心要素配置和连接机制，提升跨界融合，多网络接入、多实体互联、多功能集成和网状融合的能力。目前，产业正在向网状化发展。比如，新能源汽车，特别是智能网联汽车的发展很迅猛，但它的核心要素已发生变化，由发动机、变速箱、钢套、齿轮、底盘系统转向了电池、芯片、新驱动系统、材料、智能网联软硬件等，它们已把汽车的传统产业链替代掉了。所以产业园区一定要注意新生态的营造。

七是推动政府管理包括监管和服务的创新，构建良好的营商环境与产业发展的外部生态，提升治理能力与水平，为园区在新时代的发展给予更多的制度、政策、规划空间和要素上的必要保障。

八是加强业内的沟通合作和以案例宣介为主的学习培训。完善园区发展激励机制，建立起符合高质量发展要求的园区考核和评价体系。

在探寻区域经济高质量发展的道路上，我们需要增强机遇意识，找准撬动区域经济协调和高质量发展的支点，把改革、开放、创新和治理能力现代化作为区域经济协调和高质量发展的持续动力，把建设现代化产业体系作为区域协调与高质量发展的重要内容，重视区域发展规划的战略定位、功能塑造及平台经济发展在区域高质量发展中的支撑作用，不断营造突破地理界限的经济空间和数字空间。此外，产业园区作为集聚创新资源、培育产业新动能的重要平台，正日益显现出其强大的生命力和巨大的潜力。我们应以产业园区为动力源，不断在规划、战略定位、目标设计、功能构建上进行转型发展的调整，推动区域经济实现高质量发展。展望未来，数字化空间的出现，为中西部地区突破开放条件限制和争取公平竞争环境创造了难得的机遇。内陆地区完全可以通过数字化平台的便利性，高效连接世界的每一个角落，公平分享全球化的红利。构建数字化空间需要激发起我们的空间想象能力、形式塑造能力和内容生成能力。在数字化时代，我们的想象力所达之处，就是区域的边界所在，而区域生成的数据流动到哪里，哪里就是区域发展的溢出空间或外延空间。对于广大内陆地区来讲，这就是千载难逢的历史机遇。

五、加入 CPTPP，推动高水平开放

王晓红[①]

近年来，世界百年未有之大变局加速演进，世纪疫情影响深远，逆全球化思潮抬头，单边主义、保护主义明显上升，世界经济复苏乏力，全球性问题加剧，国际经济、科技、文化、安全、政治等格局都在发生深刻复杂变化。当前，我国经济恢复的基础尚不牢固，需求收缩、供给冲击、预期转弱三重压力仍然较大，外部环境动荡不安给我国经济带来的风险和影响增大。这些挑战要求我们更好统筹国内国际两个大局，建设更高水平开放型经济新体制，实施更大范围、更宽领域、更深层次的对外开放，推动经济实现质的有效提升和量的合理增长。这既是应对国际环境深刻复杂变化的现实需要，也是推动我国经济实现高质量发展的内在要求。党的二十大和中央经济工作会议都强调了推进高水平对外开放的重要性。

在此背景下，进一步认识推进高水平对外开放对做好经济工作的意义十分重要。我国加入 CPTPP 向世界表明了我国对外开放的决心和信心，表明了我国推动经济全球化深入发展、构建开放型世界经济和构建人类命运共同体的愿景，有利于在新一轮国际经贸规则制定中增强主动权和话语权，尤其是提高参与全球数字贸易规则制定和数字治理的能力。当然，加入 CPTPP 也充满了挑战与未知，我们只有迎难而上才能化危为机。因此，我们将深入探究加入 CPTPP 的路径，充分把握其中的战略意义，以更加开放的姿态和更加坚定的步伐走向世界舞台的中央，推动中国经济实现更高质量的发展。

（一）我国加入 CPTPP 的战略意义

《全面与进步跨太平洋伙伴关系协定》（CPTPP）涵盖日本、加拿大、澳大利亚、智利、新西兰、新加坡、文莱、马来西亚、越南、墨西哥和秘鲁 11 国，于 2018 年 12 月 30 日正式生效，这对促进亚太区域的商品、服务及技术、人才、资金、数据等要素自由流动和经济共同发展具有重要意义。尤为重要的是，CPTPP 开放标准高、覆盖范围广、边境后议题多，充分体现了“自由、公平、包容”的开放原则。在贸易投资规则上体现高度自由化、便利

---

① 王晓红，中国国际经济交流中心科研信息部原副部长，高级研究员。本文编写自《加入 CPTPP：战略意义、现实差距与政策建议》，载《开放导报》2022 年第 1 期。

化，在国内规制上体现高度市场化、法治化和国际化，在开放标准上体现对发展中经济体的包容性，在组织成员发展上体现多边开放原则。因此，CPTPP 是具有世界影响力、能够引领未来国际经贸规则创新变革趋势的高标准自由贸易协定。

2021 年 9 月，我国正式提交申请加入 CPTPP。这是党中央统筹百年未有之大变局和中华民族伟大复兴战略全局作出的重大抉择，是在经济全球化遭遇逆流、地缘政治加速演进、国际规则加速重构的国际环境下作出的战略安排，是我国对接高标准国际经贸规则推动制度型开放的重要里程碑，它向世界表明了我国对外开放的决心和信心，表明了我国推动经济全球化深入发展、构建开放型世界经济和构建人类命运共同体的愿景。

加入 CPTPP 的过程，是我国对接高标准国际经贸规则推动制度型开放，以开放倒逼改革、促进创新、推动高质量发展的过程。从这个意义上看，把加入 CPTPP 看作第二次“入世”恰如其分。这一过程对建设更高水平开放型经济新体制和高标准市场经济体系，加快构建以国内大循环为主体、国内国际双循环相互促进的新发展格局，重塑参与国际竞争合作新优势、提升参与全球治理水平具有重大现实意义并将产生深远历史影响。同时，我国加入 CPTPP 也将对亚太经济繁荣、和平发展以及提升全球治理地位产生重要作用。

第一，有利于推动高水平开放和深层次改革。CPTPP 体现了“三零”（零关税、零壁垒、零补贴）规则基本特征，既包括关税、市场准入的边境上自由开放，也包括国内规制的边境后公平开放，覆盖国有企业、竞争中性、知识产权保护、政府采购、补贴、劳工标准、环境保护、技术性贸易壁垒、监管一致性、透明度与反腐败等边境后规则。对标 CPTPP 规则将加快推动我国制度型开放，推进高标准市场经济体制改革，强化竞争性政策的基础地位，完善国际化、法治化、市场化的营商环境，促进经济发展的质量变革、效率变革和动力变革，推动国家治理体系和治理能力现代化，为建设现代化强国营造有利的国际国内环境。

第二，有利于建设高质量的“双循环”体系。加入 CPTPP 有利于深化供给侧结构性改革，培育国际合作竞争新优势，通过构建高质量的外循环体系增强国内大循环的畅通、活力与主导作用，实现高质量“双循环”的市场连接与供需匹配，形成全球化配置科技创新资源、人才、产业的网络。通过对接 CPTPP 规则实施高水平开放，引进国外优质商品、服务及资本、技术、人才、数据等高端生产要素，降低企业成本，提升产品质量和消费品质，满足我国产业结构和消费结构双升级的需要，为输出我国的优势产能及资本、技术、标准和服务打开国际空间。与此同时，加快形成高水平市场化配置土地、劳动力、资本、技术、数据等要素的机制，构建国内统一大市场并提升生产、流通、分配、消费的循环效率和质量。

第三，有利于构建开放与安全相平衡的产业链、供应链和创新链体系。加入 CPTPP，合规是首要、合作是关键，这既有利于与发达经济体之间构建强强互补型合作竞争发展新模式，也有利于与发展中经济体之间构建共享包容型发展利益共同体新模式。尤其是新冠疫情之后，全球产业链、供应链和创新链体系正加速区域化重构，加入 CPTPP 可以立足我国较完备的产业体系和产业链优势，与 CPTPP 成员国一道发挥各自分工优势，构建立足亚洲、面向全球的产业和技术创新体系，提升区域产业链、供应链和创新链的安全性、稳定性和竞争力，扩大我国“引进来”和“走出去”规模。

第四，有利于发挥我国大市场优势和潜力，扩大区域贸易投资创造效应。美国彼得森国际经济研究所的一项研究表明，如我国不加入 CPTPP 则将因贸易转移效应损失 100 亿美元，加入则能获得 2980 亿美元收益。另一项研究表明，我国加入 CPTPP（设定所有商品关税为 0），GDP、进口和出口将分别提升 0.48%、3.41% 和 2.23%，ODI 和 FDI 存量将分别提升 1.04% 和 0.81%。这组数据说明，加入 CPTPP 对我国经济、贸易，尤其是利用外资、对外投资将产生积极的促进作用，同时 CPTPP 成员国通过分享我国超大规模市场，将扩大货物和服务出口，增加跨国投资，并分享到我国的优质商品、服务和投资，助力成员国经济社会发展。

第五，有利于提高我国参与全球经济治理能力。我国加入 CPTPP 有利于在新一轮国际经贸规则制定中增强主动权和话语权，尤其是提高参与全球数字贸易规则制定和数字治理的能力。新冠疫情推动数字经济强势崛起，数字技术引领新一轮科技革命和产业变革加速发展，但全球数字贸易规则和数字治理仍呈碎片化态势，迫切需要构建统一规则和治理框架，我国数字经济在产业规模、技术创新、企业竞争力方面均具有优势，能够为提升全球数字治理水平贡献智慧和方案。同时，国内数字经济蓬勃发展也要求构建与之相适应的制度环境，对接 CPTPP 规则将为新经济发展创造有利环境。

第六，为推动区域经济发展和多边主义前行彰显责任担当。全球疫情大流行、经济大萧条，保护主义、民粹主义、孤立主义不断升温，经济全球化逆流涌动，迫切需要加强区域合作。我国加入 CPTPP 将为推动亚太区域经贸繁荣作出新贡献，展现开放、负责任、讲规则、讲诚信和以邻为伴、共谋发展的大国风范。不仅如此，也将打破美西方国家以“非市场经济国家”名义，利用“毒丸条款”对我国实施围堵和排挤的企图，切实维护 WTO 多边贸易体制非歧视和开放的核心价值，为全球治理贡献中国方案。

（二）我国加入 CPTPP 面临的主要机遇与重大挑战

1. 我国加入 CPTPP 面临的主要机遇

第一，世界经济重心东移。世界经济格局呈现“东升西降”“南升北降”态势，正逐步改变国际大三角分工格局，形成东亚、欧洲、北美三足鼎立之势。据世界银行统计，2019 年东亚和太平洋地区 GDP 达 24.91 万亿美元，占全球的 28.43%，超过欧洲与中亚的 24.58 万亿美元（占 28.06%）、北美的 20.31 万亿美元（占 23.18%）。2020 年中日韩 3 国 GDP 达 21.41 万亿美元，超过欧盟 27 国（15.2 万亿美元）和美国（20.95 万亿美元）。麦肯锡研究院预测，亚洲 GDP 全球占比将从 2000 年的 1/3 提高到 2040 年的 1/2 以上，消费规模将占世界的 40%。发展中国家经济增长总体快于发达经济体。IMF 测算，1992—2024 年发达经济体 GDP 占全球的比重将从 83.6%降至 56.2%，新兴经济体和发展中国家则从 16.4%升至 43.8%。我国作为亚洲第一大经济体和世界最大的新兴经济体，对提升 CPTPP 的全球位势无疑具有重要影响。

第二，新冠疫情导致产业链和供应链区域化趋势。新冠疫情导致各国对产业链、供应链安全的重视程度上升，更加强调产业自主发展和产业链自主可控，越来越多的国家将产业回迁国内或在本区域进行重组，促进全球产业链和供应链向本土化和区域化调整重构，后疫情时代将加剧这一趋势演变。CPTPP 成员国中有 7 国来自亚太区域且与我国经贸关系密切，我国加入 CPTPP 将增强整个亚太地区产业链、供应链、创新链的韧性和市场竞争力，也符合这些国家产业链安全和经济安全的利益。

第三，疫情后我国经济一枝独秀和超大规模市场吸引力增强。疫情之下我国仍是世界经济增长的“火车头”，已成为全球最具吸引力的大市场，率先控制疫情，经济率先恢复增长，生产和消费市场潜力巨大。尤其是通过长期对外开放和体制改革，不断与国际经贸规则相衔接，贸易投资自由化便利化水平不断提升，营商环境大幅改善，增强了跨国投资吸引力和稳定预期。长期以来，我国与 CPTPP 成员国贸易投资合作不断深化，为强化与成员国的经济合作奠定了坚实基础，尤其是多数成员国对我国市场的青睐和依赖，增强了我国与缔约方谈判的筹码。

第四，《区域全面经济伙伴关系协定》（RCEP）的签署及生效，为加入CPTPP营造了良好的经贸合作环境和规则制度基础。RCEP签署并于2022年1月1日正式生效，标志着世界人口最多、经贸规模最大、最具发展潜力的自由贸易区正式启航，有效提振了亚太区域贸易投资和经济复苏的信心，为加强区域产业链、供应链、创新链合作，促进经济长期繁荣发展注入新动能，也将为推动亚太自由贸易区（FTAAP）进程提供实现路径。尤其重要的是，RCEP不仅多数议题与CPTPP相同且覆盖主要成员国，我国在RCEP中承担重要角色，将在对接规则改革开放、密切与主要成员国经贸合作方面取得实质性进展，从而为加入CPTPP奠定有利基础。

2. 我国加入CPTPP面临的重大挑战

一方面，来自地缘政治方面的挑战。首先，是美国多方位遏制。美国虽已退出CPTPP，但在CPTPP中仍有重大影响力，由于中美战略博弈加剧，美国将对我国加入CPTPP采取遏制措施，除对日本施加影响外，还可通过说服加拿大、墨西哥、澳大利亚等伙伴国进行阻止。此外，假设美国重返CPTPP，则可能提升门槛。其次，日本的防范和排斥心理。日本担任CPTPP领导者角色，对未来CPTPP的发展走向和扩容具有关键作用。日本希望美国择机重返CPTPP，对我国申请加入态度消极。美国联合盟国对我国遏制将对日本的态度产生重大影响，因此日本阻挡我国加入CPTPP是大概率事件，其最主要说辞是“我国尚不能达到CPTPP的高水准开放”。最后，澳大利亚、加拿大的掣肘。我国与澳大利亚、加拿大在经贸、外交、安全领域均不断出现摩擦，双边关系趋紧，加之美国施加影响，导致两国成为我国加入CPTPP的障碍。

另一方面，来自规则标准方面的挑战。对标CPTPP规则，我国除面临需要全面实施货物贸易零关税、市场准入、服务贸易开放、数据跨境自由流动等贸易投资自由化便利化措施挑战外，还涉及补贴、竞争中性、国有企业改革、劳工标准、知识产权保护等一系列边境后规则方面的改革，这些都对我国扩大开放和深化改革提出了更高要求。

（三）对标CPTPP规则推进重点领域改革开放的相关思路

1. 着力推进服务贸易重点领域开放

积极推动服务贸易自由化便利化进程，着力提高知识密集型服务贸易开放水平，进一步压缩负面清单，放宽服务业市场准入，大幅削减服务贸易壁垒，加强学历学位和执业资格互认，促进人员往来便利化，加快完善服务贸易发展的制度环境。可先对标《中欧全面投资协定》（以下简称中欧 CAI）承诺的开放水平实施。

第一，金融领域。一是扩大外资金融机构营业范围。扩大期货、债券等金融衍生品市场开放，引入更多风险管理产品以满足实体经济需求，完善境外企业在境内市场发行存托凭证（CDR）等制度。二是推进资本账户开放。提升资本项下跨境资金流动便利性，支持浦东率先探索资本项目可兑换的实施路径，创新人民币国际化金融产品，扩大境外人民币返程投资金融产品范围，促进人民币资金跨境双向流动。三是修改完善相关法律法规。优化外资金融机构审批流程、缩短批复周期，将筹建、开业申请合二为一，提高审批效率。四是提升金融业系统性开放。深化境内外市场互联互通，促进资金跨境有序自由流动；完善会计、税收、法律等配套制度；完善信息披露制度，增强市场透明度。五是健全金融风险防控体系，完善风险预警机制，及时防范化解金融风险。

第二，交通运输领域。探索调整水上运输、公共航空、民用机场建设与经营等对外资企业的股比限制；取消公共航空公司和通用航空公司法人必须由中国籍公民担任的要求，面向全球招聘优秀经营管理者；按照中欧 CAI 有关条款，取消电子订票系统及销售和营销等航空服务领域限制。

第三，教育领域。一是探索取消合作办学及教学管理人员国籍限制。除义务教育和宗教教育禁止准入外，其他均可放开独资经营。在海南自贸港、粤港澳大湾区、自贸试验区先行先试，按照民办学校要求，放开对外资创办学前教育、普通高中和高等教育的限制。二是扩大学历学位互认。加强与美国、欧盟、日本、新加坡等经济体合作，扩大高等教育学历学位互认范围。三是加强跨境远程教育国际合作，推动资格标准、认证条件与国际接轨。借鉴国外先进经验，填补我国跨境远程教育在质量保障、监管、学历认证等方面的法律法规空白。

第四，医疗服务领域。一是探索取消合资方式及医务管理人员国籍限制。可先按照中欧 CAI 的承诺，在北京、上海、天津、广州、深圳等主要城市取消外商独资医疗机构限制，逐步向全国拓展，参照民营医疗机构监管方式完善相关规制。二是在等级评定、专科建设、职称评定、科研立项等方面与内资医院同等待遇，在外资医院就医同样享受医保待遇。三是加快构建跨境远程医疗体系。完善远程诊疗技术系统，在风险可控的前提下扩展跨境远程医疗范围和类别，探索外国医师远程诊疗的审批模式从注册制向临床交流备案制转变。四是推动医师执业资格与发达国家互认，推动行业标准和资格认证国际化。

第五，文化服务领域。文化服务贸易涉及国家文化安全和意识形态等敏感问题，应采取分类分级管理原则。一是探索在自贸试验区、自贸港、服务贸易创新试点等开放平台，开放院线服务及电影、电视节目、出版物、演出团体等内容服务提供商的外资准入，外资与内资依法平等地进行内容审查。二是推进文化服务领域法律法规体系建设，加强事中事后监管，引导外资企业合规经营。三是守住安全底线，保障国家核心利益，对不宜放开的领域作出例外安排。

第六，电信业领域。取消增值电信业务外资的合资要求和股比限制，推广上海自贸试验区电信业开放的经验，提高数据中心、云服务等领域开放水平。确保内外资电信企业享受同等待遇。在海南自贸港探索放宽基础电信业务的外资准入限制。

2. 加快构建数字贸易和数字治理框架体系

第一，完善组织机制和政策层面的顶层设计。设立以国家发展改革委、商务部、工业和信息化部、国家网信办、国家安全部以及文化、广电、教育、医疗等主管部委组成的协调机制，明确工作责任，对数字贸易发展和数字治理中的重大问题进行协调决策，统筹开放发展与安全问题，进一步完善相关政策和法律法规。

第二，完善数字治理法律框架。建设全覆盖的数字治理法律法规体系，完善跨境数据自由流动、数据知识产权保护、个人隐私保护、源代码保护、网络数据安全、电子认证和电子签名等法律法规。提升科技互联网资讯开放水平，为科研院所、研发机构接入域外网站获取文献、信息和数据，以及进行科技交流等提供便利。加大违法惩戒力度，严厉打击侵犯数字和数据知识产权行为。

第三，加强数据分类分级管理。实行负面清单管理制度，负面清单之外的一般性商业数据遵循跨境自由流动原则。设立国家敏感数据清单目录，对涉及国家安全、公共安全、个人隐私等数据要求本地化存储。

第四，加强与 CPTPP 成员国的数字治理国际合作。加强数字贸易规则对接和标准互认，逐步建立与日本、新加坡、新西兰、韩国等缔约方的跨境数据流动白名单制度，在数字技术研发、数字人才培养、网络数据安全、个人隐私保护等方面加强合作。

3. 推进货物贸易关税及管理体制改革

第一，持续降低关税水平。CPTPP 对货物贸易实施零关税有利于降低中间品进口成本，提高供给侧质量。我国应积极履行 RCEP 等区域贸易协定的减税义务，推进关税减让力度，大幅降低工业品关税水平，针对缔约方提升零关税水平。同时，制定 CPTPP 谈判时的出价策略和减税清单，保证零关税比重不低于日本的水平。

第二，推动货物贸易监管方式创新。取消维修产品进口限制，取消再制造产品进口关税。对国内生产急需的原材料、中间品提高进口配额数量，建立市场主体和进口料件的正面清单制度。用好原产地规则，对列入 CPTPP 纺织品短缺清单的产品生产给予进口设备免税、研发费用加计扣除等支持。

第三，推进贸易便利化创新。完善国际贸易“单一窗口”，实现跨部门、跨行业的数据共享、执法互助、监管互认；发挥数字技术优势，优化检验检测检疫流程，提高通关效率；推动与 CPTPP 国家开展智慧海关合作。

第四，推进技术标准国际化。将国际标准、国外先进标准及时转化为国家标准，加强与美欧日等发达国家技术标准对接与合作，鼓励企业之间标准互认，鼓励国外专业机构、专家参与我国技术标准制定。

4. 推动投资管理体制改革

第一，缩减负面清单开放市场准入。取消制造业的准入限制。大幅削减信息技术、交通运输、医疗、教育、文化、专业服务等领域的限制性壁垒。按照分类分步原则对行业进行细分并评估风险等级，风险较高的在自贸试验区和自贸港先行先试，逐步推广。探索更加灵活的管理措施，改变负面清单过多采用禁止准入和股比限制等硬约束的方式。

第二，完善事中事后监管体系。坚持监管一致性原则，建立与外商投资自由化、便利化相适应的法律保障和行政执法体系，营造公平、公正、透明的法治环境和市场环境，完善反垄断法、反不正当竞争法、外资安全审查机制、信用体系建设等法律法规，提高法律执行力和执法透明度。及时调整外商投资审查门槛，发挥其“安全阀”的作用。

第三，处理好投资者国家争端解决机制。一是加强外商投资者保护。完善外资企业投诉机制及行政复议、行政诉讼制度，及时回应外资企业关切，力争将矛盾在国内化解。二是加强仲裁机构国际化能力建设。通过引入国际专家参与涉外商事纠纷调解，建设涉外商事纠纷“一站式”、多元化解决平台等满足外资企业司法需求，促进灵活高效化解纠纷。三是依托现有多双边自贸协定构建磋商、调解、仲裁、诉讼相互衔接的争端解决机制。积极参与联合国国际贸易法委员会（UNCITRAL）ISDS 改革，寻求更多共识和话语权。

5. 提高知识产权保护标准

第一，积极实施知识产权强国战略推动高标准知识产权保护。我国已成为世界第二大经济体并向创新型国家迈进，推进高标准的知识产权保护与我国经济发展阶段、国际地位和创新能力都相适应，为促进科技自立自强和创新型国家建设，应积极调整现有知识产权保护制度逐步与 CPTPP 规则相衔接，全面提升知识产权软实力，提高知识产权管理水平和治理能力。

第二，推进相关知识产权制度和执法改革。我国《专利法》《商标法》《著作权法》等经过新一轮修订符合当前创新发展需求，进一步与国际规则接轨，但仍存在差距。应加快著作权保护期、专利申请新颖性宽限期、新药定义等修订，完善气味、声音、地理标志等商标专利保护，推动互联网、数据资源等知识产权保护立法。采取措施提高专利质量，提高知识产权办案效率，畅通权利人救济渠道，从重从严打击侵权盗版、恶意商标注册、窃取商业机密、网络剽窃等违法行为。

第三，加强知识产权保护国际合作。有效利用各种多双边机制积极参与国际知识产权规则制定，维护发展中国家的技术发展利益，促进知识产权保护与技术创新发展协调并进。

6. 建设公平竞争的法治环境和政策体系

第一，完善法律体系，强化竞争政策基础地位。建议设立国家公平竞争委员会，完善公平竞争的审查、投诉、处罚等机制建设，做到竞争执法程序公正。加快修订《反垄断法》，完善反垄断执法实施细则和调查程序及国有企业垄断认定、非商业援助界定等规则，完善平台经济反垄断措施、网络交易监管办法、线上消费者权益保护等法律法规。

第二，加强公平竞争执法建设，优化市场环境。完善市场准入负面清单制度，改革生产许可制度，健全破产制度，确保在市场准入、市场竞争和产权保护等方面对所有企业一视同仁，消除所有制歧视。加强政府招投标、企业并购审查、垄断协议、滥用市场支配地位等执法力度，加大行政垄断审查力度，保障竞争政策有效实施。

第三，深化国有企业分类改革，强化市场竞争主体地位。将国有企业划分为商业类和公益类实行分类管理，放宽电网、电信、铁路、航空、石油、天然气等垄断行业的市场准入限制。公益类国有企业要明确其提供公共服务的特殊义务，遵照 CPTPP 透明度义务处理其接受非商业援助的例外豁免。对于具有双重任务属性的特定功能，企业要将其承担的公共属性和商业行为分离，仅对满足公共需求的非商业活动成本给予补偿，使其符合 CPTPP 商业考虑和非商业援助要求。

第四，强化竞争执法透明度，保障申诉人合法权益。推动竞争政策制定和执行的透明公开，产业政策要遵循竞争中性规则，建立更加透明的国有企业信息披露机制。

7. 加快改革扭曲市场的补贴制度

第一，规范政策制定和加强信息披露。一是建立补贴“正面清单”制度。确定补贴的范围、条件、内容、期限、方式等并及时公开政策执行情况。二是建立有效监督机制。在补贴使用过程中对发放主体、对象、金额及使用金额、使用方向、使用效率、留存余额等信息进行披露并动态监督，同时通过财务会计报告、专项报告等定期向社会公开财政补贴使用情况。

第二，建立产业政策财政补贴退出机制。要严格清理、避免地方政府给予企业出口补贴、进口替代补贴等禁止性补贴，全面梳理产业政策不合规的补贴措施，做到应退尽退，并列出退出时间表。建立与国际通行规则相衔接的补贴机制和符合国际惯例的补贴体系，通过支持技术研发平台、绿色环保等提升产业竞争力。

第三，推动国有企业补贴改革。按照“坚持政企分开、政资分开、经营权与所有权分开”的原则，推进国有资本经营预算体制改革；按照国有企业分类改革的要求，除对涉及提供公共服务产品的企业外，其余企业一律取消补贴。

第四，完善第三方评估体系。由财政部门牵头，建立健全财政补贴政策第三方评估机制，加强事前、事中和事后评估，确保评估工作的独立性。

8. 提高劳动保障制度国际化水平

第一，完善国内立法和执法体系。立足我国基本政治制度、基本国情实际和社会经济发展阶段对法律进行调整，健全符合国际劳工条约要求的法律体系和配套制度，合理界定强迫劳动的范围，补充就业歧视行为的具体民事责任和行政责任，确定赔偿和处罚标准。针对就业歧视、农民工、农村用工等重点问题加大劳工权益保护执法力度，加大惩戒和监管力度，不断提高劳工权益保护水平。

第二，将劳工问题纳入高标准自贸协定谈判。我国目前签订的谅解备忘录和合作协议已接近高标准自贸协定，劳工合作的相关制度安排初步形成，为下一步将劳工条款纳入自贸协定打下了基础。要将劳工核心标准内容纳入我国签订的自贸协定，将劳工权益的国内保护与国际保护相衔接，加强在自贸协定制定中的话语权和主导权。按照 CPTPP 规则细化劳工合作机制的相关安排，推动缔约方之间劳工领域合作和能力建设；完善对话磋商机制，力争通过对话化解分歧；完善劳工争端解决机制，确保申诉渠道通畅、司法程序公正、降低维权成本。

第三，最大限度消弭制度分歧。有关结社自由、集体谈判内容与我国政治制度相抵触，在谈判中应加强沟通理解，减少制度障碍。争取缔约方对我国工会形式、内容的认可，同时加强工会能力建设，提高职工权益保护水平。

（四）推进我国加入 CPTPP 的政策建议

1. 以推动互利共赢为立足点，减少地缘政治因素干扰

总体上看，CPTPP 多数成员国为我国主要贸易伙伴，经贸关系发展较成熟，规则对接和市场开放水平不断提升，为我国加入 CPTPP 奠定了有利基础，但仍面临复杂地缘政治因素和对接规则方面的挑战，要求我们抓好主要矛盾、化解消极因素、调动积极因素、分类施策、逐步推进。立足通过推动与成员国经贸关系互利共赢、构建国际经贸规则，以减少地缘政治因素干扰。在谈判策略上，应紧盯重点国家动向、密切磋商、充分考虑其诉求，同时推进与中小国家接触，突破美国合围。

第一，努力推动中美关系重回正轨。由于国内利益集团分歧，美国短期内难以重返 CPTPP。在全球经济因新冠疫情而复苏艰难的背景下，若美国公然对我国加入 CPTPP 施加打压，必将遭受国际社会的广泛谴责。同时，考虑拜登政府在推动“双碳”目标及应对气候变化等全球性问题上的迫切需求，与我国开展深入合作显得至关重要。这为我国加入 CPTPP 提供了宝贵的时机，并在道义上占据了制高点，为我国在全球经济治理中赢得主动地位提供了有力支撑。因此，在中美战略博弈中我国应保持战略定力，坚持该斗争则斗争、该合作则合作的态度，积极推动中美关系从战略竞争转向战略合作。2021 年 12 月，中美等 67 国达成服务贸易协议，2021 年 11 月中美发布《格拉斯哥联合宣言》，说明两国在共同推动全球服务贸易发展、应对气候变化、减少碳排放、绿色发展合作方面取得重要成果。应继续推动双边在“双碳”、气候变化、服务业开放、技术创新、数字贸易、经贸规则等方面的合作，推动双边产业链、供应链、创新链更加紧密融合，促进政经关系正常化。同时，通过推进 CPTPP 和深化 APEC 紧密合作，为建设中美共同参与的 FTAAP 创造条件。

第二，促进日本态度向积极方面转变。中日外交层面虽时有波动，但经贸关系相对稳定，双边产业链和供应链关系紧密。2021 年上半年双边贸易总额 1812. 9 亿美元，增长 23. 7%，其中我国出口和进口分别增长 18. 7% 和 27. 9%；日本对我国投资项目 435 个，增长 24. 3%；我国企业对日本非金融类直接投资 2. 9 亿美元，增长 303. 5%。应充分利用我国大市场优势的强大吸引力，深化双边在高技术产业、货物贸易、服务贸易、电子商务、投资等领域务实合作，增强文化、教育、体育交流，增强政治互信。

第三，有效化解澳大利亚、加拿大的消极因素。我国是澳大利亚第一大贸易伙伴、出口目的地和进口来源地。据澳方统计，2019 年双边贸易进出口总额 1589. 7 亿美元，其中澳大利亚对我国出口 1039 亿美元，占澳大利亚出口总额的 38. 2%；自我国进口 550. 7 亿美元，占澳大利亚进口总额的 25. 8%；同时，澳大利亚也是我国重要的能矿资源进口国。基于双边经贸利益考量，可择机与澳大利亚展开高层对话磋商，妥善解决经贸摩擦，促进双边关系良性发展。我国是加拿大第二大贸易伙伴、进口来源地和出口市场。据加方统计，2020 年双边货物进出口总额 1016 亿加元，增长 3. 4%，占加拿大贸易总额的 9. 5%。其中对我国出口 251. 6 亿加元，增长 8. 1%，占加拿大出口总额的 4. 8%；自我国进口 764. 4 亿加元，增长 1. 9%，占加拿大进口总额的 14. 1%。“孟晚舟扣押事件”解决后中加关系缓和，有利于深化经贸合作，促进双边关系向好。

第四，保持其他国家与我国整体关系的稳定。自我国提交加入 CPTPP 申请后，新加坡、马来西亚、墨西哥明确表示欢迎。我国是新西兰连续多年的第一大贸易伙伴，不存在地缘政治问题；我国是秘鲁、智利的第一大贸易伙伴，经贸互补性强，合作意愿较强；越南、文莱与我国经贸合作密切，双边关系稳定。这些国家应不会对我国加入 CPTPP 形成阻力。

第五，重视中国台湾申请加入可能成为干扰因素。2021 年 9 月，台湾提交加入 CPTPP 的申请，民进党可能以经贸合作为由拓展“国际空间”进行谋“独”活动，个别国家也可能借此机会为“台独”势力提供国际活动空间，应予以高度关注和必要反击。

2. 以自贸区（FTA）建设为抓手推动谈判进程

一是加快对接 RCEP 相关规则，全面履行所有承诺与义务，为加入 CPTPP 奠定良好基础。RCEP 涵盖 CPTPP 的主要成员国，其规则议题设置与 CPTPP 相近，我国在其中有很大主动权。因此，RCEP 生效后，有利于我国密切与 CPTPP 成员国的关系，要加快推进我国对接 RCEP 规则标准，实现平稳过渡，水到渠成。二是推动中日双边自贸协定谈判。在推进中日韩自贸区谈判的同时，应与日本建立更紧密的双边经贸关系安排，在高新技术产业合作、服务业开放、数字贸易、技术创新、知识产权保护、可持续发展等领域加强机制性合作，提高双边贸易投资自由化水平，通过密切中日经贸关系以经促政，为我国加入 CPTPP 创造有利条件。三是推动与成员经济体已签署的自贸协定升级。我国已与东盟、澳大利亚、新西兰、秘鲁、智利签订自贸协定，涉及8 个CPTPP 成员国，其中新西兰、智利两国已升级自贸协定，应以促进双边规则向 CPTPP 对标提升进行新一轮升级谈判。四是与没有签署自贸协定的成员国积极接触沟通。要打破政治制度障碍，加强高层对话，凝聚共识，寻求最大公约数。

3. 发挥自贸试验区和海南自贸港的先行先试作用

21 个自贸试验区和海南自贸港是高水平对外开放的新高地，应率先对标 CPTPP 规则推动制度型开放，建设更高水平开放型经济新体制。进一步放开电信、云服务、医疗、教育、文化等服务业市场准入限制，推动资金、技术、人员、数据等要素跨境流动自由便利，统筹网络安全与开放、数据安全与自由流动，探索竞争中性、国企改革、知识产权保护、劳工标准、监管一致性等边境后规则改革，不断优化营商环境，并面向全国形成可复制、可推广的成果，为我国加入 CPTPP 谈判积累规则对接的经验。

4. 进行法律政策调整，废止或修改不适应的法律法规

要乘势而上，全面深化体制改革，敢于啃硬骨头。尤其是在服务业扩大开放、国有企业改革、补贴、劳工标准、知识产权保护、竞争政策、数据跨境流动等难点议题上加快步伐，清理不适应的法律法规，逐步建立与 CPTPP

规则相适应的法律法规和政策体系。

中国加入 CPTPP 的过程是以开放倒逼改革、推动高质量发展的过程，对建设更高水平开放型经济新体制和高标准市场经济体系，加快构建国内国际双循环相互促进的新发展格局、重塑国际竞争新优势、提升参与全球治理水平将产生深远的历史影响。此外，中国加入 CPTPP 也将对周边国家和亚太地区的经济繁荣、和平发展、提升全球治理地位，构建开放型世界经济产生重大影响。这就要求我们以习近平新时代中国特色社会主义思想为指导，建设更高水平开放型经济新体制，更好统筹国内国际两个大局，推动更大范围、更宽领域、更深层次的对外开放，在危机中育新机，于变局中开新局，为不断完善中国特色社会主义市场经济体制、推进国家治理体系和治理能力现代化提供新的制度供给。在这场波澜壮阔的全球变局中，中国将以加入 CPTPP 为新起点，扬帆远航，开启对外开放的新篇章，书写高质量发展的新辉煌。

第三章　新质生产力赋能新兴产业发展

“科技改变生活”，在第四次产业革命的大时代背景下，新质生产力通过整合科技创新资源，引领发展战略性新兴产业和未来产业，推动产业创新，促进技术突破、数字化转型、智能化升级、绿色化发展等方面的跃迁。同时，产业升级不仅构筑了新的竞争优势，更为我们赢得了发展的主动权。

新质生产力的发展，尤其是互联网、人工智能、大数据、量子计算、空间技术、合成生物学等领域的技术普及和应用，催生出许多新兴产业和商业模式。这些新兴产业和商业模式为经济增长提供了新的动力，成为推动经济发展的重要引擎。

在百年未有之大变局下，面对当前国内外环境的深刻变化，我国经济发展面临着来自阶段性、结构性、周期性因素的多重挑战。对内，我们需要解决外企撤资、制造业外迁等问题；对外，则需应对大国博弈带来的核心技术及原材料封锁挑战。为确保国家实体经济的稳健运行，我们必须采取切实有效的措施，大力推动新质生产力的发展和新兴产业的壮大，培育新的经济增长点，为经济发展注入源源不断的动力。

2023 年，蓝迪国际智库重点关注新质生产力在数字经济、人工智能、医药大健康、新能源和新材料领域的应用和发展，并围绕战略性新兴产业，对产业链中的薄弱环节，实施“补链”“扩链”“强链”计划，积极赋能区域战略性新兴产业高质量发展。

一、数字经济[①]

面对风高浪急的国际环境和艰巨繁重的国内改革发展稳定任务，以

---

① 中国信息通信研究院：《中国数字经济发展研究报告（2023 年）》，http：//www. caict. ac. cn/kxyj/qwfb/bps/202304/P020240326636461423455. pdf，2024 年 3 月 2 日最后访问。

习近平同志为核心的党中央团结带领全国各族人民迎难而上，推动经济企稳回升。党的二十大胜利召开，擘画了我国全面建设社会主义现代化国家、以中国式现代化全面推进中华民族伟大复兴的宏伟蓝图。党的二十大报告明确指出，要加快发展数字经济，促进数字经济和实体经济深度融合，打造具有国际竞争力的数字产业集群。发展数字经济已成为推进中国式现代化的重要驱动力量。

（一）数字经济定义

数字经济是以数字化的知识和信息为关键生产要素，以数字技术为核心驱动力量，以现代信息网络为重要载体，通过数字技术与实体经济深度融合，不断提高经济社会的数字化、网络化、智能化水平，加速重构经济发展与治理模式的新型经济形态。具体包括四大部分：一是数字产业化，即信息通信产业，具体包括电子信息制造业、电信业、软件和信息技术服务业、互联网行业等；二是产业数字化，即传统产业应用数字技术所带来的产出增加和效率提升部分，包括但不限于工业互联网、智能制造、车联网、平台经济等融合型新产业新模式新业态；三是数字化治理，包括但不限于多元治理，以“数字技术+治理”为典型特征的技管结合，以及数字化公共服务等；四是数据价值化，包括但不限于数据采集、数据标准、数据确权、数据标注、数据定价、数据交易、数据流转、数据保护等。

（二）数字经济发展的政策趋势

近年来，数字经济政策密集出台，我国已基本形成完善的数字经济顶层设计与细化的地方推进举措相结合的政策体系。数字经济政策部署已成为我国构建现代化产业、市场、治理体系的重要组成部分，成为推进中国式现代化的重要驱动力量。

1. 加强数字经济顶层设计推进中国式现代化

党的十八大以来，以习近平同志为核心的党中央高度重视发展数字经济，并将其上升为国家战略。习近平总书记多次发表重要讲话，深刻阐述了数字经济发展的趋势和规律，科学回答了为什么要发展数字经济、怎样发展数字经济的重大理论和实践问题，为我国数字经济发展指明了前进方向、提供了根本遵循。2022 年 12 月，习近平总书记在中央经济工作会议上再次强调“要大力发展数字经济”。数字经济在《政府工作报告》中的地位也在不断提升，从 2017 年第一次提出“促进数字经济加快发展”，到 2022 年将“促进数字经济发展”单独成段，再到2023年“大力发展数字经济”，《政府工作报告》对“数字经济”的表述不断强化，释放大量发展数字经济的积极政策信号。

顶层战略布局和协调机制持续完善。在习近平总书记关于网络强国的重要思想指引下，我国数字经济顶层战略规划体系渐趋完备。《中华人民共和国国民经济和社会发展第十四个五年规划和2035年远景目标纲要》《“十四五”数字经济发展规划》《数字中国建设整体布局规划》相继出台，构成我国发展数字经济的顶层设计体系。2022年7月，国务院批准建立由国家发展改革委牵头，中央网信办、工业和信息化部等20个部委组成的数字经济发展部际联席会议制度，强化国家层面数字经济战略实施的统筹协调。

2. 提升数字产业竞争力构建现代化产业体系

推进重点领域数字产业发展。我国高度重视数字产业创新发展，以顶层设计和专项规划、指导意见等合力推进数字产业基础高级化。《“十四五”数字经济发展规划》提出，要“加快推动数字产业化”，增强传感器、量子信息、网络通信、集成电路、关键软件、大数据、人工智能、区块链、新材料等战略前瞻技术创新能力，提升核心产业竞争力。加大力度推动关键领域战略布局和落地。国家发展改革委发布《计量发展规划（2021—2035年）》，提出“加强量子计量、量值传递扁平化和计量数字化转型技术研究，建立国际一流的新一代国家计量基准”“研究人工智能、生物技术、新材料、新能源、先进制造和新一代信息技术等领域精密测量技术”。工业和信息化部、教育部、科学技术部、中国人民银行、中国银行保险监督管理委员会、国家能源局等六部门发布《关于推动能源电子产业发展的指导意见》，从供给侧入手、在制造端发力、以硬科技为导向、以产业化为目标，助力能源电子领域发展。

重视关键领域产业链供应链协同发展。新型基础设施是现代化基础设施体系的重要组成部分，是实施创新驱动发展战略，推动经济社会高质量发展的重要支撑。2018年12月，中央经济工作会议首次提出，“加快5G商用步伐，加强人工智能、工业互联网、物联网等新型基础设施建设”。2023年1月，习近平总书记在中共中央政治局第二次集体学习时强调，适度超前部署新型基础设施建设。2022年12月出台的《扩大内需战略规划纲要（2022—2035年）》从加快建设信息基础设施、全面发展融合基础设施、前瞻布局创新基础设施等方面对新型基础设施系统布局。2023年1月，国家发展改革委在新闻发布会上表示，将会同有关方面进一步加强支持新型基础设施建设力度，引导支持社会资本加大相关领域投入。

3. 深入推进数实融合打造高质量发展新引擎

促进数字技术和实体经济深度融合。习近平总书记指出，要促进数字技术与实体经济深度融合，赋能传统产业转型升级，催生新产业新业态新模式，不断做强做优做大我国数字经济。2021 年以来，我国在顶层设计中不断强化数实融合的重要地位。《中华人民共和国国民经济和社会发展第十四个五年规划和 2035 年远景目标纲要》强调，要“充分发挥海量数据和丰富应用场景优势，促进数字技术与实体经济深度融合，赋能传统产业转型升级，催生新产业新业态新模式，壮大经济发展新引擎”。《“十四五”数字经济发展规划》提出，以数字技术与实体经济深度融合为主线，协同推进数字产业化和产业数字化。

信息化与工业化深度融合是数实融合发展的重点领域。《“十四五”智能制造发展规划》指出，要以新一代信息技术与先进制造技术深度融合为主线，深入实施智能制造工程。工业和信息化部发布了《关于印发 5G 全连接工厂建设指南的通知》，为各地区各行业加快“5G+工业互联网”新技术新场景新模式向工业生产各领域各环节深度拓展，推进传统产业提质、降本、增效、绿色、安全发展提供指导。

4. 持续强化数字化治理推动治理能力现代化

加强数字政府建设赋能提升治理效能。党中央深入把握我国数字经济发展的阶段性特征，将加强数字政府建设作为创新政府治理理念和方式、形成数字治理新格局、推进国家治理体系和治理能力现代化的重要举措。2022 年 4 月，中央全面深化改革委员会第二十五次会议审议通过的《关于加强数字政府建设的指导意见》强调，要将数字技术广泛应用于政府管理服务，推进政府治理流程优化、模式创新和履职能力提升，构建数字化、智能化的政府运行新形态，并就全面开创数字政府建设新局面作出部署。

2022 年 9 月，国务院办公厅印发了《全国一体化政务大数据体系建设指南》，提出加强数据汇聚融合、共享开放和开发利用，积极开展政务大数据体系相关体制机制和应用服务创新。此后，国务院办公厅相继发布了《关于扩大政务服务“跨省通办”范围进一步提升服务效能的意见》《关于加快推进“一件事一次办”打造政务服务升级版的指导意见》等文件，推行政务服务集成化办理，打造政务服务升级版，提升政务服务标准化、规范化、便利化水平，为推进国家治理体系和治理能力现代化提供有力支撑。

（三）我国数字经济发展的现状

2023 年，国际格局和形势发生自冷战以来最剧烈动荡和变化，我国经济发展遇到新冠疫情等多重超预期因素冲击。在此背景下，我国数字经济发展持续取得新突破，展现出强大韧性，持续向做强做优做大的发展目标迈进。

1. 数字经济持续为国民经济稳增长保驾护航

数字经济整体实现量的合理增长。2022 年我国数字经济规模首次突破 50 万亿元。2022 年，面对经济新的下行压力，各级政府、各类企业纷纷把发展数字经济作为培育经济增长新动能、抢抓发展新机遇的重要路径手段，数字经济发展活力持续释放，我国数字经济规模达到 50. 2 万亿元，同比增加 4. 68 万亿元。2023 年我国数字经济规模达到 53. 9 万亿元，2025 年有望达到 70. 8 万亿元。

数字经济在国民经济中的地位更加稳固。数字经济占 GDP 的比重进一步提升，达到 41. 5%，这一比重相当于第二产业占国民经济的比重，数字经济作为国民经济的重要支柱地位更加凸显。

2. 工业和农业数字化发展促进质的有效提升

三次产业数字化转型提速发展。新一轮科技革命和产业变革与我国加快转变经济发展方式形成历史性交汇，为我国加快发展数字经济提供重大机遇。2023 年，我国各行业对数字化转型重要性的认识进一步加深，迈入转型发展的深水区。

一是工业数字化转型多维度探索成效显现。工业互联网体系化发展全面推进，工业互联网标识解析体系全面建成。东西南北中五大国家顶级节点和两个灾备节点全部上线，二级节点实现了 31 个省（区、市）全覆盖，服务企业近 24 万家。融合应用持续深化，赋能千行百业数字化转型。工业互联网已在原材料、消费品、装备等 31 个工业门类广泛部署，覆盖 45 个国民经济大类，形成研发、生产、制造、销售、管理等全产业链条的数字化支撑服务能力。据中国信息通信研究院监测，国内目前有影响力的工业互联网平台有 240 余个，其中跨行业跨领域平台达到 28 个，有力地促进了产品全流程、生产各环节、供应链上下游的数据互通、资源协同，加速企业数字化转型。智能制造推动中国制造高质量发展。我国发布《国家智能制造标准体系建设指南》，实施305个智能制造试点示范项目和420个新模式应用项目，建成700余个智能工厂、数字化车间，培育智能制造系统解决方案供应商已超过6000家。数字化新技术、新产品、新产业加快发展。工业机器人市场销量保持快速增长，2023年中国工业机器人全年销量约33.3万台，同比增长9.90%。

二是农业数字化生产经营持续取得新进展，农业信息化建设取得长足进步。我国继续推进农业信息化建设，从中央到地方，各级、各地积极引入社会资本投资建设数字乡村，农业信息化投入和农业信息化服务水平显著提升。农业重大创新平台体系更加完善，在高效育种、耕地保育、智能装备等领域建成由34个学科群、469个重点实验室组成的农业农村部学科群实验室体系，建立60个国家农业科技创新联盟，形成解决专业性、产业性、区域性重大关键技术问题的协同创新模式。农业智能化水平显著提升，数字农业技术已经广泛应用于农业生产全流程，为农业现代化和精准农业提供了重要支持。农产品销售加速拥抱数字技术，有效对接农产品供给与需求，服务乡村振兴。2023年，中央网信办等五部门印发了《2023年数字乡村发展工作要点》明确了工作目标：2023年底，农村宽带接入用户数超过1.9亿，农业生产信息化率达到26.5%，农产品电商网络零售额突破5800亿元；加快补齐乡村网络基础设施短板；持续推动农村基础设施优化升级；深入推进"互联网+"农产品出村进城工程，农业网络化水平持续提升。

3. 数字化治理中发展能力与规范水平同步提升

我国数字化治理总体上经历了三个阶段：用数字技术治理、对数字技术治理和重构治理体系。当前背景下，"用数字技术治理"和"对数字技术治理"相关法规及工作基本构筑完毕，进入更迭完善期，数字化治理正不断推动治理体系进入优化、升级、重构阶段。

提升常态化监管水平成为监管主基调。2022年12月，中央经济工作会议明确指出，"要大力发展数字经济，提升常态化监管水平，支持平台企业在引领发展、创造就业、国际竞争中大显身手"。国家市场监督管理总局提出，要切实提升常态化监管水平，在数字经济等重点领域加强市场竞争状况评估，强化预防性监管，尤其是要综合运用行政指导、行政约谈、行政处罚等手段，帮助企业提高合规管理水平。

中国证监会明确表示，要推动形成中美审计监管常态化合作机制，营造更加稳定、可预期的国际监管合作环境，推动企业境外上市制度改革落地实施，加快平台企业境外上市“绿灯”案例落地。2023 年以来，数字经济治理相关制度规则进一步细化完善。《互联网信息服务深度合成管理规定》正式施行，划定深度合成服务的“底线”和“红线”，明确各类主体的信息安全义务。《个人信息出境标准合同办法》出台，我国数据跨境流动管理制度基本完善，要求基本明确。《禁止垄断协议规定》《禁止滥用市场支配地位行为规定》《经营者集中审查规定》等反垄断法配套规章正式发布，进一步夯实反垄断法律制度规则，有效回应数字时代监管诉求，对数字经济领域新型垄断行为的规制更加精准，市场主体的合规边界更加清晰。

数字政府建设进入体系化推进新阶段。2022 年，国务院印发的《关于加强数字政府建设的指导意见》（以下简称《指导意见》）明确了数字政府的体系框架，完善了数字政府的建设路径，健全了数字政府的推进机制。一体化政务服务能力全面提升。我国数字政府已进入以一体化政务服务为特征的整体服务阶段，“一网通办”“一网统管”“一网协同”“最多跑一次”“接诉即办”等创新实践不断涌现，一体化政务服务效能大幅提升。截至 2023 年 4 月，全国一体化在线政务服务平台已涵盖 46 个国务院部门的 1376 项政务服务事项，31 个省（区、市）和新疆生产建设兵团共 549 万多项政务服务事项，已汇聚 13. 67 亿件政务服务。“一件事一次办”涉及个人出生、学习、就业创业、工作、社保就医、车辆、住房、救助、退休养老等 23 个个人事项，以及企业开办、用工招聘、缴费纳税、生产经营、破产注销等 11 个法人事项。

数字乡村建设助推乡村治理效能提升。“互联网+政务服务”加快向乡村延伸覆盖，乡村数字化治理模式不断涌现，乡村智慧应急能力明显增强，信息化成为提高乡村治理水平的重要支撑。乡村“互联网+政务服务”覆盖范围持续扩大。全国一体化政务服务平台在农村的支撑能力和服务效能不断提升，截至目前，全国已建设 355 个县级政务服务平台，国家电子政务外网已实现县级行政区域 100%覆盖，乡镇覆盖率达 96. 1%，政务服务“一网通办”加速推进，农民群众的满意度、获得感不断提升。多地积极运用互联网技术和信息化手段推进“积分制”“清单制”，促进积分管理精准化、精细化、及时化，增强清单管理规范化、透明化、便捷化。乡村基层综合治理水平不断提高。

“互联网+基层社会治理”行动深入实施，各地积极推进基层社会治理数据资源建设和开放共享，实行行政村（社区）和网格数据综合采集、一次采集、多方利用，数据驱动公共服务和社会治理水平不断提高。依法打击农村地区电信网络诈骗和互联网金融诈骗违法犯罪行为，重点打击涉及村镇银行、“三农”信贷以及 P2P 网贷平台、非法网络支付等互联网金融犯罪，最大限度避免农村群众财产遭受损失。乡村智慧应急管理基础能力明显增强。农业重大自然灾害和动植物疫病防控能力建设不断加强，监测预警水平持续提升。气象信息预警和农情信息调度系统在应对 2021 年秋冬种期间洪涝灾害、2022 年长江流域气象干旱中发挥了重要作用。全国农作物重大病虫害数字化监测预警系统不断完善，对接省级平台 22 个、物联网设备 4000 多台，有效支撑小麦条锈病、稻飞虱、草地贪夜蛾等重大病虫害的发现和防治。老少边及欠发达地区县级应急广播体系建设工程深入实施，重大自然灾害突发事件应急响应效率明显提升。

4. 数据基础制度和数据要素市场建设取得突破

2022 年 12 月，中共中央、国务院印发了《关于构建数据基础制度更好发挥数据要素作用的意见》（以下简称《意见》）。这是我国首部从生产要素高度部署数据要素价值释放的国家级专项政策文件，在数据要素价值释放中具有里程碑式的重大意义。

一是破解数据资源化中的基础难题，释放数据要素基础价值。突破数据供给制度障碍，助力破解可用数据不足难题。我国数据资源丰富，我国数据产量达到 6.6ZB，同比增加 29.4%，占全球数据总产量（67ZB）的 9.9%，居全球第二位，但真正开放、共享和使用的数据量很小。《意见》针对公共数据，明确授权运营；针对企业数据，强化供给激励，探索国有企业数据授权运营新模式。这些制度设计将极大提升数据供给水平。突破数据整合互通制度障碍，助力破解数据质量不高难题。数据生产过程中，存在数据质量不够、标准不一致、碎片化、分散化等问题，例如，在当前政务数据平台所归集的数据中，内容完整的仅占 16%，近 85%的数据完整性不高。《意见》支持开展数据质量标准化体系建设，同时，在数据采集汇聚、加工处理、共享利用等环节，推动企业依法依规承担相应责任。突破数据应用能力和意愿低的制度障碍，助力破解数据应用不强难题。当前我国的数据应用仍然是局部的、低水平的，《意见》一方面提出依靠政府和市场联动，加快推进数据管理能力成熟度国家标准及数据要素管理规范贯彻执行工作；另一方面明确把安全贯穿数据供给、流通、使用全过程，划定监管“底线”和“红线”。法律和监管边界的进一步清晰有利于激发企业数据应用的积极性。

二是破解数据资产化中的基础难题，释放数据要素扩展价值。明确数据产权制度创新的原则和机制，破解数据产权不明确难题。在关于数据权属界定尚存在巨大争议的当下，《意见》走了一条相对稳健的道路，即没有界定数据权属应归属于谁，而是明确了数据产权制度创新探索的重要原则和机制，例如，明确了总的原则是保障权益、合规使用，明确了数据权利分离，明确了分类分级授权的基本方法。这些数据权属原则和方法的明确有利于激发经济社会各主体的创新热情，在探索中推动合意的数据产权制度的形成和数据价值的释放。创新数据（跨境）流通规则和市场体系，破解数据流通交易不足难题。当前我国数据要素市场的建设和运行存在较大困难，《意见》坚持问题导向，着力构建数据全流程合规与监管规则体系，着力构建规范高效的数据要素交易场所，着力培育数据要素流通和交易服务生态，着力推动数据安全合规跨境流通。探索数据收益形成和分配机制，助力破解数据分配不公、激励不足难题。当前数据分配主要通过“以数据交换服务”“谁占有谁受益”等事实上的分配机制，难以真正满足要素按贡献参与分配的基本分配原则和要求。《意见》明确提出，数据要素的分配要由市场评价贡献、按贡献决定报酬，按照“谁投入、谁贡献、谁受益”的原则，强调可以通过分红、提成等多种方式来实现收益共享，明确了政府在数据要素收益分配中的调节作用。

三是破解数据资本化中的基础难题，在更高水平上释放数据要素价值。我国虽已有大型企业展开数据资本化探索，但仍处于研究和探索的初期阶段，未来发展之路需更多实践探索。《意见》对此虽着力不多，但一些前瞻性的制度安排将为数据资本化的创新探索打下坚实的基础。《意见》充分保护数据资本化市场参与者权利，明确数据处理者可依法依规许可他人使用数据或数据衍生产品。此外，《意见》为数据资本化创新提供沃土。突出建立健全鼓励创新、包容创新的容错纠错机制，鼓励有条件的地方和行业在制度建设、技术路线、发展模式等方面先行先试，为数据资本化尝试探索可复制、可推荐的经验做法打下政策基础。

5. 数据要素市场建设加速资源化、资产化探索

一是数据资源化产业链逐步完善，供给数量和质量稳步提升。当前，基于数据采集、标注、分析、存储等全生命周期价值管理链的数据资源化进程不断深化。数据采集由人工采集向自动采集进一步转化，数据采集的方式从传统向泛化转变，采集效率大幅提升。数据标注产业围绕北京、长三角、成

渝地区向外扩散，已形成三大产业集群，并对周围地区产生技术溢出效应。德勤最新研究预测，未来技术与功能迭代、场景拓展将带动数据采集与标注的需求量几何级增长，到 2027 年复合年均增长率将达到 32%～37%。在数据分析阶段，自动化数据分析、多源数据融合、边缘计算成为趋势，推动数据分析与物联网相结合。互联网数据中心（IDC）预测，全球边缘计算投资将达两位数增长，到 2027 年中国的边缘计算投资支出复合年均增长率将达到 19.7%。在数据存储阶段，存储方式由端点存储（智能手机、物联网设备等）向边缘存储（服务器、基站、小型数据中心等）以及核心存储（云数据中心）流动。云数据中心成为新的企业首选数据存储库，华为发布的报告中提到，云原生应用下的混合多云架构成为主流。同时，在数据中心和公有云基础设施之外的分布式设备、服务器或网关中执行的数据和分析活动日益增加。

二是数据资产化关键难点求突破，交易市场互补共进。国家高度重视培育数据要素市场，中央层面多次提及要加快建立数据确权、定价、交易、流通标准和制度。数据确权是数据要素市场流通的前提。各地方与数据产权相关的制度聚焦于建立数据资产登记制度和数据要素定价机制等，数据资产登记平台分散且功能有限，权属登记尚在探索中，目前多以“规划”的形式制度呈现。授权运营成为公共数据流通模式探索的新方向，一些地区（如北京、上海、深圳等）采取“政府监管+企业运营”的市场化应用模式，以竞争方式确定被授权运营主体，并通过市场化方式提供数据产品、数据服务以获得收益。数据交易市场形成内外互补共进的局面。截至 2023 年 4 月，我国现有实际运营中的数据交易所共计 30 家，筹建中的有 6 家。其中，北京国际大数据交易所的定位较为综合，具备数据信息登记平台、数据交易平台、数据运营管理服务平台、金融创新服务平台、数据金融科技平台五大功能。上海数据交易所的主要职能为交易服务，构建“数商”新业态，首发全数字化数据交易系统和数据产品说明书。深圳数据交易所的目标是打造为具备资产登记、权益确认、信息披露、资产评估、交易清结算等服务能力的综合数据交易服务体系。

三是数据资本化实践显创新活力，激活数据要素潜能。浙江、广东、上海等地依靠数据交易所或公共存证新平台，利用大数据、区块链等手段探索数据信贷融资新路径，将数据转变为可量化的数字资产，赋能中小微企业。2022 年 10 月，北京银行落地全国首笔数据资产质押融资贷款；12 月，上海银行发布“基于可交易数据资产的循环授信方案”，实现授信额度核定以及数据资产交易融资。数据信托成为激活数据要素潜能的高效数据管理方式。通过数据信托，数据持有人可让渡其持有数据的部分权利，委托给受托人管理运营，提高数据利用率。2021 年 11 月，“数据信托领军人才训练营”系列活动开始推进，探讨数据合规、隐私计算与数据信托等问题；2022 年 8 月，“航数空间”项目入选工业和信息化部大数据产业发展试点示范项目，运用信托财产独立性原则构建可信数据管理制度基础设施。“数据银行”成为助力数据要素流通的重要基础设施。数据持有者将数据上传并存储至数据银行，数据银行通过吸纳数据，实现分散数据集中化，促进数据流通交易。2021 年底，易华录成功上线“数据银行”业务，2022 年 2 月，在江西抚州试点建设数据银行项目，发布全国首个基于“数据银行”的政务数据授权运营模式，建设完成数据银行平台，汇聚 16 亿条政务数据。2022 年 8 月，江苏省无锡市启动全国首家“感知数据银行”，依托“数据银行”中搭建的隐私计算平台，将数据脱敏后提供给客户，发掘具有区域特色的感知数据价值。

（四）数字经济发展的建议

党的二十大郑重提出，要加速推进数字经济的蓬勃发展，这标志着数字经济在国家战略中的地位得到了进一步的提升和强化。我们必须深入贯彻党中央、国务院关于发展数字经济的重大战略部署，全面体现党的二十大重要精神，把握新形势、新特征、新要求，在复杂多变的局面中积极开创数字经济发展的新局面。我们要将发展的主动权牢牢掌握在自己手中，坚定不移地推动数字经济迈向新的高峰，为我国经济社会的持续健康发展注入强劲动力。

1. 坚决强化数字产业自主创新能力

对于我国来说，科技创新不是奢侈品，而是必需品，必须全力推动。

一是保持战略耐心强化技术研发。不求“毕其功于一役”，对“卡脖子”关键技术久久为功，做好中长期布局。持续强化数字技术产业的战略布局，特别是处理好发展与安全、宏观与微观、政府与市场、供给与需求、继承与创新的关系。围绕数字技术产业发展整体工作部署，发挥好重大项目引领作用。

二是坚持全球化战略路径提升创新能力。加快探索开放条件下新型举国体制，把握 5G/6G、人工智能、未来网络、区块链、量子信息等前沿技术重大机遇，充分利用全球创新资源构建自主创新体系。继续通过吸收外资引入先进技术和研发能力。在引进和创新之间形成良性互动关系，在原始创新、集成创新和引进消化吸收再创新之间形成良性互动关系。

三是加快构建自立自强创新体系。加快形成激励自我创新的政策框架，加快培育数字创新企业，把握技术创新发展主动权。加强关键核心技术攻关，有针对性地开展高端芯片、操作系统、人工智能等关键核心技术研发，注重原始创新和生态培育。加快布局前沿技术，围绕区块链、人工智能、量子通信、神经芯片等前沿技术创新，建设省级前沿技术研究院和国家重点实验室，推进科研院所、高校、企业科研力量优化配置和资源共享，聚智汇力加速战略性颠覆性技术发展。

四是持续提升产业链韧性和竞争力。补齐产业基础能力短板，聚焦集成电路、基础软件、重大装备等重点领域，加快补齐产业链条上基础零部件、关键基础材料、先进基础工艺、产业技术基础等短板，打造自主可靠的数字产业链供应链。提升产业链现代化水平，引导上下游企业加强供应链数字化管理和一体化协同，基于工业互联网平台开展协同采购、协同制造、协同配送，推动企业健全供应链安全管理体系，打造安全稳定的供应链网络。提升产业园区产业集聚水平，开发数字化解决方案，培育一批园区数字化转型标杆，推进产业集群化发展，提升产业集聚水平。

2. 大力推进产业数字化深层次转型

我国是产业门类齐全的制造业大国，也拥有规模体量巨大的服务业场景，要重视先进适用技术的研发推广，满足传统产业数字化转型量大面广的需要。

一是加强政府引导推动数字化发展。进一步完善顶层设计，加快产业数字化转型基础设施及相关信息技术应用平台、大数据分析模型等信息化基础设施建设，减轻数字化转型负担。强化财政专项资金统筹，引导各级财政资金加大对产业数字化转型的投入，加强对产业数字化转型重大平台、重大项目及试点示范的支持。探索成立产业数字化发展基金，推动政府产业基金市场化运作方式，与社会资本合作设立相关投资基金。完善人才激励机制，支持科技成果转化奖励试点。

二是厚植产业数字化发展的坚实基础。构建多层次工业互联网平台体系，加强大企业对中小企业的技术指导和人才交流合作，大力培育工业互联网龙头企业和专精特新中小企业，形成大型企业引领、中小企业广泛参与的健康可持续生态圈。推动工业互联网应用走深走实，加快先进工厂培育，推动企业积极利用5G等技术开展工厂数字化改造，促进新技术、新场景、新模式的广泛应用。深化重点行业拓展，广泛开展供需对接，加强工业互联网在重点产业链上的普及，以工业互联网的规模化应用促进实体经济高质量发展。

三是深入推进企业开展数字化智能化改造。引导制造业企业数字化升级和关键环节的数字化改造，全面深化各环节数字化应用。要全面推动行业数字化升级，面向制造、矿山、能源、物流、医疗等重点行业，制定数字化转型路线图，形成可复制、可推广的行业数字化转型系统解决方案。全面推广数字化转型理念，不断提升企业数字技术应用、软件应用、数据管理等数字化能力。

3. 全面提升数字化治理效能和水平

好的治理体系本身就是一种竞争力，要探索符合数字经济特征的新型监管模式。

一是提升数字化治理水平。完善数字经济治理体系，探索建立与数字经济持续健康发展相适应的治理方式，创新基于新技术手段的监管模式，把监管和治理贯穿创新、生产、经营、投资全过程。完善治理规则，加快数字经济相关法律政策和标准体系建设，健全市场准入制度、公平竞争审查制度、公平竞争监管制度，营造规范有序的政策环境。创新治理手段，利用互联网、大数据、云计算、人工智能、区块链等现代信息技术提升治理效能，不断增强态势感知、科学决策、威胁识别、风险防范等能力。健全治理机制，不断完善多元主体共同参与的治理机制，打造权责利清晰、激励相容的协同治理格局。

二是持续推动数字政府建设。不断夯实数字政府网络安全基础，加强对关键信息基础设施、重要数据的安全保护，提升全社会网络安全水平。推进数字化公共服务，促进数字化服务普惠应用，开放线上教育资源，促进教育均等化，推动电子病历和检验报告跨医院、跨地区共享，促进远程诊疗、远程手术的广泛应用，推动全国一体化在线政务服务平台运行。准确把握行业和企业发展需求，打造主动式、多层次创新服务场景，精准匹配公共服务资源，提升公共服务数字化普惠水平，更好满足数字经济发展需要。

三是依托数字孪生推动城市治理数字化转型。推进城市公共基础设施数字化转型、智能升级、融合创新，构建城市数据资源体系，加快推进城市运行“一网统管”，探索城市信息模型、数字孪生等新技术运用，提升城市治理科学化、精细化、智能化水平。

4. “三路并举”推进数据要素市场建设

数字经济本质上是以数据资源为主要生产要素的经济形态，数据要素渗透到国民经济各个环节和社会生活各个角落，必须大力挖掘数据价值。坚持技术应用、市场流通、制度设计“三路并举”的数据要素价值释放的中国模式。

一是夯实技术支撑基础。统筹布局可信工业/产业数据空间和信息基础设施建设，加快研制基于工业互联网标识解析体系的工业数据采集与集成设备产品。加快数据要素资源的标识确权、认证授权、安全交换等基础技术研究，探索兼顾数据流通与安全的多样化技术方案，推动跨软硬件、组织、地域、国别的数据互操作系统研制。鼓励隐私计算、云计算、区块链等关键技术落地应用，支持数据关键技术在数据政府中的应用。

二是支持数据要素市场建设。探索创制数据确权，坚持产权分割、分类分级、安全发展的数据确权基本原则，在充分保护国家安全和个人信息的前提下，构建以促进产业发展为导向的包含更多数据产权内容的确权框架，兼顾不同类型数据的管理和使用需求，因类施策。建立全国数据统一登记确权体系，分层分类地对个人数据、企业数据和公共数据进行权属界定和流转，推动数据确权实践。制定数据定价标准，研究建立基于数据属性的数据资本资产定价模型，统一数据资产价值评价指标体系。构建多样化、多层级数据要素市场，将数据要素市场划分为一级、二级、三级市场：一级市场登记权属，二级市场交易流转，三级市场开展数据质押、数据信托等资本化交易活动。市场主体根据自身需要自由选择在场内或场外交易。

三是健全数据要素制度体系。完善数据市场制度，加快健全归属清晰、权责明确、保护严格、流转顺畅的数据产权制度，全面完善数据市场准入制度，完善数据市场竞争政策框架，打造数据信用制度。健全数据治理制度，修订完善数据法律法规，完善数据治理体系。强化数据安全制度，强化企业主体全链条数据安全管理，强化涉及国家安全的数据管理规范，加快建立数据要素跨境流通规则，探索通过“监管沙箱”等方式提供符合监管要求的数据跨境传输技术和设施。

当前，国家及各地数字经济发展规划加速落地，数字经济成为国民经济增长的重要支撑。下一步，要全面贯彻落实党中央、国务院关于发展数字经济的重大战略部署，把握新形势、新特征、新要求，要以做强做优做大我国数字经济为目标，强化技术引领、推动产业融合、完善数字治理、挖掘数据价值，构筑数字经济发展新优势。

二、人工智能

自1956年达特茅斯学院那场划时代的研讨会起，人工智能领域的研究便踏上了人类探索前沿智能形态的宏伟征程。在这段漫长的岁月里，人工智能行业历经了数次起落与变革，每当新的理论突破催生出新的技术成果，它便再度点燃大众的无限期待。因为每一次的飞跃，都昭示着人类距离人工智能的"终极形态"更近了一步。2017年，划时代的神经网络模型（Transformer）架构作为大模型的基石惊艳问世；几年后，ChatGPT以其卓越的智能涌现和通用能力，进一步展现了人工智能的无限可能。ChatGPT的崛起让人们深信，通往人工智能的康庄大道已不再是遥不可及的梦想。人类与人工智能共舞的美好愿景，正在可预见的未来中，缓缓向我们走来。

（一）人工智能简述

人工智能的研究目标是寻求统一的理论框架来解释各种智能现象，并研发具有高效的学习和泛化能力，能够根据所处的复杂动态环境自主产生并完成任务的通用人工智能体，使其具备自主的感知、认知、决策、学习、执行和社会协作等能力，并且符合人类情感、伦理与道德观念。

（二）人工智能产业链介绍①

仔细观察人工智能产业链的纵横延伸，从大模型"数据—算法—算力"三要素来看，芯片层主导算力，架构层和模型层主导算法，数据既可以来源于各公开语料库或其他媒体数据库，也可以来源于各垂直领域公司所掌握的高质量标注的特性化数据。

对于大模型相关领域巨头企业，算力需求可以通过大规模采购AI计算芯片，搭建训练服务器来满足。算法需求实质上对应着研发人才需求，可以通过组建相应部门、收/并购人工智能初创企业来满足。企业本身所能触及的各类数据资源则可以对应数据训练需求。人工智能时代巨头企业有能力自己搭

---

① 松禾资本：《从大模型的"前世今生"看生成式人工智能的"价值涌现"》，http://www.pinevc.com.cn/article/1361.html，2024年3月22日最后访问。

建大模型以及背后的整套生态。

对于大模型相关领域初创团队，算力需求在当前 AI 芯片市场整体供不应求的情况下往往对应着无法承担的巨额成本，此时可以转向寻求与超算中心、云计算服务企业等的合作，或不一味追求大参数量，在模型投入数据与输出性能比值上取得折中的更优水平。

对于致力于人工智能赋能各垂直领域的企业，目前国外在各个垂直领域较为领先的明星产品与企业的发展历程和商业策略值得借鉴学习。具体来看，有“特性化数据+通用大模型”、“特性化数据+自研垂直领域模型”（或基于开源模型的针对性再优化）、针对垂直领域的完全自研模型等几条发展路径可供探索；有 ToB 实现降本增效、ToC 开放订阅制收费，或试图基于生成式人工智能优势开辟全新市场赛道和商业模式等几种发展策略可供匹配。以人工智能为代表的通用人工智能的“iPhone 时刻”已经到来。

下文对芯片层、模型层、应用层和 MaaS 新模式特别企业进行介绍（见图 3-1）。

图 3-1　人工智能产业链纵横延伸

1. *芯片层*

《中国算力发展指数白皮书（2022 年）》显示，中、美两国在全球算力规模中的份额分别为 33%、34%，其中，通用算力份额分别为 26%、37%，智能算力份额分别为 28%、45%，超级算力份额分别为 18%、48%。在生成式人工智能时代，算力已然成为硬通货。

根据 2022 年中国 AI 芯片市场占有率统计，英伟达（NVIDIA）在中国国内 AI 芯片市场占有率超过 90%。2022 年 9 月 1 日，美国商务部限制英伟达向中国出口 A100 和 H100 两款芯片，以及未来算力达到或超过 A100 水平的人工智能芯片。近期，美国正在考虑进一步出台面向中国的 AI 芯片出口新限制。2023 年 8 月，美国对 AI 芯片出台新的管制措施，其中包括英伟达的特供版芯片 A800。2023 年 8 月 28 日，英伟达在一份报告中指出，“美国政府通知我们，在 2024 年第二季度，对运往某些客户和其他地区（包括中东一些国家）的 A100 芯片和 H100 芯片的部分产品提出了额外的许可要求”。

算力方面，国产 AI 芯片与英伟达旗舰 AI 芯片性能差距较大，并且国内厂商大多不支持双精度（FP64）计算，在单精度（FP32）及定点计算（INT8）方面与国外中端产品持平；接口方面，壁仞科技与英伟达率先使用 PCle5.0，其他厂商多集中在 PCle4.0；制程方面，目前英伟达到达 4 纳米，而台积电率先到达 3 纳米，国内厂商多集中在 7 纳米；生态方面，国内企业多采用 OpenCL 进行自主生态建设，与英伟达 CUDA 的成熟生态相比，差距较为明显。随着新一代 AI 芯片 GH200 的发布，英伟达在芯片性能与应用生态上将与国内 AI 芯片企业进一步拉开差距，不断定义行业龙头发展。

2023 年 6 月，AMD 发布新一代 AI 芯片 MI300 系列，其 AI 性能预计是上一代（MI250）的 8 倍，并宣布与独角兽人工智能企业 Hugging face 合作。AMD 还与 Amazon Web Services、Microsoft Azure、Google Cloud 等公司合作，为客户提供数据中心解决方案。在 AI 芯片与数据中心服务板块方面，一直被视作英伟达在芯片领域最强劲对手的 AMD 的表现没有达到预期。AMD 并没有获得许多大型企业的 AI 芯片订单，在最近一次的大型发布会上，AMD 发布最新一代 AI 芯片，但也仅宣布与一家 AI 独角兽企业进行战略合作。在 AI 芯片性能以及平台生态部署上，AMD 与英伟达还存在一定的差距。美国商务部要求 AMD 停止向中国出口 MI250 芯片，但是 AMD 表示 MI100 芯片并不受影响。AMD 考虑将其 MI300 和旧版 MI250 芯片产品出口到中国市场。

昆仑芯科技成立于 2011 年，前身为百度智能芯片及架构部，于 2021 年 4 月完成独立融资，首轮估值约 130 亿元人民币。昆仑芯科技专注于 AI 加速领域，拥有自主研发的 XPU 架构，实现了两代通用 AI 芯片的量产和落地应用。昆仑芯的主要产品有 2 代/1 代 AI 芯片、R 系列和 K 系列 AI 加速卡。昆仑芯 1 代 AI 芯片可用于云数据中心和智能边缘，支持全 AI 算法。2 代 AI 芯片是国内首款采用 GDDR6 显存的通用 AI 芯片，支持虚拟化、芯片间互联和视频编解码等功能。

2. 模型层

接下来将以 ChatGPT、文心一言、讯飞星火、腾讯混元（HunYuan）大模型、快手快意大模型（KwaiYii）为例，从模型简述、具体功能、运行效率、商业化程度、适用行业等几个方面进行介绍。

ChatGPT 是基于 GPT-3.5 架构的大型语言模型，训练参数量达 1750 亿。2023 年 3 月 OpenAI 发布 GPT-4，训练参数量为 GPT-3 的 10 倍，达到 1.8 万亿个参数，具有更强大的自然语言处理能力，并支持文本和图像混合输入的多模态。ChatGPT 可以理解人类语言的含义，包括问题、陈述、命令等，并能够提取出关键信息进行处理。ChatGPT 可以回答关于各种主题的问题，提供相关的信息、解释、定义和示例等。它能够利用它在训练过程中学习的广泛知识库来支持问题的回答。ChatGPT 可以生成连贯的、有逻辑的文本段落。无论是生成故事、描述场景、撰写文章、写作建议，还是进行创造性的文本创作，它都能提供合理的、有意义的输出。ChatGPT 还能够与用户进行实时对话交互。它可以处理多轮对话，记住之前的上下文，并根据用户的问题或回应作出适当的回答，可以输入/生成多种不同形式的数据，如图像、语音、文本等。多模态能够提升交互效率，扩展模型的应用场景，完成更多新型任务。

OpenAI 公司推出 MaaS（模型即服务）商业模式，针对旗下模型开发商用 API 服务，让下游客户通过 API 调用模型能力；搜索引擎 New Bing 全面接入 GPT-4；基于 GPT-4 的人工智能助手 Copilot 被内置到 Microsoft 365 中，可以帮助用户在 Word、Excel、PowerPoint、Outlook 等应用中生成文本、转换文档、获取摘要等，例如在 PPT 中，它能够通过自然语言命令将想法转化为设计好的演示文稿；Be My Eyes 是一款帮助全世界的盲人以及低视力人群的产品，其接入 GPT-4 运用视觉输入功能，能够大幅提高对图片的理解程度；语言学习软件 Duolingo 推出 GPT-4 驱动的 DuolingoMax，能够辅助用户解释答案对错，陪同用户进行角色扮演式练习，目前已在数字商务、智能制造、MaaS 云服务、办公软件、数据分析、聊天机器人等行业有所应用。

2023 年 3 月，百度公司率先发布国内第一个类 ChatGPT 生成式大语言模型“文心一言”，展示了其在文学创作、商业文案创作、数理逻辑推理、中文理解、多模态生成等方面的能力，并宣布已有超过 650 家企业接入文心一言生态。同月，百度智能云发布“一站式”企业级大模型平台“文心千帆”，提供基于文心一言的数据管理、模型定制微调、推理云等服务，助力各行业的生成式 AI 应用需求落地，进一步推动文心一言生态的构建。

文心一言具备文学创作、商业文案创作、数理逻辑推算、中文理解、多模态生成等功能。目前，文心一言已经升级为文心千帆大模型平台，提供先进的生成式人工智能生产及应用全流程开发工具链。文心一言利用百度自研的昆仑芯片和飞桨深度学习框架，实现了高效的模型训练和推理。据百度官方介绍，文心一言在昆仑芯片上的推理速度是英伟达 A100 芯片的 3 倍以上。此外，文心一言还采用模型压缩、量化等技术降低了模型部署的成本和难度。

百度文心大模型体系构建了文心大模型、工具与平台两层体系。在模型层，文心大模型包括基础大模型、任务大模型、行业大模型三级体系，打造大模型总量近 40 个，全面满足产业应用需求，涵盖电力、燃气、金融、航天等领域。基础大模型针对特定任务预训练构建任务大模型，任务大模型结合垂直领域数据和知识进一步形成行业大模型，行业大模型则对应用场景的数据反哺基础大模型进行优化。在工具与平台层，大模型开发套件、文心 API，以及提供全流程开箱即用大模型能力的 EasyDL 和 BML 开发平台，帮助全方位降低应用门槛。

文心大模型是目前国内预训练大模型应用端生态最好的大模型之一。在百度自有业务中，文心大模型已应用于百度内部的各类产品，包括百度搜索、度小满金融、小度智能屏、百度地图等。例如，度小满的智能征信中台将文心 ERNIE 大模型应用在征信报告的解读上，能够将报告解读出 40 万维的风险变量，以更好地识别小微企业主的信贷风险。在百度业务之外，文心大模型联合国家电网、浦发银行、中国航天、人民网等企业推出了 11 个行业大模型，让模型加速推动行业的智能化转型升级。例如，根据文心大模型官网，文心大模型与深圳燃气联合建立的深圳燃气百度文心大模型，在工业巡检、环境巡检场景下，准确率和召回率分别平均提升 2.5%和 4.5%，且所需标注数据相比传统模型下降 90%，泛化能力大幅提升。

讯飞星火是科大讯飞推出的新一代认知智能大模型，拥有跨领域的知识和语言理解能力，能够基于自然对话方式理解与执行任务，从海量数据和大规模知识中持续进化，实现从提出、规划到解决问题的全流程闭环。讯飞星火大模型具备语言理解、知识问答、逻辑推理、数学题解答、代码理解与编写等功能。针对学习机，讯飞发布了 AI 新功能，包括 AI 中英文作文批改、英语 AI 口语对话、初中数学 AI 同步精准学等功能；办公则有智能办公本 X2、智能录音笔（SR702）、讯飞听见，智能麦克风 M2 具备会议纪要能力、语篇规整能力、一键成稿能力三大新功能；汽车领域大幅提升人机交互能力，并接入插件功能；虚拟人工智能交互机能力全面提升，通过多模态、全双工、自然交互，实现行业领域服务咨询、业务办理等功能，让星火全面提升“AI虚拟人”业务能力。

腾讯混元（HunYuan）大模型依托腾讯自研的太极机器学习平台构建而成。在模型层，混元大模型完整覆盖 NLP 大模型、CV 大模型、多模态大模型、文生图大模型及众多行业/领域/任务模型。其中，HunYuan-NLP1T 是国内首个低成本、可直接落地应用的 NLP 万亿大模型，其模型能力在自然语言理解任务榜单 CLUE 中登顶。在产业化应用上，混元大模型支持腾讯广告、搜索、推荐、游戏、社交等多个互联网业务生态的赋能和升级，实现技术复用和业务降本增效。混元大模型已在腾讯多个核心业务场景落地，并带来了显著的效果提升。大模型支持了微信、QQ、游戏、腾讯广告、腾讯云等众多产品和业务，尤其是在广告内容理解、行业特征挖掘、文案创意生成等方面表现出色。例如，腾讯打造了以混元大模型为技术底座的广告多媒体 AI 技术矩阵。在广告投放中，相比以前的小模型算法，腾讯广告精排大模型当时累计给广告主带来成交总额 15%的提升。

快手快意大模型（KwaiYii）是由快手 AI 团队从 0 到 1 自主研发的一系列大规模语言模型，当前包含了多种参数规模的模型，并覆盖预训练模型（KwaiYii-Base）、对话模型（KwaiYii-Chat）。快手 AI 团队将持续迭代快意大模型，在继续优化模型性能并研发多模态能力的同时，推进更多 C 端与 B 端业务场景下的落地。

3. 应用层

接下来将对国内外现有产品进行功能和优缺点的分析，并与传统方法做对比。

一是合成数据。2022 年及之前的行业总体商业化应用主要为 2D+CNN 算法。随着 ChatGPT 等 AI 大模型的兴起，感知算法已经升级至 BEV（Birds eye view）+Transformer。目前，特斯拉（2021 年）、小鹏+华为+理想等（2023 年）已切换至 BEV+Transformer。大模型赋能感知端算法能显著降低数据标注成本，提升感知预测执行全流程能力。Transformer 算法更适用于自动驾驶大数据场景，同时具备较高的鲁棒性（可降低一定程度的系统+网络风险）+较强的泛化能力（一定程度上解决“长尾问题”，如恶劣天气下的模型不稳定性），具备更稳定和更准确地感知输出信息。以特斯拉 FSD 为例，进行物体识别时，自动标注将大幅降低系统成本。FSD 通过自动标注提高系统效率，通过“多重轨迹重建”技术自动标注车辆行驶轨迹。目前，FSD 在集群中运行 12 小时即可完成 1 万次行驶轨迹标注，取代 500 万小时人工标注。通过机器的自我训练，减少了人力标注成本高、效率低的问题。自动标注技术成熟，人工标注团队规模缩小。2021 年，人工标注团队为 1000 多人，2022 年该团队裁员 200 余人。大模型在高阶智能驾驶中的应用已成趋势，因为其符合高阶智能驾驶数据规模扩大+模型精度呈指数型增加的算法升级需求。预计未来会向感知决策一体化的智能驾驶通用大模型自动驾驶通用算法框架（Unified Autonomous Driving，UniAD）+全栈 Transformer 发展。

二是金融科技领域。BloombergGPT 是 2023 年 3 月彭博社发布的金融垂直领域大型语言模型，具有 500 亿个参数，在保证大语言模型通用性能的基础上，更加聚焦金融场景，更加适应金融术语的复杂性与独特性，有效实现“GPT+垂直知识”的深度融合。BloombergGPT 模型在与同等参数量级模型的对比中表现亮眼：在金融专业任务的表现排名第一，远超类似规模的开放模型；在一般任务中的表现也达到甚至超过了平均水平。BloombergGPT 将帮助彭博改进现有的金融 NLP 任务，如市场情绪分析、命名实体识别、新闻分类和问题回答等。以一个特定场景举例，“X 公司裁员一万人”，这则信息在一般意义上描绘了负面情绪，但有时这会被认为是对公司的金融情绪的积极表现，可能会使得股票价格或投资者信心增加。经过垂直领域知识库专门训练的 BloombergGPT 能更好地应对金融行业的问题。金融行业数字化程度领先，拥有数据富矿，是 AI 大模型率先落地的垂直领域之一。生成式 AI 的主要落地场景包括应用于各金融子行业的智能客服以及内容生成，如投研领域的研报生成、投顾领域的投资建议生成、保险/资管领域的合同模板生成等。BloombergGPT 开启了垂直场景人工智能新的范式探索，其任务表现结果也证明了垂直类大模型的价值。未来产业将会是通用基础大模型与垂直模型并存的格局形态。

三是医疗医药领域 AI 医疗问答。Med-PaLM 2 是谷歌公司在 2023 年 5 月发布的一个医疗问答语言模型，应用于实时病例生成、医疗影像分析等领域，具有提高问诊效率、降低数据分析的人工成本等作用，例如，通过给 Med-PaLM 2 输入一幅 X 光片，它会自动根据输入信息来对患者的病情进行分析和诊断。基于谷歌公司当下最先进的大语言模型 PaLM2，在 1000 多个实际医疗场景问答中，Med-PaLM 2 在 9 项基准测试中，有 8 项表现良好，相较于人类医生回答更受认可。和普通医生的回答相比，Med-PaLM 2 有 72.9%的回答被认为和医生回答相对一致。2023 年 7 月，谷歌公司又发布了最新的 Med-PaLM M。它是一种大型多模态生成式模型，可灵活编码和解释涵盖临床语言、医学成像、基因组学等的生物医学数据。Med-PaLM M 在仅接收语言的说明和提示下（未接收过病例图像表现），就能够在胸部 X 射线图片中准确识别和描述结核病。还有 AI 新药开发，根据功能需求设计/优化蛋白质，加速新药探索速度。DeepMind2 实现了蛋白质空间结构预测的重大突破，推动行业快速发展。来自 AI 研究企业 Salesforce Research、合成生物学公司 Tierra Biosciences 和加利福尼亚大学研究团队的蛋白质语言模型 ProGen，能够在数百万个原始蛋白质序列上训练，可生成跨多个家族和功能的人造蛋白质。ProGen 能够生成自然界不存在的人工蛋白质序列。在国内，晶泰科技的 AI 药物发现平台 ID4Idea 能够根据不同需求策略实现定制化分子生成。

四是智能工业装备。融合智能算法的机器人、AGV（自动导向机器人）、机床等工业生产制造设备。目前，生成式人工智能主要通过两个层面对工业机器人进行辅助。第一，ChatGPT 作为预训练语言模型，可以被应用于人类与机器的自然语言交互。机器通过 ChatGPT 理解人类的自然语言指令，并根据指令进行相应的动作。第二，ChatGPT 可以帮助机器在执行路径规划、物体识别等任务时作出相应的决策。国外方面，西门子将 ChatGPT 技术与其现有的自然语言技术相结合，通过将生成式 AI 嵌入智能交互系统的架构中，有效实现了操作者与系统自然语言的交互，目前其自动化生产 SIMATIC IT 软件已经引入 ChatGPT；国内方面，2022 年底百度联合 TCL 搭建文心电子制造行业模型，可以帮助 TCL 产线检测，mAP 指标平均提升 10%；新产线的冷态起动效果可以提高至原来的 3 倍，产线投产的研发时间缩短了 30%。

五是工业软件与方案。各类具有 AI 能力的工业互联网平台及其衍生的解决方案和应用服务。例如，国内“AI+制造”解决方案供应商创新奇智在 2023 年 4 月 13 日发布的“奇智孔明”，针对制造业垂直场景的人工智能工程算法引擎，以工业预训练大模型为核心。奇智孔明拥有五大能力，分别是内容生成、智能问答、多轮对话、推理能力、代码生成，能够满足制造行业企业的个性化需求。模型将着重应用于制造业、工业软件领域，满足行业大客户专属需求，如交互式动态业务报表生成，智能产线设计等。工业软件是服务企业“规划、研发、生产、销售、服务”全流程的产品，本质是将工业知识软件化，将企业在产品的规划、研发等全流程中的经验沉淀融合在软件系统中，以提升企业的工作效率。工业仿真软件属于研发设计类软件，是工业软件的“皇冠”，是制造业的大脑神经。工业仿真软件即通过数学、物理等多学科知识，运用其机理和演化规律，精细模拟各类物理现象；通过计算分析，对未来进行预测，为创造创新和制定决策提供依据。工业仿真软件广泛应用于航空航天、船舶与海洋工程、汽车、机械、环境、能源等领域，是开展高端装备研发、性能预测与优化设计的最重要的软件工具。

从全球应用场景来看，AI 更多地应用于金融、服务等行业，在制造业中的应用比例较低（见图 3-2）。具体来说，AI 可以在以下三个方面赋能工业仿真软件：一是助力实现复杂湍流模型的构建。二是极大提升计算效率，实现实时仿真。计算效率是仿真技术大规模推广的另一大难点，除依靠硬件设备的算力提升之外，AI 算法应用可为计算效率带来质的变化。同时，AI 在发现新算法、提升计算效率方面已有重大突破，可以进一步形成自我优化迭代的效率提升流程。三是 AI 和数字孪生技术融合发展。数字孪生是综合运用感知、计算、建模、仿真等技术，通过软件定义，对物理空间进行描述、诊断、预测、决策。工业仿真可助力实现数字孪生的预测、决策功能，让数字孪生技术在实际应用中获得更大价值，而人工智能可以助力仿真技术与数字孪生实现融合。

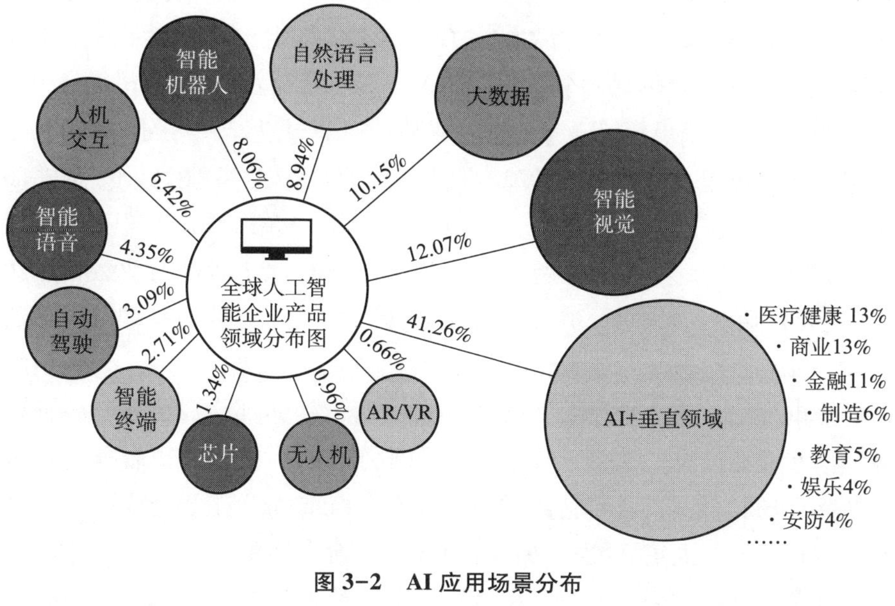

图 3-2　AI 应用场景分布

4. MaaS 新模式

大模型具有固定成本高、通用性强的特点，MaaS 企业依托已经训练好的大模型，向客户提供 API 调用、模型训练、模型微调、模型部署等服务。然而，MaaS 是不是一个经得起考验的商业模式呢？我们认为此商业模式下企业竞争壁垒有四个方面：服务、数据、算法、算力。在服务端，既有 OpenAI 公司这样的主要通过大模型技术领先与迭代来吸引企业合作，也有像腾讯、百度等国内企业向客户提供专属的行业大模型精调定制方案；在数据端，垂直领域下的专业数据最先被直接进行业务接触的公司收集，而这些公司往往也会选择自己做大模型微调或使用专业数据集自行训练的决策；在算法端，在大模型迭代速度如此之快、性能水平尚可的开源可商用模型；在算力端，云计算服务正在加快发展，这个壁垒可能会因为云计算规模化的成本下降而消解。综上所述，我们认为 MaaS 的赛道最终可能只有少量头部企业能够继续支撑。

（三）人工智能的现状与未来

1. 全球现状

根据彭博智库的数据，2022 年全球人工智能市场整体收入为 400 亿美元，预计 2027 年和 2032 年将分别达到 3990 亿美元和 1.3 万亿美元；2022—2032 年复合增长率高达 42%。到 2025 年，Generative AI 产生的数据将占所有生成数据的 10%（2021 年仅为 1%）。ChatGPT 的横空出世引发了资本市场对 AI 领域投资的新一轮热潮，全球领先的人工智能企业 OpenAI 公司凭借 103 亿美元（约合 745 亿元人民币）的 B+轮融资，一跃成为 2023 年上半年人工智能赛道获最大融资额的公司。2023 年上半年，全球人工智能行业融资总额达 1066.56 亿元，融资次数共计 78 次。从全球融资规模来看，B 轮及以后轮次（含战略投资）融资规模占比 97.17%。其中，中国人工智能行业融资总额达 62.39 亿元，融资次数共计 56 次。2023 年上半年，全国获最高融资金额的企业为 Minimax（名之梦），融资金额达 2.5 亿美元（约合 17.96 亿元人民币）。

资本市场的火热并未让人工智能如大家所设想的那样成为各行各业的加速器，这些成功的早期迹象并没有改变一个事实——许多人工智能公司根本没有产品市场契合度，或可持续的竞争优势，而整个人工智能生态系统的繁荣是不可持续的。人工智能最初用惊艳全世界的技术打开了市场的大门，但应用尚处于天马行空的想象中（虽然有少量场景应用在加速落地过程中）；而在 AI 的热度似乎有所消散的下半年，它才真正开始由“技术”转向“客户”，由“想象”落地“应用”，这将端到端地解决人类问题。这些应用与首批推出的应用在本质上有所不同。它们往往将基础大模型作为更全面解决方案的一部分，而不是整个解决方案。它们引入了新的编辑界面，使工作流程更具黏性，输出效果更好，并且往往是多模态的。

2. 中国人工智能行业发展的制约条件

根据前瞻产业研究院的数据，2022 年中国人工智能市场规模约 660 亿元人民币，预计 2020—2025 年复合增速将达 84%，到 2025 年将占全球市场规模（2170 亿美元）的 13%。但在技术与应用层面，中国人工智能行业的发展仍存在一些制约条件。

一是算力硬件产能不足，由于无法获得高端图形处理器（GPU）芯片 A100 与 H100，国内大模型研发机构在算力上遭遇“瓶颈”。为摆脱上述困境，中国本土芯片研发厂商加强科研，在算力技术上实现重要突破。目前，中国市场可获得的 A800 GPU 芯片，传输速度仅为顶尖产品 A100 的 70%。由于 AI 技术发展高度依赖先进 GPU，需借助芯片进行大量模型训练和扩展，部分国内科研机构和科技企业受到较大影响，尤其在目前大模型参数量快速膨胀、算力需求显著增加的情况下。

二是行业大模型或主导发展方向，通用大模型需要海量数据作训练用途，但中文网站数量从全球来看占比仅为 1. 4%（英文网站占比达 54%），可用作训练的公开中文语料库（含文本、图片、视频等素材）往往数量有限、质量不均。与此同时，国内用户在网站和移动端 App 产生的海量数据，基于保护用户隐私，大部分未能应用在大模型训练上，对模型训练的效率和精度都造成不利影响。因此，相较于适用于多领域、多任务的通用大模型，行业大模型更依赖开发者对垂直场景的理解和海量行业数据的支持。在算力受限的背景下，行业大模型更有可能成为中国人工智能厂商的制胜赛道。就行业大模型而言，国内市场正呈现差异化竞争格局：某头部互联网大厂的行业大模型根植于游戏、广告、内容创作等多媒体领域，成为提升广告和游戏场景创作效率的生产力工具；国内前三的超大规模云服务商开发的产业级知识增强大模型则凭借其对中文语言的强大理解能力，赋能汽车行业售后服务与知识库构建、医疗行业单据识别、社科行业版权保护与词条管理等。

三是应用场景集中于商业化发展成熟的优势产业，中国人工智能企业利用国内垂直场景优势，将人工智能优先应用于商业化基础设施较完善的新兴行业；而欧美同行利用当地成熟的软件及服务市场，将人工智能应用到高科技、通信及各种传统行业（如医疗、教育等），应用范围更加广泛。在国内，人工智能应用发展最迅速的领域包括电商、传媒、娱乐和游戏，尤其是数字虚拟人和电商视频营销，而大部分传统行业（如金融、能源、教育等）仍处于小规模试点阶段。人工智能应用得以在互联网电商平台蓬勃发展，原因在于中国优质的电商和供应链生态以及庞大的消费者群体为人工智能应用落地提供了契机。典型的行业应用案例包括视频行业的某人工智能 3D 短视频内容厂商、电商行业的某人工智能大模型研发企业，以及游戏行业的某互联网平台旗下的游戏与 AI 研究和应用机构等。上述企业中，人工智能的 3D 短视频内容厂商能够基于文本生成 3D 视频内容，并通过抖音、快手、B 站等短视频平台进行推广，极大地提高了短视频内容生产者的创作效率。

3. 风险与政策

目前，人工智能值得注意的风险挑战包括公平性受损、侵犯知识产权、信息泄露、恶意使用、安全威胁、模型幻觉及第三方风险等。其中，模型幻觉、侵犯知识产权、信息泄露三大风险值得重点关注。一是模型幻觉。所谓“幻觉”，指的是人工智能模型生成的内容，不是基于任何现实世界的数据，而是大模型自己想象的产物。以 ChatGPT 等为代表的大语言模型的“幻觉”，不仅会让人类在海量信息中难分真假，还会给用户的隐私安全、财产安全带来威胁。二是侵犯知识产权。生成式人工智能和基础模型通常利用基于互联网的数据，导致潜在的知识产权侵权事件（如侵犯版权、抄袭）。三是信息泄露。生成式人工智能可能会（可能无意地）使用用于模型训练的个人或其他敏感信息，这会加剧隐私问题，从而产生潜在的敏感结果。

我国关于生成式人工智能的政策文件《生成式人工智能服务管理暂行办法》自 2023 年 8 月 15 日起施行。办法规则明确：提供和使用生成式人工智能服务需要坚持社会主义核心价值观，要求相关企业在提供服务前，向国家网信部门申报安全评估，并按照《互联网信息服务算法推荐管理规定》履行算法备案和变更、注销备案等手续；态度鲜明：国家坚持发展和安全并重、促进创新和依法治理相结合的原则，采取有效措施鼓励生成式人工智能创新发展，对生成式人工智能服务实行包容审慎和分类分级监管。我国人工智能将在政策指导下健康有序发展。

4. 商业化挑战与未来展望

人工智能将提升社会劳动生产率，特别是在有效降低劳动成本、优化产品和服务、创造新市场和就业等方面为人类的生产和生活带来革命性的转变。全球范围内越来越多的政府和企业组织逐渐认识到人工智能在经济和战略上的重要性，并从国家战略和商业活动上涉足人工智能。据 Gartner 预测，到 2025 年全球人工智能市场规模将超过 5 万亿美元（见图 3-3）。

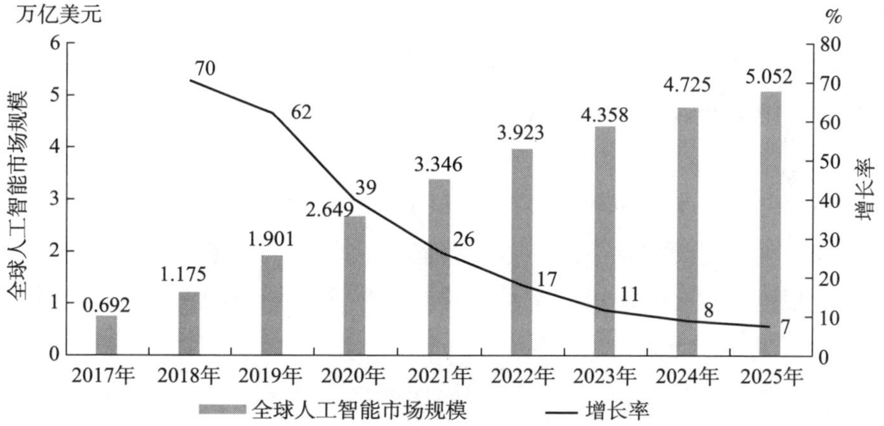

图 3-3　全球人工智能市场规模

注：药品集采共九批，涉及 358 个品类。

（资料来源：Gartner、德勤研究。）

中国人工智能发展明显区别于其他国家的一点在于其应用十分广泛，已经在众多领域进行开发与应用，并作为底层基础技术对原有技术进行优化，使其更加智能化，满足不同用户的个性化需求，因而该技术将对传统各行业生态圈产生影响。

中国人工智能商业化应用发展具备以下六大趋势：

一是在数字政府领域，政府端是目前人工智能切入智慧政务和公共安全应用场景的主要渠道，早期进入的企业逐步建立行业壁垒，未来需要解决数据割裂问题以获得长足发展。

各地政府的工作内容及目标有所差异，因而企业提供的解决方案并非完全标准化，需要根据实际情况进行定制化服务。由于政府一般对合作企业要求较高，行业进入门槛提高，强者恒强趋势明显。

二是在金融领域，人工智能的应用最为深入，应用场景逐步由以交易安全为主向变革金融经营全过程扩展。

传统金融机构与科技企业进行合作，推进人工智能在金融行业的应用，改变了金融服务行业的规则，提升了金融机构商业效能，在向长尾客户提供定制化产品的同时降低了金融风险。

三是在医疗领域，人工智能应用发展快速，但急需建立标准化的人工智能产品市场准入机制并加强医疗数据库的建设。人工智能的出现将帮助医疗行业解决医疗资源的短缺和分配不均的众多民生问题。但由于关乎人的生命健康，医疗又是一个受管制较严的行业。人工智能能否如预期被广泛应用，还取决于产品商业化过程中如何制定医疗和数据监管标准。

四是在出行领域，以无人驾驶技术为主导的汽车行业将迎来产业链的革新。传统车企的生产、渠道和销售模式将被新兴的商业模式替代。新兴的无人驾驶解决方案技术公司和传统车企的行业边界将被打破。随着共享汽车概念的兴起，无人驾驶技术下的共享出行将替代传统的私家车的概念。无人驾驶行业的规范和标准的制定，将衍生出更加安全和快捷的无人货运和物流等新兴的行业。

五是在制造业领域，人工智能的应用潜力被低估，优质数据资源未被充分利用。制造业专业性强，解决方案的复杂性和定制化要求高，所以人工智能目前主要应用在产品质检分拣和预测性维护等易于复制和推广的领域。然而，生产设备产生的大量可靠、稳定、持续更新的数据尚未被充分利用，这些数据可以为人工智能公司提供优质的机器学习样本，解决制造过程中的实际问题。

六是在零售领域，应用场景从个别走向聚合，传统零售企业与创业企业结成伙伴关系，围绕人、货、场、链搭建应用场景。人工智能在各个零售环节多点开花，应用场景碎片化并进入大规模实验期。传统零售企业开始布局人工智能，将与科技巨头在应用大数据和人工智能领域同台竞技，这意味着零售商将更加积极地与创业公司建立伙伴关系。

人工智能并不缺乏使用案例或客户需求。用户渴望人工智能能使他们的工作变得更容易，使他们的工作产品变得更好。因此，ChatGPT 成为历史上最快达成 10 亿用户量的 App——仅用时两个月。然而，所有 AI 类产品都面临用户留存困难的问题，即使是 ChatGPT，其首月留存率也不足 60%，而大部分同类人工智能产品更是低于 20%，相较于 YOUTUBE 的 85% 首月留存率，明显后劲不足。根据阿马拉法则，人们对技术的影响和影响的判断往往存在偏差，人们倾向于在短期内高估一项技术的效果，在长期内低估其效果。人工智能正在由2023年初的过热状态逐渐降温，但这并不代表人工智能是仅受资本追捧而只能昙花一现的过去式；相反，市场的理性回归正在帮助人工智能从“云端”落地，开发者们从技术的进步转向应用的拓展，从追逐通用大模型转向精雕行业大模型，最终或许能将一个个离散的行业大模型有机整合，引领真正的人工智能变革。

三、医药大健康

2023年已悄然过去，新冠疫情的阴霾也逐渐消散，然而其对全球的影响是深远而持久的。这场疫情不仅唤醒了人们对健康管理的深刻意识，更推动了整个行业的创新步伐，对全球经济的格局与发展也产生了重大而深远的影响。

（一）医药大健康企业现状①

医药大健康行业正经历前所未有的变革，从新品种的快速上市与过审，到创新疗法的持续迭代，再到日常慢病管理手段的不断提升与企业运作效率的优化，乃至人工智能技术的引入，这些进步正逐步改变行业的面貌，深刻影响我们的生活。在这样一个纷繁复杂的外部环境下，如何能够在竞争中脱颖而出，已成为企业普遍关注的重要话题。变革、重塑与增效，不仅是企业应对挑战的关键策略，更是推动整个行业持续向前发展的强大动力。

1. 组织架构再造——“变革”

新冠疫情肆虐，医药大健康行业发展迅速，从疫苗研发的紧急启动到特效药的迅速问世，都打破了行业原有的常规与习惯，带来了前所未有的变革。然而，全球经济的放缓以及地缘政治冲突的加剧，使得资本寒冬悄然降临，给行业带来了不小的挑战。为了应对这些负面影响，越来越多的制药和医疗器械企业开始寻求通过组织变革来保障盈利。

随着业务模式的转变，组织架构的变革成为应对冲击的关键。传统的进口合资企业往往采用全球一体化的组织架构，但中国的业务环境和发展特点具有极大的个性化。因此，建立灵活敏捷的组织架构，并配以具有前瞻性的落地流程，成为确保盈利能力的核心策略。除此之外，贯穿整个组织的项目

① 安永智库：《如何在变革中脱颖而出——2023年生命健康行业研究报告》，https://mp.weixin.qq.com/s/1rf-Q_j3bTlhAn9uKylwKg，2024年3月22日最后访问。

管理模式及有效的流程支持也至关重要。这能够确保组织积极有效地完成重要项目的执行与回顾，进而提升运营效率。同时，在人才管理方面，除遵循全球统一的标准外，还需结合本土业务特性，建立个性化的人才培养模式，实现有效的知识传递。

通过这些举措，医药大健康企业不仅能够应对当前的挑战，还能为未来的持续发展奠定坚实基础。

2. 带量采购常态化——“重塑”

近几年的行业政策层出不穷，从早些年的零差率政策，到颠覆整个流通渠道的两票制政策，再到目前的带量采购政策，以及逐渐落地的疾病诊断相关分组政策，都给医药大健康行业带来了翻天覆地的变化。根据官方数据统计，截至 2023 年 5 月，我国已经落地执行了共 9 轮国家药品带量采购招投标（平均降幅达到 50%），以及 3 轮国家层面的医疗器械带量采购（见图 3-4）。由于产品特性的自费属性，医疗器械的降幅更是达到了惊人的 80% 以上。伴随各种集采联盟谈判的落地执行，以及如火如荼的十五省份带量采购的续约，带量采购已经进入常态化时代。

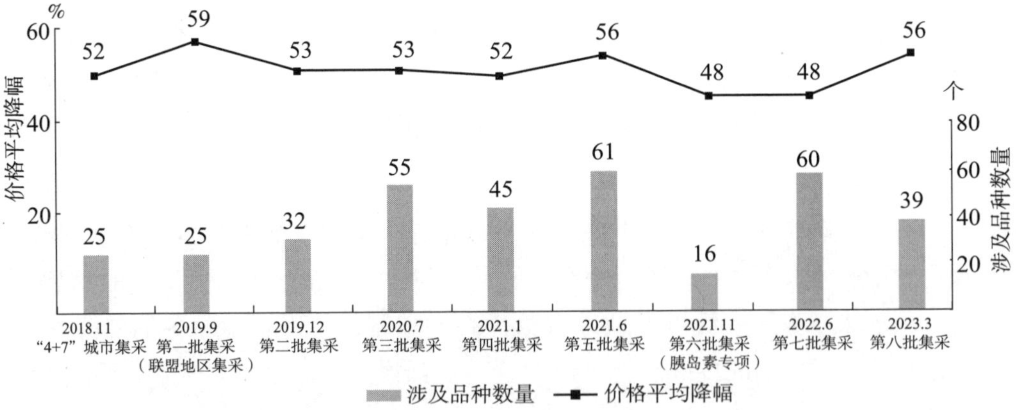

图 3-4 药品集采涉及品种数量及价格平均降幅

（数据来源：中国政府网。）

同时，政府监管部门对国内药品研发的管理也日趋成熟。一系列政策的出台提高了药品申请审批效率，缩短了审批时间，有效解决了我国药品注册申请积压问题，并快速提升了新产品的批准数量。对于中国药企而言，加快药品审评审批政策的出台，有助于快速将新药商业化，降低等待成本，尽快回收研发成本，使得药企有资金持续投入新药研发，实现良性循环。监管部门的政策也明确了“药品目录”调整机制，规定每年调整一次药品目录，缩短了调整周期，有利于新产品及时进入医保，提高药品的可及性和放量速度。2021 年，新产品入保周期降至 14 个月。2022 年医保目录中，有 105 个药品为近 5 年内上市，占比超过 97%，新增的 111 款药物中，有 23 款药物实现“当年上市当年入保”，极大地促进了药品上市后快速放量，企业可以迅速获取研发回报。政府鼓励加速新产品纳入医保，但缺乏“差异化临床价值”的药企面对医保价格谈判时，缺乏“定价”话语权，商业回报不达预期。这也导致新产品一旦进入医保，药企必须舍弃一定的利润空间，部分药品降价幅度达到 70%，影响药企“高投入高回报”的盈利预期。产品被压价后，药企无法回收研发成本，也很难支持后续的商业化。同时，带量采购常态化极大地压缩了药品的利润空间，进而间接影响了药企对新产品的研发投入。带量采购等政策的冲击也驱使中国药企出海探索具有自由定价权的海外市场。

这些政策的落地执行，无疑给国计民生带来了极大的促进作用，大幅降低了医保支出，有效解决了因病致贫的社会问题，但是这也对行业的业务模式提出了更新的要求。因此“重塑业务模式”成为现在的一个热门话题。通常有以下几种做法。

一是快速覆盖非核心市场，提升新产品覆盖。众所周知，一般情况下制药和医疗器械企业会采用核心团队覆盖目标市场，待产品逐步降价或于专利保护期后再引入第三方合作伙伴拓展非核心市场，但是这个局面已然被打破。据观察，越来越多的企业已经在新产品上市初期引入第三方共同进行市场拓展及覆盖。这种业务模式的变化给第三方的日常管理、第三方内部的组织架构等都带来了新的要求。例如，部分生物科技公司正在探索将所有商业化团队外包，专注于产品上市前研发以及策略制定。除此之外，传统制药企业已经于 3 年前开始尝试与经销商在医学知识普及与市场策略等方面进行多维度合作，同时利用第三方销售团队完成一线、二线、三线城市短期内的全渠道覆盖，力求快速提升盈利能力。

二是积极探索院外渠道。如何快速进入医保目录，是一个长久以来困扰企业的问题。目前，国家“组合拳”的持续出击、国家谈判的持续落地，已经为企业快速进入医保目录、拓展临床使用带来了极大便捷。除此之外，随着“处方外流”药房的迅速布局，“双通道”政策的稳步推进，以及如雨后春笋般出现的互联网渠道等，都已经极大地改变了传统业务模式。

据米内网统计，零售渠道销售占比已经从 2018 年的 22.9% 上升至 2022 年的接近 30%，增速远超公立医院渠道（见图 3-5）。伴随行业政策的进一步落地，零售渠道无疑具有重要的地位。

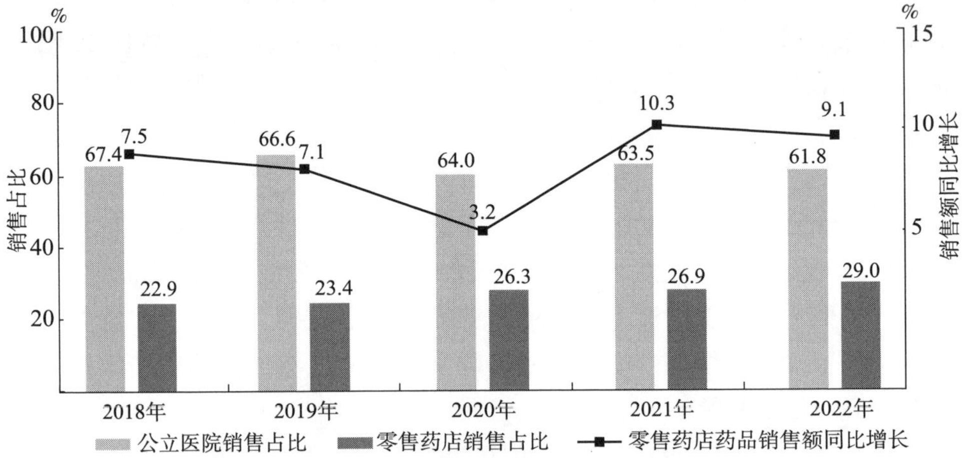

注：药品销售三大终端：公立医院终端、零售药店终端、公立基础医疗终端。

图 3-5　不同药品销售终端销售额占比及同比增长

注：药品销售三大终端：公立医院终端、零售药店终端、公立基础医疗终端。
（资料来源：米内网。）

三是提升品牌知名度。伴随国家政策的大力宣传，教育水平的提升，在后疫情时代我们也看到了普通民众的健康管理意识已经快速苏醒。在这样的前提下，民众的话语权和选择权也在逐步提升。合法合规地提升企业自身知名度，也不失为吸引终端客户的一条蹊径。例如，利用第三方对医院非临床科室的覆盖，在三甲医院试水患者教育知识传递，同时借用资深“处方药”产品，在遵守现有法律法规的情况下提升企业知名度以及加强产品和企业的从属关系等，迅速扩大企业自身影响力，并且利用现有数字化手段，通过慢病管理、专业知识传播、传统及新媒体投入等进一步有效提升企业形象和品牌知名度，以有效引导患者在医药分家的大政策背景下，选择自身产品。

3. 构造数字化体系——“增效”

ChatGPT 的持续活跃引发全球资本市场的瞩目，在此背景下，我国也提出广泛探索将人工智能应用于行业，无疑是将数字化放到了一个举足轻重的位置。数字化体系的构建，无疑将大幅提升企业的运作效率。

整合不同系统平台，挖掘数据价值。据观察，各种各样的系统充斥于任何一家大中型企业的日常运作，在不同的系统中切换，已经成为员工每天的工作内容，制药和医疗器械企业也不例外。例如，从会议系统、审批系统、报销系统到飞检系统等的操作，已经成为一个销售代表的必备技能。除此以外，各式各样的仪表盘和报表系统，又在支撑着各个维度的分析和企业决策。繁杂的系统、同质化的数据、不同的操作风格，或多或少地背离了数字化的初衷。此外，这种情况也给数据保密、跨境传输甚至日常权限管理带来了极大的管理难度。

跨国大中型制药企业行业的会议活动时间跨度长、参与部门众多，使用多个全球部署的系统，属于以上描述的典型场景。制药行业的会议活动串起了业务线的前中后台，学术会议不仅是战略落地的重要载体，所以需要做好每一场单体会议的精细管理。同时，会议活动能够帮助跨国药企自主沉淀大量客户数据资产，更需要通过数字化手段挖掘并利用好这些数据资产。目前，跨国制药企业更是普遍面临着地缘政治带来的挑战，不少跨国公司正在重新审视或优化战略，既要在特定地区独立运营，又要与全球紧密联系。

（二）医药大健康企业发展趋势

在宏观环境的大背景下，中国药企除了自身的变革、重塑和增效，也在寻求再造产品生命周期、优化管理资源的布局，努力抓住中国市场的机会。同时，中国药企也在积极探索“走出去”，受中美关系的不确定性的影响，中国药企被迫转向欧洲市场，甚至中东市场。

1. 再造产品生命周期

反观市场，随着中标价格的逐步下降，带量采购的范围扩大，市场仍然保持稳步增长，说明市场机会仍然存在，在这样的前提下，再造产品生命周期，优化管理资源布局的重要性日益凸显。

一是个性化制定市场策略。随着产品的快速更新迭代，市场已经不满足于过去的产品推广模式，越来越多的企业逐渐摒弃将进入医保作为唯一目标的核心战略。通过“双通道”模式的广泛运用、“直接面向病人”药房模式的深度合作，同时予以患者援助项目、商业保险等支持，不仅能够在一定程度上降低病人的有效支出，还能够提升产品的可及性和市场覆盖面。

二是优化“衡量投资回报”模型，提升资源利用效率。伴随业务模式的变化，投入产出的跟踪模式也需进行优化，以使有效的资源更好地发挥作用。

在现行管控要求下，对销售团队的考核方式已经逐渐从销量导向转变为行为导向。在这个前提下，过程管理的有效性就显得越发重要，但是单纯的轨迹管理又会将管理变为监控，故将管理目标与战略目标相结合，针对不同岗位进行定制化管理指标分解，才能更好地促进团队培养良好的工作习惯，例如，针对新颁布的标准作业流程的及时学习及有效性测试，就可以作为行为规范的有效性管理指标之一，提升团队的管理和学习意识。另外，在当今的发展环境下，通过将ROI管理模型与运营效率及响应时间相结合，也能够有效提升企业运营效率。同时通过长期有效的“衡量投资回报”模型及结果回顾，及时修正更新，也能够有效支持团队工作习惯的优化。

2. 积极探索“走出去”

自2015年新一轮医疗体制改革（医改）之后，中国医药大健康行业蓬勃发展，特别是本土企业，在仿制药的生产质量及创新产品的研发能力上，都有不同程度的卓越提升。据医药魔方统计，2022年中国自主创新产品医院销售额已超2000亿元，占整体药品医院销售额的15%以上，并且规模及占比总体呈上升趋势。同时研发投入持续稳步增长，根据IQVIA统计，中国在全球医药行业中的研发投入占比从2016年的6%逐年增长至2022年的12%，年复合增长率达到23%。国产药品的临床申请数量和上市申请数量也在稳步攀升。目前，中国在研发方向上主要集中于肿瘤、血液以及免疫领域，并以小分子化药和抗体药物为主，在生物药品如PD-1/L1、CAR-T等方面也取得了显著成就。经过十几年的发展，中国已经涌现出一批优秀的根植于中国市场的制药和医疗器械企业，如恒瑞医药、信达生物、药明康德、石药集团等。其中，截至2023年7月，恒瑞医药在国内已上市13款自研创新药，居本土药企榜首。

然而，随着进入后疫情时代，全球宏观经济受货币环境变化和地缘政治变化影响发生动荡，全球流动性大幅收紧，资本呈现强烈的避险情绪。据医药魔方统计，2022年全球创新药一级市场投融资同比下降43%，国内同比下降55%，资本市场对药企投资趋于谨慎。在融资寒冬下，企业重新调整市场定位，转变发展策略显得尤其重要，特别是药企现金储备的多少直接影响企业能否良性发展，甚至攸关生死。在这样的市场环境下，生物科技行业也在积极转型，探索多元化发展，例如，部分生物科技公司不再追求发展为大型药企，而是重新定位于专注研发，回归其生物科技公司的本质。而手持充足现金的大型药企也通过“许可引进+并购”的“组合拳”模式，以低风险快速布局新产品管线。2022 年，恒瑞医药、石药集团、中国生物制药等均与国外药企展开合作。为了寻求更多获利和更多市场，“走出去”成为中国药企的发展策略。

3. 北美市场依旧是出海首选

2022 年 8 月针对中国 bio-tech/bio-pharma 的调研，北美是 50%中国药企出海的首选区域，主要有以下三个原因：

一是美国市场具有明显的优势。美国有显著的定价优势。美国药品实行市场自由定价制度，药物的平均价格显著高于全球其他国家，同款产品的售价约为其他国家的 4 倍。一款创新药基本上要经历“10+10”的投入，根据 IQVIA 的数据分析，临床试验综合成功率仅为 4.3%，对于药企而言，新产品的研发过程可谓九死一生。受医保谈判以价换量的影响，中国药企很难得到高回报，进一步催化药企出海美国探索高溢价市场。

二是美国是全球最大的创新药市场。据 Evaluate Pharma 统计，2021 年全球创新药销售额约为 8300 亿美元，美国市场仍旧占据 55%的全球创新药销售额。同时，受益于严格的专利保护制度，创新药在美国有较长的独占期，一般在药物上市 10 年后才有仿制药上市，有利于创新药企收回研发投资，获取长期回报。

三是美国仿制药市场蕴含机遇。据美国食品药品监督管理局（FDA）统计，2022 年美国处方中所使用药品 90%为仿制药。虽然仿制药的利润率较低，但其庞大的销售量也可为企业带来稳定的收入。在医疗费用的大背景下，美国政府也在持续推动仿制药的上市，这为那些希望进入美国市场的本土仿制药提供了有利的市场环境。此外，由于美国的专利药享有较长的独占权，本土仿制药可在国内更早地获得上市许可，为其在全球市场进一步扩张打下了坚实的基础。中国药企可密切关注美国创新药专利到期时间和研发趋势，以便及时调整策略并在适当的时机进入美国市场。

对于中国药企，赴美也面临很高的风险。

一是 FDA 评审标准高，获批难度大。2022 年多款国产新产品“出海”闯关 FDA，其中 2 款药品获批上市，4 款碰壁。FDA 对于非“unmet medical need”新产品要求以国际多临床中心、标准疗法对照组为临床基本标准，缺少国际多临床中心数据支持成为中国新产品出海受挫的首要原因。2022 年 2 月，信达生物国产 PD-1 肿瘤药信迪利单抗被 FDA 肿瘤药物咨询委员会以

14∶1 的投票结果拒绝上市申请。委员会认为使用单一国家数据不足以证明药品对美国患者的有效性，按照建议，信迪利单抗需补充一项国际多中心临床研究试验结果。

二是“美国集采”压缩利润空间。2022 年 8 月，《通货膨胀削减法案》（IRA）首次允许对美国医疗保险中的药品价格进行谈判，简称“美国集采”。纳入“美国集采”的药物由官方规定降幅，药品上市时间越长，降价幅度越大：上市 9~12 年最低降幅 25%，上市 12~16 年最低降幅 35%，上市 16 年及以上最低降幅 60%。“美国集采”主要针对上市时间达到 9 年的没有仿制药的小分子药物，或者上市时间达到 13 年的大分子药物，同时并未涵盖生物药或生物类似药。对于计划出海的中国药企来说，FIC7/BIC8 药物短期内定价不受 IRA 政策影响，但对其长期利润预期有消极影响。对于仿制药和生物类似药来说，短期内可能就会展开更激烈的价格竞争。Medicare 谈判主要影响的是接近“专利悬崖”的药物，虽然会让出海药企面临降价威胁，但美国药品高定价的根基并没有动摇，与中国市场相比仍有很大的价格优势。需要额外注意的是，美国作为创新药的首选滩头阵地，中美之间对创新药的定义存在差异。

三是地缘政治带来的不确定因素在上升。2022 年，共有 14 批、159 家中概股因《外国公司问责法案》被美国证监会（SEC）列入“预摘牌名单”，面临退市风险。在美中概股因此严重受挫，股价下跌严重。美国对中概股监管要求的改变造成大量中概股选择回归 A 股、港股或赴其他市场上市，未上市的企业赴美上市路径受阻。2022 年 12 月 15 日，美国确认 2022 年度可对中国内地和香港会计师事务所完成检查和调查，中概股在美国退市风险得以暂时解除，但预计赴美企业仍需持续关注后续的审计合作进展。同时，中国生物科技企业赴美投资也受到影响。美国为保持在生物科技领域的领先地位，对中国生物科技公司在美商业活动加以打压，中国多家药企跨境收购由于监管原因未通过美国外国投资委员会（CFIUS）的审查。美国对生物技术领域的监管趋严，中国生物科技公司出海计划受到影响，未来中美企业在生物科技领域的合作将越发艰难。但中美合作空间潜力仍在。2023 年 3 月，中国生物制药经过 9 个月的艰难历程，完成了对纳斯达克上市公司 F-Star 的收购。过程中虽一度因美国政策影响陷入搁置，但最终通过 CFIUS 批准并顺利完成交易。2023 年，美国国务卿、财政部部长先后访华，中美双方都在寻求改善双边关系，探索合作的可能性。

4. 出海欧洲

相较于美国市场而言，欧洲市场虽然规模不如美国，但也是一个值得关注的市场选择，欧洲的市场规模、人力资源、临床试验能力等优势因素，对积极探索“走出去”战略的中国企业具有一定的吸引力。

一是欧洲是全球第三大药品销售市场。根据 IQVIA 统计，2022 年全球药品销售市场排名前十的国家中有一半位于欧洲，包括英国、法国、德国、意大利和西班牙。而欧洲又是仅次于美国和中国的第三大创新药销售市场（据 Evaluate Pharma 数据统计，2021 年欧洲五国创新药占比 16%），对于中国药企来说，拓展欧洲市场仍然会有较大的市场空间。

二是行业人才储备深厚。欧洲医药行业发展历史悠久，聚集着一批顶尖跨国药企、研究机构和医院。*Pharm Exec* 公布的“2023 年全球制药企业 TOP50 榜单”中排名前十的跨国药企有一半总部位于欧洲；在美国 *Newsweek* 公布的“2023 年世界最佳医院”榜单中排名前二十的医院中有 9 所位于欧洲，欧洲拥有众多经验丰富的从业人员和高素质的国际化人才库。以爱尔兰为例，截至 2022 年底，爱尔兰已经成为全球生物医药的研发和制造中心。全球排名前二十的制药和生物药企业，都已经在爱尔兰设立制造和研发中心。

三是药物临床试验能力强。得益于欧洲优越的税收政策，大量跨国药企选择在此开展药品研发活动，为药物的临床试验营造了一个有利的氛围。仍旧以爱尔兰为例，除 12.5%的研发费用减税外，药企所开展的全新或新增研发及创新活动还可获得 25%的税收抵免，一系列低税政策成功吸引了多家跨国药企建立实体。此外，自从英国脱欧后，爱尔兰就成为欧盟中唯一以英语为母语的国家，进一步加强了国际合作和交流的便利性。据 Adislnsight 统计，2022 年发布的 12500 项新临床试验中，地点在欧洲的试验数量与北美数量持平，二者占据了全球超过一半的份额。

四是欧洲药品管理局（EMA）审批较 FDA 更易通过，“先入欧洲”有助于“弯道赴美”。相较于 FDA 愈加严格的药品审批，EMA 的审批对新产品更为友好，提供了四种审批程序供选择：集中审批程序（CP）、非集中审批程序（DCP）、互认程序（MRP）和单一成员国审批程序（NP），针对未满足医疗需求但疗效显著的药物还设有加速审批通道。EMA 与 FDA 的沟通合作较为紧密，双方都采用动态药品生产管理规范（CGMP），并且在 2017 年签订互认协议（MRA），相互信赖对方药品质量规范检查体系、共享信息。因此，通过

EMA 审批的药物会更容易通过 FDA 审批，从而可以为中国药企最终“赴美”助力。

当然，中国药企进入欧洲市场也存在不可忽视的挑战：

一是欧洲是个多样化的市场。虽然欧洲整体规模可观，但单个国家市场规模较小，且各国家的市场成熟度不同，出海企业需要了解和适应每个国家的市场环境，商业决策较为复杂。

二是欧盟的药品审批虽由 EMA 统一管理，但后续的卫生技术评估仍需在各国分别进行。针对这一问题，欧盟于 2022 年 1 月 11 日出台了《欧洲卫生技术评估》，计划用 3 年时间来制定科学评审规则，并在之后逐步统一药品临床价值的评估标准，从而降低药企商业规划的复杂性。这一举措有望为中国出海企业提供更清晰、更稳定的市场准入规则。

三是欧洲各国都有各自的药品定价和医保报销机制。赴欧的中国药企需要与各个欧洲国家的卫生部门、医保机构和药品定价机构进行沟通和谈判。这对于中国企业而言是一个极为复杂的过程。以德国为例，药品获批后在德国销售的一年内，药企具有自由定价权，医保会进行全额支付。但在此期间，需要经过效益评估，并以评估结果为药物定价基础进行谈判。一年后，药品的价格将以谈判的报销价格为准。而在法国，医保覆盖率达 100%，药品获批后即进入申请纳入医保报销范围及核定价格的程序，不能医保报销的处方药基本没有市场。对于非欧洲企业，面对不同国家的不同审查流程，它们需要投入大量的时间和精力来应对。

中国药企需要根据未来出海的目标市场来选择出海国家或地区。如果企业的出海目标是通过获得 EMA 以便更顺利地进入美国市场，则只需聚焦选择欧洲某一国家进行临床试验并获取 EMA 审批，无须考虑欧盟后续各国不同的定价和医保报销政策。而如果企业的出海目标是欧洲国家，则需要更全面、更完整地评估欧盟各国家的市场环境和相关政策。

5. 出海阿拉伯

随着欧美市场的进入壁垒越来越高，中国的药企和投资方都在寻找替代方案，是否存在其他国家/区域市场可以作为中国药企的出海选择？根据 IQVIA 2022 年统计预测，中东和北非地区在 2021—2026 年的年复合增长率将达到 7.5%，高于全球的 5.7%，而沙特阿拉伯是其中最大的国家市场，其年复合增长率达到 7.0%，显示出强劲的市场活力。

根据沙特阿拉伯 National Industrial Strategy（NIS）报告，2022 年，沙特阿拉伯的药品市场规模达到 87 亿美元，占 MEA 地区的 32%，市场稳步增长。传统制药中，仿制药和专利药各占 50%的市场份额，未来生物制药的占比会增加，至 2030 年，沙特阿拉伯的药品市场预计达到 119 亿美元，其中生物药品将占比 27.6%。沙特阿拉伯是 MEA 地区最大的经济体，人均医疗支出位居中东国家前列。受宗教和饮食习惯影响，这一地区的流行病包括肥胖、心血管病、糖尿病、高血压等。据世界银行 2022 年发布的调研报告，沙特阿拉伯超一半的成年人口处于超重状态，1/5 人口处于肥胖状态。超重和肥胖使得糖尿病、心血管病等慢性病患病率大幅上升，其中糖尿病患者从 2009 年的 140 万例增加到 2019 年的 270 万例，将近翻倍。

沙特阿拉伯食品和药品管理局（SFDA）认证被视为中东最严格的认证之一，取得 SFDA 认证即代表优质产品，有助推广至其他中东和北非地区国家。沙特阿拉伯地处亚非欧的交会处，同时是跨越红海的全球贸易关键节点，位于阿拉伯和伊斯兰世界中部，4 小时航程内可到达 40 个快速增长市场，能够利用沙特阿拉伯的地理优势和与邻国的贸易协议，创造有利的出口生态。

对于中国药企而言，沙特阿拉伯或许是欧美以外可选的出海目标市场。沙特阿拉伯与中国双方政府关系友好，非常欢迎中国企业去中东投资，相对而言，市场更为友好。MEA 地区药品市场存在较大增长潜力，沙特阿拉伯甚至整个 MEA 地区的药品及医疗器械主要依靠进口，本土医药行业处于早期发展阶段，在生物制药行业领域没有大型本土企业，新的市场进入者有较大的发展空间。尤其对于具有成熟慢病药品的中国药企，可以通过进入沙特阿拉伯进而辐射整个 MEA 地区。

（三）大健康行业建议[①]

站在新的起点上，中国大健康产业迎来新的发展机遇和挑战，其中合成生物、罕见病及肿瘤治疗、元宇宙医疗等极富潜力的中国产业将乘着政策东风而来，更多医疗界的明日之星将踊跃出现，行业未来呈现欣欣向荣的趋势。

当前，我国已出台《“健康中国 2030”规划纲要》《关于促进“互联网+医疗健康”发展的意见》等政策文件。为更好推动健康中国战略的实施和高质量发展大健康产业，解决优质医疗资源分布不均衡、大健康产业发展不充

---

① 陈椿：《大力发展大健康产业》，载《中国卫生》杂志，https：//mp. weixin. qq. com/s/fbs7-wxHPtQ2SAG_ wut39Q，2024 年 3 月 22 日最后访问。

分等问题，提出以下建议。

一是实施国家数字卫生战略，探索“互联网+大健康”产业模式。明确我国数字健康治理目标，梳理相关业务逻辑，达到数字健康医疗的安全、无缝、保护和普惠、均衡、共享的目标，建立包括患者赋能、预测分析、卫生人力、交互操作性四个维度的数字健康指标，并据此进行管理。

加快建立完善大健康法律法规，研究制定健康设备开发认证、健康行业准入退出、医疗数据开放流通、健康大数据产权归属和保护等方面的法律法规。加强大健康产业发展保障体制机制建设，设立大健康产业负面清单制。创新发展和规范建设，开展健康数据资源分类管理，提升数字健康治理的安全性、可靠性。

制订中长期大健康产业人才培养和引进计划。建立大健康产业研究院和大健康企业院士工作站等，加强相关人才体系建设。

二是推动康养行业数字化发展。我国人口老龄化程度日趋加深，慢性病发病率持续处于高位，发展大健康产业潜力巨大。应加强健康老龄化数字赋能，推动康养行业数字化发展，提供更加扁平化、透明化、便捷化的健康数据服务。鼓励养老服务机构运用云计算、大数据、人工智能等技术，搭建公共信息平台，开发定制化、个性化的诊疗方案，提升健康管理、康复照料、护理看护等养老服务质量。普及远程医疗、远程保健、电子病历应用、可穿戴医疗设备、互联网健康数据分析，加快数字药品研发，提倡健康消费，提升人的全生命周期生活质量。加强人工智能在医疗健康产业的高端化应用，注重发展智能可穿戴医疗设备、机器义肢、人造器官等，以便更好地服务老年人群、失能人群。

三是加大资本投入大健康产业的力度。完善涉及大健康产业的投融资体系和财税激励机制，加大信贷投放力度，积极引导风险资本等社会资本进入生物医药、健康服务相关产业，多方合资组建大健康产业发展基金。扩大长期护理保险覆盖面，大力发展我国健康金融、健康保险等，使医疗、健康、保险、康复、养老、科研交叉融合，形成数字健康产业链、数据链、价值链、人才链、生态链，满足以高投入、高风险、高效益为特征的资本技术密集型大健康产业发展之所需。鼓励企业发展仿制药、原研药、高端医疗器械制造等。

四是推动大健康产业资源要素聚集和协同，合理布局我国大健康产业。要注重大健康产业均衡化和区域差异化发展，注重我国制造、医疗、观光融合发展，注重医养结合养老体系建设，加快健康消费，打造若干个“医疗+旅游”产业聚集区、“医药制造+医疗+旅游”产业聚集区、健康医疗产业聚集区等示范园区。

将大健康产业发展规划融入城乡“多规合一”规划，给予大健康产业配套扶持政策，对基本医疗卫生体系开展数字供应链线上线下一体化的卫生健康供给改革，通过数字技术赋能基层医疗健康服务，实现医疗服务的普惠性、均等性、可及性，让疾病的预防康复和健康管理更及时、有效。推动传统医疗健康产业生产方式、组织方式和服务模式的重构，促进其业态、质量、效率优化，形成具有中国特色的数字健康新生态。

四、新能源①

发展新能源产业、优化能源结构，不仅是实现碳达峰碳中和战略的关键一环，更是推动经济可持续健康发展的重要基石。党的二十大报告再次明确，我们要积极稳妥地推进碳达峰碳中和，加速新型能源体系的构建，同时强化能源产供储销体系的完善，以确保能源安全。新能源产业以风电、光伏、水电、氢能、核能等为代表，正以其独特的优势引领未来的能源革命，推动制造、科技、消费等众多行业进行价值链的重构，为经济可持续高质量发展提供源源不断的动力。

（一）产业发展概况

新能源是指传统能源以外的能源形式，包括风能、太阳能、水能、生物质能、核能、氢能、矿物质能等。储能是新能源产业中的重要一环，指通过介质或设备，利用化学或者物理的方法将能量以某种方式存储起来，在需要时再以特定的形式释放出来，从而实现时间维度上的能源转移。

可再生能源装机规模不断实现新突破。国家能源局数据显示，2023 年前三季度，全国可再生能源新增装机 1.72 亿千瓦，同比增长 93%，占新增装机的 76%，新能源已成为我国电力新增装机的主体。其中，风电新增 3348 万千瓦、太阳能发电新增 12894 万千瓦、生物质发电新增 207 万千瓦、常规水电新增 788 万千瓦。

---

① 和毅咨询：《新能源产业发展现状及趋势》，https：//mp. weixin. qq. com/s/2vour2sts zfeyh0 －kdtu3q，2024 年 3 月 22 日最后访问。

截至2023年9月，我国可再生能源装机约13.84亿千瓦，占全国发电总装机的49.6%，较2022年提高2.3个百分点。其中，风电4亿千瓦、太阳能发电5.21亿千瓦、生物质发电0.43亿千瓦、常规水电3.69亿千瓦、抽水蓄能0.5亿千瓦。

可再生能源发电量稳步提升。2023年前三季度，全国可再生能源发电量达到2.07万亿千瓦·时，占全社会用电量的31.3%，超过了同期城乡居民生活用电量。可再生能源在保障能源供应方面发挥的作用越来越明显。

1. 产业特点及问题

新能源的普遍特点是发电及消耗过程中产生的污染小，并且能源可再生、储量大。但新能源也存在一次性投入大、安全要求高、技术迭代速度快等共性问题。以水电为例，兴建水电站土石方和混凝土工程巨大，而且会造成相当大的淹没损失，须支付巨额移民安置费用，工期也较火电厂建设更长，影响建设资金周转。即使由各受益部门分摊水利工程的部分投资，水电的单位千瓦投资也比火电高很多。此外，在光伏、氢能、锂能行业以及储能领域，由于行业处于快速发展期，其技术更新迭代要求较高。

2. 产业链介绍

新能源产业上游为能源转化材料、零部件，中游为新能源发电系统、传输系统、储能系统，下游为新能源应用。

风电产业链主要包括风机、塔筒、锻件、铸件、叶片等环节。完整的风电设备包括风电机组、风电支撑基础和输电控制组件三大部分，其中风电机组包括机舱罩、齿轮箱、发电机、叶片、轴承等，风电支撑基础包括塔筒、基础环等，输电控制组件包括电缆、控制系统、升压站等。对于海上风电来说，基础还包括桩基、导管架。

光伏产业链上游为硅料、硅片、电池、组件以及光伏玻璃、EVA、背板、焊带、边框、逆变器、汇流箱、光伏支架等配套材料和设备；中游为光伏工程EPC企业、光伏电站运营商；下游为光伏应用，主要通过接入国家电网供居民消费，也有部分企业、大型项目、居民通过光伏发电自用。光伏发电中，太阳能通过光伏组件传导能量，光伏发电利用太阳电池半导体材料的光伏效应，光伏组件是太阳能发电系统的核心部分。

水电产业上游为发电设备，主要包括水轮机、水轮发电机、水轮机调速器、油压装置、电气设备等；中游为水电站，主要包括堤坝式水电站、引水式水电站、混合式水电站、潮汐水电站、抽水蓄能水电站等；下游为应用领域，主要包括工业用电、商业用电、居民用电等。

生物质产业链上游为各种废弃物材料及发电设备；中游为发电系统，典型的如垃圾焚烧发电；下游为应用。

核电产业链上游为核燃料循环，即铀的采掘提取、燃料组件的加工制造及乏燃料循环处理；中游为核电设备，包括核岛设备、常规岛设备及辅助设备；下游为核电站运营管理，包括核电站的设计建造、运营发电。

氢能产业链上游为能源生产，中游为氢能储运、分销，下游为实际应用场景。其中，上游包括电解水制氢、工业副产制氢、化石燃料制氢和新兴制氢技术等；中游主要涉及氢能储运、氢能加注；下游主要涉及交通、工业、发电、建筑领域等，其中交通领域的燃料电池汽车是氢能最主要的应用，越来越多的汽车厂商开始在燃料电池汽车领域布局。

矿物质能主要指锂电池及应用，上游包括镍、钴、锰、铁、锂矿和石墨矿开采企业，以及加工正负极材料、电解液、电极基材、隔膜的企业；中游则是将正负极材料、电解液、电极基材、隔膜组装成电芯后进行制造和封装的相关制造企业；下游包括三大应用领域与锂电池回收利用。

储能产业链可分为上游原材料及设备、中游储能系统及集成、下游电力系统储能应用。储能可分为传统抽水蓄能和新型电化学储能，其中电化学储能产业上游的原材料主要包括正极材料、负极材料、电解液、隔膜以及结构件等，上游的集成系统设备主要包括涂布机、搅拌机等。产业中游主要为储能系统的集成，一个完整的储能系统一般包括电池组、电池管理系统（BMS）、能量管理系统（EMS）以及储能变流器（PCS）四大组成部分：电池组是储能系统中最主要的构成部分；电池管理系统主要负责电池的监测、评估、保护以及均衡等，保障储能系统的安全运行；能量管理系统负责数据采集、网络监控和能量调度等，对电网进行监控、分析、运行和决策管理；储能变流器应用于能量转换环节，可以控制储能电池组的充电和放电过程，进行交直流的变换。产业下游的应用场景主要有发电侧、电网侧和用户侧的电力系统储能。

3. 产业政策

2020 年 9 月，习近平主席在第七十五届联合国大会一般性辩论上向世界作出实现“双碳”目标的中国承诺。习近平主席明确提出，中国将提高国家自主贡献力度，采取更加有力的政策和措施，二氧化碳排放力争于2030年前达到峰值，努力争取2060年前实现碳中和。

2020年10月，《中华人民共和国国民经济和社会发展第十四个五年规划和2035年远景目标纲要》提出加快发展非化石能源，大力提升风电、光伏发电规模，建设一批多能互补的清洁能源基地，非化石能源占能源消费总量的比重提高到20%左右，到2025年单位GDP能耗下降13.5%。

2021年9月，中共中央、国务院发布的《关于完整准确全面贯彻新发展理念做好碳达峰碳中和工作的意见》明确了“十四五”时期、2030年和2060年时间节点的重要目标，到2025年，非化石能源消费比重达到20%左右；到2030年，非化石能源消费比重达到25%左右；到2060年，非化石能源消费比重达到80%以上。

2021年10月，国务院印发的《2030年前碳达峰行动方案》明确，到2025年，非化石能源消费比重达到20%左右，单位国内生产总值能源消耗比2020年下降13.5%，单位国内生产总值二氧化碳排放比2020年下降18%，为实现碳达峰奠定坚实基础。

2022年，《政府工作报告》明确提出，能耗强度目标在“十四五”规划期内统筹考核，并留有适当弹性，新增可再生能源和原料用能不纳入能源消费总量控制。有序推进碳达峰碳中和工作。

2022年3月，国家发展改革委、国家能源局印发的《“十四五”现代能源体系规划》明确了“十四五”时期现代能源体系建设的主要目标。要求增强能源供应链稳定性和安全性，加快推动能源绿色低碳转型，优化能源发展布局，提升能源产业链现代化水平，增强能源治理效能。

2022年5月，国家发展改革委、国家能源局发布了《关于促进新时代新能源高质量发展的实施方案》（以下简称《实施方案》）。《实施方案》在新能源的开发利用模式、加快构建适应新能源占比逐渐提高的新型电力系统、完善新能源项目建设管理、保障新能源发展用地用海需求和财政金融手段支持新能源发展等方面作出了全面指引。

在风能、太阳能、水能、生物质能、核能、氢能、矿物质能等分析领域，国家发展改革委、国家能源局等各部委也出台了配套支持政策，包括《氢能产业发展中长期规划（2021—2035年）》《“十四五”新型储能发展实施方案》《关于促进新时代新能源高质量发展的实施方案》等。

（二）市场规模及趋势

1. 风电

经过 40 多年的发展，我国风电产业逐步发展成熟。回顾过去，我国风电产业经历了从摸索起步到逐步成熟的过程，大致可划分为四个阶段。科技性示范应用阶段（“六五”到“七五”）：离网型风力发电设备研制成功，在政府的支持下多个省份建设了一系列示范性风电场；商业化探索阶段（“八五”到“十五”）：为改善电力供给严重依赖煤电的情况，我国开启风电场商业化的探索，风电设备制造业整体处在技术追赶阶段；规模化建设阶段（“十一五”到“十三五”）：自 2006 年《可再生能源法》开始实施，我国相继推出多项政策和规划，推动我国风电产业进入规模化建设阶段，其间风电产业体系日趋完善，风电技术不断升级，发电设备趋于国产化；风电电价平价阶段（“十四五”至今）：得益于过去 10 多年风电设备普及带来的规模经济效应，我国风电发电成本大幅下降，2021 年新核准的陆上风电全面实现平价上网，未来我国将形成更大规模的海上风电，东西部风电装机的分布将更加均衡，陆上风电和海上风电全面实现平价。风电作为现阶段发展较为成熟且具有一定性价比的清洁能源，有望逐步发展成为我国主力能源之一。

自 2006 年以来，我国风电装机呈现爆发式增长趋势，现阶段风电已成为我国第三大电源，正逐步向主力能源发展。2010 年之后，我国风电建设共经历几轮抢装潮，分别为 2015 年补贴退坡带来的陆上风电抢装潮，2019—2020 年的陆上风电抢装潮以及 2021 年的海上风电抢装潮。2020 年我国新增陆上风电装机量达到 6826.50 万千瓦，2020 年新增海上风电装机量达到 1690 万千瓦，这两项数据分别是陆上风电和海上风电历史最高的年度新增装机量。

截至 2022 年底，我国风电发电装机容量达到 36544 万千瓦，风电整体装机量保持稳定增长；风电设备平均利用小时数累计达到 2008 小时，预计 2022 年全年将超过 2200 小时。在装机量稳步提升，利用小时数保持稳定的情况下，风电发电量在我国电力结构中的占比亦提升明显，截至 2022 年 11 月，我国风电发电量占比首次突破 8%，达到 8.05%，是我国第三大电源，覆盖全国 31 个省（区、市），风电正逐步向主力能源发展。

根据《中华人民共和国国民经济和社会发展第十四个五年规划和 2035 年远景目标纲要》，我国将建设雅鲁藏布江下游水电基地，建设金沙江上下游、雅砻江流域、黄河上游和“几”字湾、河西走廊、新疆、冀北、松辽等清洁能源基地，建设广东、福建、浙江、江苏、山东等海上风电基地。

目前，第一批大型风电光伏基地已全面开工，部分已建成投产，涉及23个沙漠戈壁荒漠地区以及35个其他地区，建设总规模达到97.05吉瓦。第二批大型风电光伏基地处在陆续开工阶段，2030年规划建设风光基地总装机约455吉瓦，其中库布齐、乌兰布和、腾格里、巴丹吉林沙漠基地规划装机284吉瓦，采煤沉陷区规划装机37吉瓦，其他沙漠和戈壁地区规划装机134吉瓦，其中"十四五"时期规划建设风光基地总装机约200吉瓦，包括外送150吉瓦、本地自用50吉瓦；"十五五"时期规划建设风光基地总装机约255吉瓦，包括外送165吉瓦、本地自用90吉瓦。第三批大型风电光伏基地以源网荷储、离网制氢以及100%消纳项目为重点，目前处在项目审查阶段。各省市"十四五"规划的风电装机规模超300吉瓦，海上风电装机规模超100吉瓦。目前，国内31个省（区、市）已公布"十四五"期间风电、光伏等新能源的装机规划，合计达到约316.974吉瓦。沿海10个省、市也均出台海上风电的相关装机规划，预计"十四五"期间合计新增装机规模达到约111.78吉瓦。

2. 光伏①

2023年，光伏产业规模持续增长，多晶硅、硅片、电池片、组件产量分别达到143万吨、622吉瓦、545吉瓦、499吉瓦，同比增长均在65%以上。市场应用持续拓展扩大。2023年，国内光伏大基地建设及分布式光伏应用稳步提升，国内光伏新增装机超过216.88吉瓦，同比增长148.12%。行业总产值突破1.7万亿元。出口方面，全年光伏产品（硅片、电池片、组件）出口总额超过616亿美元，同比增长20.44%，有效支撑国外光伏市场增长和全球新能源需求。出口区域分布方面，2023年欧洲依然是最主要的出口市场，占比继续提高。根据中国光伏行业协会预测，2023年全球光伏新增装机规模为450吉瓦，同比增长约20%，我国光伏新增装机规模为200~210吉瓦，同比增速或回落至5%~10%。

一是分布式光伏占比逐渐提升，2021年我国分布式光伏累计装并网机量为107.5吉瓦，占装机总量的35%，相对于2016年的13%有明显提升。从新增装机量看，2021年我国分布式光伏新增装机量为29吉瓦，占新增装机总量

① 北极星太阳能光伏网：《十大数据看2023光伏"成绩单"》，https://guangfu.bjx.com.cn/news/20240218/1361290.shtml，2024年3月21日最后访问。

的 53%，占比首次超过集中式装机，在我国分布式光伏整县推进等政策的导向下，分布式光伏将保持较好的成长性。

二是组件龙头议价能力有望得到提升。随着全球光伏装机增速趋缓，组件环节品牌和渠道效应越来越强。截至 2023 年，中国光伏组件市场 CR5 为 61%，CR10 为 82%，头部前五家企业市场份额占比相差较小，行业竞争较为激烈，行业集中度较高①。由于晶硅技术路线难以颠覆，因此垂直一体化成为提升盈利能力的重要途径，行业龙头纷纷布局硅片—电池片—组件一体化产能，随着行业垂直一体化程度加深，组件龙头议价能力提升。

三是光伏电站成本有望下降。目前的光伏电站成本主要由光伏电站建设成本和运维成本构成，由于光伏发电不消耗燃料，因此运维成本较低。电站建设中组件成本占 46%左右，关键设备成本和建安费用合计占 40%。随着光电转换效率提高，每瓦光伏组件成本实现下滑，同时节省电站面积，降低电站的建设成本，光伏发电成本实现大幅下降。随着贷款利率的下降，光伏电站企业融资成本也将不断下降。

3. 水电

水电行业作为国民经济的基础性支柱产业，与国民经济发展及工业结构变化息息相关。目前，我国水电行业运行总体平稳，水电装机容量增长，水力发电量增加，水力发电投资额上涨，水电相关企业注册量增速有所放缓。随着国家“节能减排”政策的实施，能源替代型减排成了中国的切实选择，水力发电成为可再生能源的首选。

自 2017 年以来，我国水电累计装机容量保持增长的态势。“十四五”期间，政府大力扶持清洁能源发电技术发展，水电装机容量也出现高速增长的趋势，2021 年，我国水电新增装机容量为 2349 万千瓦，较 2020 年增长了 77.55%。2022 年前 10 月，我国水电新增装机容量为 1774 万千瓦。截至 2022 年 10 月，我国水电累计装机容量为 40751 万千瓦，较 2021 年同期增长了 6%。随着我国水力发电技术的持续突破，对于装机容量的需求也会持续增长，新增装机容量也会保持稳定增长的态势。

近年来，在水电业蓬勃发展的带动下，中国水电设备市场发展态势良好，持续高速增长。水电设备自主研发能力不断提升，整体实力有所增强，已初

① 工业和信息化部，起点研究院，https://mp.weixin.qq.com/s/mNmLpgqPTqAL1Q-or3SLREQ。

步形成基本构成比较完整的、居世界前列的水电设备制造体系。国内水电设备生产企业结合三峡工程的建设实践，破解技术难点，进一步提高大型水电设备的国产化水平。小水电设备制造业受益于新农村建设进程加快，近年来也得到较大发展。

一是政策支持力度空前，进入抽水蓄能发展黄金期。2021 年，国家发展改革委、国家能源局先后印发了《关于进一步完善抽水蓄能价格形成机制的意见》和《抽水蓄能中长期发展规划（2021—2035 年）》，为抽水蓄能电站加速开发建设奠定了政策基础。2021 年，共有 11 个电站、13. 7 吉瓦抽水蓄能电站获得核准，是 2020 年核准容量的 4 倍。根据水电水利规划设计总院统计数据，截至 2021 年底，我国已纳入规划的抽水蓄能站点资源总量约 814 吉瓦，其中在运 36. 39 吉瓦、在建 61. 53 吉瓦，中长期规划重点实施项目 410 吉瓦，备选项目 310 吉瓦。2022 年 4 月，国家发展改革委、国家能源局联合印发通知，部署加快“十四五”时期抽水蓄能项目开发建设，要求各省发展改革委、能源局按照能核尽核、能开尽开的原则，加快推进 2022 年抽水蓄能项目核准工作，促进抽水蓄能又好又快大规模高质量发展。

二是混合式抽水蓄能电站或成为远期发展方向。混合式抽水蓄能电站，是指利用已有的常规水电站站址资源建设的抽水蓄能电站。相较于纯抽水蓄能电站，混合式抽水蓄能电站可以利用常规水电站已经建成的库区、水坝、电气线路等，能够弥补常规水电站选址不足，解决开发周期长等问题。以吉林白山抽水蓄能电站为例，单位千瓦投资约为 2700 元，与常规抽水蓄能电站（5000 元/千瓦以上）相比至少节省了 46%。建设周期方面，常规抽水蓄能电站为 6~8 年，混合式抽水蓄能电站可在 3~4 年内完成改造投产。

4. 核电

截至 2022 年 7 月，全球已建成 439 座核反应堆，装机容量为 394222 兆瓦；共有 56 座在建核反应堆，装机容量为 61644 兆瓦。美国、法国在核事故的影响下，核电建设经历了多年停滞，再次重启，核电机组数量及装机容量分别位居全球第一、第二。

我国核电起步晚，但是发展快，目前已掌握三代核电技术，并且在第四代核电技术发展上取得领先。我国核电发展也大致经历了四个发展阶段。

根据中国核能行业协会数据，截至 2022 年 12 月 31 日，我国在运核电机组 55 台（未包括我国台湾地区），总装机容量达 5698. 6 万千瓦，仅次于美国的

92台、9471.8万千瓦和法国的56台、6137万千瓦，核电机组数量和总装机容量继续位居全球第三。根据中核战略规划研究总院统计数据，截至2022年底，我国在运、在建、已核准核电机组共有83台，总装机容量达8914.87万千瓦。

根据《中华人民共和国国民经济和社会发展第十四个五年规划和2035年远景目标纲要》，“十四五”期间，我国核电运行装机容量达7000万千瓦。此外，根据中国核能行业协会发布的《中国核能年度发展与展望（2020）》中的预测数据，到2025年，我国在运核电装机达到7000万千瓦，在建3000万千瓦，而到2035年，在运和在建核电装机容量合计将达到2亿千瓦。按照每台核电机组100万千瓦装机容量计算，2022—2025年，核电建设有望按照平均每年7~8台机组推进。

根据《我国核电发展规划研究》，在基准方案下，到2030年、2035年和2050年，我国核电机组规模分别达到1.3亿千瓦、1.7亿千瓦和3.4亿千瓦，分别占全国电力总装机的4.5%、5.1%和6.7%，发电量分别达到0.9万亿千瓦·时、1.3万亿千瓦·时和2.6万亿千瓦·时，分别占全国总发电量10%、13.5%和22.1%。为了实现2030年非化石能源占一次能源消费比重将达到25%左右的目标，核电将持续发挥重要作用。产业趋势如下：

一是安全是核电产业发展的前提。目前，国家政策支持核电发展，由于核电的特殊属性，我国核电项目均须经国务院的核准，所以国内核电产业发展对政策及政府态度的依赖较大。核电安全性是影响政府政策导向的关键因素。截至2022年底，全球共有32个国家使用核能发电，大部分国家如美、法、英、日、韩等国对核电政策均为正向，准备积极发展核能，比利时等国也决定推迟弃核。随着我国核电产业不断发展，核电政策和规划也在不断调整，目前来看，我国政策对核电也持积极态度，要求在保障安全的前提下稳妥推进核电建设。自2018年以来，我国核电核准进度加快，2021年初，《政府工作报告》中提出“在确保安全的前提下积极有序发展核电”，系我国多年来首次采用“积极”的表述明确提及核电，较“十二五”时期和“十三五”时期的“安全高效发展核电”更为正面鼓励。“十四五”规划更是将“安全稳妥推动沿海核电建设”列为重要任务。

二是政府要求积极安全有序发展核电，国内核电核准、在建项目上升态势明显。2022年，国家发展改革委和国家能源局印发了《“十四五”现代能源体系规划》，保持了继续支持核电发展的政策导向，规划要求积极安全有序发展核电。在确保安全的前提下，积极有序推动沿海核电项目建设，保持平稳建设节奏，合理布局新增沿海核电项目。

相关数据显示，核电每年开工数量从 2006 年的 2 台增长到 2010 年的 9 台，核准数量也在 2008 年达到 14 台，这是近年来的高峰。2011 年受到福岛核泄漏事故影响，此后核电发展较为平缓。2015 年核电审批重启，当年核准核电项目 8 台，开工项目 6 台，但此后连续 3 年核电项目 0 核准。直到 2019 年，核电产业再度复苏。2019—2022 年不断有新的核电项目得到核准，2022 年获核准的核电数量更是达到 10 台，为 2008 年以来的最高峰。

三是未来 10 年我国核电行业有望迎来高景气度发展。《“十四五”现代能源体系规划》提出，到 2025 年，核电运行装机容量达到 7000 万千瓦左右。核电作为稳定、高效的清洁基荷电源，还有较大的发展空间，按照 2030 年实现碳达峰目标，结合核电项目 5 年左右的建设周期，2025 年前预计国内核电每年核准数量有望维持在 6~8 台。此外，中国核能行业协会预计，2030 年前，我国在运核电装机规模有望成为世界第一，在世界核电产业格局中占据更加重要的地位。预计到 2035 年，我国核能发电量在总发电量中的占比将达到 10%左右，相比 2022 年翻倍。

5. 生物质

经过多年发展，我国生物质能产业已初具规模。生物质能在发电领域稳步发展，截至 2021 年底，生物质能发电累计装机规模达 3798 万千瓦，发电量 1637 亿千瓦·时。其中，农林生物质能发电装机 1559 万千瓦，发电量 516 亿千瓦·时；垃圾焚烧发电装机 2129 万千瓦，发电量 1084 亿千瓦·时；沼气发电装机 111 万千瓦，发电量 37 亿千瓦·时。除发电领域外，其他生物质能产业也发展较快。截至 2021 年底，我国生物质能清洁供暖面积超过 3 亿平方米，生物质能成型燃料产量 2200 万吨，燃料乙醇产量 290 万吨，生物柴油产量 120 万吨。生物质能产业规模 2030 年将有望达到 5000 亿元。

生物质能还有风能和太阳能等可再生能源不具备的优势。一是可转换为多种形式的能源，可以供电、供热、供气（沼气、生物天然气、生物氢气等），提供液体燃料（生物乙醇、生物柴油、航空煤油）和固体成型燃料。二是具有天然碳中性特征。生物质的形成本身就是一个固碳的过程，因此开发利用生物质能并不增加大气中的二氧化碳。三是生物质发电可成为稳定的电源，年均发电小时数可以达到 7000 小时以上，远高于光伏发电的 1000 多小时和风电的 2000 多小时，并且生物质发电较光伏发电和风电更稳定，未来可以在一定程度上替代煤电成为支撑性电源，为电力系统提供基荷。

随着“双碳”目标持续推进和能源结构调整，我国生物质能产业将进入高质量发展阶段，逐步形成电、热、气及液体燃料等多元化发展格局，在农林废弃物和城乡有机废弃物处理、减少城乡环境污染、推动能源转型、助力乡村振兴、建设美丽中国等多个方面发挥不可替代的作用。

6. 氢能源

在全球低碳转型的进程中，清洁氢能将发挥重要作用。根据高盛 2022 年 2 月公布的报告，目前全球氢能市场的总规模约为 1250 亿美元，到 2030 年将在此基础上翻一番，到 2050 年将达到万亿美元市场规模。随着可再生能源制氢技术的突破和成本的降低，氢能在全球能源市场中的占比也将进一步提升。

根据《中国氢能源及燃料电池产业白皮书 2019/2020》数据，至 2050 年，氢能年需求量达 6000 万吨，可减排 7 亿吨二氧化碳。其中交通运输、工业领域、建筑及其他领域用氢占比分别达 41%、57%和 2%。

另外，据相关数据统计，2021 年中国制氢产量约 3300 万吨，同比增长 32%，成为目前世界上最大的制氢国。中国氢能产业联盟预计到 2030 年前碳达峰期间，我国氢气的年需求量将达到约 4000 万吨，在终端能源消费中占比约为 5%，其中可再生氢供给可达约 770 万吨。在 2060 年前碳中和的情境下，氢气的年需求量将增至 1.3 亿吨左右，在终端能源消费中的占比约为 20%，其中 70%为可再生能源制氢。

从产量结构来看，2020 年我国氢气总产量达到 2500 万吨，主要来源于化石能源制氢（煤制氢、天然气制氢）。其中，煤制氢占我国氢能产量的 62%，天然气制氢占比 19%，而电解水制氢受制于技术和高成本，占比仅 1%。未来，化石能源制氢过程中碳排放巨大，在“双碳”目标进程中将逐渐被淘汰，而工业副产氢既可以减少碳排放，又可以提高资源利用率与经济效益，作为氢能发展初期的过渡性氢源可以加大发展力度。

一是氢能应用加速。随着“双碳”目标的提出以及燃料电池技术的不断完善，新兴燃料电池核心产业将最大限度地利用清洁氢能，主要集中在氢燃料电池汽车、分布式发电、氢燃料电池车辆和应急电源的产业化。未来，在“双碳”目标的推动下，氢能的使用将进一步加速，市场规模将进一步扩大。

二是应用领域正在扩大。在倡导健康环保的背景下，发展氢能是当前主流趋势之一，氢能汽车是氢能应用的主要领域。随着关键技术的不断突破和产业规模的不断提升，除汽车领域外，氢能应用逐渐向工业、建筑、能源等领域转移。未来，氢能下游应用范围将持续扩大，加快氢能产业发展，推动绿色环保社会建设。

三是关键技术突破加快。目前，我国已掌握氢制冷回路设备的核心技术，液氢已在国内储存。然而，关键部件主要靠进口，燃料电池的关键材料（催化剂、质子交换膜、碳纸等）被外国垄断；关键部件的制备工艺急需改进。膜电极、双极板、空气压缩机、氢循环泵与国际水平还有差距。随着“双循环”和“十四五”规划的提出，中国未来将加快突破关键技术“瓶颈”，逐步实施进口替代。

7. 储能

全量角度看，全球储能总规模持续增高。根据中关村储能产业技术联盟不完全统计，截至 2021 年底，全球已投运电力储能项目累计装机规模 209.4 吉瓦，同比增长 9%。其中，抽水蓄能的累计装机规模占比首次低于 90%，比上年同期下降 4.1 个百分点；新型储能的累计装机规模占比紧随其后，为 25.4 吉瓦，同比增长 67.7%。

增量角度看，2021 年，全球新增投运电力储能项目装机规模 18.3 吉瓦，同比增长 185%，其中，新型储能的新增投运规模最大，并且首次突破 10 吉瓦，达到 10.2 吉瓦，是 2020 年新增投运规模的 2.2 倍，同比增长 117%。美国、中国和欧洲引领全球储能市场的发展，2021 年美国、中国、欧洲新型储能新增装机分别为 3.5 吉瓦、2.5 吉瓦、2.3 吉瓦，占比分别为 34%、24%、22%，三者合计占全球市场的 80%。

据 EVTank 联合伊维经济研究院发布的《中国锂离子电池行业发展白皮书（2022 年）》数据，2021 年，全球锂离子电池总体出货量为 562.4 吉瓦·时，同比大幅增长 91%，在全球新型储能装机中的占比也超过了 90%，可以说，锂离子电池在新型储能中占据了绝对主导地位。虽然近年来钒液流电池、钠离子电池、压缩空气等其他储能形式亦开始得到越来越多的关注，但从性能、成本、产业化程度等方面综合考虑，锂离子电池依然具有较大优势，中短期内锂离子电池仍将是全球主流的储能形式，其在新增储能装机中的占比将继续保持较高水平。

根据 CNESA 全球储能项目库的不完全统计，截至 2021 年底，中国已投运电力储能项目累计装机规模 46.1 吉瓦，占全球市场总规模的 22%，同比增长 30%。其中，抽水蓄能的累计装机规模最大，为 39.8 吉瓦，同比增长 25%，所占比重与上年同期相比再次下降，下降了 3 个百分点；新型储能累计装机规模达到 5729.7 兆瓦，同比增长 75%。从各省已投运新型储能装机情况看，江苏省装机量名列第一，已超过 100 万千瓦，广东省和山东省次之，其余有较大装机量的包括青海、内蒙古、湖南、安徽等省（区）。

2021 年，中国新增投运电力储能项目装机规模首次突破 10 吉瓦，达到 10.5 吉瓦，其中，抽水蓄能新增规模 8 吉瓦，同比增长 437%；新型储能新增规模首次突破 2 吉瓦，达到 2.4 吉瓦，同比增长 54%；新型储能中，锂离子电池和压缩空气均有百兆瓦级项目并网运行，特别是后者，其在 2021 年实现了跨越式增长，新增投运规模 170 兆瓦，接近 2020 年底累计装机规模的 15 倍。

2021 年是中国储能从商业化初期到规模化发展的第一年，国家明确 2025 年 30 吉瓦储能装机目标，15 个省市相继发布了储能规划，合计超 50 吉瓦。在此基础上，20 多个省明确了新能源配置储能的要求：各地配储比例基本在 10%~20%，配储时间为 2~4 小时。

2021 年，新型储能新增投运规模首次突破 2 吉瓦，是 2020 年同期的 1.6 倍。新增百兆瓦级项目（含规划、在建、投运）的数量再次刷新历年纪录，达到 78 个，超过 2020 年同期的 9 倍，规模共计 26.2 吉瓦。技术应用上，除锂离子电池外，压缩空气、液流电池、飞轮储能等技术也成为 2021 年国内新型储能的重要补充，特别是压缩空气，首次实现了全国乃至全球百兆瓦级规模项目的并网运行。

2022 年批准的新型储能示范项目的数量和装机均大幅增加，总量为 18 吉瓦和 37 吉瓦 · 时。分析已公布的示范项目信息，磷酸铁锂电池仍占据装机份额的绝对优势，此外，钛酸锂电池、铅蓄电池、AGM 铅酸铅碳电池、液流电池、熔盐储能、液态空气、氢储能、铝离子电池、钠离子电池、重力储能均有示范项目上榜。时长方面，以 1 小时及 2 小时的储能要求为主，但对于非锂离子电池项目，会配置 4 小时以上的时长要求。需要特别指出的是，冀北电网要求较为特殊，项目均要求 4 小时以上的储能时长。

技术发展趋势方面，所有新型储能技术都围绕着提高安全性、降低成本、提升性能参数（能量密度、储能时长、储能效率、循环寿命），以及增强环境友好性四个方向进行改进和发展。例如，锂离子电池主要通过改变电极材料来提升电池使用性能，同时通过电解液和隔膜的改性提升安全性。当下行业里出现的高镍电池、锰酸锂电池为过渡金属方向的创新代表，锂硫电池则为氧化物方向的创新代表。另外，电池性能提升还可以通过电池物理结构的创新来实现，即从电芯结构、PACK 工艺、插箱构造等方面入手，提高空间利用率，采用新型安全技术，系统化地提升电池的经济性、能量密度与安全性。该方向的典型代表有比亚迪的“刀片电池”以及宁德时代的 CTP“麒麟”电池。预计在不久的将来，应用上述技术可以使锂离子电池能量密度突破 400 瓦时/千克。

（三）新能源合作高质量发展建议

当前，全球正经历新一轮的动荡与变革，而我国已踏上全面建设社会主义现代化国家的新征程。在这一背景下，“一带一路”新能源合作面临着前所未有的新形势、新任务和新要求。我们必须坚定奉行互利共赢的开放战略，坚决维护开放条件下的能源安全，不断开创能源国际合作的新局面。同时，我们也应积极以中国的新发展为世界带来新的机遇，推动全球能源合作的深入发展，共同应对挑战，实现共赢。

1. 高质量推动能源绿色低碳合作

发挥我国新能源产业优势，大力支持发展中国家能源绿色低碳发展，深度参与全球能源转型变革。充分对接共建国家绿色能源发展需求，巩固和拓展绿色能源战略对接，鼓励企业“走出去”开展绿色能源合作。因地制宜采取贸易、工程承包、投资、技术合作等方式开展三方、多方市场合作，推动建成一批经济效益好、示范效应强的绿色能源最佳实践项目，推动实现人人享有可持续能源目标。

2. 积极参与全球能源治理合作

秉承共商共建共享原则，高质量共建“一带一路”能源合作伙伴关系，通过“一带一路”能源部长会议和“一带一路”能源合作伙伴关系论坛等旗舰活动，推动能源政策交流和项目对接，促进能源互利合作。加强区域合作，充分发挥中国—阿盟、中国—非盟、中国—中东欧、中国—APEC 等能源合作平台作用，为构建国际能源治理新秩序提供中国方案。积极参与全球能源治理体系改革和建设，加强与主要能源国际组织的交流与合作，在联合国、二十国集团、亚太经合组织等多边框架下讲好中国能源故事。

3. 强化境外项目风险防控

做好内外统筹、协同发力，加强与共建国家协同协作，深化风险防控领域多双边合作，帮助共建国家提升风险防控能力，共同细化完善安全保障措施。狠抓风险防控制度落实，引导境外项目企业落实好风险防控主体责任，增强风险防控意识和能力，切实做好“走出去”前的风险综合评估，规范海外经营行为，加强风险源头管控，前置风险防控关口，深入细致做好风险评估预警和应对处置预案，努力提高境外能源安全保障能力。

新能源产业既是衡量一个国家和地区高新技术发展水平的重要依据，也是新一轮国际竞争的战略制高点。回顾近 10 年新能源产业相关政策，从最初的尝试探索到后面建立技术优势、全方位深化知识产权保护，我国的新能源产业迎来发展风口，产业之间的融合越发紧密，为我国经济的高质量发展和转型升级带来了新的机遇。

五、新材料①

新材料作为人类生存不可或缺的物质基石，其每一次的诞生与应用都伴随现代科学技术的突飞猛进。从现代科技发展的历程中不难发现，重大的科技突破往往离不开新材料技术的支撑与推动。因此，新材料不仅是现代科技发展的基石，更被誉为“发明之母”和“产业粮食”，其重要性不言而喻。

（一）我国新材料产业现状

中国新材料产业经过多年的发展已经在诸多细分领域形成成熟的产业链，同时出现了一批优秀的新材料领军企业，共同推动中国新材料产业发展。

新材料产业链中，上游为金属原料、合金、化学纤维、陶瓷、塑料、生物基、树脂、石墨等原材料；中游为新材料制造，主要包括石墨烯材料、超导材料、3D 打印材料、智能仿生与超材料、纳米材料、生物医用材料以及液态金属等；下游为应用领域，前沿新材料广泛应用于电子电气、汽车、新能源、医疗、航天航空等领域。②

1. 我国新材料生产情况

我国能够生产并且正在生产几乎所有的新材料，包括高性能工程材料，

---

① 国家新材料产业发展战略咨询委员会：《3 大热点，4 大产业，5 大聚焦！中国新材料产业发展现状及建议战略性分析》，https：//mp. weixin. qq. com/s/0qmttfj24k1ul-ekxy7pja，2024 年 3 月 22 日最后访问。

② 上海交通大学徐州新材料研究院：《一文读懂我国新材料产业发展现状和前景》，https：//mp. weixin. qq. com/s/_ kdpt9qmv3m1b8f6xoaehq，2024 年 3 月 22 日最后访问。

如POK聚酮、聚苯醚（PPO）、聚苯硫醚（PPS）、聚醚醚酮（PEEK）、聚醚砜（PES）、聚碳酸酯（PC）、POM、聚酰亚胺（PI）、PA（6、66、11、1010、56、46、12等）、PMMA、PET、PBT等；电子化学品，如光刻胶、导电高分子材料、电子封装材料、电子特种气体、平板显示（FPD）专用化学品、印制电路板材料及配套化学品、混成电路用化学品、电容器用材料、电器涂料、导电聚合物等其他电子电气用化学品；新型弹性体，如TPU、POE、SBS、SEBS、SEPS、TPEE、丙烯基弹性体、尼龙弹性体等（新型弹性体总量已接近传统弹性体的一半）；新型纤维，如氨纶、芳纶、超高分子量聚乙烯纤维等。

2. 强大的应用支撑我国新材料的发展

我国拥有庞大的工业用户，是庞大的造船大国、强国，同时是世界最大的手机生产国，汽车产销量第一的国家，地铁、动车和高铁质量和数量第一的国家，以及冰箱、洗衣机等白电全球产量第一的国家。因此，严格意义上说，强大的下游应用产业为我国新材料产业的发展提供了巨大的推动力。

3. 政策推动我国新材料的发展

国家发展改革委、商务部《鼓励外商投资产业目录（2019年版）》重点提及的化学原料和化学制品制造业包括：差别化、功能性聚酯（PET）；聚甲醛；聚苯硫醚；聚醚醚酮；聚酰亚胺；聚砜；聚醚砜；聚芳酯（PAR）；聚苯醚；聚对苯二甲酸丁二醇酯（PBT）；聚酰胺（PA）及其改性材料；液晶聚合物等。

国家发展改革委发布的《增强制造业核心竞争力三年行动计划（2018—2020年）》中重点化工新材料关键技术产业化项目包括：聚苯硫醚；聚苯醚；芳族酮聚合物（聚醚醚酮、聚醚酮、聚醚酮酮）、聚芳醚醚腈；聚苯并咪唑；聚芳酰胺；聚芳醚；热致液晶聚合物；新型可降解塑料等。

中国石油和化学工业联合会《石油和化学工业"十三五"发展指南》将高分子材料作为战略性新兴产业列入优先发展的领域，明确高分子材料"十三五"发展的目的是以提高自主创新能力为核心，以树脂专用料、工程塑料、新型功能材料、高性能结构材料和先进复合材料为发展重点，开发工程塑料、改性树脂、高端热固性树脂及其树脂基复合材料，以及可降解塑料等新材料制备技术。

中国石油和化学工业联合会关于"'十四五'化工新材料产业发展的战略

和任务”的重点工作指导：开发5G通信基站用核心覆铜板用树脂材料（LCP、PI、环氧树脂等）；聚砜、聚苯砜、聚醚醚酮、液晶聚合物等高性能工程塑料。

此外，我国新材料产业相关政策规划《中国制造2025》《新材料产业发展指南》将为“十四五”期间新材料产业发展指明重点方向。

4. 应用研发体系成为新材料发展利器

我国几十年来建立的应用研发体系功力深厚，例如中国科学院，包括北化所、过程所、宁波院、上海有机所、大化所、兰化所、应化所、煤化所等，为我国科技进步、经济社会发展和国家安全作出了不可替代的重要贡献。

按照材料划分，包括以下成熟的研发机构体系，如表3-1所示。

表3-1 成熟的研发机构体系（按材料划分）

行业	研究机构
涂料行业	海化院（重防腐）、常州院
橡胶行业	北京院（轮胎）、曙光院（橡胶机械、航空胎）、西北院（密封、制品）和株洲院（乳胶制品）
专用材料	黎明院、晨光院、沈阳院、601所、703所……

此外，还有大量大企业的研发中心，对产品应用的研究及配套的检测仪器设备很多已达到世界领先水平。

5. 与国外新材料的差距

我国新材料产业与国外的差距主要体现在高品质的新材料上。我国缺乏超前的研发优势和研发成果的实用化开发力度，目前还是以仿制为主。虽然很多新材料已有能力生产，可是绕不开相关专利。

（二）我国新材料产业发展趋势

发达国家均全力发展新材料产业，例如，美国将新材料称为“科技发展的骨肉”，我国新材料发展也将由原材料、基础化工材料逐步过渡至新兴材料、半导体材料、新能源材料、节能（轻量化）材料。

1. 资本眼中的新材料产业风口

千亿级风口主要是高性价比、高性能电子化学品，包括芯片、传感器，以及半导体电子（电子胶黏剂、光刻胶、导电材料、高纯气体、溶剂等）。万亿级风口主要是新能源相关材料，包括固态电池、燃料电池、氢燃料电池、锂离子电池、太阳能光伏、可再生能源、储能、风能等。其他风口包括处于加速发展期的生物可降解材料（有利于垃圾分类等）、3D 打印新材料、结构化材料，以及轻量化、节能材料。

新材料产业有以下三大热点：

一是芳纶、聚酰亚胺（PI）和尼龙。芳纶下游应用高端，是关键的战略材料。芳纶产品的特点是门槛高，国内企业少，国产化替代趋势明显，目前行业上升趋势明显。芳纶产品的门槛主要是技术和客户准入门槛，要进入市场需要做安全认证，需要几年的成功案例，下游应用领域对安全性的要求都很高。目前，全球的对位芳纶处于近平衡状态，国内对位芳纶 80%依赖进口。从全球来看，随着应用领域的增加，对位芳纶需求将逐渐增加，预计未来 5 年全球对位芳纶的需求量将达到 15 万吨左右。按照每年增速 10%计算，2020 年我国对位芳纶的需求量将达到 13000 吨，2025 年对位芳纶的需求量将达到 25000 吨。全球间位芳纶行业主要被美国杜邦、中国泰和新材、日本帝人等公司占据。其中美国杜邦以占比 67%位居第一，帝人占比为 7%。

“解决问题的能手”聚酰亚胺（PI）是综合性能最佳的有机高分子材料之一。其耐高温达 400℃以上，长期使用温度范围为-200~300℃，部分无明显熔点，高绝缘性能，103 赫下介电常数 4.0，介电损耗仅 0.004~0.007。

PI 薄膜：PI 系列产品中应用最早、最为成熟的产品，是绝缘薄膜最优选择，高端产品国产化浪潮已近。电子级以下 PI 薄膜已实现国产自给自足，电子级及以上 PI 薄膜市场仍主要由海外公司瓜分。随着国内化学亚胺法生产线的逐渐落地，国内厂商将参与分享高端市场近百亿市场。未来随着 FCCL 市场保持高增速，以及 OLED 快速普及对柔性衬底需求的提升，高端电子级 PI 薄膜市场将处于快速扩张期。

PI 纤维：扎根军用市场，民用市场开发提速。PI 纤维耐热性能、机械性能优异，是航空航天和军用飞机等重要领域的核心配件材料，其在军用市场的应用具备不可替代性。在商用领域，PI 纤维在环保滤材、防火材料等方面的应用目前正处于孕育期，未来有望为 PI 纤维增添新活力。

PI 泡沫：受益军舰建造高潮，迎“蓝海”时代。PI 泡沫目前最为重要的应用为舰艇用隔热降噪材料，目前我国海军正处于第三次建船高潮，PI 泡沫作为新型战舰中的首选隔热降噪材料，未来需求有望快速提升。此外，PI 泡沫作为最为优异的结构泡沫芯材，广泛用于风机叶片、直升机叶片、航空航天等领域中，其对 PET 泡沫的替代趋势明确，市场空间广阔。

PI 基复合材料：轻量化是大趋势，主打高端市场。纤维增强复合材料是镁铝合金之后的新一代轻量化材料，以聚酰亚胺为树脂基的复合材料耐高温和拉伸性能出色，应用十分广泛。随着碳纤维产业的逐渐成熟，碳纤维增强复合材料需求增长明显，聚酰亚胺+碳纤维的组合作为最为优异的复合材料组合之一，在抢占高端市场方面优势明显。

PSPI（光敏聚酰亚胺）：光刻胶、电子封装双领域发力，享电子产品高端化红利。光敏聚酰亚胺主要有光刻胶和电子封装两大应用。PSPI 光刻胶相较于传统光刻胶，无须涂覆光阻隔剂，能大幅缩减加工工序。同时，PSPI 也是重要的电子封装胶。光敏聚酰亚胺作为封装材料可用于缓冲涂层、钝化层、α射线屏蔽材料、层间绝缘材料、晶片封装材料等，同时其广泛应用于微电子工业中，包括集成电路以及多芯片封装件等的封装。

耐高温尼龙的技术壁垒比较高，该产业一直未得到大规模的发展，市场需求面存在巨大的空白。我国研究耐高温尼龙比较晚，新品种的开发以 PA6T（聚对苯二甲酰己二胺）改性为主，以合成新型尼龙为辅。耐高温尼龙作为一种高性能工程材料市场不断扩大，预计中国在未来几年里对耐高温尼龙的需求将以 15%~25%的速度增长。耐高温尼龙潜在需求占尼龙的 20%~30%，而 5 年内中国市场对尼龙的需求有望达万吨。

尼龙弹性体就是聚酯/聚醚-聚酰胺嵌段共聚物，最常见的是聚醚嵌段酰胺（PEBA），它较为突出的性能是高回弹性、轻质和低温耐冲击性能。尼龙弹性体的能量回馈可以达到 85%，比 Boost 缓震科技高约 15%，拥有更好的吸震缓冲效果。尼龙弹性体的合成技术门槛较高，大多掌握在法国阿科玛、德国赢创、日本宇部兴产等国外大厂手里。尼龙弹性体市场需求潜力巨大，除了 440 亿双鞋/年的底材需求，还有对聚氨酯软泡、塑胶跑道材料的替代。

二是电子化学品。电子化学品是专为电子信息产品制造中的显影、蚀刻、清洗和电镀等工艺配套的精细化工材料，是集成电路、平板显示制造等信息产业的重要支撑材料。2018—2022 年，年均增长率约为 11%。包括陶氏、霍尼韦尔、三菱化学和巴斯夫等公司，正竞相将电子化学品业务重点放在包括中国在内的亚太地区。中国丰富的原材料以及靠近下游需求等方面优势明显，电子化学品产能向国内转移已成为大势所趋。

三是轻量化、节能材料。美国伊利诺伊大学 Scott White 教授率领的研究团队开发出一种新的聚合物固化技术，只需小型热源就可在短时间内完成聚合物制造，与目前的制造工艺相比，可降低 10 个数量级的能耗，并减少 2 个数量级的工时。另外，碳纤维在追求高性能的同时，注重轻量化。

2. 四大新材料产业

一是薄膜。我国材料薄膜产业增速平稳，2010—2017 年我国材料薄膜产量由 799 万吨增加至 1570 万吨，年均复合增速达 10%。2017 年全球液晶聚合物薄膜和层压板销售量约 9050 吨，复合年增长率为 6.7%。快递包装薄膜将呈现减量化、绿色化、可循环发展趋势。背光模组光学膜将趋于高亮度化、薄型化、轻量化、高色域化发展。

光学聚酯薄膜产业：功能性聚酯原料制备技术，是制膜企业的核心技术之一，其中纳微米添加改性，涉及滑爽均匀性、结晶均匀性和静电压膜性等正是阻碍行业发展的技术“瓶颈”。国内光学聚酯薄膜产业目前还处于起步阶段，大多集中于薄膜的拉伸成型加工上，缺少对光学聚酯薄膜技术的系统性研究。在光学聚酯薄膜材料（专用切片及母料）、配方设计、装备及工艺控制等方面难以同国际巨头抗衡，这些都制约了我国新型显示等产业的发展。

双向拉伸聚丙烯薄膜（BOPP）产业：BOPP 薄膜主要应用于食品、日化、医药、电子、建筑、机械等包装领域，其中食品包装就占据了 70%～80% 的份额，主要用于高温蒸煮、冷冻、休闲类食品。预计在未来的几年里，中国软包装和 BOPP 薄膜市场将继续呈现增长态势，且海外市场会成为另一新的增长点。BOPP 薄膜有“包装皇后”的美称，我国 BOPP 薄膜表观消费量 2013 年为 251.0 万吨，2017 年已达 330 万吨，5 年增长了 32%。随着我国消费水平的不断提高和后加工的彩印复合、覆膜、镀铝、涂布等行业的迅猛发展，对 BOPP 薄膜的需求存在极大的市场潜力。BOPP 薄膜产业会成为薄膜行业关注热点，其具备以下优点：较适合大批量订单生产需要；高透明、高光泽、晶点少；高挺度、高拉伸强度；高抗穿刺强度；极好的低温抗冲击强度及抗针孔性、耐磨性；极好的低温柔韧性；润湿张力保持时间长、印刷性能好，套印精确。

二是 3D 打印材料。目前，常用的 3D 打印高分子材料有聚酰胺、聚酯、聚碳酸酯、聚乙烯、聚丙烯等。现在 3D 打印应用规模最大的材料是尼龙。预计到 2022 年，尼龙将占据 3D 打印材料市场 30%的市场份额。影响材料应用于 3D 打印的因素主要有：打印温度高、材料流动性差，导致工作环境出现挥发成分，打印嘴易堵，影响制品精密度；普通的材料强度较低，适应的范围太窄，需要对材料做增强处理；冷却均匀性差，定型慢，易造成制品收缩和变形；缺少功能化和智能化的应用。

工业领域未来大规模工业应用在全球3D打印市场有望迎来爆发式增长。在工业级领域，3D打印经过30年的发展，已经形成了一条完整的产业链。目前，3D打印技术已经在军事、航空航天、医疗、汽车、机械设备制造及消费领域得到了一定的应用。3D打印应用于建筑、建筑承重件、汽车零部件、工业零件。产业链的每个环节都聚集了一批领先企业。随着3D打印技术的发展，传统材料的性能大幅提升，材料强大的快速熔融沉积和低温黏接特性将被广泛应用到3D打印制造领域。除材料自身可以通过3D打印制品外，玻璃、陶瓷、无机粉体、金属等的3D打印都需要依靠材料的黏接特性来完成。改性材料因其高强度被用来直接替换金属用于各类复杂构件，既便宜又质轻。甚至可以替代玻璃、陶瓷等制品，从而使材料在3D制造中被广泛应用。

3D打印材料可避开低强度的缺陷，向复合化、功能化发展，特别是实现多元材料复合，从而赋予材料特定功能。通过3D打印技术制造工艺复杂的智能材料、光电高分子材料、光热高分子材料、光伏高分子材料、储能高分子材料等新材料。3D打印因具有不需要模具、零部件的快速修复等优点，能使中国制造业前进5~10年。3D打印堪称工业界的一场革命。

三是可降解材料。“十三五”规划、国际碳总量法律以及生物降解材料性能提升、价格下降将为中国生物可降解材料行业带来前所未有的发展契机。完全生物降解材料实现批量和工业化生产的只有聚乳酸（PLA）、聚3-羟基烷酸酯（PHA）、聚酯类（PBS/PBSA）、聚ε-己内酯（PCL）、聚乙烯醇（PVA）、二氧化碳共聚物（PPE/PPC/PPB）及脂肪族-芳香族共聚酯。

四是新型弹性体。丙烯基弹性体是用茂金属催化技术和溶液聚合工艺组合生产所得，是独特的丙烯-乙烯半结晶共聚物，具有独特的高弹性、柔韧性和低温耐冲击性，特别是和聚丙烯（PP）的相容性非常优异。目前，全球只有3家公司有商品化的丙烯基弹性体，牌号分别是陶氏的versify、埃克森美孚的vistamaxx和三井的tafmer。丙烯基弹性体有着手感好、高填充、止滑性佳等特点，在食品保鲜盒领域无规共聚丙烯（RCP）应用十分广泛，但普遍存在低温抗冲不足的问题。丙烯基弹性体应用于聚丙烯改性，可以提高聚丙烯的韧性。

丙烯基弹性体与PP共混，可以实现更好的抗冲击性、透明性和刚度平衡，还可以提高加工效率；可以用在无纺布、弹性膜、聚合物改性等方面，其中在聚合物改性方面表现优异，具体应用案例有洗衣机座盘、食品容器盖、加湿器水箱、塑料文具、运动水壶、拖鞋等。

乙烯基弹性体：聚乙烯链结晶区（树脂相）起物理交联点的作用，具有典型的塑料性能，加入一定量的α-烯烃（1-丁烯、1-己烯、1-辛烯等）后，削弱了聚乙烯链的结晶区，形成了呈现橡胶弹性的无定型区（橡胶相），使产品又具有弹性体的性质；POE 具有塑料和橡胶的双重特性，综合性能优异，因此 POE 可以看作塑料与橡胶的桥梁产品。

乙烯基弹性体作为塑料增韧剂，不仅可以增韧改性与它相容的聚烯烃塑料，而且可以通过过氧化物引发，有效地与马来酸酐、丙烯酸缩水甘油酯等单体发生接枝反应，所得到的接枝物广泛用于增韧尼龙、聚酯等工程塑料。聚烯烃弹性体分子结构中没有不饱和双键，具有很窄的分子量分布和短支链结构（短支链分布均匀），因而具有高弹性、高强度、高伸长率等优异的物理机械性能和优异的耐低温性能。窄的分子量分布使材料在注射和挤出加工过程中不易产生挠曲，因而乙烯基弹性体 E 材料的加工性能优异。由于乙烯基弹性体大分子链的饱和结构，分子结构中所含碳原子相对较少，因而具有优异的耐热老化和抗紫外线性能。此外，有效地控制在聚合物线形短支链支化结构中引入长支链，可以使材料的透明度提高，同时可以有效地改善聚合物的加工流变性。

乙烯基弹性体应用于不同产品，如汽车挡板、柔性导管、输送带、印刷滚筒、运动鞋、电线电缆、汽车部件、耐用品、挤出件、压模件、密封材料、管件和织物涂层等。

氟硅弹性体：氟硅橡胶是以氟硅聚合物为主体的配方组成，氟硅聚合物主链中含多个硅氧基团（-Si-O-），其无毒、耐高低温，可做成热塑性弹性体。氟橡胶有“橡胶之王”之称，它具有高度的化学稳定性，是目前所有弹性体中最好的；耐高温性能极佳，具有极好的耐天候老化性能和耐臭氧性能，真空性能和机械性能优良，是弹性体中综合性能极佳的品种。缺点是低温性能不好、耐辐射性能差等。

3. 新材料产业五大聚焦

一是结构化材料。结构化材料具有量身定制的材料特性和响应，使用它进行轻量化，可以提高能效、有效负载能力和生命周期性能以及生活质量。未来的研究方向包括开发用于解耦和独立优化特性的稳健方法，创建结构化多材料系统等。不希望新材料仅被理解在化学层面，更应该在物理性能层面最大化用好它。

二是能源材料。持续研发非晶硅、有机光伏、钙钛矿材料等以太阳能转换为电能的材料，开发新的发光材料，研发低功耗电子器件，开发用于电阻切换的新材料以促进神经形态计算发展。日本冈山大学的研究人员最近开发出一种利用氧化铁化合物制成的新型太阳能电池。该太阳能电池的吸光率是以往硅酮制太阳能电池的 100 多倍。未来，催化材料的研究方向将聚焦高催化性能无机核/壳纳米颗粒的合成，高效催化剂适合工业生产及应用的可扩展合成方案，催化反应中助催化剂在活性位场上的选择性沉积，以及二维材料催化剂的研究。

三是极端环境材料。极端环境材料是指在各种极端操作环境下能符合条件运行的高性能材料。研究方向包括：基于科学的设计开发下一代极端环境材料，如利用对材料中与温度相关的纳米级变形机制的理解来改进合金的设计，利用对腐蚀机理的科学理解来设计新的耐腐蚀材料；理解极端条件下的材料性能极限和基本退化机理。

四是碳捕集和储存的材料。碳捕集和储存的材料包括：基于溶剂、吸附剂和膜材料的碳捕集，金属有机框架等新型碳捕集材料，电化学捕集，通过地质材料进行碳封存。洁净水的材料问题涉及膜、吸附剂、催化剂和地下地质构造中的界面材料科学现象，需要开发新材料、新表征方法和新界面化学品。可再生能源储存方面的材料研究基于研发多价离子导体和新的电池材料以提高锂离子电池能量密度，研发高能量密度储氢的新材料以实现水分解/燃料电池能量系统。

五是纳米材料。纳米材料是指在三维空间中至少有一维处于纳米尺度范围（1~100 纳米）或由它们作为基本单元构成的材料，这相当于 10~1000 个原子紧密排列在一起的尺度。纳米微粒的小尺寸效应、表面效应、量子尺寸效应和宏观量子隧道效应等使得它们在磁、光、电、敏感等方面呈现常规材料不具备的特性。因此纳米微粒在磁性材料、电子材料、光学材料、高致密度材料的烧结、催化、传感、陶瓷增韧等方面有广阔的应用前景。

（三）我国新材料产业发展建议

新材料产业将保持高速增长，但需要应对挑战和把握机遇，在产业政策的促进下，在技术创新的推动下，在市场需求的拉动下，在国际竞争的激励下，在环境保护的要求下，在数字化转型的引领下，在供应链协同的协作下，在人才培养的支撑下，在资本市场的助力下，在社会责任的担当下，中国新材料产业将保持良好发展势头，实现高质量发展。

同时要看到，中国新材料产业仍然面临一些挑战和机遇，需要做好应对和把握。具体来看：

1. 挑战

（1）新材料产业大而不强，高端依赖海外。

工业和信息化部预计，2025年，我国新材料产业总产值将达到10万亿元的规模，年均复合增长率达13.5%。然而，我国高端新材料仍存在诸多“卡脖子”领域，按照美国制定的《国家量子倡议法》（2018）、《出口管制改革法案》（2018）以及《美国人工智能发展倡议》（2019）等相关法案，美国已经针对我国在AI技术、AI芯片、机器人、量子计算、脑机接口、先进材料等14类新兴和基础技术领域限制出口和技术合作。其中，材料部分有ITO靶材、高端刀及轴承钢、微球、隔膜及催化剂等燃料电池关键材料、高端环氧树脂等。“十四五”规划中，国家对高端新材料发展作出了明确指示：推动高端稀土功能材料、高品质特殊钢材、高性能合金、高温合金、高纯稀有金属材料、高性能陶瓷、电子玻璃等先进金属和无机非金属材料取得突破，加强碳纤维、芳纶等高性能纤维及其复合材料、生物基和生物医用材料研发应用，加快茂金属聚乙烯等高性能树脂和集成电路用光刻胶等电子高纯材料关键技术突破。

（2）材料支撑保障能力弱，产业链自主可控性较差。

长期以来，随着我国经济高速增长，材料能买则买，对材料的原创性、基础性、支撑性缺乏足够的重视，导致新材料产业基础薄弱，成为“短板”中的重灾区，对产业安全和重点领域构成重大威胁。产业链供应链安全问题没有得到解决，面临“无材可用、有材不敢用”的困境。

根据工业和信息化部对全国30多家大型企业多种关键基础材料的调研结果，32%的关键材料尚属空白，52%依赖进口。其中，95%的计算机和服务器通用处理器的高端专用芯片、70%以上智能终端处理器和绝大多数储存芯片均对进口依赖严重。装备制造领域中，95%以上高档数控机床、高档装备仪器、运载火箭、大飞机、航空发动机、汽车等关键精加工生产线上的制造及检测设备依赖进口。另外，有数据显示，我国新材料的进口率高达86%，自给率仅为14%。化工新材料国内保障能力只有50%；工程塑料和特种橡胶自给率仅为30%；高端高温合金主要依赖进口；半导体和显示行业的核心材料、器件、设备几乎全部依赖进口。这些“卡脖子”材料严重制约了我国高新技术产业的发展。

（3）原始创新能力弱，引领发展能力不足。

“一代材料，一代产业。”新材料的发明和应用引领技术革新，不仅推动已有产业的升级，而且催生诸多新兴产业。无论是 20 世纪 50 年代崛起的半导体产业，还是 90 年代崛起的网络信息技术产业乃至现在的信息通信技术产业，都是由单晶硅、光纤等革命性新材料的发明、应用和不断更新换代引起的。

事实上，自 19 世纪 70 年代第二次工业革命以来的近 150 年，我们在新材料引领产业发展方面很少作出实质性贡献。我们虽然拥有中国科学院等系列科研院所及众多企业研发中心，但由于起步晚、体制机制不健全等，科研人员创造力未被有效激发，甚至一度出现“造导弹的不如卖茶叶蛋的”，而且财政资金投入的集中度较低，大多新材料企业重视眼前利益，忽视原始创新。更进一步的是，由于未建立完善的材料标准体系，材料的研发与应用结合得不够紧密，工程应用研究不足、数据积累严重缺乏，不仅导致面向材料实际服役环境有针对性的研究缺失，还导致材料的质量工艺不稳定、性能数据不完备、技术标准不配套、考核验证不充分，产业支撑体系建设薄弱，造成大量的新材料难以跨越从研制到应用的“死亡之谷”，致使我国在新材料领域的创新引领发展能力严重不足，抢占战略制高点仍需加大努力。

（4）新材料风险高，产业资本关注度较低。

从国际上看，由于新材料产业的发展存在技术不确定性和市场需求不确定性，且产业化周期长（通常需要 10～20 年），技术壁垒高，研发投入大，技术迭代周期因新材料研究范式的革新而缩短，投资新材料产业就是一种高风险投资。*Nature Materials* 关于新材料商业化的研究表明，新材料技术实现商业化的时间平均为 10 年，与生物科技相近，远长于软件技术；新材料技术实现商业化的 R&D 开销约为软件技术的数十倍，也远非普通风险投资机构所能承担。即便生物科技的研发周期、商业化成本也颇高，但与新材料相比，生物医药的市场不确定性低，成长空间大，风险也远低于新材料领域。正因如此，世界各国新材料产业的发展都有政府这只“看得见的手”在后面推动。

从我国来看，新材料产业与其余热门产业相比，融资并不具有竞争优势。根据头豹研究院研究，从融资总额来看，尽管新材料产业在 2020 年的融资表现较前两年已经有较大提升，增幅达 16%～73%。但横向比较，其融资总额不仅低于 5G、高端制造等热门新兴产业，也低于消费电子、消费生活、金融等行业，融资总规模仅为上述产业的 20%～50%。由于新材料产业前期需投入大量资金购置设备，进行研发试验，且新型材料自开始研发到商业化周期漫长，如果中途研发遭遇“瓶颈”或技术变革，则会导致前期投资沉没，因此新材料产业融资多集中于产品有望更快实现商业化和批量化生产的扩张期、成熟期企业，种子期和初创期的新材料企业则少有产业资本青睐。正因如此，我国新材料产业的发展也亟须政府支持推动，纯粹市场化并不能消解新材料产业发展过程中的固有风险。

2. 机遇

一是国家战略需求和政策支持，市场空间广阔。这是中国新材料产业发展的重要机遇，也是促进新材料产业快速发展和壮大的重要动力。要把握这个机遇，需要紧密结合国家战略需求和政策支持，开拓新材料在航空航天、电子信息、节能环保、生物医药等领域的应用市场，拓展新材料在国内外市场的份额和影响力。

二是技术创新和突破，产品竞争力提升。这是中国新材料产业发展的重要机遇，也是提升新材料产业核心竞争力和发展潜力的重要途径。要把握这个机遇，需要加强技术创新和突破，开发具有优异性能和功能的新型新材料产品，满足市场需求和用户期待。

三是数字化转型和升级，产业效率提高。这是中国新材料产业发展的重要机遇，也是实现新材料产业高质量发展和转型升级的重要手段。要把握这个机遇，需要促进数字化转型和升级，利用互联网、大数据、人工智能等技术手段，优化新材料生产过程中的设计、制造、检测、管理等环节，提高新材料生产的效率和质量。

四是供应链协同和优化，产业协作提升。这是中国新材料产业发展的重要机遇，也是构建新材料产业生态系统和价值链的重要条件。要把握这个机遇，需要加强供应链协同和优化，建立新材料产业的上下游合作关系和协作机制，实现新材料产业的资源共享和利益共赢。

综上所述，2024 年中国新材料行业市场发展现状及未来展望如下：

2024 年中国新材料行业市场将保持高速增长，但也面临自主创新能力不足、核心技术受制于人、市场竞争加剧等挑战；2024 年中国新材料行业市场将抓住国家战略需求和政策支持、技术创新和突破、数字化转型和升级、供应链协同和优化等机遇，实现高质量发展和转型升级。

针对我国新材料产业发展面临的问题，为实现国家制造强国战略，我国应立足于全球新材料产业发展趋势和自身产业基础，以提升自主创新能力为核心，以突破一批“卡脖子”关键新材料、抢占一批制高点材料技术为重点，做好新材料产业发展的系统顶层设计。

一是发挥举国体制优势，借鉴国际最新的新材料研究范式加快新材料研发速度。要在新一代信息技术、国防军工等重点领域进行短板材料产业化攻关，集中突破一批关键短板材料和一批新材料生产用核心装备及核心原辅料。

二是完善创新能力体系建设，加强新材料成果转化。根据新材料产业的特点，充分利用多层次资本市场，加强对新材料产业发展的融资支持，形成创新链、产业链、人才链与资金链的深度融合。

三是突破封锁，加强国际开放合作。要努力突破欧美封锁，加强国际开放合作，像发展高铁一样，充分利用国际国内两种资源、两种市场，推进我国新材料产业高质量发展，实现材料大国向材料强国的飞跃，进入全球新材料产业第一梯队。当务之急是补短板，突破一批“卡脖子”的关键新材料。

第四章　新质生产力应用中重点关注的企业

综观全球，工业化无疑是所有发达国家实现现代化的必由之路。然而，在第四次产业革命的风潮中，新质生产力正以前所未有的方式赋能新兴产业的发展。科技创新不仅推动着产业和技术的转型，更引领着智能化升级的步伐。这一变革为我国在新兴产业领域赢得了宝贵的发展时间，让我们紧握发展的主动权，为“弯道超车”创造了可能。这不仅对我国实体经济的高质量发展具有重要意义，更是我们实现中国式现代化、走向中华民族伟大复兴的关键所在。

国家高度重视自主创新，坚持科技自立自强，致力于走出一条以创新为引领的现代化发展之路。在这样的背景下，蓝迪平台密切关注新质生产力在数字经济、人工智能、医药大健康、新能源和新材料等多个领域的应用与发展，并积极支持科技型骨干企业发挥其在产业中的引领与支撑作用。

展望未来，蓝迪平台期望能够充分利用自身国家新型应用智库的优势，进一步激发企业的创新活力，为产业发展注入强劲动力。我们致力于挖掘、培育、推介一批具有强大科技创新实力的企业，推动它们积极参与国际合作与交流，从而助力产业的绿色发展，推动企业实现转型升级，共同迈向更加繁荣的未来。

一、数字经济

（一）浪潮集团

浪潮集团是中国行业云领导者，致力于成为高品质云服务提供商，具备“专业、生态、可信赖”三大核心优势。浪潮云为客户提供云网边端融合、云数智融合、建管运融合的全栈云服务，构建零信任的云数安全体系，打造新一代混合云。携手合作伙伴，共建云舟联盟生态，支撑政府、企业数字化转型，助力数字中国建设。目前，浪潮云在全国布局七大核心云数据中心、113 个区域云中心、502 个分布式云节点，建成全国最大的分布式云体系，基于统一的 OpsCenter，实现了统一运营管理，统一持续性迭代升级；服务我国 245 个省市政府、2 万余个政府部门、6 万余个政府应用、130 万余家企业。

浪潮集团为不同的行业用户开发适合业务应用的存储，服务于众多客户在智慧未来中的转型发展和业务突破。以“云存智用 运筹新数据”，助力客户制胜新数据时代。浪潮集团拥有安全可靠、简洁高效、架构归一的存储软件栈和稳定、安全、可靠的全栈硬件能力，持续不断地进行技术研发及创新突破，满足不同客户需求。浪潮集团基于完善的产品线，提供适合业务应用的存储和场景化的解决方案，满足以“云、数、智”为技术应用背景的新数据时代下的创新发展与转型升级。浪潮集团领跑国内存储，聚焦前沿技术与产品创新，入围 Gartner 两大魔力象限、SPC-1 中端存储测试领跑榜单。

浪潮云连续 2 年入选 Gartner 中国云基础设施和平台服务市场标杆厂商，并以市场地位和发展能力双料第一的成绩位居中国数据云市场第一，连续9 年居中国政务云市场第一位，以发展能力第一的成绩连续 2 年位居中国行业云市场领导者象限，蝉联政府大数据市场地位与发展能力双料第一。

在技术能力方面，浪潮云打造了覆盖全国的分布式云基础设施，在全国布局了 502 个分布式云节点和 237 个数据云节点，并打造了可信数据空间，成为促进数据要素安全可信流通的新型数据基础设施。依托数据云 OpsCenter，浪潮云能够实时响应用户的“数采、数算、数用、数安”需求，为用户提供稳定、安全、高效的“一站式”数字化运营底座。在发展潜力方面，2023 年 3 月，浪潮云发布数据云业务战略，提出“百城千业”计划，将投入 100 亿元建设 100 朵城市的数据云，包含新的算力、新的 AI（大模型）以及新的安全，充分发挥浪潮云在政企市场的优势，以城市为对象，加快可信数据空间的布局，支撑数字政府和数字城市的建设。

大模型是数据基础设施的核心组成部分，浪潮云下一步的计划主要围绕三个步骤展开：一是加快数据基础设施布局，把大模型与算力送到各个城市。发挥浪潮云在政府和企业领域的优势，以城市为对象，进一步加快可信数据空间的布局，建设数据基础设施，支撑数字政府、数字城市的建设。二是利用数据空间，支撑更大范围的数据流通及供给。基于云基础设施和数据积累，打造可信数据空间，成为促进数据要素流通的新型数据基础设施。通过可信数据空间的本地化部署模式保障数据不出域，通过隐私计算、“数据沙箱”等技术实现数据可信流通，再结合安全运营保障体系，为数据提供安全供给环境，为大模型利用数据训练及推理提供安全使用环境，解决数据的可信流通问题。三是利用大模型，支撑应用重构。浪潮云研发了浪潮海若大模型，面向政府、交通、能源、医疗、司法等行业，通过海量通用数据与行业特有数据融合，满足客户的业务需求。大模型是数据基础设施建设的催化剂，能够更好地加工数据，更有效地利用数据，更充分地挖掘数据价值。面对这些趋势变化，浪潮云会持续加大投入，布局数据云，支撑数据基础设施建设。

2023 年 5 月，澳门 BEYOND 科技博览会期间浪潮云洲向媒体团介绍澳优码系列产品。

（二）广联达科技股份有限公司

广联达科技股份有限公司（以下简称广联达）成立于 1998 年，2010 年 5 月在深圳证券交易所成功上市，成为中国建设工程信息化领域首家 A 股上市公司，股票代码 002410。怀抱“用科技创造美好的生活和工作环境”的使命，广联达始终以专业精神锁定行业，期望在数字化变革新时代，以开放、互联、共享、协同的平台化理念共同打造建筑产业新生态。

广联达在全球建立 80 余家分/子公司，拥有员工 1 万余人，销售与服务网络覆盖全球 200 余个城市，为 36 万家企业客户提供百余款专业应用产品及服务。2008 年起，公司在美国、卢森堡、英国、芬兰、瑞典、波兰、德国、新加坡、马来西亚、印度尼西亚、中国香港等国家和地区设立了子公司、办事处与研发中心，以芬兰、英国、瑞典子公司为核心，辐射欧洲市场，以新加坡、马来西亚和中国香港子公司的区域优势带动东南亚市场，服务客户遍布全球 100 余个国家和地区。

秉承"数字建筑"理念，广联达聚焦运用 BIM 和大数据、物联网、移动互联网、行业 AI 等数字技术助力建筑产业转型升级。广联达将系统性数字化作为破局关键。系统性数字化以三元系统论为基础，以"数据+连接+算法"为核心，构建一体化支撑平台，打造以"BIM+智慧工地一体、项企一体、业财一体"等为代表的重点数字化场景，推动全方位、全链条、全要素的数字化，提升企业对"人、财、事、物、情"的掌控力，增强企业对价值链、供应链和产业链的拓展力，促进企业规模化高质量发展。建筑产业数字化转型正在进行时，广联达始终定位于数字化使能者，从咨询服务、解决方案、生态合作等方面发挥平台作用，整合生态资源，为产业运营者持续提供数字化服务，双方协同共生、融合发展，共建建筑产业互联网的新生态。

在辉煌的 2023 年，广联达凭借卓越的实力与表现，荣获了一系列令人瞩目的奖项：

- 在 IDC 发布的《中国数字建造市场份额，2022：建筑行业数字化转型正当时》报告中，广联达凭借从设计、施工到运维的全程数字化能力，荣登 2022 年中国数字建造市场榜首，展现强大实力。
- 在 CCID 赛迪发布的《2022—2023 年中国数字建筑产业发展研究年度报告》中，广联达作为数字建筑平台服务商，市场地位和发展能力均获高度评价，占据数字应用厂商竞争力象限的领导者位置。
- 在第五届中国卓越管理公司项目榜单中，广联达因战略、能力、承诺和财务实力等方面的卓越表现，新晋成为"中国卓越管理公司"。
- 在 2023（第十三届）软件大会上，广联达荣获"2023 中国软件和信息服务业十大领军企业"称号，董事长袁正刚被推举为"十大领军人物"。
- 在中国国际数字和软件服务交易会上，广联达及董事长袁正刚分别获得"中国数字与软件服务业杰出贡献奖"和"杰出人物奖"。
- 在第四届深圳国际人工智能展上，广联达荣获"最具品牌影响力人工智能企业"称号，证明其在人工智能领域具有强大的影响力。
- 在"2023 第十二届中国上市公司高峰论坛"上，广联达荣获"2023 中国最佳上市公司董事会”大奖，这是继2017年后其第四次摘得该奖项。

- 在中国国际数字经济博览会上，广联达的广联达建筑业务平台成功入选“2023全国企业数字化应用十佳解决方案”，并入选《2023数字化应用场景与解决方案》研究报告的优秀案例。

2023年6月，蓝迪国际智库代表团出席中国数字建筑峰会2023广联达建筑业务平台发布会。

对新时期建筑业的转型发展，广联达有以下思考：

一是加快推动我国建筑业数字化转型发展。在我国城镇化发展速度逐步趋缓以及“双碳”目标下，建筑业需从追求高速增长转向追求高质量发展，数字化转型是实现建筑业智能化、绿色化、工业化高质量发展的重要保障。政产学研要协同发展，全产业链联动起来，确立以BIM模型为代表的建筑业数据资产的法律效力，促进BIM技术全过程协同集成应用，突破“瓶颈”。在固定资产投入中进一步提升数字化基础设施占比。加快推进国有建筑企业和设计咨询企业的数字化转型。建立引领性政策和机制，加快推动建筑业数字化转型发展，如将数字技术应用列入国家优质工程奖项评选条件、打造一批数字化应用示范项目、树立一批建筑企业数字化转型标杆等。加大对建筑业数字化复合型人才和智能建造产业工人的培养力度，保障人才队伍能跟上发展需要。

二是加快推动智能建造与新型建筑工业化的协同发展。大力推动智能建造、智慧建造的发展和应用，加强智能建造在工程建设各环节的应用，形成涵盖科研、设计、生产加工、施工装配、运营维护等全产业链的智能建造产业体系，有效拉动内需，推动建筑产业转型升级。大力推进智能建造，需要标杆引领，通过一系列智能建造优秀典型案例的推广，形成示范效应。

三是积极推行绿色建造。绿色建造是落实“双碳”目标的重要举措，应实行工程建设项目全生命周期内的绿色建造，以节约资源、保护环境为核心，通过智能建造与建筑工业化协同发展，提高资源利用效率。绿色建造主要聚焦于施工阶段，要通过科学管理和技术进步，实现“四节一环保”。推动建立建筑业绿色供应链，推行循环生产方式，积极发展成品住宅和装配式建筑。加大先进节能环保技术、工艺和装备的研发力度，加快淘汰落后装备设备和技术，促进建筑业绿色改造升级。应发挥业务协同效应，推进产业链上下游资源共享、系统集成和联动发展，形成绿色建筑产业生态系统。通过数字化建造、智能建造和绿色建造，推动建筑业高质量发展，实现“用科技创造美好的生活和工作环境”。

广联达相信，插上数字化的“翅膀”后，建筑业定能迎来一个新的“黄金时期”。数字建筑的建造（供给端）和消费者使用（需求端）环节，都会呈现出全新的态势。对于建筑企业来说，建筑施工会更加安全高效，项目建设质量会更高，需要人员会更少，管理效益会更高。当数字渠道贯通后，建筑业将摆脱传统劳动密集型行业的桎梏，发展成为科技含量非常高乃至十分炫酷的新型产业，届时也会吸引大批年轻人的加入，为行业注入新鲜血液。高效的管理模式，有助于应对人口红利消失的挑战。同时，借助数字科技手段，建筑工地将更高效有序、干净整洁，建筑施工的安全“命脉”也更容易被牢牢掌控。从智能建造、数字住建的顶层设计，到 BIM、设计、生产、施工、物流、运维等作业层的构建，通过数字化，未来的房子会先虚拟建造出来，再工业化实体建成，做到项目浪费最小化、价值最大化，将传统建造提升到现代工业级精细化水平。

（三）中国土木工程集团有限公司

中国土木工程集团有限公司（以下简称中国土木）自 20 世纪 60 年代组织援建中国最大的援外项目坦赞铁路开始，不断发展壮大，当前经营范围遍布亚洲、欧洲、非洲、美洲、大洋洲 110 多个国家和地区，业务涵盖工程承包、设计咨询、铁路运营、地产投资、园区与自贸区开发、工业矿业、进出口贸易、酒店旅游等多个领域，是践行“一带一路”倡议的央企骨干力量和中国对外承包工程行业领军企业之一，连续 20 年入选全球最大 250 家国际承包商百强行列。中国土木以打造内实外美全球公司为目标，不断优化全球资源配置，秉持“勤奋、诚信、坚韧”的企业精神，成功实施了一大批享誉海内外的精品工程。其中，尼日利亚阿卡铁路是海外首条中国标准铁路，亚吉铁路是中国铁路首次全产业链“走出去”的跨国电气化铁路项目，土耳其安伊高铁是中国企业在海外建成的首条高铁，阿尔及利亚东西高速公路是中国企业在海外实施的单体最大的公路项目。近年来，中国土木加快转型升级步伐，着力搭建国际工程承包业务全产业链平台，确立了以设计咨询为引领、工程承包为主业、资产投资管理为亮点、交通运营为压轴的业务格局，具备提供基础设施投建营“一站式”解决方案的能力。中国土木高度重视“协同发展”，愿与全球合作伙伴增进合作，发挥彼此优势，携手开拓全球市场。

为提升对项目的监控和管理能力，提高监管水平，满足分公司管理升级的要求，中国土木应用数智建造技术，建设企业数智建造中心管理平台，实现企业对项目管理规范化、标准化。通过企业数智建造中心管理平台，企业决策人能够清晰直观地了解各项目整体情况，提升管理效率。通过对施工现场的全面感知，实现对施工现场的实时监控、质量管理、安全管理、物料管理、进度管理、劳务管理等，从而使工地技术智能、工作互联、信息共享，实现作业升级，使工地可视、可管、可控、可测，实现管理升级。数智建造中心数字展厅大屏通过展示企业级智慧工地建设满足观摩需求，对外展示企业实力。同时能够加强对项目的监管，满足分公司决策层对项目进度、安全、质量的管控需求；通过大数据的积累，后续为企业管理赋能，提升企业智慧决策。积累企业核心数据指标，帮助企业实现数字化管理的落地；支持分公司战略发展要求，提高企业管理能力，解决从项目部到分公司多层级协同工作问题，实现项目部对项目的精细化管理、公司的企业集约化管理和风险监控；以数智建造中心平台为纽带，与项目智慧工地平台、建筑信息模型建造系统、智慧工地智能设备等系统有效集成，在满足操作人员敏捷作业要求的前提下，为管理层提供及时、准确、全面、真实的企业运营管理数据，可以通过大屏、电脑端、移动端多种方式随时查看各单位的生产管理情况，最终提高企业核心竞争力。

智慧工地平台建设架构如下：①项目岗位层。上线包括技术管理、进度管理、安全管理、质量管理、智慧劳务、智慧物料、智慧机械、智能硬件等系统。通过现代化技术设备和软件管理系统，利用建筑信息模型、物联网、人工智能等技术，帮助项目提升管理效率，为企业采集、分析项目运营状态，高效配置企业资源服务。②项目领导层。通过集成项目各个业务系统数据信息，搭建项目智慧工地决策平台，即集成项目业务系统，满足项目精细化管控及对外观摩迎检的需求。③分公司管理层在企业管理层。通过统一部署的公司智慧工地管理平台，集成各项目智慧决策平台数据，打造分公司统一的项目智慧工地管理平台，成为分公司领导获取、分析、决策、指挥调度的平台。

2023 年 5 月 10—12 日，第三届 BEYOND 国际科技创新博览会在澳门威尼斯人金光会展中心盛大举行。中国土木港澳分公司在可持续发展展区精彩亮相，并凭借数智建造技术应用项目，一举斩获可持续发展创新大奖和影响力大奖两项殊荣。本次展览中，中国土木运用丰富的实物模型结合增强现实、虚拟现实、裸眼 3D 等科技手段，展示了“盾构机”与“2200 吨大型起重船”等大国重器的工作场景。数智建造激发创新动力，推动传统产业转型升级。中国土木在充分把握传统基建发展优势的同时，不断探索数智建造前沿科技，积极打造数智建造平台，参与数字化基础设施建设，促进传统基建项目转型升级。中国土木在澳门承建的第四条跨海大桥项目管理引入了 4D 建筑信息模型、物联网智慧工地和建筑信息模型信息化技术应用；澳门轻轨延伸横琴线项目，打造地理信息系统+建筑信息模型的可视化三维平台电子沙盘和项目整体协同管理体系；澳门新城 A 区 A1 公屋设计连建造工程采用建筑信息模型技术+装配式预制件建筑一体化建造模式，实现数智技术应用迭代升级。数字技术构建生态系统，助力绿色低碳建造，中国土木坚持将“生态优先、绿色发展”理念深度融入投资、规划、设计、建造、运营全过程。澳氹四桥初期施工阶段通过数字模拟、三维建模，对原主桥布置在桥面两侧的下承式钢桁梁进行优化，不仅使得桥梁造型更加优美、结构更加稳定，而且大幅减少了钢材和混凝土用量，实现低碳节能、绿色环保理念。

未来，中国土木港澳分公司将持续聚焦前沿科技领域，不断加大创新力度，充分利用数智赋能推动传统行业转型升级，积极打造中国式现代化企业，为经济社会高质量发展贡献力量。一是搭建企业数智建造中心管理平台。依托物联网、人工智能等核心技术，聚焦企业核心关注，通过现场可视化、管理透明化、决策数据化“三位一体”为施工企业提供高效、协同、精准、智能的智慧化管控平台。二是重点项目试点上线。依托建筑信息模型建造及智慧工地技术，实现对项目一线信息的数字化采集，满足项目精细化管理要求；数据实时上传至企业智慧工地管理平台，实现企业对项目的远程管控。同时为企业数字化建设积累可推广的实践经验。三是满足非重点项目数字化建设需求。主要聚焦澳门、香港及大湾区智慧工地政策要求，通过智慧工地系统建设，满足政府监管要求。

2023 年 5 月，蓝迪国际智库代表团与中国土木代表在澳门 BEYOND 科技博览会合影。

二、人工智能

（一）布瑞克（苏州）农业互联网股份有限公司

布瑞克（苏州）农业互联网股份有限公司（以下简称布瑞克）位于苏州市高铁新城，成立于 2014 年，是一家致力于打造中国农业“数据产业大脑”“农业产业中国芯”的农业数字化科创企业，以“互联网+农业+金融”模式，创新服务于中国农业现代化转型，打造基于农业大数据+产业互联网的智慧农业生态圈，助力推动中国农业从信息化、数字化走向智能化。

2023 年，布瑞克旗下各平台在荣誉奖项方面也是收获颇丰。经过团队一年的努力，布瑞克荣获“2022 年度中国产业互联网百强企业”“2023 中国产业互联网年度领军企业”称号，2023 国际未来农业食品百强大会“未来农业百强 TOP100”以及“农食供应链 TOP30”；布瑞克农业大数据科技集团入选

“苏州市数字乡村服务资源池”基础设施服务商；布瑞克农业互联网 & 布瑞克农业大数据入选 2023 年度苏州市人工智能应用场景示范项目，布瑞克云农批管家软件入选江苏工业和信息化厅《2023 年江苏省重点领域首版次软件产品应用推广指导目录》，入选江苏省农业农村厅“江苏省数字农业建设服务资源库单位”，入选江苏省商务厅《2024—2025 年度江苏省电子商务示范企业名单》，入选苏州市人工智能协会 2023 AI 苏州 · 融合应用企业，获得 2023 亿邦动力产业互联网“千峰奖 · 产业数字科技”荣誉；布瑞克农业互联网入选农业行业观察产业峰会三项年度榜单，入选 2022 年度苏州市独角兽培育企业；董事长孙彤荣获“2022 年中国产业互联网卓越 CEO”和“2023 中国产业互联网年度领军企业家”称号。

布瑞克旗下业务涵盖农业农村大数据、农业产业互联网、农产品电商三大板块，公司探索实践出了以农业大数据驱动农业产业互联网的农业全产业链数字化转型新路径模式，以农业农村大数据为核心，构建省、市、县农业农村大数据中心+农业云平台+N 个应用，实现农业生产端数字化，共建数字乡村基础设施；构建以省为单位的 SAC 单品农业大数据云平台，实现单品全农链的数字化。以农产品集购网 StoBtoB/FtoBtoB 平台（X 单品云、云农批、农货通）、农牧人品牌农业电商 StoBtoC/FtoBtoC 平台（X 掌柜、农牧人农场、农牧人货栈、农牧人消费电商）为抓手的产业互联网应用平台，改变传统购销模式，提升农产品流通效率，推动全产业链信息化、数字化、智能化发展，打造数字经济的农业数字产业集群，助力乡村产业振兴。打造基于大数据+产业互联网的县域智慧农业生态圈，覆盖 2000 余个县域，大数据驱动，助力乡村振兴；构建覆盖 200 余个地级市的农产品供应数字化平台，实现农产品供应数字化，“十四五”期间为我国全面实现乡村振兴和农业农村现代化贡献力量。

2023 年底，布瑞克已经在全国 10 多个省市签约 20 多个市场规模超百亿元的区域特色优势农产品全产业链数字化建设项目，包括云南核桃云、滕州马铃薯云、四川油菜云、海南芒果云、吉林豆业云、贵州油菜云、江西猪业云、河北蔬菜云、阳澄湖蟹业云、图们黄牛云等，建成落地了 5 个单品区域交易运营中心，农产品集购网大宗现货交易平台上的食品原料需求企业用户注册突破 13 万家，云仓配网络覆盖 200 多座城市，糖、大豆、猪肉、牛肉、核桃、油菜、马铃薯等品类实现了在线交易，通过农牧人衔接超 5000 家消费端线下农贸市场数字门店（肉掌柜、羊掌柜、牛掌柜、蟹掌柜、面掌柜、鱼掌柜等）。

布瑞克从农业咨询业务起步，以独到的大宗农产品价格预测模型闻名业内，是国内较早开展智慧农业大数据应用研究的企业。布瑞克是商务部电子商务示范企业，拥有专业技术研究团队近百人，持续 10 多年专注研究，研究投入总计超亿元，先后获得知识产权（专利、软件著作权）近 70 件，其中发明专利 17 件，软件著作权 50 余件。2023 年布瑞克基于农业大数据的积累优势，在国内率先布局研发打造农业通用人工智能，为农户、涉农企业、产业决策者、投资者及科学研究者提供“一站式”人工智能服务解决方案。

2023 年 5 月，澳门 BEYOND 科技博览会期间媒体团赴布瑞克展台采访。

布瑞克提供的基于农业大数据和农业产业互联网的综合解决方案建设落地，助力当地特色产业集群的建设加速，从 2019 年解决方案提出到 2023 年已经落地 10 多个项目，2024 年有加速落地的趋势。布瑞克农业大数据板块、农业产业互联网板块、农产品电商板块将加速融合成熟，可以助力项目当地快速实现农业与第二产业、第三产业的联动和融合，将生产、加工、销售、休闲农业与其他服务业有机整合，形成较为完整的产业链条，更好发挥地域资源优势。这不仅有助于提高当地农业的规模化、现代化程度，提升当地产业比较收益，也有利于实现农业生产与消费需求的对接、小农户与大市场的对接，拓展农产品的需求市场和增值空间，让农户共享增值收益。

未来布瑞克将继续发挥在农业数字化领域的专业优势和技术实力，以“让农民多赚钱、让市民少花钱”为目标，基于农业大数据和产业互联网的农业全产业链数字化综合解决方案，全面推进从“云”到“网”再到“端”的农业智能商业新模式，进一步贯穿农业全产业链，打造 100 个百亿元级的单品云，实现从农业的生产端、流通端到消费端的全程数字化，赋能优势特色农产品产业集群建设，助力产业兴旺。同时，布瑞克将加快布局农业人工智能研发，积极推动农业大数据和 AI 技术的广泛应用，以农业 AI 人工智能助力实现农业高质量发展，打造中国农业“数据产业大脑”“农业产业中国芯”，为全面推进乡村振兴和农业强国建设贡献更多力量。

（二）科大讯飞股份有限公司

科大讯飞股份有限公司（以下简称科大讯飞）成立于 1999 年，是亚太地区知名的智能语音与人工智能上市公司，致力于让机器能听会说、能理解会思考，用人工智能建设美好世界。2008 年，公司在深圳证券交易所挂牌上市（股票代码：002230）。作为技术创新型企业，科大讯飞坚持源头核心技术创新，多次在语音识别、语音合成、机器翻译、图文识别、图像理解、阅读理解、机器推理等国际评测中取得佳绩。科大讯飞两次获得“国家科技进步奖”及中国信息产业自主创新荣誉“信息产业重大技术发明奖”，被任命为中文语音交互技术标准工作组组长单位，牵头制定中文语音技术标准。

科大讯飞坚持“平台+赛道”的发展战略。基于拥有自主知识产权的核心技术，2010 年，科大讯飞在业界发布以智能语音和人机交互为核心的人工智能开放平台——讯飞开放平台，为开发者提供“一站式”人工智能解决方案。截至 2023 年 12 月 31 日，讯飞开放平台已开放 647 项 AI 产品及能力，聚集超过 578.5 万开发者团队，总应用数超过 217 万，累计覆盖终端设备数超过 39.6 亿，AI 大学堂学员总量达到 76.3 万，链接超过 500 万生态伙伴，以科大讯飞为中心的人工智能产业生态持续构建。

在平台基础上，科大讯飞持续拓展行业赛道，现已推出覆盖多个行业的智能产品及服务，推动在智慧教育、智慧医疗、智慧城市、智慧司法、金融科技、智能汽车、运营商、消费者等领域的深度应用，“To B+To C”双轮驱动成果显现。2023 年 5 月 6 日，科大讯飞正式发布新一代认知智能大模型——讯飞星火认知大模型。该模型拥有跨领域的知识和语言理解能力，能够基于自然对话方式理解与执行任务；从海量数据和大规模知识中持续进化，实现从提出、规划到解决问题的全流程闭环。该模型整体布局为“1+N”体系。其中，“1”是指通用认知智能大模型；“N”是指大模型在教育、办公、汽车、人机交互等各个领域的落地。科大讯飞在智能语音和人工智能核心研究和产业化方面的突出成绩得到了社会各界和国内外的广泛认可，其作为“中国人工智能国家队”一员已成为共识。科大讯飞致力于与广大合作伙伴一起，用人工智能建设美好世界。

讯飞星火认知大模型的发布和应用为整个 AI 行业带来了新的发展方向，基于研发讯飞星火认知大模型的经验和应用落地反馈，科大讯飞对通用大模型未来的发展趋势提出相关思考：

一是多模态与多语言。人类大脑皮层感觉区包含躯体感觉区、听觉区、视觉区，让人接收不同通道的信息；大脑皮层的联合区则会整合来自各感觉通道的信息，对输入的信息进行分析、加工和储存，也支配、组织着人的语言和思维。这也是人类大脑多通道感知融合与认知产生的机理。对于想要像人类大脑一样聪明的大模型来说，这种机理值得参考借鉴。相应地，多模态大模型的发展在 2023 年也确实广受关注。站在未来发展的角度，以语言为核心的通用认知大模型仍然是核心基础，也是技术阶跃的关键。在此基础上，语音、图像、视频等其他模态对齐到统一语义空间中，结合插件工具可实现多模态协同涌现。无论是多模理解还是多模生成，都离不开认知智能大模型完成的文本生成与文本输入。这也是从认知智能大模型到多模态智能大模型的路径。多语言同样是大模型未来的重要方向。一方面，多语言能力能够带来更丰富、更好的使用功能和体验，拓展更多的应用可能；另一方面，多语种的对齐也能够让大模型拥有更好的深度理解能力，学会“融会贯通”“集百家所长”。

2023 年 5 月，澳门 BEYOND 科技博览会期间科大讯飞介绍星火大模型系列产品。

二是可信可解释。大模型将人工智能三要素中的数据升级为“大数据”。大模型表现出的海量知识记忆能力高度依赖训练数据的质量，各个场景数据的有效利用，能够帮助大模型实现智能涌现。同时，认知智能数据标注工程也从劳动密集型向知识密集型转变。保证海量数据的源头质量离不开对文本数据进行高质量处理，需要建立立体化保障机制来解决认知大模型当前的“污语料”和幻觉问题。多语言混合训练、混合协同过滤等相关方法是可尝试的方案，在提升多语言能力的同时，也能对海量数据进行非常精细的处理。此外，配套对应的系列插件能够使大模型的交互生成内容更加自然、准确、及时，且可拓展、可定制、便捷性高。例如，针对各类型任务构建专业知识库，以类搜索插件技术实现知识获取，再基于大模型的理解和概括摘要能力给出答案。这样能够融合知识库辅助大模型实时进行知识学习，通过对异构知识进行精准应用来保障回答的准确性，大模型不再“胡思乱想”“胡言乱语”。

三是系统性创新。过去，AI 领域的单项技术突破产生了丰硕的成果和应用成效。当单项技术水平差异不大时，有机融合多项技术的系统性创新则有更大的机会。以搭载了讯飞星火认知大模型的星火语伴为例，除大模型本身的能力赋能英语口语对话交互内容之外，星火语伴本身还系统性地组合了多语言识别、语音合成、机器翻译、虚拟形象等技术，实现了 AI 虚拟老师陪伴口语练习、发音评测、语法纠错等功能。未来，大模型也会向系统性创新迈步。普通人、创业者和极客在构建 AI 机器人方面相比 OpenAI 这样的公司更有优势。AI 机器人是帮你处理事务的“数字助理”，在大模型技术驱动下，只要给它一个目标，通过自然语言的交互方式，AI 机器人便可以自动、高效执行和处理剩下的工作任务。AI 机器人的关键组件包含感知、规划、记忆和工具使用等，由多种 AI 技术的系统性创新融合构建而成。大模型时代需要多专多能，这意味着既要有多项源头核心技术，也要有丰富的行业场景，二者相辅相成才能够走得更远。

四是软硬一体国产化。随着模型参数和训练数据的不断增长，对算力的考验也越发严峻。对于国内大模型来说，AI 芯片等软硬件已成为当前“卡脖子”的底层基础设施。一方面，加码制裁的行为犹如达摩克利斯之剑；另一方面，国产智算芯和软件生态与国际一流水平也有一定差距。大模型的研发底座不能出现“把自己的房子建在别人的院子里”的情况，因此，国内大模型要尤为重视国产 AI 芯片软件生态的建设并积极参与其中，在训练侧与推理侧推动国产化使用进程。短期内，也许相关的适配等工作会略微放缓节奏，但从长远来说，软硬一体国产化是国内通用大模型的“必由之路”。

科大讯飞的未来战略路径：坚定不移地实施“顶天+立地”的技术战略；坚持技术创新与应用创新，做到核心技术顶天，产品应用立地；坚定不移地推进“平台+赛道”的产品战略，基于核心技术平台，积极拓展行业赛道，用人工智能为行业赋能；坚定不移地推动“To B+To C”的市场战略，B 端行业赛道与 C 端消费者产品两手抓，形成双轮驱动的良好格局。科大讯飞的未来奋斗目标：达到十亿用户，实现千亿收入，带动万亿产业生态，成为中国人工智能产业领导者，在全球人工智能产业中代表中国赢得话语权，成为用科技创新引领未来、用人工智能建设美好世界的杰出公司，并向伟大公司迈进。

（三）广州数说故事新兴科技有限公司

广州数说故事新兴科技有限公司（以下简称数说故事）成立于 2015 年，是“一站式”大数据及 AI 智能应用提供商。公司以双总部模式运作，总部同时设立在广州及横琴，并在北京、上海、成都等主要核心城市设有本地化分支机构。数说故事构建了从数据采集、处理、分析、建模到商业应用的全价值链解决方案，打造了洞察云、内容云、营销云、销售云、体验云五大产品矩阵，完整覆盖产品创新、品牌营销、用户运营、渠道经营、用户体验的商业应用场景。截至 2023 年 12 月，数说故事已为全国 500 多家头部企业提供服务，覆盖快消、零售、科技、互联网、3C、美妆、家电、广告营销、市场研究、房地产、汽车、政企等 10 余个行业，助力企业及政府实现业务变革和营业收入增长。

数说故事与南方财经全媒体集团签署了战略合作协议，双方将联合天河区政府合作共建粤港澳大湾区（广东）数字金融算法中心，组建大湾区数字金融算法委员会，围绕地方金融风险监测预警、经济与产业运行监测、数据规则体系建设、精准招商、金融算法人才培养等诸多应用场景，合作打造数据算法产品服务体系。在 2020 年第二届数据智能营销论坛暨第三届 CMO 增长峰会上，数说故事创始人兼 CEO 徐亚波接受凤凰网访问。

徐亚波博士作为首批粤港澳大湾区数字金融算法委员会专家成员，围绕数据赋能金融机构智能决策分享了三个应用算法研究课题：一是倾听市场的声音，把传统的结构化数据向非结构化延伸，让文本、视频等数据都能得到更好的处理和解析；二是感知市场情绪，致力于情感计算，对市场的总体方向进行分析；三是推动智能决策，从“风险”和“机会”两个方向入手，在前述两点的基础上，利用数据进行分析和预测，降低交易风险，同时帮助金融企业发现新的投资机会、交易机会。

2023 年 10 月，蓝迪国际智库代表赴数说故事横琴总部实地调研。

数字经济是以大数据、智能算法、算力平台三大要素为基础的新兴经济形态。其中，智能算法是衡量数字化水平的关键指标之一。算法是数字经济的核心，通过算法能将数据的价值发挥出来。在金融行业，算法技术广泛应用于优化投资、风险防控、绿色金融、普惠金融等各个领域。在加速发展数字经济的关键时期，数说故事将充分利用数据和人工智能技术的前沿优势，落实好三个应用算法研究课题，促进数字经济与金融业务深度融合，为经济高质量发展提供新动能。在不可阻挡的数字化趋势下，营销场景在线上线下向广义化进发，企业和消费者皆置身其中。对此，徐亚波认为，好的企业，商业价值与社会价值相辅相成；数据技术的成熟，帮助企业更好地把握市场需求，在实现商业价值的同时，也实现了利他的社会价值。

数据是营销版图的基础。营销行业其实是科学和艺术的结合，其中，数据至少应该占半壁江山。营销行业变化迅速，而作为这个行业的要素之一，数据层面已经有足够好的技术支撑。目前，营销在应用场景中落地，比较大的变化是，现在大家已经全面数字化，所以，对场景的理解开始变得宽泛。一方面，以前大家理解的“场景”，就是要做精准营销；现在，大家已经可以从线上线下在广义上展开各种不同的场景。另一方面，在环节上，大家开始更多地把数据用在更前期的策略层，而不只是用在执行层。

一个好的企业，应该把这两者相结合。第一，数据是一种强大的力量，能够驱动社会的运转；第二，中国企业正处于转型升级阶段的发展趋势，每个企业的产能都需要升级，管理也需要升级，希望能利用数据带动企业更好地增长。企业的发展与中国社会的发展、行业发展紧密关联。而社会效应方面，应该是各个企业做得更好，人民的生活水平随之提高；数据帮助企业抓住消费者需求，让更多好的企业满足更多需求，消费者也因此变得更幸福。推动营销的发展有以下两个方面。第一，消费者在不断变化，越来越多更年轻的消费者进入市场，各种各样新的消费场景出现；第二，超级供应链逐渐成熟，供应变得越来越容易，更多新的用户场景随之产生，新的用户故事、新的品类也开始出现，元气森林、花西子、完美日记等品牌不断地出现、崛起。这带来了营销的新机会，其一，有各种各样新品类出现。其二，品牌商与消费者之间的触点越来越广泛、频繁，品牌商应利用技术更多地与消费者互动，并让他们认可品牌，喜欢品牌。

数说故事强调“一站式”，其实是在强调用数据帮客户解决闭环这个商业问题。而解决闭环问题，需要有以下三要素：第一，需要有数据，公司积累了大量与消费者相关的数据，同时，也能处理企业内部的数据，可以做到内外结合。第二，平台有很好的技术，如 AI 技术、大数据平台技术、数据中台技术等。第三，数说故事懂应用场景，可以把每个企业需要的应用场景做成一个闭环，交付品牌商，这是最大的特点。市场上很多公司是横向去切的，而数说故事是卖平台工具的，是做数据的，是做纵向切的更前面的商业服务。而且数说故事比较专注的消费品领域服务了很多大的品类、品牌，比如，食品饮料、日化美妆、数码等领域的巨头，与老百姓的衣食住行、美好生活相关的核心品牌都在关注之列。

（四）深圳蓝胖子机器智能有限公司

深圳蓝胖子机器智能有限公司是一家智能机械手研发商，致力于研发与机器人相关的智能硬件系统，包括人工智能学习、机器视觉、触觉感知、自主导航、多机协作、移动平台操作等项目。公司是行业领先的智能无人仓整体解决方案供应商，提供分拣、运输、拆码垛、入库、装卸载、优化调度等环节的软硬件相结合的“一站式”解决方案，拥有布局全球的多元化业务能力。

2023 年由深圳市工商业联合会（总商会）指导主办的“深圳行业领袖新

青年”评选结果出炉。蓝胖子机器智能 Dorabot（以下简称蓝胖子）联合创始人兼 CEO 邓小白作为智能无人仓储领域青年企业家代表获得此项荣誉。在 CEO 邓小白的带领下，蓝胖子已经发展成为智能仓储解决方案赛道上的领先企业，与 DHL、FedEx、UPS、巴斯夫、沃尔玛等众多世界 500 强企业及行业龙头建立了合作，正持续助力各行业客户实现降本增效，以科技助力绿色低碳发展及碳中和目标的实现。2023 年 11 月 13 日，由浙大控股集团指导发起的第二届智慧物流应用式创新大赛总决赛在顺丰创新中心举办，蓝胖子智能无人仓整体解决方案从来自中国科学院、清华大学等高校及企业的 71 个科技创新型项目中脱颖而出，荣获二等奖。

“蓝胖智汇”是深圳蓝胖子机器智能有限公司旗下的供应链智能决策 AI 软件品牌。品牌旗下产品主要通过人工智能算法技术为企业供应链运营提供智能决策支撑服务。“蓝胖智汇”聚焦于供应链执行层的流通交付环节，主要关注订单交付和库存周转效率。作为供应链智能决策的切入点，“蓝胖智汇”将其自研的决策智能算法应用于执行层订单交付的离场物流计划上，包括车辆和集装箱的配载运输计划以及仓库的备货计划等具体实操计划。通过优化这些作业计划，“蓝胖智汇”提高了订单交付和库存周转效率，帮助企业降低了物流成本。

在企业经营中，每一次供应链计划决策选择都关系到企业的经营绩效。尤其是在物流运输领域，如何合理地配置货物在集装箱内的位置和数量，以达到最大化的装载量和最小化的配载时间，是每个企业都需要考虑的问题。“蓝胖智汇”看到了企业的痛点，也看到这里面的机会，因此推出装满满智能装箱配载模拟软件服务。装满满智能装箱配载模拟软件服务基于自研人工智能算法引擎——“蓝胖智汇”，能够自动分配货物在集装箱内的位置和数量，从而最大化装载量，最小化配载时间。无论是规格多样的货物，还是目的地各异的订单，都能通过装满满智能装箱配载模拟软件服务得到最优的装载规划。在海运拼柜场景中，众多货物品类尺寸不一，目的地各异。装满满智能装箱配载模拟软件服务能够帮助企业更高效地利用海运柜，同时完成目的地卸货最优的装载规划，节省运输成本，提高运营效率。在铁路柜进行装箱规划时，装满满智能装箱配载模拟软件服务能够兼顾货柜的重心，避免不达重心标准返工重装，在保证装载量的同时，确保货物的安全和稳定。

在电商集拼切箱场景中，装满满智能装箱配载模拟软件服务能够将零散订单货物快速、高效拼至指定尺寸的载具中。让企业在激烈的市场竞争中以更快的速度、更低的成本提供更好的服务。“蓝胖智汇”提供从底层的算法，到标准的算法，再到上层的服务和定制系统开发以及微信小程序的全栈式交付方案。让企业能够基于已有的信息管理系统，针对特定的供应链执行层订单交付业务流程去构建专属的决策优化工具。借助装满满智能装箱配载模拟软件，企业可以通过已有的信息系统进行有效的计划分享和整合，让前后环节上的不同职能、不同部门共同分享同一份实操层面作业计划，实现高效协同。装满满智能装箱配载模拟软件服务能够针对实际业务流程中的痛点和盲区，提供切实有效的解决方案，让智能决策计划成果真正改善和优化实际业务流程，提高企业的运营效率和竞争力。简单来说，装满满智能装箱配载模拟软件服务为企业提供了全新的物流运输解决方案。通过智能配载，优化运营，节省成本，提高效率，让企业能够在激烈的市场竞争中脱颖而出。

“蓝胖智汇”致力于成为企业智能决策领域的可靠伙伴，其通过自研的决策智能算法，优化供应链执行层的流通交付环节，提高订单交付和库存周转效率，降低物流成本。无论是在离场物流计划、生产包装设计还是销售响应方面，“蓝胖智汇”都为企业提供了智能化的解决方案，助力企业实现更高效的供应链管理。

三、医药大健康

（一）武汉杨森生物技术有限公司

武汉杨森生物技术有限公司（以下简称杨森公司）成立于2009年4月，是正大集团旗下以创新型聚氨酯原材料为底层技术的高端心血管医疗器械研发、生产与销售的国家高新技术企业，在武汉光谷生物城拥有1000平方米GMP万级洁净厂房。公司有授权和受理国家发明专利20余件，2017年、2018年连续两年承担国家重点研发计划项目。

现有“三层仿生结构人工血管”产品是国内唯一、国际领先的仿人体自身动脉结构的人工血管，已获批国家创新医疗器械绿色审批通道，主要应用于心脏搭桥、动静脉造瘘以及周围血管疾病等领域。目前，产品已完成动物实验的研究，获得了临床试验伦理批件，并于2020年进入临床试验。2015年获得深创投2000万元A轮融资。“三层仿生结构人工血管”创新性地将聚氨酯材料作为底层材料，增加织物层作为加强层，通过模拟人体血管每层结构的功能，构建高仿生人工血管，具有柔顺性好、防针眼渗血、抗凝效果好、与周围组织无粘连等特点，颠覆了统治全球 60 多年的以涤纶和膨体聚四氟乙烯（ePTFE）为主要材料的人工血管产品。

目前，产品正在中国医学科学院阜外医院等国内 10 多家顶级医院开展临床试验。前期临床对照试验显示，新型聚氨酯人工血管因为优异的防渗血性能，将手术时间平均缩短近 2 小时，术后胸腔引流量减少 2/3，出院时间由 9 天缩短到 6 天。整体结果显示，我国自主研发的人工血管，性能已经完全超越近 70 年历史的进口涤纶人工血管，成功实现进口替代和超越，成为“中国造”的一个标志性产品，同时，该产品将大大降低医疗成本，让数百万血管病患者受益。未来还将在直行血管的基础上积极推动窦型血管、分支型血管、肾透析血管以及高分子瓣膜产品的研发，力争成为心血管疾病治疗的最后战场，助力中国高端医疗器械实现进口替代。

人工血管市场，目前主要是大、中口径产品的应用，且临床使用主要依赖进口产品。在材料方面，临床上使用的人工血管主要材料是涤纶和 ePTFE，尽管临床使用 20 多年，但是它们的远期通畅率并不乐观，对于涤纶血管来说，5 年通畅率不到 20%，而 ePTFE 血管的通畅率也不超过 30%。这大大限制了患者的生存预期，甚至要反复经受手术的痛苦。尤其小口径人工血管与肾透析造瘘人工血管产品仍处于研发阶段，虽然是国际上近 10 年的研究热点，但是到目前为止没有任何正式的产品诞生。原因在于此类临床适应证对人工血管产品的材料自身支撑力、血管的可缝合性、生物相容性以及抗凝血性能方面的要求均远高于大、中口径人工血管产品，技术难度很高。

从市场需求情况来看，全球总人口 75.79 亿人，其中心血管疾病患者 21 亿人，心血管疾病是全球疾病的头号杀手，全球每年 4000 万~5000 万人死于心血管疾病。在心血管疾病中，人工血管目前主要应用于冠状动脉血管置换、主动脉血管置换、外周血管置换、肾动脉透析造瘘等领域。根据统计数据：2018 年，全球人工血管市场容量为 355 万支，其中中国人工血管市场容量为 48.5 万支。按照目前市场人工血管的产品平均售价（1.5 万元），全球人工血管市场为 532 亿元，其中中国市场为 73 亿元。在冠状动脉血管置换治疗领域中，美国每年有 100 万心脏搭桥患者，而 2018 年在中国的心脏搭桥手术有 4.5 万例，现在心脏搭桥所用的移植血管依然是取自患者自己的人体血管，而人体自身的血管是很有限的，不仅手术创伤非常大，而且对医疗条件与手术人员要求较高，因此目前中国的手术量远低于美国。此外，适用于心脏搭桥的小口径人工血管产品（小于4毫米）目前仍属于空白，很多患者因自身血管原因无法进行自体移植而错过治疗，因此小口径人工血管产品全球的临床需求量仍然巨大。以中国2018年数据为例，在冠心病、高血压、脑卒中等心血管疾病中都可能会使用小口径人工血管产品，《中国心血管病报告2018》中统计的这几类心血管疾病数据合计约2.69亿人，假设需要进行人工血管产品替换的患者仅为5‰，小口径人工血管的市场平均价格为2万元，那么小口径人工血管的静态市场即为269亿元，潜在市场巨大。

在肾动脉透析造瘘领域，2019年全球肾动脉透析造瘘领域人工血管行业市场容量为89.5万支，而在中国2018年肾动脉透析造瘘领域人工血管行业市场容量为9.8万支，国内肾动脉透析造瘘领域的人工血管生产行业仍处于起步阶段，其产品主要依赖进口。因此，虽然国内潜在需求较大，但由于价格、成本较高等问题，市场实际容量较小。事实上，国内潜在需求较大，若公司小口径人工血管产品问世，按照每年在血管造瘘方面花费2万~3万元测算，肾动脉透析造瘘领域的静态理论市场规模为400亿~600亿元（按照200万人的患者数量计算），并且国内甚至全球的市场规模仍根据透析治疗率和终末期肾脏病（ESRD）患者数量在保持增长。

国家在《“十三五”健康产业科技创新专项规划》中指出，要突出解决我国高端医疗器械严重依赖进口、核心部件国产化程度低的问题，重点加强高值耗材等重大产品攻关，打破进口垄断，降低医疗费用，提高产业竞争力，促进我国高端医疗器械行业的跨越发展，推动产业整体向创新驱动发展转型。杨森公司在行业发展现状下，借着国家政策东风，自主研发了全球首创“三层仿生结构人工血管”。本产品为推动中国生物医疗产品的发展作出了重要贡献。

（二）上海仲时药业有限公司

上海仲时药业有限公司成立于2016年9月18日，是“丹参素钠”研发团队设立的项目公司。公司于2018年12月30日与原知识产权持有单位签署了技术转让合同，取得了“丹参素钠”所有知识产权并继续开展该项目的新药研发工作。传统中药丹参具有2000年的应用历史，具有祛瘀止痛、活血通经、清心除烦之功效，广泛用于心绞痛、心肌梗死、中风等心脑血管疾病的治疗。第二军医大学张川教授团队将其开发成具有自主知识产权的国家一类新药，于2016年5月获得原国家食品药品监督管理总局颁发的临床批文，并在此基础上，研发了系列新药。创始人梅伟伶拥有深厚的科研与新药开发经验，以及丰富的社会资源和团队资源；以张川教授为核心的研发团队实力雄厚，是国内新药开发领域的领军人物；高管拥有多年大型药企研发、运营、管理与销售经验，同时拥有多位资深顾问。

上海仲时药业有限公司的主力产品“丹参素钠注射液”为国家一类中药新药（目前国家唯一的丹参类注射剂一类中药新药），预计 2025 年完成全部临床研究，2025 年将获得生产批文。“丹参素钠注射液”与“丹参注射液”适应证相同，具有活血、化瘀、理气、止痛的作用，用于治疗胸中憋闷、冠心病、心绞痛和缺血性脑中风。该药由市场广泛应用的“丹参注射液”经过系统的科学研究，并大幅提升技术含量后改进而来。采用现代制药工艺技术，从中药丹参中提取其最主要的有效成分——丹参素钠，并使有效成分纯度超过 98%，达到了新药审评所要求的国家一类中药新药的含量技术要求。本产品的研制成功，解决了传统的“丹参注射液”副作用大、作用机理不清、所含成分复杂、给药剂量不准确等问题，合理地保留了“丹参注射液”的最主要有效成分——丹参素钠，去除了其他杂质。丹参素钠（原料）和丹参素钠注射液（制剂）于 2010 年申报了国家一类中药新药，注册受理号分别为 CXZL1000088、CXZL1000089。

2023 年 11 月，蓝迪国际智库代表赴上海仲时药业深圳研发中心实地调研。

该品种顺利通过上会审评，经过发补资料于 2016 年 5 月获得临床批文，临床批文号：2016L05316、2016L05317。目前，已完成Ⅰ期临床试验，预计 2025 年完成全部（Ⅰ期、Ⅱ期、Ⅲ期）临床研究，2025 年获得生产批文。Ⅰ期临床研究单位：苏州大学第一附属医院。Ⅱ期临床研究单位：上海第十人民医院、河北第四人民医院。Ⅰ期临床研究结果表明，丹参素钠注射液安全性良好。丹参素钠注射液产品优势：有效性得到保证、安全性大幅提高、生产成本低、制剂稳定。由于本品纯度高、结构清楚，每支药物所含有效成分恒定，所以其有效性得到保证；由于安全性好，在某些需要增加用药剂量的情况下，可以安全地增加用药量，保证不同敏感性病人得到有效的治疗。由于产品中几乎完全除去了非有效成分（包括大分子蛋白质、多糖等致敏性物质），故而本品的安全性（主要包括过敏性等）得到大幅提高。

本品采用了高温灭菌工艺，使得本品的无菌保证性高于采用冷冻干燥工艺的“注射用丹参多酚酸”“注射用丹参多酚酸盐”等产品 1000000 倍，即本品的无菌安全性要高出 100 万倍。科学、先进的生产工艺避免了冷冻干燥工艺生产周期长、设备投入大、占用资源多的问题，大大降低了生产成本，可以有效减轻病人及国家医保的经济负担，同时避免了能源消耗大的问题，更节能环保。研发团队通过科学研究和攻关，解决了丹参中酚酸类有效成分稳定性差的问题，制成了稳定可靠、方便生产的制剂，不仅生产过程中无须采用严苛的工艺，储存、运输过程也对环境无特殊要求，在保证药物稳定可靠的前提下，极大地方便了患者的使用。

“丹参素钠注射液”是国内第一个用于治疗冠心病、心绞痛的丹参类制品。在医药销售市场上，独家品种具有巨大的优势。由于提取、制剂等技术取得突破，本产品作为有效成分含量在 95%以上的国家一类新药，在有效性、安全性、环保等方面全面优于现在市场上流通的产品，上市后有望全面替代现有品种，为广大患者提供安全、可靠的冠心病、心绞痛治疗药物，产生巨大的社会效益和经济效益。

“丹参素钠注射液”为国家一类新药，上市后即可享受国家政策保护。本品的制备工艺于 2008 年向国家专利局申请了提取工艺专利“从丹参中提取高纯度丹参素的方法”，2011 年获得专利授权，专利号：ZL200810038853.9。国家发明专利的有效保护期为 20 年。在此期间，别人无法仿制。

“丹参素钠注射液”研究团队以第二军医大学为核心，整合了有关药厂具备生产、运行管理经验的技术人员共同参与。该研发团队具有获得临床批件和新药批准的完整经验，曾成功申报抗癌药物“注射用重组改构人肿瘤坏死因子”（国药证字：S20030069），并已得到原国家食品药品监督管理总局的正式生产批文。目前，作为“丹参素钠注射液”后备新产品，研究团队已对第二代、第三代等“丹参素”进行了近10年的技术储备，准备研发第二代可以口服、吸收有效的“丹参素”衍生物、第三代可以治疗脑血管疾病的“丹参素”衍生物等。这两类新的储备品种，目前已进入临床前研究阶段，预计2024—2025年可上报国家药品监督管理局。此类新药的发明，有望产生重大的社会效益和经济效益，是具有里程碑式重大意义的国家一类新药。

丹参素钠注射液及丹参素衍生物DD-16作为大品种的一类心血管药物，产品上市后的市场巨大，因此，在注射液及口服药物上市前，研发团队开发出了基于丹参素的可以口服的丹参产品“安心舒泰饮”。通过与澳门南粤集团合作，安心舒泰饮在澳门注册了保健食品。经与专业机构咨询，目前公司基本符合香港交易所GEM上市条件，因此，公司目前拟规划的退出方案，首选香港交易所GEM上市（IPO）。

（三）衡羽（珠海）生物科技有限公司（安氏健品牌）

衡羽（珠海）生物科技有限公司是一家由美国顶尖华裔科学家创立的营养素公司，旗下品牌安氏健（Healogic）主要产销食品级安全、药品级功效的营养素产品，并在全球首次推出“营养代谢精神康复”概念的行业标杆。

安氏健2023年发布的贝塔酸产品，是人体脂肪代谢过程中自然生成的小分子物质。鉴于其对脑细胞供能与提高大脑神经递质传递效率的特殊效果，也被科学界誉为“大脑燃料”。自20世纪40年代起，以哈佛教授George F. Cahill和Dr. Richard Veech为代表的科学先驱便开启了贝塔酸的研究之旅，至今全球科研与医学界已累计发表逾万篇相关实验与临床论文。同时，贝塔酸在用于精神心理疾病的缓解和改善方面，得到非常正向的临床结果。作为生物基天然物质，贝塔酸在人体内广泛存在，婴儿体内含量尤其丰富，其极低的重金属含量（十亿分之一级别）确保了对人体的绝对安全性。2017年，贝塔酸作为唯一入选中国“天舟一号”宇宙飞船细胞实验的活性物质，用于解决宇航员在失重环境下的健康问题实验。2022年，贝塔酸通过美国FDA的食品添加剂的安全性指标（GRAS）评价。安氏健旗下的贝塔酸产品在澳大利亚正式获批上市，并且具备在该国市场的自由销售资质与原产地证明。该产品有望在2023年正式引入中国市场，成为安氏健继超级氨糖FLEX EZ关节营养素、AG Pro 痛风片之后，最具“黑科技”色彩的天花板级别“营养代谢精神康复”产品。

安氏健 2023 年发布的 AG Pro 专利降尿酸产品，源自美国尖端科技配方，精选高效原料，经过科学配比，旨在带来安全、高效、精准的降尿酸体验。安氏健 AG Pro 的原料价格高昂，其专利配方经过严格筛选和研发，确保产品安全无副作用、不伤肝肾。最新配方无色无味，达到保健品级安全标准，并获得美国专利保护，可以长期服用。AG Pro 的独特之处在于，其迅速释放的降解因子能有效促进尿酸降解及尿酸盐结晶的溶解与排出。服用后 24 小时内即可启动尿酸降解过程，5~10 天内，关节、软骨及肾脏中的尿酸盐结晶显著减少，持续服用 1~2 个月，尿酸水平可回归正常并维持稳定。安氏健 AG Pro 的精准之处在于它突破了以往利用过度排尿降酸的常规方法，通过天然物质提升人体尿酸分解酶前体，从而精准降解血液中的尿酸，分解关节、软骨、肾脏的尿酸盐结晶体。此外，安氏健 AG Pro 特别适用于高尿酸、痛风人群，特别是那些关节等尿酸结晶沉积部位出现红、肿、热、痛症状的患者。

2023 年 11 月，蓝迪国际智库代表赴安氏健珠海脑康复中心座谈交流。

安氏健的配方研发与成分创新是其核心优势，主要体现在以下三个方面。一是安全性。安氏健坚持将食品级安全标准作为所有产品的最低要求，并且在国内进行一系列第三方权威机构口服安全性检测，通过报告验证其食品级安全的标准。二是功效。安氏健始终秉承“只生产真正解决用户问题的产品”的原则，以 AG Pro 痛风营养素为例，该产品在短短两年内便赢得了数十万用户的信赖，并实现了极高的用户满意度。三是无负担。鉴于产品的食品级标准，在规范的用量范围内，用户无须担心额外的身体负担或者副作用问题，真正实现“营养代谢精神康复”的安全和疗效双赢。

2023年“安氏健贝塔酸营养代谢精神康复专家顾问会”的成功举办，正式拉开了“安氏健精神康复中心”全国布局的序幕。安氏健作为全球前沿生命科学技术的先行者，计划在未来一年中，在全国13个省市设立“安氏健精神康复中心”，并通过前沿、先进的营养代谢康复手段，为中国精神康复患者带来福音和希望，这势将改变国内精神康复领域的格局。

四、新能源

（一）宁德时代新能源科技股份有限公司

宁德时代新能源科技股份有限公司（以下简称宁德时代）成立于2011年，是由德邦集团孙正文先生创建的一家新能源产业公司。公司总部位于福建宁德。经过10年的发展，宁德时代已成长为全球领先的新能源产业公司之一，是中国最大的动力电池制造商，也是国内最大的储能系统供应商之一。宁德时代主要生产的是锂离子电池及其系统，产品涵盖电动汽车、储能系统、电动二轮车、电动三轮车等。公司旗下拥有清能集团、宁德时代动力、宁德时代新能源等多个分公司。其中，清能集团主要从事新能源汽车研发和生产，包括纯电动汽车、插电式混合动力汽车和燃料电池汽车；宁德时代动力则专注于离子电池及其储能系统的生产和销售，主要应用于储能电站、分布式能源和电动车辆等领域；宁德时代新能源则致力于绿色金融和环保产业的发展，包括能源管理、绿色城市建设等。

宁德时代有以下优秀技术：①CTP技术，业界首创的CTP高效成组技术，通过高集成结构设计，提升电池包体积利用率。从第一代CTP到最新的第三代麒麟电池，电池包体积利用率从55%提升到72%。三元体系的麒麟电池系统能量密度可达255瓦·时/千克，磷酸铁锂体系的能量密度可达160瓦·时/千克。②CTC（Cell to Chassis）技术，将电芯与车身、底盘、电驱动、热管理及各类高低压控制模块等集于一体，使行驶里程突破1000千米；并通过智能化动力域控制器优化动力分配和降低能耗，百千米电耗降至12千瓦·时以下。③高镍811领先体系，配合业界首创的纳米铆钉技术，在电芯层面进行结构加固防护，大幅提升能量密度，有效兼顾高标准安全可靠性。④高电压技术，精准的单晶颗粒设计，搭配耐氧化电解液，通过不断拓宽电压上限，脱出更多的活性锂，从而显著提升能量密度，实现最优性价比。

2023 年 6 月 21 日，宁德时代入选美国《时代》周刊 *TIME*“最有影响力的 100 家企业”榜单，该榜单旨在表彰那些在全球领域产生卓越影响力的公司。2023 年 7 月 13 日，在德国法兰克福举办的汽车创新奖颁奖典礼上，宁德时代凭借突破性的麒麟电池技术，再度荣获“最具创新力车企供应商——动力总成”类别大奖。2023 年 11 月 9 日，诺贝尔可持续发展基金会在德国慕尼黑宣布，将 2023 年可持续发展特别贡献奖授予宁德时代董事长曾毓群，以表彰他在推动全球交通电动化和能源革命进程中的卓越贡献。宁德时代还是全球首家电池“零碳工厂”、全球“灯塔工厂”和国家级“智能制造示范工厂”，入选工业和信息化部发布的“2023 年度绿色制造名单”，荣获“国家级绿色工厂”称号。2023 年，我国新能源汽车销量抵达“千万级”关口，可再生能源装机量历史性地首次超过了火电装机，电池行业已经迈入从有到好的新阶段。

赢取下一个高质量发展的新时代，需要不断超越客户期待，向更负责任、更高质量、更创新的生产和服务全面进化。一是创新的进化。消费者和主机厂正在对电池提出越来越高的要求，要加大创新投入，不断提升技术能力，差异化满足客户需求。二是成本和质量的进化。实现全面电动化和全面使用可再生能源，成本是关键。现在电池的成本已经降了 80%以上，还要继续提升。三是零碳的进化。实现可持续发展不仅是企业的社会责任，也是企业长期发展的战略机遇。零碳作为一个战略性的投入，在不久的将来，将成为宁德时代和供应商伙伴的又一个核心竞争力。

宁德时代是一家具有广阔市场前景、技术领先、管理规范的新能源企业，一直处于行业领先地位，发展潜力和机遇巨大。未来，宁德时代将继续抓住新能源产业发展的机遇，不断提高产品技术水平和品质水平，在全球范围内推动新能源产业的发展，为世界的绿色能源转型作出更大的贡献。一是新能源汽车推广的加速。随着全球电动汽车市场的不断扩大，新能源汽车的推广势头必将持续加速。根据国家能源局的规划，到 2025 年，新能源汽车销售比例将超过 25%，到 2035 年电动车将占据 80%以上的销售比例。这为宁德时代的发展提供了无限的机遇空间和市场空间。二是储能市场的持续增长。随着新能源电力系统的日益成熟和普及，储能市场的前景将会更加广阔。尤其是一些人口稠密、资源匮乏的地区，其对储能技术的需求将更加迫切。此外，政策引导和资本投入也将助力储能市场的持续增长，为宁德时代提供更多的商机。三是技术创新的持续推动，技术是新能源产业发展的核心驱动力，也是企业不断提高产品性能和市场竞争力的关键。宁德时代在技术创新方面一直处于行业领先地位，并且持续加大研发投入，推出了多个技术领先的新产品。在未来的发展过程中，宁德时代应该继续推动技术创新，加大研发投入，努力推动新能源行业的变革。

（二）晶科能源股份有限公司

晶科能源股份有限公司（以下简称晶科能源，股票代码：688223）是一家全球知名、极具创新力的太阳能科技企业。公司战略性布局光伏产业链核心环节，聚焦光伏产品一体化研发制造和清洁能源整体解决方案提供，销量领跑全球主流光伏市场。晶科能源始终秉持“改变能源结构，承担未来责任”的使命，以“提供清洁能源整体解决方案，成为行业标杆”为发展愿景，以客户为中心，以贡献者为本，持续对标创新，坚持务实笃行的社会主义核心价值观，向全球持续输送清洁能源产品和服务，致力于推动光伏发电在全球范围内的广泛应用，促使光伏新能源全面替代传统能源，加速地球走向完全可持续的清洁智慧能源之路。

晶科能源的产品服务于全球190余个国家和地区的3000余家客户，多年位列全球组件出货量榜首。截至2023年第四季度，公司组件出货量累计超过200吉瓦。公司是二十国集团工商界活动（B20）等多个国际框架下的行业意见领袖，同时于2019年加入RE100绿色倡议。晶科能源在行业中率先建立了从硅片、电池片到组件生产的“垂直一体化”产能，在中国、马来西亚、越南、美国共拥有14个全球化生产基地，其中2016年投资8亿美元。目前年营业收入超过11亿美元的马来西亚工厂是中国光伏企业在“一带一路”沿线地区最大、最成功的实体投资，实现晶科能源从全球销售到全球制造和全球投资的战略发展。晶科能源在35个国家和地区设有分支机构，有5个海外物流中心，2个海外研发中心，4.6万余名员工，其中1/4为海外员工。公司连续4年组件出货量全球第一，并于2022年第一季度成为全球首家累计出货量超过100吉瓦的光伏企业。

公司现有研发和技术人员2000余名，取得“国家企业技术中心”“国家技术创新示范企业”“制造业单项冠军”等多项殊荣，主导制定了IEC等多项国际、国内行业标准，不断拓展光伏技术的多元化规模应用场景，积极布局光伏建筑一体化、储能等领域，着力打造新能源生态圈。晶科能源于 2022 年在上海证券交易所科创板上市，其间接控股股东晶科能源控股有限公司于 2010 年在纽约证券交易所上市。晶科能源在先进技术、制程工艺、智能制造的发展上，是全球光伏制造领域的领导者之一。公司基于三大差异化竞争优势及长期以来承袭的业务策略，凭借领先技术、卓越制造、全球布局、产业生态在竞争中脱颖而出。

2023 年，晶科能源已累计 22 次打破电池效率世界纪录，在胡润中国 500 强位列 50 强，福布斯中国可持续发展企业 50 强。

《巴黎协定》提出碳减排长期目标：全球升温控制在 2℃以内，并努力将气温升幅进一步限制在 1.5℃以内，预计全球将在 2030 年实现碳达峰，2050—2070 年实现碳中和，各国均响应碳减排号召。风电光伏等新能源发电成本快速下降，经济性大幅提升；装机量、海外光伏去中心强化需求增长。国内预计 2021—2025 年光伏新增装机年均规模有望提升到 100 吉瓦以上。价格博弈结束，原材料多晶硅料产业链去库存接近尾声，硅料新增产能陆续投放；国内户用光伏装机有望步入爆发期，海外抢装，光伏装机目前需求持续向好。2023 年，硅料产能持续扩张，缓解 2021 年硅料的供给格局；全年硅料价格下滑带动产业链价格下降，但硅料依然是主产业链相对供应最短板。单晶硅片市场占有率近 90%，技术迭代更多地表现为工艺的改良。电池领域，单晶取代多晶、N 型取代 P 型、双面取代单面，将是未来光伏电池发展趋势。组件领域，行业集中度持续提升，但速度较为缓慢，产业龙头扩产加速，竞争优势增强。逆变器领域，分布式带动组串式逆变器占比不断提升，中国逆变器企业份额提升。跟踪支架领域，全球市场景气向上，美国、亚太和欧洲市场快速增长，美国仍为第一大市场。碳基热场领域，受益大尺寸硅片扩产，实现加速替代。

晶科能源是一家超越光伏的能源企业，旨在让光伏成为完美能源，成为新型电力系统中的主力能源。晶科能源面临三大挑战：成本、土地、间歇性。第一阶段：通过持续领先的光伏技术、卓越的制造经验、高效的市场导入、百吉瓦级垂直一体化规模，晶科能源的组件产品不断刷新全世界最低电价，80%以上国家已经实现平价上网。第二阶段：为满足光伏快速发展对安装场地的要求，晶科能源自主研发新一代高效率的光伏建筑一体化、柔性组件等新型光伏技术和产品，可大量利用建筑立面、屋面和曲面地形。第三阶段：

利用自主研发的液冷储能集成系统，推出更高能量密度和更高安全性的大型储能、工商业储能、离网系统储能和户用储能系列，成为一家储能公司，以应对光伏和其他可再生能源间歇性能源的挑战。根据研发战略，公司将持续推进电池体系、材料体系、极限制造、商业模式四大创新体系。在电池体系创新上，探索多元技术路线，目前晶科能源在柔性电池等前沿领域已有技术储备。在材料体系创新上，公司构建材料集成计算平台，通过先进算法和强大算力，寻找各种新型材料进行全面创新。在极限制造创新上，实行无人生产、高度智能制造，打造百吉瓦级别大基地产业园。在商业模式创新上，公司以应用场景为基础，加速推动“光伏+储能”两大应用端融合。推进产品和智能化解决方案，构建共享光储、光储充检、光伏制氢等新商业模式。

蓝迪国际智库代表赴晶科能源江西上饶总部实地调研。

（三）远景能源科技有限公司

远景能源科技有限公司（以下简称远景）聚合全球可再生与智慧能源技术创新实力，以智能风电为切入，通过创造性的技术与设计，把能源科技打造为让人类生活更美好的产品，让充足、低价、安全的清洁能源走进人们的生活。远景广泛参与全球可持续平台，致力成为全球企业、政府、机构的零碳技术伙伴。远景也为自身设立了具有雄心的可持续发展目标：加入全球

RE100 绿色倡议，是大陆首个承诺 2025 年实现全球工厂、研发中心 100%绿色电力消费的企业；已经于 2022 年底实现全球运营碳中和，并致力于实现 2028 年价值链碳中和。

作为国内最大的新能源企业之一，远景的电力与环境产品交易与供应业务提供从分布式能源、零碳产业园、绿电采购、风场投资到长期购电协议等全面的绿色电力解决方案，可以提供售电公司电源碳排放系数、零碳路径规划、碳管理体系和环境认证服务，为客户打造量身定制的可持续解决方案。远景目前协助全国 2000 多家工商业客户实现净零排放目标，年交易电量超过 100 亿千瓦・时，占据市场主导地位。远景还是中国首批参与绿电交易的售电公司之一，是世界自然基金会指定的绿色能源科技合作伙伴，为其用户落实绿电采购试点，推动政府发布绿电交易政策。

远景在丹麦、美国、德国、新加坡等国家设立了九大全球技术创新中心。目前远景有逾 1700 名可再生能源专业人才，国际员工占比为 20%，硕士和博士占比超过 70%，研发及技术人员占比在 70%以上。早在远景成立之初，创始人兼 CEO 张雷就大胆选择在丹麦——现代风电的故乡，建立全球创新中心（Global Innovation Center，GIC），致力于智能风机产品研发，从 2010 年开始奠基远景 3 兆瓦和 4 兆瓦产品平台的建立和发展。作为中国风电企业率先在海外设立的研发中心，GIC 有 80%的外籍员工和 20%的中国员工，外籍员工中包括丹麦、德国的优秀工程师，会聚了风机系统工程师、风机载荷工程师、电控工程师等全球各个领域的专才。这些在风电行业平均拥有 15 年工作经验的技术精湛的工程师，专注风电前沿技术和风机产品的早期研发，创造了百项国际专利。通过与远景上海研发中心无缝协同，GIC 的研发团队同时面对和响应快速发展的中国市场需求。GIC 还参与了多个国际合作项目，包括获得欧盟地平线 1 亿欧元资助的"超导风机 Ecoswing 计划"。远景致力于将适用各种环境的智能风机用于下一代的风电行业，不断扩展技术边界。

2023 年 7 月 31 日，第九赛季世界汽联电动方程式锦标赛（FE）在伦敦顺利收官。远景科技集团旗下远景电动方程式车队在大雨滂沱的收官站再度夺得分站冠军，并最终以总分 304 的成绩问鼎车队年度积分榜榜首，成为该赛事定级为世界级锦标赛以来首支夺得年度总冠军的独立车队（非厂商车队）。远景车队车手 Nick Cassidy 获得车手年度亚军，Sébastien Buemi 获得年度第六，本赛季圆满收官。

根据国家能源局数据，2023 年风电装机容量出现明显增长。2022 年 1—

11 月全国风电新增装机 2252 万千瓦，而 2023 年前 11 个月全国风电新增装机 4139 万千瓦、同比增长超 83%；但是产业链收益降低，整机商“内卷”加剧。尽管 2023 年是“十四五”期间下发风电建设计划最多的一年，但从投资开发商角度来看，不仅获取项目难度进一步增大，项目收益也不断降低。作为下发指标最多的省份，内蒙古 2023 年共下发新能源指标超 6000 万千瓦，为破解消纳难题，内蒙古创新提出了六种市场化项目并网方式，不允许上网送电，全部电量需自引产业负荷，自我消纳。另外，风电出海持续高涨，行业“内卷”已经让竞争激烈的国内市场呈现一片“红海”，整机商不断寻找新的市场空间。同时，对于企业而言，如果聚焦于单一的某个区域，风险是无法对冲的，而全球化在某种程度上可以对冲投资风险，也会使业务更加稳健。

于是，出海成了风电企业的共同选择。作为全球最大风电市场及最大风电装备制造基地，中国风电零部件及整机产量占据全球 60% 以上的市场份额，关键零部件的产量占到全球市场的 70%。中国风电产业已实现技术研发、开发建设、设备供应、检测认证、配套服务等方面全覆盖，一条高度专业化、国际化的业务链已经成形。根据 CWEA 数据，截至 2022 年底，风电整机商累计出口容量 8 吉瓦。而仅 2023 年前三季度，国内整机商已获海外订单超 5 吉瓦。特别是更加聚焦可靠性，以质量为王。随着风电走向高海拔、深远海，风机所处的环境也变得越来越恶劣，对质量的要求也越来越高。特别是风机快速大兆瓦迭代、价格急剧下降的过程中，部分企业可能会牺牲一部分产品质量。2023 年，随着风机事故以及国外制造商因质量问题而深陷泥潭的案例涌现，中国风电制造商已意识到大兆瓦竞争所带来的质量问题，并对大兆瓦机组可靠性的重要性达成共识。特别是有出口需求的整机商，需要符合出口国的认证验证体系，提高可靠性成了必然之选。同时，当前技术水平和市场空间也很难再支撑整机像前两年那样的降价幅度，国内制造商是时候将目光聚焦可靠性了。

远景未来发展聚焦：一是新煤炭领域。远景致力于推动风电和储能成为“新煤炭”，当化石能源危机一步步威胁人类的生存，远景以技术创新提升风机和储能系统产品的安全性和可靠性，使源源不断的绿色能源进入千家万户。二是新石油领域。远景持续推动电池和氢燃料成为“新石油”，加速燃油车时代向电动车时代变革，让绿色氢能成为工业血脉，全面带动交通、工业领域脱碳。三是新电网领域。远景推动智能物联网成为“新电网”。全球领先的智能物联操作系统面向可再生能源、碳管理、城市基础设施、零碳产业园等应用场景提供高效灵活的通用服务。四是新基建及新工业领域。远景打造零碳工业领域的“新基建”——零碳产业园，作为融通新型绿色能源系统和低碳制造的解决方案，耦合了可再生能源发电、多形态储能、不同负荷特性的工业产业、氢能、物联网及数字化等领域。两年来，远景零碳产业园在全球快速复制，助力多地打造零碳“新工业”体系。

五、新材料

（一）深圳杉海创新技术有限公司

深圳杉海创新技术有限公司（以下简称杉海创新）是一家天然来源离子液体原料供应商，专注于超分子科学技术的研究、开发和应用，已成为国内以研究“超分子溶剂”“超分子催化”“超分子材料”开发及应用为主的高科技企业，已建成年产300吨糖苷类和1000吨美容肽类超分子催化原料发酵生产线。杉海创新自2017年成立伊始，就致力于把环境和人类作为一个整体来研究，探索自然的奥秘，秉持可持续发展的原则，将各种可能性变为现实世界的产品和解决方案，实现环境与人类的和谐发展。杉海创新专注于“超分子改性技术”在泛健康领域的创新和应用，通过超分子技术对传统天然功效原料进行改性，在解决传统天然功效原料诸多问题之余，打破了其配方应用的局限性，用更少的资源创造更大的价值，在生产过程中对社区、对环境友好，并确保所使用的原材料是可持续生产的。

时至今日，杉海创新已成为国内以“超分子纳米包裹”“超分子离子共晶/离子液体”“超分子生物催化”“超分子绿色提取分离”开发及应用为核心的高新科技企业，科研成果应用覆盖生物医药、日化美妆、保健食品、医疗器械和食品添加剂等泛健康领域，业务遍布全国及海外多个国家和地区。杉海创新下设多家子公司，包含原材料生产基地、研发中心、产品生产加工基地、运营中心及金融服务等多个板块，是全产业链运营的集团公司。杉海创新为客户提供百件专利授权及输出，现已申请专利100余件，获得发明专利10余件、实用新型专利20余件。杉海创新已建成广东韶关、佛山、珠海、河源，贵州遵义和云南昆明等多个产业园区和工厂，拥有食品添加剂、化妆品原料、美妆、日化、消毒制剂、医疗器械、配制酒、保健用品和食品等多项生产资质。杉海创新为泛健康行业提供独家定制原料及定制生产服务。作为持续深耕超分子技术领域的创新企业，杉海创新正持续取得突破性进展：利用前沿的超分子智能组装技术，通过对天然功效原料进行改性，促进原料的研发和升级。杉海创新目前开发了超分子共晶强化技术、NaDES 定向萃取技术、生物酶绿色催化技术、超导协同促渗技术、微囊包裹技术、胜肽分级自组装技术六大应用技术，为化妆品原料创新和功效升级提供了新路径。

2023 年 12 月 20—22 日，仪美尚第十三届美尚博览会暨全球美尚峰会举行。杉海创新在本次活动中不仅展现了在超分子原料研发领域的领先技术，更是凭借卓越的原料研发实力荣获“年度优秀原料商奖”。2023 年 12 月 14 日，创业邦揭晓了 2023 年度“创业邦 100 未来独角兽”榜单。杉海创新以其在生物基超分子材料领域的深入研究和技术革新，在众多竞争者中脱颖而出，并荣誉上榜。另外，杉海创新创始人张嘉恒成功入选由美国斯坦福大学与爱思唯尔数据库联合发布的“2023 全球前 2%顶尖科学家榜单”。

成分和功效已成为当下许多消费者的关注点。随着消费者需求日益多元化和精细化，对原料和技术进行探索和升级成为化妆品行业新的突破口。原料创新是当下许多化妆品企业的重点投入方向。市场需求的快速增长和科研实力的不断提升，推动了本土原料企业快速崛起，在研发技术、制备工艺和特色原料等方面具备优势的原料企业，正在快速脱颖而出。

一是前沿技术加持，引领美妆行业新风潮，当前化妆品行业已进入“精准护肤”时代。近两年，随着消费者越来越关注皮肤健康，更加看重产品的成分和功效，“精准护肤”概念逐渐走红，成为当下流行的护肤趋势。大众对功效护肤品的需求正处于快速增长阶段，与此同时，随着功效护肤品市场的日益扩大，越来越多的企业开始投入研发，将原料和技术升级为企业创新的源头，打造差异化优势。技术创新已成为许多化妆品企业投入的重点。在科学技术的驱动下，许多前沿技术被应用于化妆品行业，促进原料研发和产品升级。作为一项新技术，超分子技术目前在化妆品领域的应用逐渐广泛。

二是发力原料创新，助力国货美妆突围，化妆品企业的创新离不开原料创新。在技术升级和市场需求的驱动下，各大美妆企业纷纷加大研发力度，探索新原料的研发和应用。过去，由于研发能力不足，许多国产化妆品企业的原料长期依赖进口。随着技术升级和研发实力的提升，一些企业通过自主研发或者合作研发的方式，打造出许多关键原料和独家成分，并且投入了一些新型原料的研究中。

随着对超分子技术领域的持续探索，杉海创新近期也在短肽自组装技术上取得了新的突破。短肽自组装技术是超分子智组装技术的分支，具有功能定制、可控、可调节的特性，兼顾生物活性和安全性，并且副作用较小，可应用于功能性材料、生物诊断试剂、化妆品行业等多个领域。杉海创新利用这项技术开发了一系列自组装短肽。以酵母蛋白肽为例，实验证明，酵母蛋白肽具有修复作用，能够有效刺激胶原蛋白产生，抑制人基质金属蛋白酶的表达，在细胞维度上表现出促进组织修复及抗皱的功效。此外，酵母蛋白肽在抗炎效果、稳定性和安全性上都有着出色的表现，未来有望在化妆品、医美填充、再生医学等领域进行更多开发和应用。

在协同促渗方面，杉海创新也进行了大量深入研究并推广应用。针对热门护肤成分蓝铜肽，杉海创新利用超导协同促渗技术，实现了蓝铜肽的高效透皮递送。杉海创新通过超分子溶剂对蓝铜肽进行包裹，促进蓝铜肽的皮肤渗透，并缓慢释放，有效提高了蓝铜肽的经皮吸收度及生物利用度。目前，这一最新成果发表在国际材料学顶级期刊 *AFM* 上，影响因子高达 19.9。在探索原料创新方面，杉海创新依托超分子改性的核心平台型技术，提供定制原料、研发、生产、功效检测等"一站式" CDMO 服务。杉海创新目前已为欧莱雅、华熙生物、敷尔佳、丸美、优时颜、溪木源、UNILIPO 研之有理、野兽代码等一众品牌定制专属原料并联合研发项目，为不少新锐品牌建立了独家专研原料的"护城河"。为打造产业化布局，杉海创新建立了全球第一条生物级千吨级超分子材料产线，实现了千吨级超分子生物材料的产业化生产。此外，杉海创新在云南和韶关搭建了两条生物合成产线，在佛山等地建立了工厂和产业园区，实现了从实验室到规模化生产的飞跃升级。

（二）北京天罡助剂有限责任公司

北京天罡助剂有限责任公司（以下简称天罡助剂）是光稳定剂新材料领域的领军企业，专注高性能聚合物助剂研发与生产，是较早从事防老化功能材料技术开发与生产的国家级高新技术企业。其产品在国内外市场享有高声誉，远销多地，被众多国际企业选用。天罡助剂是受阻胺稳定剂生产的"排头兵"，产品广泛应用于农膜企业。即便在复杂环境下，公司仍保持较高增长速度。天罡助剂重视产品质量与技术创新，产品性能达到国际先进水平，持续投入研发，填补国内空白，拥有多项自主知识产权和发明专利。公司获得多项荣誉，其研发中心获“北京市企业技术中心”认证，并建有双认可的新材料耐候技术研发机构。

2017 年 12 月，天罡助剂入股北京泰纳科新材料科技有限公司。该公司以其原创的靶向纳米增效技术为核心技术，陆续推出多款“为塑料创造新可能”的助剂产品，涉及同时增韧增效、高效防霉抗菌保险、分子内润滑、纳米分散等尖端技术。2018 年 4 月，天罡助剂投资成立科丽信新材料科技（北京）有限公司。该公司主要负责人为海外归国专家，以环保型水性聚氨酯材料及其相关助剂的研发与生产为核心，符合产业环保绿色化发展趋势，技术领先，具有极佳的市场前景。

天罡助剂将继续以“创新技术+规模化可持续生产”的发展理念为核心，秉持专精特新精神，继续积极研发推广高科技创新产品与技术，为“双碳”目标达成与可持续发展发挥示范作用贡献一份力量。同时天罡助剂致力于建立大兴国际高精尖材料产业孵化基地，以北京市及大兴区产业规划为基础，以 20 余年沉淀的完善的科技创新平台、基础公共服务配套能力及物理空间为基本依托，充分利用北京市著名高校、大院大所、大专家团队的丰硕科研成果，以及公司与新材料领域专家多年紧密广泛合作的优势，汇集多方资源，打造具备国内一流水平的国际化创新创业“孵化”与“加速”平台，聚焦关键材料，支撑先进制造、氢能、航空航天、生物医药等相关产业发展，孵化加速并投资一批高科技专精特新及独角兽企业。充分发挥大兴“新国门”定位和公司已建立多年的国际合作资源优势，打造新材料相关高新技术成果与人才国内外双向产业互动促进平台。通过转型升级与孵化加速基地的建设，带动区域创新创业环境的发展及产业结构升级，为北京及大兴区的发展提供新动能，为当地经济与社会发展作出新贡献。

2023 年 2 月 25—27 日，第五届中国国际塑料展圆满落下帷幕。展会中，天罡助剂作为光稳定剂新材料领域领军企业，再次携多项创新产品成功亮相，取得丰硕成果，并再次获得多项殊荣：获得 2020—2022 年度中国塑料加工行业的“专精特新优秀企业”“科技创新型优秀会员单位”“团体标准创优奖”“优秀科技成果”“优秀供应商”奖项。2023 年 4 月 20 日全球瞩目的中国国际塑料橡胶工业展览——CHINAPLAS 国际橡塑展在深圳国际会展中心完美收官。作为行业领军企业，天罡集团旗下天罡助剂授牌专精特新橡塑“星势力”。“2023 年塑料行业-荣格技术创新奖”的评选中，天罡助剂凭借其自主研发的新一代高分子量聚合型受阻胺光稳定剂 Tiangang® HS-950 摘得“荣格技术创新奖”。这是该公司继 HS-625 光稳定剂获“2022 荣格技术创新奖”后蝉联该奖项。

在化工生产中，需要在高分子材料中添加抗氧化剂和光稳定剂以起到延缓、抑制材料老化的作用。因此，塑料、橡胶、涂料、化学纤维及胶黏剂等高分子材料是光稳定剂的重要下游市场。随着化工企业不断扩大生产规模，光稳定剂市场得以发展。

一是塑料产量整体增长，中国光稳定剂行业需求预期良好，塑料具有重量轻、成本低、功能广泛等优良材料特点，被广泛应用于交通、信息、能源、工业、农业等国民经济各领域，是重要的基础原料。近年来，我国塑料产量增速有所放缓，但整体仍维持稳步增长的态势。同时，国内规划的众多炼化项目将推动国内烯烃产能增长。我国塑料产量有望保持较高的增速，而光稳定剂在塑料产品生产过程中不可或缺。因此，我国光稳定剂行业需求预期良好。数据显示，2023 年 1—10 月我国塑料制品产量约为 6090. 7 万吨，同比增长约 1. 2%。

二是橡胶产量持续增长，为光稳定剂行业需求提供重要推动力。按照制成方式的不同，橡胶可以分为合成橡胶和天然橡胶两类，其中合成橡胶占橡胶整体产量的一半以上，也是光稳定剂的重点应用领域。数据显示，2023 年我国合成橡胶产量约为 909. 7 万吨，同比增长约 8. 2%。

三是化纤需求的良好预期是光稳定剂需求的又一关键动力。化纤行业（涤纶、棉纶等）的下游纺织和服装制造企业是国民经济的重要组成部分，我国纺织行业生产继续恢复增长态势，国内消费市场仍将持续回升，化纤行业需求预期良好，这将为光稳定剂行业提供增长动力。数据显示，2023 年全国化学纤维产量为 7127 万吨，同比增长 10. 3%。2024 年，国内外光稳定剂的研发和开发越来越受到重视，许多新型高效的光稳定剂被开发出来，其技术发展趋势主要包括高分子量化、复合化、低碱性化和反应型。2024 年将是光稳定剂稳定发展、逐步提高的一年。

天罡助剂对未来充满信心，将继续致力于为客户提供高质量的产品和服务。技术创新方面，天罡助剂将不断加大研发投入，推动技术创新，开发出更多具有竞争力的产品。通过与国内外知名科研机构和高校的合作，引进先进技术和设备，提升公司的技术水平和产品品质。市场拓展方面，天罡助剂将在稳固现有市场的基础上，积极开拓新的市场领域，如塑料、涂料、化妆品等。通过与客户的紧密合作，了解市场需求，为客户提供定制化的解决方案，提高市场占有率。品牌建设方面，天罡助剂将加强品牌建设和市场推广，提高品牌知名度和美誉度。通过参加行业展会、举办技术研讨会等方式，向更多的潜在客户展示其技术实力和产品优势。绿色发展方面，天罡助剂将积极响应国家政策，加大绿色产品研发力度，推动绿色环保产业的发展。通过采用环保材料、优化生产工艺等方式，降低生产过程中的能耗和污染物排放，为建设美丽中国贡献力量。天罡助剂将坚持创新驱动、市场导向的发展策略，不断提升自身的核心竞争力，为客户创造更大的价值，为社会作出更大的贡献。

第五章　重点合作城市和地区

在经济全球化的浪潮中，城市作为开放合作的重要引擎扮演着日益重要的角色。为了提升城市的吸引力和竞争力，各地方政府纷纷出台更具吸引力的产业政策，持续优化营商环境，积极推动产业升级，以促进区域产业实现高质量、个性化的发展。

蓝迪国际智库紧密围绕国家战略，特别关注以京津冀为核心的环渤海经济圈、以上海为中心的长三角经济圈以及以粤港澳大湾区为核心的珠三角经济圈的发展问题。我们聚焦这些区域的优势产业，致力于打造城市产业名片，并积极培育引进高成长、创新性的隐形冠军企业。通过完善产业链条、形成聚集优势，我们搭建起全过程、全要素的企业培育生态体系，为“区域+节点城市”对接国家创新合作机制提供有力支持。

自2015年成立至今，蓝迪国际智库一直致力于与各级政府的精诚合作，高度重视区域城市的协调联动发展，重点布局国内具有重大经济发展战略的关键区域和重要城市，积极搭建高频互动、紧密协作、灵活高效的“智库+城市”合作平台。针对合作城市的实际需求，蓝迪国际智库以国家级智库特有的擘画设计能力，深入调研，精准诊断，整合平台优质专家资源，积极建言献策，为政府提供政策咨询、战略规划、产业发展、城市品牌打造、招商引资、资源导入等全方位优质服务，并根据区域特色和产业基础，务实推动以结果为导向、以增强区域核心竞争力为目标的科研成果转化应用，同时通过精准把脉，协助地方政府完成以增强区域产业链供应链安全和韧性为目标的产业链、创新链的“查链、补链”工作和产业招商工作，赋能区域产业高质量发展，以期通过国际化战略，将国内城市网络与国际网络联通，从而推动“双循环”大背景下地方区域新一轮的经济转型、产业调整、对外开放。

展望未来，蓝迪国际智库将进一步总结服务模式，助力平台企业与产业城市紧密连接，共同推动区域产业的创新、升级和高质量发展。蓝迪国际智库致力于成为全球领先的智库机构，为中国的现代化建设和国际合作贡献更多智慧和力量。

一、横琴粤澳深度合作区：琴澳，从同源走向一体化

横琴，位于广东省珠海市146个海岛中最大的一个海岛——横琴岛，地处珠海市南部、珠江口西侧，毗邻港澳。横琴南濒南海，距国际航线大西水道4海里，北距珠海保税区不到1千米，西接磨刀门水道，与珠海西区一衣带水，东与中国澳门一桥相通，最短距离不足200米，距中国香港41海里，处于“一国两制”的交会点和“内外辐射”的接合部。横琴周边有香港、澳门、广州、深圳四大国际机场和珠海、佛山两个国内机场，地理位置极为优越。

2009年12月16日，横琴新区管委会在广东省珠海市香洲区横琴岛正式挂牌成立，为广东省人民政府派出机构并委托珠海市人民政府管理，规格为副厅级，是中国继天津滨海新区和上海浦东新区之后的第三个国家级新区；2015年3月24日，中共中央政治局审议通过广东自由贸易试验区总体方案，横琴被纳入广东自贸区范围；2021年是横琴粤澳深度合作区建设的开局之年，9月5日中共中央、国务院发布了《横琴粤澳深度合作区建设总体方案》，9月17日合作区管理机构揭牌运作，合作区建设正式步入全面实施、加快推进的新阶段。

（一）全方位推动琴澳一体化发展

横琴开发建设是习近平总书记亲自谋划、亲自部署、亲自推动促进澳门经济适度多元发展的重大举措。15年来，在习近平总书记和党中央的亲切关怀和坚强领导下，粤澳紧密携手、密切配合，有关各方大力支持、共同努力，推动横琴从一个边陲海岛蝶变为开发热岛、开放前沿，以富有开拓性的生动实践充分证明了“一国两制”伟大创举的强大生命力。

横琴，是促进澳门经济适度多元发展的新平台，大力发展新技术、新产业、新业态、新模式，为澳门长远发展注入新动力；是便利澳门居民生活就业的新空间，推动合作区深度对接澳门公共服务和社会保障体系，为澳门居民在合作区学习、就业、创业、生活提供更加便利的条件，营造趋同澳门的宜居宜业生活环境；是推动粤港澳大湾区建设的新高地，充分挖掘粤港澳大

湾区制度创新潜力，用足用好澳门自由港和珠海经济特区的有利因素，加快提升合作区综合实力和竞争力，有力支撑澳门—珠海极点对粤港澳大湾区的引领作用，辐射带动珠江西岸地区加快发展。

2023年12月21日，经国务院批复同意，国家发展改革委印发了《横琴粤澳深度合作区总体发展规划》。这对合作区加快实现第一阶段发展目标具有重大意义，标志着合作区建设和促进澳门经济适度多元发展事业都将迈入新的发展阶段。《横琴粤澳深度合作区总体发展规划》紧紧围绕“促进澳门经济适度多元发展”的初心使命，聚焦推动解决合作区发展面临的现实问题，对琴澳空间、产业、民生、高水平开放等全方位各领域一体化发展作出了系统谋划、整体规划。《横琴粤澳深度合作区总体发展规划》有助于推动中央部署要求落实、落细、落地，有助于推动《横琴粤澳深度合作区建设总体方案》战略定位和发展目标如期实现，为澳门“一国两制”实践行稳致远注入新动能。

（二）粤澳融合，实现合作区建设良好开局

横琴粤澳深度合作区紧紧围绕促进澳门经济适度多元发展这条主线，深入践行粤澳共商共建共管共享理念，坚定不移推动琴澳一体化发展，持续不断促进琴澳民生深度融合，全方位推动规则衔接、机制对接和资源要素互联互通。根据横琴粤澳深度合作区统计局数据，按地区生产总值统一核算结果，2023年，合作区地区生产总值为472.53亿元，按不变价格计算，同比增长2.3%，增幅较前三季度提升0.2个百分点。其中，第一产业增加值为0.08亿元，同比增长4.6%；第二产业增加值为56.59亿元，同比下降0.8%；第三产业增加值为415.86亿元，同比增长2.7%。

1. 围绕琴澳一体化发展，构建共商共建共管共享的新体制

澳门与横琴处在两种不同的制度体系下，要实现一体化发展，必然要突破法律法规、政策制度上存在的障碍，因此需要引入共商共建共管共享的新体制，提高沟通效率，促进融合。加快优化粤澳共商共建共管共享的新体制，在推动内地与港澳深度合作、构建高质量发展的体制机制方面发挥示范引领作用。管理机构顺利揭牌运作，平稳有序完成“人财物职权”的顺利交接，实现管委会、执委会、省派出机构依法依规运作；推动设立横琴粤澳深度合作区澳门办事处，向澳门居民和企业推介合作区；与管委会成员单位之间建立有效联系联络机制。

2. 围绕民生配套，完善硬件设施建设

合作区积极打造就业创业环境，让澳门居民在合作区执业更为便利，让建筑、旅游、医疗等领域的境外专业人士获跨境执业资格，为澳门青年在合作区创业提供场地租金补贴，为澳门居民提供就业岗位；健全民生配套基础设施，如澳门新街坊、广州医科大学附属第一医院横琴医院、市民服务中心、合作区婚姻登记处等民生项目的建成及投入使用；澳门轻轨延伸横琴线项目海底隧道顺利贯通，澳门大学横琴校区连接横琴口岸通道桥项目加快推进。

3. 围绕公共服务，推进两地联通服务

合作区将澳门居民公共服务、生活服务和社会福利等延伸至澳门新街坊项目；实施监护人在横琴工作和居住的澳门籍学生享受同等横琴户籍的招生政策；推进公共服务联通工作，全国首个“粤澳社保一窗通”投入使用，落地广东省经营乙类非处方药综合改革试点，6 家连锁便利店取得试点资格，落地“南粤家政”示范站，全国首创澳门车辆停车无感支付等，新增跨境免费通勤专线巴士线路。

（三）聚焦四新产业，促进澳门产业多元

产业是合作区发展的基石，合作区自挂牌成立以来，紧紧围绕《横琴粤澳深度合作区建设总体方案》赋予合作区的战略定位，大力发展科技研发和高端制造、中医药等澳门品牌工业、文旅会展商贸以及现代金融产业的四大新产业，陆续出台了促进集成电路产业发展措施、支持生物医药大健康产业高质量发展政策、促进金融产业发展综合性政策、推动会展产业发展扶持办法，将发展产业作为促进澳门经济多元、吸引澳门居民就业生活的重要基础性工作。

1. 谋划布局科技研发和高端制造产业

出台促进集成电路产业发展措施，粤澳集成电路设计产业园投入运营，采用“行业智库+产业基金+专业园区”的“三轮驱动”发展模式，引进芯潮流、极海半导体等 40 余家重点集成电路企业。芯耀辉、一微半导体等 6 家集成电路企业与澳门大学集成电路国家重点实验室共建联合实验室。抢抓数字经济发展新机遇，出台支持元宇宙发展十方面税收措施，协同澳门共同培育元宇宙生态链，打造“一基两翼+四个空间+N 个配套活动”元宇宙超级试验场。

2. 做大做强中医药等澳门品牌工业

出台支持生物医药大健康产业高质量发展政策，加快中医药研发制造，着力打响“澳门注册+横琴生产”品牌。引进太平资本优化粤澳合作中医药科技产业园管理，联邦制药、丽珠、广药等一批龙头生物医药企业进驻园区，产业园注册企业已达 233 家，其中澳资企业 61 家。依托澳门“离岛医院”，携手共建“医疗+旅游”大健康产业。

3. 稳步发展现代金融业

2023 年，合作区现代金融产业呈现稳中有进、进中向好发展态势。2023 年前三季度，合作区金融业增加值达 136 亿元，占合作区 GDP 近四成，同比增长 0. 3%。推进金融创新方面，落地了全国首笔金融租赁公司租赁资产跨境转让业务、首笔由专业绿色评估公司认证的绿色资产跨境转让业务、进口支付人民币境外直接购汇业务，2023 年 1—11 月，合作区跨境人民币结算金额累计约 4000 亿元。成功落地了首批“数字人民币保单”、首个数字人民币境外缴税场景等。服务实体经济方面，合作区银行业有力支持经济建设。截至 2023 年 11 月末，合作区中外资金融机构本外币各项贷款余额超 1800 亿元；区内私募基金管理人管理基金规模超 6600 亿元；地方金融组织服务客户累计超 9000 户，提供融资、担保服务超 400 亿元；给予 27 家中小微企业贴息及费用补贴合计约 520 万元。合作区金融政策体系初步搭建，出台促进金融产业发展综合性政策，实施上市挂牌扶持、企业赴澳发债及促进中小微企业融资等四类专项政策。积极发挥“以投带引”资本招商作用，为合作区引入人工智能、集成电路等领域优质项目。

4. 协同拓展文旅会展商贸产业

2023 年出台的《横琴粤澳深度合作区会展产业发展扶持办法》，为澳琴两地统一规划、协同发展夯实了基础、明确了方向，是落实澳门特区政府“1+4”适度多元发展策略，加速建设澳门会展产业的延伸与发展。文旅会展可加强与澳门联动合作，打造具有国际影响力的展会平台。从支持合作区内企业办展、办会，以及培育重点产业会展项目、促进澳琴会展产业融合发展等方面给予政策性扶持，可加快营造深合区良好的会展产业发展环境。同时，在澳琴两地会展产业资源禀赋基础上，推动“一会展两地”创新模式深入落实，也为深合区营造良好的会展产业发展生态，培育专业的会展人才。

（四）蓝迪国际智库助力区域城市名片打造，积极参与琴澳会展和科创大赛

蓝迪国际智库积极参与琴澳会议会展活动，在横琴全球招商推介会、横琴世界湾区论坛和澳门 BEYOND 国际科技创新博览会均有发声；积极参与横琴国际科技创新创业大赛，为大赛引荐专家评审，推荐各地优质企业参赛，在提高横琴知名度的同时推动企业关注横琴粤澳深度合作区、大湾区建设，寻找创新的业务发展模式。

自 2020 年计划发布以来，BEYOND 国际科技创新博览会已成功举办三届。2023 年第三届 BEYOND 国际科技创新博览会在澳门威尼斯人金光会展中心设立近 10 万平方米的展区，围绕消费科技、生命科学、可持续发展三大子品牌设立独立展区，展区汇聚来自全球的世界 500 强企业、大型跨国企业、独角兽创新企业以及新型初创企业 600 家以上展商参与，海外展商占比 30%。

蓝迪国际智库代表团携组委会官方媒体团进行了蓝迪专场巡展活动，并向参展嘉宾和媒体团介绍推广了蓝迪平台企业及产品。巡展企业及机构包括中国土木港澳分公司、布瑞克农业大数据科技集团有限公司、洛阳顺势药业有限公司、科大讯飞·讯飞听见、泰豪创意科技集团股份有限公司、中国水环境集团、浪潮云洲等蓝迪平台企业。

1. 中国土木港澳分公司

中国土木在蓝迪平台的推荐下三次参展，展览位于可持续发展展区，数字化转型赋能科技创新是一大亮点，公司在展览中运用丰富的实物模型结合增强现实、虚拟现实等科技手段，展示了盾构机、2200 吨大型起重船等大国重器的工作场景。在盾构机 AR 模型打卡点处，空中悬浮展示澳门轻轨项目的 AR 沙盘，观众通过交互操作可以切换远、中、近景观看盾构机的地下工作原理以及盾构机刀头破壁等场面。

蓝迪国际智库代表团参观了中国土木展位，听取了中国土木港澳分公司执行董事郁葱的数字人介绍中国土木数智建造技术在澳门的应用情况，详细了解了盾构机、起重船等的工作原理，同时向参展嘉宾和组委会官方媒体团详细介绍推广了中国土木及其产品。中国土木充分把握传统基建发展优势，同时不断探索数智建造前沿科技，积极打造数智建造平台，参与数字化基础设施建设，促进传统基建项目转型升级。中国土木在澳门承建的第四条跨海大桥项目管理引入了 4DBIM、IoT 智慧工地和 BIM 信息化技术应用；澳门轻轨

延伸横琴线项目，打造GIS+BIM一体的可视化三维平台电子沙盘和项目整体协同管理体系；澳门新城A区A1公屋设计连建造工程采用BIM技术+装配式预制件建筑一体化建造模式，实现数智技术应用迭代升级，助力企业及时有效管控风险，更科学合理地作出决策。

2023年5月澳门BEYOND国际科技创新博览会期间，蓝迪团队与中国土木团队在展台前合影。

本届展览，中国土木港澳分公司凭借数智建造技术应用项目，一举斩获可持续发展创新大奖和影响力大奖两项殊荣。未来，中国土木港澳分公司将持续聚焦前沿科技领域，不断加大创新力度，充分利用数智赋能推动传统行业转型升级，积极打造中国式现代化企业，为经济社会高质量发展贡献力量。

2. 布瑞克农业大数据科技集团有限公司

布瑞克（苏州）农业互联网股份有限公司2014年落户苏州市高铁新城，致力于以“互联网+农业+金融”模式创新服务于中国农业现代化转型，深耕智慧农业10余年，打造基于农业大数据和产业互联网的智慧农业生态圈。以智慧农业（布瑞克农业农村大数据）、产业互联网（集购网大宗农产品供应链服务平台）、消费互联网（农牧人掌柜SAAS城市生鲜供应链服务平台、农牧人消费电商平台）三大业务板块，分别赋能农业生产端、流通端、消费端实现全链数字化。

2023 年 9 月，蓝迪平台企业布瑞克董事长孙彤赴横琴调研 AI 总部落户条件。

本次展览中布瑞克农业互联网携旗下布瑞克县域农业农村云、sac 单品农业大数据云平台、农产品集购网、农牧人等核心业务亮相“可持续发展”主题展区，现场为大家分享农业全产业链数字化综合解决方案。

蓝迪国际智库代表团携组委会官方媒体团参观布瑞克展位，听取现场工作人员详细讲解布瑞克的业务与理念，观看了布瑞克数字化农业的构成。布瑞克农业互联网董事长孙彤在现场详细介绍布瑞克在数字化农业领域的相关成就。孙彤表示，乡村振兴是党的二十大所提及的一项重大战略，其战略目标是实现农业农村的现代化。为确保农业农村现代化步伐不断加快，专门出台了《数字乡村发展战略纲要》，其中明确提出要发展农村数字经济，实现农业的数字化转型。数字经济和农业经济的融合符合乡村振兴战略，加强数字化与农业经济的结合是大势所趋。因此，布瑞克从创立之初便紧紧围绕国家乡村振兴战略，开启了 10 余年的数字化农业的奋斗。

布瑞克在蓝迪平台的积极推荐下，首次亮相于第三届 BEYOND 国际科技创新博览会，这标志着布瑞克迈出了走向国际市场的坚实第一步。随着布瑞克产业互联网在多地落地生根，其以大数据为核心驱动力的核心业务——布瑞克 sac 单品农业大数据云平台、布瑞克农产品集购网、布瑞克农业数据智能终端及农牧人等，将在不久的将来共同发挥巨大潜力，推动乡村产业的全面振兴，为实现农业强、农村美、农民富贡献力量。

3. 洛阳顺势药业有限公司

洛阳顺势药业是一家集科技研发、药材种植、中药制造、生物制药、食品生产、大药房连锁于一体的现代化综合制药企业，拥有完整的药品、食品、保健食品生产线和研发、质检系统。公司依托伏牛山区药材资源优势，秉承“做诚实人，制实在药”的经营理念，历经 50 余年的发展，成为河南省药品生产骨干企业。公司总占地 15 万平方米，现有员工 460 余人，生产片剂、颗粒剂、丸剂、合剂、糖浆剂、酊剂、煎膏剂七大剂型，近 200 个品种，主导产品有柴胡口服液、活血通脉片、小儿智力糖浆、接骨七厘丸、五子衍宗丸、活力源口服液、香砂养胃丸及茵陈汁饮料、杜仲叶枸杞子口服液等。

洛阳顺势药业大力实施品牌战略、人才战略和科技创新战略，增强企业核心竞争力，充分发挥龙头企业辐射带动作用，密切产学研结合，实现快速发展，产值、销售收入和上缴税金连年递增，以雄厚生产实力和良好品牌形象跻身优秀医药企业行列。公司先后被评为“河南省中药工业十佳企业”“农业产业化省重点龙头企业”“国家级扶贫龙头企业”“国家级守合同重信用单位”“全国农产品加工业示范企业”“高新技术企业”“健康中国药品质量百姓放心品牌企业”“全国医药行业优质安全诚信品牌企业”“河南省柴胡种植及制剂开发工程技术中心”“洛阳市重点企业”等，被陕西科技大学、河南大学、河南科技大学、河南中医药大学选定为教学科研基地。

公司以打造“百年老店”为目标，按照“两条主线、五大板块”的规划布局，发展以药品生产为主线的中药材种植、中药饮片生产、中成药制造、生物制药，以大健康为主线的食品、保健食品研发生产，努力把企业建设成为现代化的药品、食品生产基地，为建强伏牛山中医药产业园、打造中原药谷作出应有贡献。

洛阳顺势药业在蓝迪平台的推荐下首次参加 BEYOND 国际科技创新博览会，希望能通过 BEYOND 走向国际市场。在场官巡展环节，时任第十三届全国政协副主席、中国科学技术协会主席万钢，澳门药物监督管理局局长蔡炳祥，香港证监会前主席、香港特首经济高质量与持续发展顾问沈联涛，外交部驻澳门特别行政区特派员公署特派员刘显法，澳门特别行政区政府经济财政司司长李伟农等参观了顺势药业展台，详细了解了洛阳顺势药业的重点产品及其优势，希望未来洛阳顺势药业能够参与横琴粤澳深度合作区的中医药产业发展与建设。

2023 年 5 月 BEYOND 国际科技创新博览会期间，香港证监会前主席沈联涛先生赴蓝迪平台企业洛阳顺势药业展台参观。

2023 年 5 月，BEYOND 国际科技创新博览会期间，海外嘉宾参观蓝迪平台企业洛阳顺势药业展台。

在企业巡展环节，蓝迪国际智库代表团携手组委会官方媒体团共同参观了洛阳顺势药业的展台。代表团成员们向参展嘉宾及国内外媒体详尽地介绍了洛阳顺势药业及其旗下的重点产品，充分展示了公司的实力与创新成果。这一举措不仅吸引了现场参展嘉宾的广泛关注与认可，更显著提升了洛阳顺势药业的品牌知名度，为公司未来的发展奠定了坚实的基础。

4. 科大讯飞 · 讯飞听见

讯飞听见是由亚太地区知名的人工智能上市企业科大讯飞基于其优秀的智能语音及语言技术，推出的以语音转文字及翻译为核心功能的系列产品和服务。可解决企事业单位日常会议、大型发布会、课程培训、媒体节目制作等各种场景下的音频转写问题。依托科大讯飞深耕多年的自然语言处理、声纹识别、语音识别等核心语音技术，经专业团队的匠心雕琢，讯飞听见形成了以讯飞听见智能会议系统、讯飞听见智慧屏、讯飞听见智慧会议室、讯飞听见网站/App、讯飞智能录音笔 A1/B1/H1、讯飞听见会议、讯飞听见同传、讯飞听见字幕、智能文稿字幕系统等一系列智能语音转写技术为核心的产品和服务体系，可满足多场景、多终端、多形式的语音转文字需求，致力于全方位提高知识管理的效率。

在第三届 BEYOND 国际科技创新博览会中，讯飞听见全程为大会提供多语种同传服务，产品方面除展示了翻译机、录音笔、麦克风等王牌智能硬件外，还带来了大模型应用产品讯飞 AI 学习机、软件产品“讯飞听见会写”，以及“会写”关联的讯飞智能麦克风 M2，并宣布讯飞听见智慧屏（畅享版）于澳门 BEYOND 科技创新博览会上正式发布，作为一款“会记录的智慧屏”，新款产品包含三大功能升级：白板书写、原生云会议、无线投屏，以及四项应用性能创新：外源影音实时转译、多语种翻译、声纹角色分离、多应用协作。后续将搭载讯飞星火认知大模型的“会写”功能提炼会议纪要，成为智慧办公室效率提升的智慧终端。目前，产品具有 65、86 两款尺寸。

2023 年 5 月蓝迪平台企业科大讯飞在澳门 BEYOND 科技创新博览会上全球首发讯飞听见智慧屏。

蓝迪平台积极推介科大讯飞参展，希望通过 BEYOND 帮助科大讯飞拓展全球化业务，让软件出海成为讯飞听见的后续发力点。在企业巡展环节，蓝迪国际智库代表团携组委会官方媒体团参观了科大讯飞展位，向参展嘉宾和组委会官方媒体团详细介绍并推广了科大讯飞及旗下产品，他们听取现场工作人员详细介绍讯飞听见系列产品，同时现场体验了讯飞听见会写的“一键成稿”功能，讯飞听见获得现场参展嘉宾的一致认可。

5. 泰豪创意科技集团股份有限公司

泰豪创意集团是泰豪集团旗下专注于创意科技（VR）产业发展的战略性新兴产业集团公司，原创产品主要涉及虚拟现实、影视动画、手机动漫、数字传媒的内容创作与制作。2017 年，泰豪创意科技产业明确了以 VR 为重点发展方向的战略，坚持“以教育集聚人才，以园区培养企业”，打造产业集聚平台和人才培养平台，助推创意科技产业发展。

泰豪携带公司自研“VR+”与“+VR”等领域的创新成果受邀参加此次盛会，作为中国 VR 50 强企业，携带多款 VR 内容产品向世界展现泰豪多年深耕 VR 产业的实力。其中 VR 社交游戏《四分之三空间站》，展现了未来元宇宙社交的无限可能，用户不再是一个简单的文字 ID 或一个头像，而是可互动的完整虚拟化身，可以在空间站中与好友一起漫步闲聊，或游玩丰富的 VR 派对，游戏展现了未来元宇宙社交的可能性，且能满足多人社交与娱乐需求。另一款产品为泰豪自研的智慧平安校园管理系统，从顶层设计、统筹发展、注重预防与风险防控等方面进行综合考虑，利用 AI+大数据技术对学生的异常行为进行分析，有效针对学生的异常状况进行精准关注、关心和关怀，守护学生身心健康。此外，参展的还有 VR+文旅、VR+展陈等多款产品。

在企业巡展环节，蓝迪国际智库代表团携手组委会官方媒体团共同参观了泰豪创意科技集团的展位。代表团成员们深入了解了泰豪的参展情况，详细探讨了产品的创新亮点，并亲身体验了 VR 社交游戏的魅力。在此次为期 3 天的展会中，泰豪创意科技凭借其出色的展示和前沿技术，吸引了来自中国香港、新加坡、印度尼西亚、韩国、英国等多个国家和地区的客户的广泛关注与驻足体验。众多客户纷纷表达了对泰豪产品的浓厚兴趣与合作意向，同时，当地政府单位及媒体也对其给予了高度关注与认可。

6. 中国水环境集团

中国水环境集团是国家开发投资集团旗下专业的水环境科技平台，牵头

2023 年 5 月 BEYOND 国际科技创新博览会期间，消费者现场体验蓝迪平台企业泰豪科技新推出的 VR 社交游戏。

完成了国家“十三五”重大水专项下沉式再生水厂的研发和实践，历时 10 余年研究的分布式下沉再生水生态系统技术世界领先，规模位居亚洲第一、国家重大示范项目行业第一，集团业务完全覆盖治湖、治河、新区建设、老城改造、工业园区和乡镇等水环境治理与资源化利用全部应用场景，形成了一大批国家重大示范项目。

中国水环境集团在可持续发展展区精彩亮相，向全球参会者分享了集团在水环境综合治理方面的成功举措，全方位展现了全球领先的关于水环境治理生态系统技术，打造世界一流的水环境治理民族品牌。

在企业巡展环节，蓝迪国际智库代表团携组委会官方媒体团参观了中国水环境集团展位，与现场工作人员详细沟通并了解了分布式下沉再生水生态系统技术。现场工作人员介绍道，集团自主研发的分布式下沉再生水生态系统技术体系，将污水处理设施从地上转为地下、集中转为分布，从处理排放到资源的高效利用，构建与城市高度融合的水资源、绿色能源、数字化、空间综合利用四大中心，打造未来城市绿色新基建。未来集团希望依托该系统技术，助力大湾区科技创新力量和绿色产业发展，为全球可持续发展挑战提供中国解决方案。

7. 浪潮云洲

浪潮集团，是中国本土顶尖的大型 IT 企业之一，中国领先的云计算、大数据服务商。浪潮集团旗下拥有浪潮信息、浪潮软件、浪潮国际 3 家上市公司，业务涵盖云计算、大数据、工业互联网等新一代信息技术产业领域，为全球 120 多个国家和地区提供 IT 产品和服务。浪潮集团致力于成为世界一流的新一代信息技术产业龙头企业，经济社会数字化转型的优秀服务商，新型基础设施建设的骨干企业。

在第三届 BEYOND 国际科技创新博览会上，浪潮集团由浪潮云洲作为代表，携手融贯国际在可持续发展展区精彩亮相。浪潮云洲在展会现场带来了国家级区块链基础设施“星火・链网”国际超级节点的建设成果，还分享了产业数字化新基建、产业运营等全国性项目的实践经验，以推动粤港澳大湾区数字经济发展。

“星火・链网”是在工业和信息化部的指导及支持下，由中国信息通信研究院牵头，联合多家单位设计建设的国家级区块链新型基础设施，是国家建设区块链的重要战略布局。国内首个“星火・链网”跨境超级节点落地澳门，由浪潮云洲与融贯国际共建的“星火・链网”骨干节点（横琴粤澳链）也将接入澳门超级节点，两个节点协同运行监测平台，筑牢湾区数字底座。“星火・链网”澳门超级节点具体负责区域内骨干节点的接入管理，基于自身资源并通过国家主链为骨干节点提供基础公共服务，包括存证服务、DNA 服务、数字身份服务、账户安全服务等。同时提供基础应用和开发工具供骨干节点建设、对接使用。

2023 年 5 月，蓝迪平台企业浪潮云洲代表向 BEYOND 媒体团介绍中葡跨境数字贸易服务平台。

在企业巡展环节，蓝迪国际智库代表团携组委会官方媒体团参观了浪潮云洲展位，与现场工作人员详细沟通并了解了“星火·链网”超级节点（澳门）、中葡跨境数字贸易服务平台、澳优码等产品。现场工作人员介绍道，浪潮云洲联合融贯国际打造了创新应用澳优码，重点面向粤港澳大湾区，基于标识注册和解析服务，以及非侵入、悬挂式数据采集和跨链数据融合，实现数据共享与利用，收获一键追溯、质量保障、数字营销、价值回馈等多重价值。其通过可信数据自由流，服务于中药材、茶叶、金融等数字贸易场景，推动“星火·链网”超级节点（澳门）、中葡跨境数字贸易服务平台建设与运营，打造新型数字贸易模式，助力构建国内国际双循环新发展格局。

二、海南：加快推进自由贸易港建设

海南自由贸易港，是国家在海南岛全岛设立的自由贸易港，位于海南省境内，全省陆地总面积3.54万平方千米。2018年4月10日，中共中央总书记、国家主席习近平在博鳌亚洲论坛2018年年会开幕式上发表主旨演讲，提出“探索建设中国特色自由贸易港”。

2020年6月1日，中共中央、国务院印发《海南自由贸易港建设总体方案》；同年6月3日，海南自由贸易港11个重点园区同步举行挂牌仪式。2020年6月23日，财政部、税务总局联合发布《关于海南自由贸易港高端紧缺人才个人所得税政策的通知》和《关于海南自由贸易港企业所得税优惠政策的通知》；10月23日，人力资源和社会保障部印发《关于支持海南自由贸易港人力资源和社会保障事业创新发展的实施意见》；11月11日，财政部、海关总署、税务总局联合发布《关于海南自由贸易港原辅料“零关税”政策的通知》；12月25日，经国务院同意，财政部、海关总署、税务总局联合印发《关于海南自由贸易港交通工具及游艇“零关税”政策的通知》；12月26日，第十三届全国人大常委会第二十四次会议表决通过决定设立海南自由贸易港知识产权法院；12月31日，经国务院批准，国家发展改革委、商务部发布《海南自由贸易港外商投资准入特别管理措施（负面清单）（2020年版）》；2021年6月10日，第十三届全国人大常委会第二十九次会议表决通过了《海南自由贸易港法》等。

海南自由贸易港是中国改革开放伟大实践的新引擎，具有独特的中国模式。推进建设海南自由贸易港，延续的是中国以开放求发展的不变追求。在海南自由贸易港建设中合作、发展、共赢是旗帜，平等、包容、透明是恪守准则。在海南自由贸易港建设中国家不分大小强弱，多元的经济主体描绘的是世界发展的共同愿景，海南自由贸易港将成为推进共建人类命运共同体的重要载体。海南自由贸易港不仅是区域经济发展振兴战略，更是我国高质量构建全面开放新格局、积极参与全球经济治理、促进世界经济增长以及推进经济全球化的重大举措。

海南自由贸易港将主动把握世界经济格局变化以及国内经济发展需求，进而对内地经济发展形成重要的支撑和引领作用。这种支撑和引领作用不仅是依托其集聚投资、贸易、金融、科技、人才等领域的开放优势，而且对我国发展方式转变、经济结构优化形成巨大支撑和保障作用，同时会在更大范围、更宽领域、更深层次的对外开放中牢牢把握新一轮科技革命触发的全球经济结构变革的重大历史机遇，为我国进一步培育国际竞争新优势、实现产业价值链高端攀升提供创新方案。推进加快建设的海南自由贸易港将是我国新时代顺利实现高质量发展重要的离岸引领中心、离岸保障中心、离岸服务中心。可以说，共建人类命运共同体、推进中国快速融入经济全球化从而贡献中国力量是海南自由贸易港鲜明、独特的中国模式。

（一）划岛设自由港，有历史的必然性

海南独特的地理位置造就了海南的离岛优势，同时与大陆的区位隔离使海南成为相对独立的地理单元，方便在海南自由贸易港实行“一线放开、二线管住、岛内自由”的特殊关税政策与海关监管措施。海南物理空间与外界分割这种独特的区位优势为海南建设商品、资金、人员自由流动的特殊区域积累了经验。

良好的生态环境和丰富的海岛资源。海南丰富的旅游资源有助于海南旅游业的发展，推动了海南国际旅游岛和国际旅游消费中心的建设。同时，海南素有“天然药库”之称，南药资源丰富。海南风景秀丽、环境宜居，对世界各地的人才具有较大的吸引力，可以助力海南总部经济和高新技术产业快速发展，最终实现多产业协同发展。

拥有广阔的西南经济腹地。海南自由贸易港不仅具有集聚国际资源的吸引力，对所在区域也具有较强的辐射力和带动力。海南的产业布局以现代服务业和高新技术产业为主，与泛北部湾和西南地区的重工业及加工工业在产业层次上形成互补。海南自由贸易港可以占据价值链上游，形成区域新的增长极，对周边区域形成较强的辐射带动作用，进而推动该区域内的产业良性互补发展。可以说，西南腹地为海南自由贸易港发展提供了广阔的纵深。

拥有全国最为开放的发展空间以及鼓励产业发展的优惠政策。对于企业及高层次人才而言，15%的税收优惠无疑具有巨大的吸引力，有利于企业和人才在海南的聚集。免税商品销售和保税加工便利化对商业和加工工业的发展是重要的利好。

海南自由贸易港在推进经济全球化、带动世界经济增长方面有至关重要的作用，但是目前国际上少数几个成功的自由贸易港都是由发达国家或地区组织和建设的。海南自由贸易港开创了世界经济史新时代，发展中国家建设了世界上规模最大、开放水平最高的自由贸易港。

（二）在世界经济发展中，海南贡献开放力量

海南自由贸易港建设不仅充分体现了中国的开放自信，也彰显了中国以实际行动推动建设开放型世界经济的责任和担当。海南自由贸易港的建设，标志着以中国为代表的新兴经济体和发展中国家在世界经济秩序治理中的地位和参与能力不断提高，不仅深刻改变了全球化的世界经济格局，同时为全球经济治理秩序提供了更强大的组织力量。海南自由贸易港为世界经济增长带来更多新的机遇，也让越来越多的发展中国家成为推进经济全球化的积极力量、中坚力量。这种力量必然会不断地改革和完善国际经济秩序及全球治理体系，共同坚持和推动经济全球化朝着更加开放、包容、合作、共赢的方向发展。

海南自由贸易港提供了更大规模的世界市场，使经济全球化有了更强劲的发展动力。当前，世界经济增长新动能尚未形成，单边主义和保护主义较为严重，世界经济增长速度放缓，经济全球化出现很多不稳定、不确定因素，新冠疫情的暴发也对世界经济造成了较大冲击和影响。在上述背景下，中国仍积极推进建设海南自由贸易港，坚定有序地向世界开放国内市场，这不仅体现了中国维护国际经济秩序和稳定世界经济增长的大国担当，同时为世界经济增长带来了更广阔的上行空间。

（三）海南打造“4+3”产业格局，实现经济高质量发展

从经济总量的角度来看，海南自身的经济体量较小。2023 年全省生产总值为 7551. 18 亿元，比上年增长 9. 2%。分产业来看，第一产业增加值为 1507. 40 亿元，比上年增长 4. 6%；第二产业增加值为 1448. 45 亿元，增长 10. 6%；第三产业增加值为 4595. 33 亿元，增长 10. 3%。

“4+3”产业格局逐步形成。四大主导产业（热带特色高效农业、旅游业、高新技术产业和现代服务业）成为全省经济发展的强劲依托，对经济增长的贡献超过六成。在发展热带特色高效农业方面，海南将种好橡胶、槟榔、椰子“三棵树”，大力引进全球热带水果新品种，推动传统海洋渔业往深海走、往岸上走、往休闲渔业走，全岛的农业产业结构将进一步得到优化；在发展旅游业和现代服务业方面，海南将用好用足离岛免税购物政策，做好吸引境外高端购物、医疗和教育等三篇消费回流文章；在高新技术产业方面，“南繁硅谷”建设取得实质性进展，崖州湾科技城聚集海洋产业类企业上千家，以“奋斗者”号为代表的深海科技项目在崖州湾科技城落地，文昌国际航天城加快构建以火箭链、卫星链、数据链为核心的产业生态，全国首个商业航天发射场一号发射工位竣工，在“天问一号”“嫦娥五号”于文昌国际航天城成功发射的基础上，海南将全力打造南繁、深海、航天“陆海空”三大未来产业。

稳步扩大开放程度。海南正加快探索自由贸易港积极服务和融入新发展格局的有效路径，更好地集聚和配置全球资源，努力形成更大范围、更宽领域、更深层次对外开放格局。对标 CPTPP、DEPA 等国际高标准经贸规则，以创新驱动加快推进规则、规制、管理、标准等制度型开放，力争在土地、低碳、服务业开放、知识产权保护、跨境资金流动、执业资格互认、跨境数据流动等领域取得更多进展。着力打造国内国际双循环战略交汇点，构建中国企业走向国际市场的总部基地和境外企业进入中国市场的总部基地，西部陆海新通道国际航运枢纽和面向太平洋、印度洋的航空区域门户枢纽，空海国际交通网络和国际经贸合作网络。充分利用博鳌亚洲论坛年会、中国国际消费品博览会等重大平台，加强同“一带一路”共建国家和地区的务实合作。

（四）面对新时代发展需求，海南勇立潮头

1. 加快构建现代化产业体系

以全岛封关运作和封关后全方位实施自由贸易港政策制度体系为契机，加强与粤港澳大湾区等国家重大战略区域的紧密联动，全力推进湛海高铁开工，加快推动琼州海峡港航一体化。重点扶持洋浦经济开发区、海口国家高新区、海南生态软件园等自由贸易港重点园区，培育壮大深海科技、航天产业、现代种业以及高端食品加工等产业集群。围绕建设“国家生态文明试验区”和海南清洁能源岛，积极打造绿色低碳产业链供应链。依托

洋浦经济开发区、海南（昌江）清洁能源高新技术产业园等园区，大力发展核能、氢能等清洁能源，以电动汽车、智能汽车等为重点发展壮大清洁能源汽车产业链。

2. 以科技创新推动产业发展

抢抓新一轮科技革命和产业变革的发展机遇，利用好自由贸易港的政策优势，无论是在供给端还是在需求端，都要抓住人才这个核心竞争力，继续推进旅游业、现代服务业、高新技术产业的发展。重点深化新一代信息技术在高端装备、新能源汽车等制造业领域的应用和创新，加快推进新一代信息技术与制造业和服务业的深度融合，助推产业数字化发展。积极推动以数字经济为引领的产业智能化、绿色化、高端化发展，积极培育并支持新经济、新业态、新模式等健康发展。利用数字技术实现跨越时空边界与国际数据互联，扭转交通条件、产业配套等劣势，建立人才、资本、技术乃至产品、服务等市场。

3. 扩大高水平对外开放

选定适合海南现阶段发展需要的目标领域，以市场主体需求为中心，以加快产业落地为导向，针对产业链各个环节存在的体制机制问题，综合提出放宽准入限制、优化准入环境、提供配套支持等“一揽子”政策措施。将医疗、文化、教育、旅游等服务业作为重点，同时针对商业航天、种质资源、新能源等前瞻性、战略性产业推出一批创新性强的政策举措，力求加快培育海南国际比较优势产业，营造优良营商环境，健全完善海南现代化产业体系，服务国家重大战略落地实施，为海南乃至全国经济高质量发展提供不竭动力。

（五）以智库之力助力海南高质量发展

2023 年 4 月 10 日，由商务部和海南省人民政府共同主办的 2023 年中国国际消费品博览会在海口隆重开幕。4 月 11 日，十二届全国人大外事委员会副主任委员、中国社会科学院“一带一路”国际智库专家委员会主席、蓝迪国际智库专家委员会主席赵白鸽出席 2023 年中国国际消费品博览会配套活动——第二届全球医疗消费论坛（GHCF）并发表演讲。赵白鸽表示，中国国际消费品博览会将打造全球消费精品展示交易平台，全球医疗消费论坛为优质医疗消费资源提供重要交流互动平台，期盼与各方携手，推动共建人类卫生健康共同体。

2023 年 4 月，十二届全国人大外事委员会副主任委员、蓝迪国际智库专家委员会主席赵白鸽出席“第二届全球医疗消费论坛”并致辞。

赵白鸽围绕“推动医疗消费高质量发展”提出四点建议：一是继续大力推动构建现代化健康产业体系，加快医疗核心技术突破；二是大力推动产业城市与医疗消费的深度结合，充分发挥海南自贸港、粤澳深合区等区域的创新优势，培育产业发展增长极；三是发掘和培育创新技术与先进企业；四是继续加强国际标准对接、顶层规划设计，通过“一带一路”倡议、RCEP 等机制，加强国际合作交流，推动企业“请进来”“走出去”。

2023 年 5 月 18 日，赵白鸽为海南省保亭黎族苗族自治县建设提出建议：一是对健康产业做好布局，充分发挥绿色自然资源优势，发展医疗旅游、高端康养及深呼吸小镇。抓好前沿技术的培育孵化，利用好已有的专家资源，推动专家技术成果的转化落地。开发好温泉资源、高端体检等，打造热爱健康人士的聚集地。二是持续推动两岸合作。积极争取上级部门的支持，推动两地的文化交流和经济交流。两地有很多文化共同性，气候环境也很相似，写好故事，做好文章。三是加强与地方的更多合作，智库可以为保亭推荐农业互联网企业资源，双方加强人才的交流培育，加强与粤港澳大湾区的联动。四是扩大招商引资，将绿色与数字作为保亭发展的重点，在相关产业挖掘企业资源。

2023 年 11 月 18 日，蓝迪国际智库与海南省保亭黎族苗族自治县开展深入合作洽谈。一是做好顶层设计。组建保亭高质量发展专家咨询委员会，组织蓝迪国际智库高层咨询会。二是开展政策研究。蓝迪国际智库组织人员对保亭重点合作产业进行实地调查研究。三是组织实地考察。赴欧美重点考察医疗旅游、温泉、康养等领域的先进经验。四是助力项目招引。根据保亭产业发展需求，引进优质企业资源。

三、青岛：打造对外开放新高地

青岛，东部沿海重要的经济中心城市和港口城市，凭借临海地缘优势和重要历史价值，历来就“主角光环加身”。“十四五”开局之年，青岛逐步实现了从“全国枢纽”到“国际枢纽”的功能大跃升，青岛港港口吞吐量跻身全球前十，位居世界一流港口前列。2021 年 2 月，中共中央、国务院印发《国家综合立体交通网规划纲要》，青岛成功入选 20 个“国际性综合交通枢纽城市”建设名单，成为“京津冀—长三角主轴”“京哈走廊”“京藏走廊”的关键节点城市。青岛港被确定为 11 个国际枢纽海港之一，意味着在国家战略层面确立了青岛的国际性“双枢纽”城市功能定位。

自 2023 年以来，青岛作为我国沿黄流域和环太平洋西岸重要的国际贸易口岸及海上运输枢纽，围绕打造具有全球竞争力的国际性综合交通枢纽总目标，依托港口和航空两大着力点，以世界一流港口和国际航空枢纽为核心，突出开放融合，构建“东西双向互济、陆海内外联动”的青岛交通大格局，为承接落实好国家赋予青岛的新定位、新使命，全力打造“一带一路”国际合作新平台，加快推进上合示范区、山东自贸试验区青岛片区等重点功能区建设提供了重要支撑。

（一）区位优势突出

青岛是实力强劲的发展高地。产业基础雄厚，拥有 39 个工业门类和家电、轨道交通装备、汽车等一批千亿级产业链，拥有海尔、海信、青岛啤酒、中车四方等一批世界知名企业，以及芯恩、京东方、歌尔等一批新兴产业龙头企业。2022 年启动实施实体经济振兴发展三年行动，着力打造 24 条重点产业链。青岛是对外开放的前沿窗口，承担了建设中国—上海合作组织地方经贸合作示范区、山东自贸试验区青岛片区等国家战略任务，被赋予打造“一带一路”国际合作新平台的重大政治责任。拥有青岛西海岸新区、蓝谷、高新区、胶东临空经济示范区等多个国家级功能区，是黄河流域的经济出海口和山东面向世界开放发展的桥头堡。青岛是畅达世界的交通枢纽，其区位优势明显，东接日韩亚太、西连中亚欧洲、北达蒙俄大陆、南通东盟南亚，是国内国际双循环的重要战略链接。拥有货物吞吐量世界第四大港、中国第二大外贸口岸——青岛港，链接全球 180 多个国家和地区的 700 多个港口，海铁联运量连续 7 年保持全国第一。拥有山东首座 4F 级机场——青岛胶东国际机场，通航覆盖全球 110 座城市。青岛是创新创业的活力热土，其拥有国家高速列车技术创新中心、国家高端智能化家用电器创新中心等多个“国字号”创新平台，拥有 29 所高校、59 家省级以上重点实验室，5500 多家高新技术企业、75 家上市公司，培育了杰华生物、特来电、卡奥斯等一批独角兽企业，人才总量突破 250 万，创业密度居中国副省级城市第三位。青岛是和谐友善的文明港湾，其成功举办了 2008 奥帆赛、2014 世园会、跨国公司领导人青岛峰会、博鳌亚洲论坛全球健康论坛大会等重要会议、会展活动。2018 年圆满完成上海合作组织青岛峰会服务保障工作，2019 年圆满完成人民海军成立 70 周年多国海军活动服务保障任务。青岛作为知名的足球城、影视城、啤酒之都、帆船之都，先后荣获全国文明城市、国家卫生城市等一系列称号。

（二）不断深化国际合作，为中国的崛起积蓄力量

在中国东海之滨，青岛这座城市正以其重要的战略地位和显著的合作成果成为国家发展的亮眼明星。作为中国西出阳关的窗口，青岛紧密对接中亚国家和“一带一路”倡议，在产业、贸易、农业等多个领域取得了令人瞩目的合作成果。而作为上海合作组织示范区，青岛以其开放平台的优势，不仅与上合组织国家保持着密切的友好关系，更在全球范围内拓展了经贸、人文、科技等多个领域的交流。随着 RCEP 的生效，青岛成为中国贸易的亮点。RCEP 的红利不仅提升了青岛企业的竞争力，也强化了区域产业链和供应链的韧性，为我国外贸注入了新的动力。而在山东省国土空间规划中，青岛以国家级都市圈的身份崛起，推动着山东半岛的现代化发展。

1. 打通中亚大门，共筑“一带一路”梦

在举世瞩目的中国—中亚峰会上，中亚五国元首表示，中亚国家始终是中国西出阳关最真挚的故人。2023 年 2 月，在青岛举办了首届“中国+中亚五国”产业与投资合作论坛，中国与中亚五国达成了 54 条合作共识和倡议，其中包括《“中国+中亚五国”产业与投资合作青岛倡议》。在本次论坛上，还发布了 31 个中国与中亚五国产业和投资领域的合作案例，其中乌兹别克斯

坦海信暖通学院项目、乌兹别克斯坦双园互动合作项目、乌兹别克斯坦金陆农业投资项目、上合超级港（中亚快线）项目、青岛·上合之珠国际博览中心—中亚国别馆项目、上海电气中哈储能合作项目等多个青岛项目入选。

国家战略所需之处，就是青岛的开放方向。面朝大海的青岛，正在高质量共建“一带一路”的征程中，带着产业链价值链一路“西行”，不断把海风向内陆吹去。此外，农业也是青岛与中亚五国合作不断加深的领域。青岛与中亚五国开展了一系列现代农业合作，哈中农业在哈萨克斯坦建设大豆、苜蓿等农作物及畜牧基地，青岛冠中生态在乌兹别克斯坦建设经济苗木基地，青岛万林集团拟在中亚国家投资建设食品加工与物流工业园……青岛市农业农村局数据显示，2023 年前 4 个月，青岛与中亚五国农产品进出口贸易额已达 1.3 亿元，在农业基地建设、农业新技术、新品种、新业态发展等方面的合作卓有成效。

2. 上海合作组织示范区成果丰硕，全球开放格局初现

自 2018 年上合组织青岛峰会以来，青岛市抢抓机遇，全方位开展同上合组织国家的交流与合作，在上合组织国家新增包括塔吉克斯坦杜尚别、吉尔吉斯斯坦比什凯克、亚美尼亚埃里温等首都城市，巴基斯坦卡拉奇、斯里兰卡康提、阿塞拜疆甘贾等所在国前三大城市在内的 10 个友城，巩固发展 2 个意向结好城市。在 2023 年举行的上海合作组织民间友好论坛和友好城市论坛上，青岛市与阿塞拜疆甘贾等 3 个城市签约。目前，青岛市已与 12 个上合组织国家的 15 个城市建立友好关系或确立结好意向，已结好城市数量增幅达 333%，首都和前三大城市占比由 33%提升至 62%。发挥上合示范区对外开放平台优势，青岛市创新打造了“友城合作，共创未来”的对外交流品牌，充分利用省市在上合组织国家的友好省州和友城等成熟渠道，广泛开展地方间经贸交流。之后，品牌外延逐步由上合组织国家向全球扩展，活动主题由经贸向人文、科技、物流等领域延伸，成为青岛市对外交流合作的一张闪亮名片。

在新发展格局中，上合示范区是中国唯一与上合组织国家和“一带一路”沿线国家开展地方经贸合作的平台，是国际多双边框架下地方经贸合作样板，在跨境贸易、投资等政策方面先行先试，具备独特的政治优势和政策优势。2023 年，人民银行青岛市分行聚焦重点国家，积极拓展上合组织、东盟、日韩等重点国家地区跨境人民币业务载体和场景，与跨境清算公司、上合示范区管委会等签署《合作备忘录》，推动建立上合 CIPS 跨境创新实验室、上合

跨境人民币服务中心，成立上合金融服务专班。2023 年，青岛与上合组织国家跨境人民币结算量为 1041.6 亿元，同比增长达 2.3 倍。

3. RCEP 持续释放红利，企业竞争力不断提升

2023 年全年，青岛海关共签发 RCEP 原产地证书 11.2 万份，数量居全国各签证机构首位，同比增长 35.3%；认定的经核准出口商自主出具 RCEP 原产地声明 4220 份，同比增长 37.6%；有关企业可享受 RCEP 其他成员方关税减让近 3 亿元。作为全球最大的自贸协定，截至 2022 年底，RCEP 生效已满两周年。RCEP 关税减让政策持续释放红利，进一步提升了青岛企业出口产品竞争力，强化了区域产业链供应链韧性，成为我国稳定外贸基本盘的重要积极力量。

（三）振兴实体经济，重点发展“7+10+7”产业链

围绕落实市第十三次党代会总体部署，根据青岛市委、市政府工作安排，市发展改革委牵头提出了《青岛市加快实体经济振兴发展三年行动方案》。其中，在构建现代产业体系方面，方案提出，要突出“三个并举”：产业增量崛起与存量变革并举、项目招大引强与专精特新培育并举、关键细分领域突破与全产业链发展并举，构建战略性新兴产业引领与传统产业数字化转型相互促进、先进制造业与现代服务业深度融合的现代产业体系，培育一批供应链稳定、要素链完备、创新链活跃、“根植性”和竞争力强的现代产业集群。具体来说，要重点发展“7+10+7”共 24 条产业链，分为以下三个方面：

一是做大做强七大优势产业链。包括智能家电、轨道交通装备、新能源汽车、高端化工、海洋装备、食品饮料、纺织服装，这七大产业是青岛多年以来发展积累的财富，也是实体经济高质量发展的基石。坚持高端化、智能化、绿色化的发展方向，全力支持七大产业做大做强，形成 1000 亿级、2000 亿级、3000 亿级产业梯次发展格局，打造参与全球竞争的国家先进制造业集群。

二是突破发展十大新兴产业链。这是青岛决胜未来的关键所在。重点聚焦集成电路、新型显示、虚拟现实、人工智能、生物医药及医疗器械、智能制造装备、先进高分子及金属材料、精密仪器仪表、通用航空、氢能与储能等领域，全力招引领军企业和关键配套企业，实施重点突破、跨代赶超。

三是聚力发展七大现代服务业。包括现代金融、现代商贸、现代物流、软件和信息服务、科技服务、文化旅游、会展，截至 2024 年，与制造业相关的生产性服务业增加值将提高到 6500 亿元，占服务业的比重每年提高 1 个百分点左右。除这三个方面以外，我们还超前布局了基因技术、未来网络、海

洋物联网、量子信息、深海开发等未来产业，抢占发展制高点。

（四）蓝迪国际智库携手市北区，全面推进区域发展

青岛市北区——青岛城市发展的原点，地处青岛核心，是连接内陆与海洋的重要枢纽。四通八达的公路、铁路与港口运输网络，为经济交流与合作打开了便利之门。RCEP 的正式签署推动了多边贸易体制，成为建设开放型世界经济的重要一步，对深化区域经济一体化、稳定全球经济具有推动作用，并让经济外向型城市拥有了更多配置要素的主动权，战略地位愈加凸显。青岛市北区依海而建、傍海而兴、向海图强，率先建设 RCEP 青岛经贸合作先行创新试验基地。在 RCEP 的东风下，市北区迎来新使命，也迎来了重塑“市北力量”的重大历史机遇。

1. 集聚新航运，打造高水平对外开放

站在青岛新一轮扩大对外开放的新风口，市北区聚焦“新航运、新贸易、新金融”和科技创新、新基建产业，全力攻坚、全速起跑，打造胶州湾东岸重要增长极、青岛开放与创新高地、老城焕新地标示范区。

近年来，市北区围绕新航运产业方向，精准聚焦航运服务相关产业发展。依托山东省海洋特色产业园平台载体资源，大力发展总部经济、楼宇经济，为优质航运产业项目落地提供空间保障。同时，市北区正以打造中国北方邮轮中心为目标，依托青岛百年老港优质资源，加快“功能再造、要素集聚、活力注入、复兴引领”步伐，对内联动京津冀、黄河流域、东北三省，对外联通日韩、东北亚和“一带一路”沿线国家，以全面开放的姿态深度融入区域经济布局。

大数据时代，市北区依托青岛国际航运服务中心集聚航运要素，积极建立船舶管理大数据信息平台，做实青岛航运交易所，做强航运发展研究院；用好港航产业发展基金，打造完整的航运生态链；建设海铁联运公共信息系统，发挥规范交易、交流信息、配置资源、聚集要素作用，并进一步提升青岛作为国际航运中心的地位和市场资源配置能力。

2. 促进新发展，全力赋能新兴产业落地

2023 年，市北区以扩大内需、招商引资、城市更新、服务升级、民生保障为“五大战场”，持续优化城区布局，城区风貌日新月异。重大项目建设正稳步推进，成效初显。“2+6”特色产业和城市更新项目成果显著。此外，市北区高度重视新兴产业培育、积极推动产业结构调整，着力壮大总部经济、数字经济，以持续塑造发展的新动能和新优势。同时，市北区深入推进低效

片区开发建设，为产业发展、人才会集、创新创业营造优良环境。

市北区已形成以现代服务业为主导的产业体系，在商贸流通、金融服务与文化旅游等领域涌现出一批行业佼佼者。作为青岛的老工业基地，在过去的发展历程中，市北区的机械制造、化工等传统产业一直是推动地区经济发展的重要力量。随着时代的变迁和产业的升级，这些传统产业在这里依然展现出勃勃生机。

3. 树立“典范区”，成效显著

面向“十四五”，青岛 RCEP 经贸合作先行创新试验基地建设是市北区垂直崛起的重要抓手，创新试验基地的成功建设将极大依赖于优质资源的聚集和组合，亟须智库“外脑”提供智力与资源支持。

青岛市北建设投资集团作为市北区一级国有平台，大力推动做优城市更新和城市建设，提升老城区基础设施和环境；探索现代化城市运营新路径，建设“数字市北”“大物管”标杆项目；放大中国北方国际油气中心、RCEP 山东企业服务中心平台作用，做强供应链贸易板块；发挥国有公司的平台优势，放大资本效应，以投带引落地一批“2+6”特色产业项目。

2023 年，市北区计划推进 100 个总投资超过 1100 亿元的省（区、市）重点项目，旨在带动全年固定资产投资增长约 13%，保持两位数的增幅。市北区持续关注产业发展，以链长制推动“2+6”特色产业发展，绘制产业图谱，发布集成政策，产业链集群发展取得新的成效。在数字经济迅速崛起的背景下，市北区互联网、软件和信息技术业营业收入同比增长超过 60%。此外，市北区国家科技型中小企业入库数量突破 600 家，同比增长 38. 6%，创历年新高。可以说，主导产业中的“四新经济”使市北区的发展实现了“名利双收”。

经济的高速发展离不开区域项目招引。仅 2023 年一年，市北区就新引进亿元以上项目 172 个，而这一数据是 2022 年的 1. 8 倍。2024 年，市北区将聚焦 M0 产业用地、高品质楼宇、专业化园区等重点招商载体，将“2+6”特色产业作为招商的金色名片，计划不断储备一批示范引领、强强联合、补链配套的产业大项目。

市北区在结合自身发展实际的基础上，将港区、园区、城区这“三区”具象为现代化国际港区、集聚式特色园区和品质型魅力城区。在实现“三区融合”的过程中，不仅需要实现“从 0 到 1”的突破，更要完成“从 1 到 N”的延展。在重点招商引资项目上，既有开发建设、生物科技、高端文旅、医药康养等实体经济项目，又有海事司法基地、律所区域总部、金融联合赋能等保障支撑型项目，还有聚焦于新能源、新材料等新兴产业领域的项目。从项目类别上看，则涵盖了制造业、现代服务业、数字经济等青岛市重点关注的实体经济领域，同时精准聚焦到了市北区“2+6”特色产业体系。这意味着，这些项目能为推进“三区融合”及实现市北区发展带来助力。

为助力市北凝聚和整合国内外优势资源，推动产业高质量发展、RCEP 试验基地建设，充分发挥蓝迪国际智库在国内外政党、企业、智库、媒体等方面的资源优势，青岛市北建设投资集团有限公司（以下简称市北建投集团）与蓝迪国际智库建立了紧密的战略合作伙伴关系，同时，市北区政府、市北建投集团和蓝迪国际智库携手打造“政府指引+国企衔接+智库落地”合作机制，为核心区凝聚和整合国内外优势资源，提供系统服务；围绕青岛市北区评估营商环境、识别风险因素、提出应对策略；通过高层倡导、协调合作、政策服务、能力建设、宣传推介、项目推动等方式，为市北区产业高质量发展、RCEP 试验基地建设添砖加瓦。

蓝迪国际智库积极协调平台智库、专家、企业资源，推荐 RCEP 青岛经贸合作先行创新试验基地的实践，组织实地调研、专家研讨，形成《RCEP 实施背景下，市北建投集团相关业务发展策略研究》。同时，该研究报告另附有《主要国家对 RCEP 的态度及市北建投集团国际合作对策方向》，以 RCEP 青岛经贸合作先行创新试验基地建设实践为例，调研和总结其发展基础、成果经验及所需支持，旨在为市北建投集团助力青岛打造 RCEP 经贸合作示范城市，高水平建设对外开放的新高地，在全国范围内发挥引领示范作用提供借鉴和参考。该研究报告得到重庆市原市长黄奇帆，中国国际经济交流中心副理事长、商务部原副部长魏建国，十二届全国人大外事委员会副主任委员、蓝迪国际智库专家委员会主席赵白鸽，商务部研究院亚洲研究所副所长、研究员袁波，北京智源人工智能研究院知识计算引擎创新中心主任孙会峰等专家领导的指导把关；中国社会科学院、赛迪研究院、中国开发区协会等机构的咨询建议，市北建投集团等分享了大量基础信息与成果数据，并对该研究报告初稿进行了意见反馈，对研究报告持续完善给予了大量帮助。

2023 年 6 月上旬，市北区委副书记、区长，青岛国际邮轮港区服务管理局局长刘新学带队赴香港、澳门走访考察企业，与企业负责人深入座谈交流，并出席青岛市市北区香港推介会，对接洽谈合作事项。蓝迪国际智库对接澳门万国集团、澳门红点科技、妈阁文创、澳觅科技、喜马会展等调研企业，深化开放合作，助力产业发展。

2023 年 6 月，刘新学出席青岛市市北区香港推介会并致辞。

2023 年 9 月 15 日，市北建投集团有限公司董事长朱宏年一行赴横琴粤澳深度合作区考察调研。经蓝迪国际智库协调，与合作区金融发展局、横琴金投国际融资租赁有限公司座谈交流，并到横琴规划展厅参观调研。

2023 年 9 月，青岛市北建设投资集团有限公司董事长朱宏年一行赴合作区金融发展局座谈。

2023年10月29日，区委书记高健带队走访考察粤澳合作中医药科技产业园，详细了解产业园的发展进程、管理理念和专业经验。高健表示，医养健康领域是市北区重点发力方向之一，将充分学习借鉴优秀园区管理经验，以更多医养健康项目落地促进经济高质量发展。

2023年10月，青岛市北区委书记高健带队走访考察粤澳合作中医药科技产业园。

为助力市北区全面发展，蓝迪国际智库链接平台企业，赋能项目招引，与中国土木、上奇数科、芯翼达（苏州）等沟通项目落地青岛事宜；邀请北京标研科技发展中心主任来青座谈，就开展培训项目、协助中小企业建立标准等问题展开研究；邀请招商局资本董事总经理来青，针对为市北区提供金融服务进行座谈；邀请市北代表参与基因治疗创新技术、有机垃圾生物降解技术研讨会，协助对接蓝迪平台重要专家资源、企业资源。

蓝迪国际智库协助市北区对接中国开发区协会，对经济开发区发展的评价指标、政策支持等方面进行深入沟通，为RCEP试验基地的下一步发展提供了参考方向；对接中国石油和化学工业联合会副秘书长庞广廉，邀请其在企服中心举办第四期RCEP政策解读与利用实务培训会，会上就RCEP背景下我国石化行业面临的机遇挑战和对应省区应对建议进行专题演讲，全力赋能区域经济腾飞。

四、宁波：长三角的战略要地

宁波是上海大都市圈的综合性全球城市，国务院批复确定的中国东南沿海重要的港口城市、长江三角洲南翼经济中心。宁波是典型的江南水乡兼海港城市，是中国大运河南端出海口、海上丝绸之路东方始发港、东亚文化之都、《中国制造2025》首个试点示范城市。2023年，宁波实现地区生产总值16452.8亿元，按不变价格计算，同比增长5.5%。

2022年，经深度整合“开发区+自贸区+保税区”功能，新的宁波开发区正式挂牌运作，集聚众多国家级开放平台优势以及自贸试验区发展机遇，加快打造国内一流、国际知名的高能级战略平台，为全省“勇当中国式现代化先行者，奋力谱写中国式现代化新篇章”贡献力量。商务部网站公布的2023年国家级经济技术开发区综合发展水平考核评价结果显示，宁波开发区再次前进5位，跃升至全国第12位。

宁波舟山列2023年全球航运中心城市综合实力第9名；宁波舟山港是全球第三大集装箱港，年货物吞吐量居世界首位，是集内河港、河口港和海港于一体的多功能、综合性的现代化深水大港。其主要经营进口铁矿砂、内外贸集装箱、原油成品油、液体化工产品、煤炭以及其他散杂货装卸、储存和中转业务。宁波舟山港已基本形成高速公路、铁路、航空和江海联运、水水中转等全方位立体型的集疏运网络。

（一）紧抓长三角一体化发展战略机遇，发展“金南翼”

习近平总书记在浙江工作时多次强调，宁波要主动接轨、加强协作、发挥优势、实现共赢，以更加积极的姿态参与长三角地区的经济合作与发展。2020年，习近平总书记到浙江考察时又强调，宁波舟山港在共建“一带一路”、长江经济带发展、长三角一体化发展等国家战略中具有重要地位，是硬核力量。省委常委、市委书记彭佳学在全市经济工作会议上指出，要以沪甬合作为重点深度参与长三角一体化发展。

1. 推动长三角一体化战略发展

国家区域发展战略的实施为相关城市的发展带来重大机遇，习近平总书记要求，长三角地区应率先形成新发展格局、勇当我国产业和科技创新的开路先锋、加快打造改革开放新高地。对于宁波来讲，需要充分认识长三角一体化发展带来的机遇。一体化和高质量是长三角一体化发展战略的两个关键词，宁波实现经济高质量发展，必须心系“国之大者”，主动落实国家战略，融入长三角一体化发展的大格局，抢抓长三角一体化发展的机遇，在与上海等国家中心城市协同发展中提升自己的实力，为全省、全国大局多挑担子、多作贡献。加强与周边区域联动发展，加快推动区域一体化既是区域发展的必然趋势，也是当前国家区域协调发展的重大战略要求。宁波必须深化认识，进一步增强使命感、紧迫感，提高战略站位，明确战略方向和重点，以更大力度和速度推动一体化进程。

2. 建设宁波都市圈

建设宁波都市圈，是长三角一体化国家战略的重要内容，也是宁波积极推进杭绍甬一体化、与杭州共同唱响唱好“双城记”的重要路径和有力支撑。近年来，宁波积极推进都市圈同城化发展，在交通互通、产业合作、公共服务一体化等方面取得了一定成效。总体来看，宁波都市圈建设还相对滞后，常态化的都市圈工作机制尚未建立，中心城市辐射带动能力不足、圈内城市联系不够便捷紧密等问题较为突出。与之相比，长三角其他城市的都市圈建设推进力度非常大。例如，杭州 2012 年就建立高层级的都市圈区域合作机制，每年审议都市圈工作报告、专项工作汇报和提案、发布当年《杭州都市圈蓝皮书》，在 2018 年还将都市圈范围进一步扩容至衢州、黄山，启动编制都市圈新一轮规划。南京都市圈、合肥都市圈也在许多方面取得了实质性成效。因此，宁波要把都市圈建设作为实施全面融入长三角一体化战略的主要依托，更大力度推动都市圈城市合作，重点要建立健全都市圈合作机制，谋划实施一批交通、产业、公共服务一体化方面的重大项目，努力实现更高水平协同发展，共同打造长三角一体化发展“金南翼”。

3. 积极融入上海大都市圈

2022 年 9 月 28 日，上海市人民政府、江苏省人民政府、浙江省人民政府联合发布《上海大都市圈空间协同规划》。在这个剑指“卓越的全球城市区域”，宁波市区与苏州市区、临港新片区一齐被定位为“综合性全球城市”，足显地位之重。该规划提出，上海大都市圈将“共筑紧凑开放的空间格局”，建立涵盖顶级全球城市、综合性全球城市、专业性全球城市、全球功能性节点、全球功能支撑性节点的多层次功能体系。

具体到城市分工，宁波市区被赋予了多项重要使命，包括建设成为高水平国际港口名城、高品质东方文明之都，加快打造现代化滨海大都市；发挥好宁波作为上海国际贸易、国际航运、国际科技创新中心协同区的三大职能；提升航运贸易、生产性服务业、智能制造等优势领域，补齐科技创新与文化交流短板；发挥自主创新优势，引进国家实验室、双一流高校等创新资源，强化民营创新，建设全球知名创新城市；提升“名城名都”影响力，建设亚太文化交往中心与幸福宜居家园。为匹配全球城市区域多中心格局，构建紧凑开放的网络型空间结构，该规划提出廊道引领、网络流动、板块协作三大核心理念，以空间模式转型推动更高质量发展。在廊道引领方面，提出培育七条区域发展廊道。其中，涉及宁波的有杭甬区域创新廊道，以及沿江沿海、通苏嘉甬三条区域特色功能廊道。在板块协作方面，宁波涉及杭州湾战略、沿海战略两个协同区。此外还有示范区、城镇圈级别的协作内容。

（二）明确在国家“双循环”新发展格局中的战略定位

“双循环”是国家为应对新形势、新挑战、新问题而提出的宏观战略布局，是整个国家的大循环，不是区域的小循环。对于区域或城市而言，需要根据自身特色、结合自身实际确定科学的自身定位，以共同支撑起整体大循环的实现。根据“双循环”三重内涵要求，结合宁波的现有优势以及国家对宁波落实相关重大战略的要求，宁波在新发展格局中的战略定位为联通外循环的重要门户、保障内循环的重要支点、链接“双循环”的重要枢纽。

联通外循环的重要门户，是“双循环”格局下宁波的首要战略定位，即突出宁波的口岸优势、外向型经济优势，依托各级政府熟悉开放、众多市场主体依赖于开放的特点，在国家“双循环”大格局下，在持续扩大外贸出口规模的基础上，完善多式联运体系和综合交通网络，提升港航服务能级和国际交往能力，打造成为辐射内陆广袤腹地、联通国外广阔市场、出口份额占比更高、国际航运体系话语权更大的对外开放门户。

保障内循环的重要支点，即利用宁波产业基础好、单项冠军多的优势，加快制造业基础能力的优化提升和关键核心环节的攻坚突破，破除“卡脖子”难点，打造“撒手锏”；利用港口资源优、储运条件佳的基础，加强石油、液化天然气、煤炭、粮食等战略物资的进口供应和储备保障，在产业链运行和战略物资保供两个层面，为内循环安全有序运行提供有效支撑，成为国家“双循环”格局中不可或缺的保障支点。

链接“双循环”的重要枢纽。一方面深挖口岸优势，扩大优质消费品进口规模，吸纳境外中高端消费回流国内市场，建设优质商品进口和消费中心；另一方面充分发挥民营经济优势，在总部、核心部门、高附加值环节留在宁波的前提下，支持民营企业有序“走出去”，并利用海外资源反哺本土发展，形成跨国民营企业总部基地，构筑链接国内国际两个市场、两种循环的商品交换、信息交互、人员交流、资源交汇枢纽。

（三）加快推进“一带一路”枢纽城市建设

2023 海丝之路文化和旅游博览会于 2023 年 7 月 3 日在宁波落下帷幕。本届博览会正值“一带一路”倡议提出 10 周年，来自海上丝绸之路沿线的 40 个城市、160 多家主要企业参展，海上丝绸之路合作交流互鉴再掀热潮。近年来，宁波不断加快开放步伐，努力推进“一带一路”枢纽城市建设。宁波舟山港加大“一带一路”沿线国家和地区航线航班开发力度，航线数增至 120 条，“一带一路”沿线年集装箱量约占总箱量的四成。

依托港口优势，宁波加快高端航运物流业发展。由宁波航交所编制并发布的海上丝路指数成功登陆波罗的海交易所，并先后两次被列入“一带一路”国际合作高峰论坛成果清单，为推进“一带一路”建设提供了重要观察窗口。目前，海上丝路贸易指数分析范围已扩大至全球 200 多个国家和地区。

宁波把打造对外开放新门户作为服务“一带一路”建设的重中之重。该市已成功举办三届中国—中东欧国家博览会。作为中国唯一面向中东欧的国家级展会，该博览会不仅打开了中国与中东欧国家经贸人文交流的更大空间，也让宁波成为连接中东欧的黄金通道。作为开放型经济大市，宁波目前已与 223 个国家和地区建立了投资贸易关系。2023 年前 5 个月，宁波对“一带一路”沿线国家进出口额达 1661 亿元，同比增长 11.9%，占同期全市进出口总额的 32.3%。

（四）重点打造“361”万千亿级产业集群

以习近平新时代中国特色社会主义思想为指导，深入贯彻党的二十大和二十届二中全会精神，以制造业高质量发展为主线，以改革创新为根本动力，坚持政府推动与企业主体、创新引领与自主可控、系统推进与重点突破、产业规划与产业政策、因地制宜与分类实施相结合，实施产业平台提升、工业投资攻坚、企业“四上”培强、科技创新加速、品质管理创优、数字融合赋能、未来产业培育七大行动，着力打造“361”万千亿级产业集群，巩固提升优势产业集群，培育壮大特色产业集群，抢占新兴和未来产业新赛道，全面提升产业竞争力，增强产业链供应链的韧性与安全水平，为建设现代化滨海大都市提供硬核支撑。

预计到2027年，在全市培育形成数字产业、绿色石化、高端装备3个万亿级产业集群，新型功能材料、新能源、关键基础件、智能家电、时尚纺织服装、现代健康6个千亿级产业集群，以及一批新兴和未来产业集群，完备建立起以绿色化、新型化、高端化为主要特征的“361”万千亿级产业集群体系。产业集群规模以上企业营业收入达3.7万亿元，有力支撑全市制造业增加值占GDP的比重保持稳定、占全省工业增加值比重提升至25%左右。工业增加值规模在全国城市中争先进位，高技术制造业增加值占规模以上制造业增加值的比重达到15%。构建形成一批空间布局合理、产业特色明显、资源要素集聚、产城融合发展的产业平台，培育形成国家级产业集群5个以上。

同时，推进产业协同和重点区块联合开发。一要联合打造两大万亿产业。重点与舟山共建世界级石化产业集群，与台州共建世界级汽车产业集群。支持甬舟化工产业集聚区、甬台汽车产业集群建立产业联盟，构建跨区域产业合作平台，推进市场、技术、人才等方面的资源共享，共同研究产业链的延伸配套和分工协作策略，联合构建“研发+制造+服务”的全产业链，共同打造世界级产业集群。二要联合开发重点区块。发挥宁波在区块开发上的资本、管理等优势，推动三门湾区域的统筹开发，创新开发管理体制，提高环三门湾的发展速度和质量，把三门湾建设成都市圈合作共建样板。积极探索六横岛等重点区块的联合开发，在六横岛共建甬舟产业合作区，打造区域经济发展新增长极，引领区域一体化发展。三要推动甬舟港航服务一体化。推动宁波航运交易所和舟山江海联运服务中心构建港航服务一体化合作机制，实现港口数据、物流数据互通共享，共建智慧海洋数据中心。整合甬舟两市大宗商品交易资源，依法扩大商品交易种类和方式，共同打造“中国（浙江）大宗商品交易中心”平台。支持建设以舟山江海联运服务金融结算和航运融资业务为主的海洋开发银行。推动舟山自贸区、宁波国家保险创新试验区和自主创新示范区等政策资源共享互惠。

（五）智库合作，提升区域综合竞争力

为助力宁波凝聚和整合国内外优势资源，推动长三角一体化发展、“双循环”新格局构建、“一带一路”枢纽城市建设，推动宁波开发区提升综合竞争力、在全国开发区争先进位、改革创新以及招商引资，充分发挥蓝迪国际智库在国内外政党、企业、智库、媒体等方面的资源优势，2022年6月，宁波经济技术开发区与蓝迪国际智库正式签订《宁波经济技术开发区（浙江自贸试验区宁波片区）综合竞争力提升咨询服务协议》。2023 年 12 月，双方签订补充协议，蓝迪国际智库继续积极协调平台智库、专家、企业资源，稳步开展各项工作。

1. 组织专家咨询服务团队

开发区的可持续、高质量发展需要科学、系统的战略部署和顶层设计来明确发展方向和目标，更好地把握经济新常态下的发展机遇，有效推动各产业的发展，从而实现全区经济的协同提升。蓝迪国际智库积极链接各领域专家，组织并整合资源，为宁波经济技术开发区提供具有针对性的优质服务。蓝迪国际智库发挥智库网络优势，组建具有针对性的专家咨询团队，其中包括重庆市原市长、蓝迪国际智库专家委员会联合主席、复旦大学特聘教授黄奇帆，中国国际经济交流中心副理事长兼秘书长、河南省原副省长、河南省人大常委会原副主任张大卫，十二届全国人大外事委员会副主任委员、蓝迪国际智库专家委员会主席赵白鸽，全国政协十三届经济委员会委员、中国证券监督管理委员会原主席、党委书记肖钢，十二届全国人大财经委委员、中国银行原行长、中国互联网金融协会区块链工作组组长李礼辉，中国石油化工集团公司原董事长、党组书记傅成玉，厚朴投资董事长、高盛高华证券董事长方风雷，新奥能源董事局主席及执行董事王玉锁，新澳股份总裁郑洪弢，中国国际商会双边合作部部长吴蒙，中国电子信息产业发展研究院副院长乔标，工业和信息化部赛迪研究院产业政策研究所（先进制造业研究中心）所长董凯等各领域专家学者。

重庆市原市长、蓝迪国际智库专家委员会联合主席
黄奇帆带队赴宁波经济技术开发区考察调研。

为及时了解产业行业最新动态，蓝迪国际智库定期为宁波经济技术开发区提供资讯，涵盖重要时政经济新闻、地方动态、RCEP、上合组织、粤港澳区域合作和国际产业发展等多个领域，累计共包含 48 期周讯和 3 份蓝迪金融经济信息。

在商务部国家级经济技术开发区考核评价综合排名中，2020—2023 年，宁波经济技术开发区排名分别为第 21 位、第 25 位、第 17 位、第 12 位。为宁波经济技术开发区进一步争先进位、提升综合发展水平，蓝迪国际智库分析 2022 年考核评价数据，形成了《关于宁波经开区提升综合发展水平的建议》。经分析发现，宁波经济技术开发区总体呈现优势和弱项均非常突出的特点，在经济总量、产业集群规模，特别是开放型经济规模、龙头企业数量方面处于全国领先水平；但在绿色发展、增速类指标、研发强度等方面弱项指标明显。为此，报告细化提出优化绿色指标、提升科技创新指标、统筹整合提升后指标数据三方面建议。

2. 研究宁波片区改革创新突破

建设自由贸易试验区是以习近平同志为核心的党中央在新时代推进改革开放的重要战略举措，在我国改革开放进程中具有里程碑意义。自贸试验区作为我国市场经济发展和深化改革开放的前沿阵地，其面临的挑战是最多、最严峻的，亟须改革创新，适应时代变化与市场需求。立足 2023 年新形势，蓝迪国际智库组织和撰写了《关于中国（浙江）自由贸易试验区宁波片区积极打造“枢纽自贸区”》的研究报告。该报告立足新形势下中国自贸区建设面临的机遇与挑战，全面分析了中国（浙江）自贸区建设的基础与优势，结合宁波枢纽自贸区建设的成果与经验，为加强宁波枢纽自贸区建设提出提升港航物流业发展能级、打造大宗商品全球资源配置基地、打造服务贸易和跨境电商枢纽、建设中东欧经贸合作示范区和推动针对重点产业、业务的税收优惠和便捷化五点建议。

3. 开展招商及形象宣传服务

开发区的形象与品牌建设是提升其影响力、推动当地产业发展、吸引投资、促进资本流动的重要因素。蓝迪国际智库利用媒体网络积极推介宁波开发区，宣传宁波开发区的创新之举与积极实践，扩大宁波开发区的影响力。

2023 年 11 月 23 日，由宁波开发区投资促进局、上海招商联络处联合区财政局共同举办的北仑（上海）投资环境说明会在上海举行。会议在企业关注的行业趋势、惠企政策等方面进行专题研讨、政策解读和投资案例分享，助力企业稳增提质、健康发展。

2023 年 11 月，北仑（上海）投资环境说明会现场。

蓝迪国际智库积极发挥平台集聚效应和资源优势，协助宁波开发区累计对接兴业证券、兴证资本、西经控股有限公司、江苏森博新材料有限公司、中国信通院华东分院、国浩律师（上海）事务所、上海市信息服务外包发展中心、上海中小企业品牌促进中心、中关村科学现代服务业促进会数据要素专委会、广联达、高力国际、深兰科技 12 家企业参加说明会。

五、重庆：国家战略腹地建设的“排头兵”

《中华人民共和国国民经济和社会发展第十四个五年规划和 2035 年远景目标纲要》明确提出，“必须强化国内大循环的主导作用，以国际循环提升国内大循环效率和水平，实现国内国际双循环互促共进”。2023 年 12 月举行的中央经济工作会议强调，优化重大生产力布局，加强国家战略腹地建设。在“双循环”的新发展格局下，重庆作为联通国内国际的重要节点，具有重要战略意义。2023 年，蓝迪国际智库持续关注重庆在共建“一带一路”中发挥的联通作用，发挥智库外交作用，从重庆出发开展中美关系研究。

（一）作为西部高质量发展的先行者与引领者

重庆是国家战略腹地建设的“排头兵”，承担国家战略使命，在推进新时代西部大开发和高质量发展中发挥支撑作用，在推进共建“一带一路”中发挥带动作用。

1. 衔接“一带”与“一路”，重庆构建西部出海新格局

共建“一带一路”作为我国在新的历史条件下实行高水平对外开放的重大举措，是我国加快构建新发展格局的重要内容和重要平台。位于“一带一路”和长江经济带交会点的区位优势使重庆在新时代全面开放新格局中具有重要战略地位。2019 年，国务院批复的《西部陆海新通道总体规划》明确指出，充分发挥重庆位于“一带一路”和长江经济带交会点的区位优势，建设运营组织中心，标志着该通道上升为国家战略。2023 年 2 月，商务部亚洲司复函重庆，同意将推进国际陆海贸易新通道建设合作工作机制秘书处设立在重庆。该工作机制主要负责通道的国际经贸合作，秘书处则主要承担其日常工作，重要性不言而喻。

近年来，借助“一带一路”和长江经济带的“东风”，重庆的交通枢纽功能得到全面提升。重庆内陆国际物流枢纽展示中心的交通图显示，东有长江黄金水道通达世界各地，南有西部陆海新通道连接东南亚，西有中欧班列辐射亚欧多国，北有“渝满俄”班列直达西伯利亚。

西部陆海新通道连接中国西部各省区市，将货物通过铁路、海运、公路等运输方式，经广西、云南等沿海沿边口岸通达世界各地。截至 2023 年，西部陆海新通道通达全球 120 个国家和地区的 473 个港口，已成为中国西部地区联通全球的快捷通道。官方数据显示，2023 年 1—9 月，重庆经西部陆海新通道共运输 12. 6 万标准集装箱，运送货值 193. 3 亿元。

从进出口货品不难看出，重庆已经深度参与到国际产业分工体系中。根据《重庆统计年鉴 2022》，计算机、通信和其他电子设备制造业是重庆第一大产业，汽车制造业位居第二。鲜明的产业特色吸引了 319 家世界 500 强企业落地重庆，所形成的产业集群成为重庆进一步对外开放的内生动力。

2023 年初，《重庆市加快建设西部陆海新通道五年行动方案（2023—2027 年）》印发。其中提出，到 2027 年，重庆通道网络和物流体系更加完备，要素集散效益更加凸显，综合服务能级显著提高，对经济和产业发展带动作用显著增强，跨区域合作共建水平显著提升，为建成经济、高效、便捷、绿色、安全的西部陆海新通道作出更大贡献，更好在西部地区带头开放、带动开放。通道发展指数达到 170。重庆经西部陆海新通道运行的货运量、货值、与中欧班列和长江黄金水道的联运箱量均实现倍增，与东盟的进出口额

占比稳定在70%以上。数字陆海新通道基本建成，通道综合物流成本下降20%，全程物流运行时间压缩30%。重庆在国家口岸综合绩效评估中排名居中西部前列，跨境贸易便利化水平达到全国前列。

重庆正在积极扩大“一带一路”朋友圈，加速拓展通道辐射范围。

2. 加速打造西部金融中心，重庆引领西部现代化发展

能够有一个辐射周边地区、全国乃至全球的金融中心，对城市能级的提升有着巨大的促进作用，谁能够坐拥金融核心地位，谁就能够在区域经济发展中占据主导核心地位。

中国广阔的内陆腹地也需要一个新的金融中心，同时兼具安全备份与带动西部发展的双重作用。重庆作为中西部地区唯一直辖市、国家重要中心城市、成渝地区双城经济圈核心城市、西部陆海新通道物流和运营组织中心，向北连通“一带一路”、向南成为东南亚新通道、向西向东辐射广阔的内陆腹地，无论是从战略区位还是辐射西部方面考虑，其都是最佳选择，有着历史必然性。

金融是构建现代化产业体系的关键变量，金融越发达，资金流动速度越快，企业运转才能越顺滑，产业发展才能有乘数效应，经济发展才能更快壮大。近年来，重庆统筹推进金融服务实体经济、防控金融风险、深化金融改革等重大任务，西部金融中心建设实现了良好开局。

在产业金融方面，搭建科创企业全样本的银企对接平台。中国人民银行重庆分行数据显示，2023年上半年，重庆地区金融机构推送科技型企业、高新技术企业、专精特新企业超过5万家；积极支持企业登陆资本市场，上半年新增上市企业数和首发融资额均位居西部第一。至2023年6月末，重庆制造业中长期贷款余额同比增长24%，比上年同期高出4.6个百分点。其中，汽车制造业、软件和信息技术服务业中长期贷款同比分别增长39.6%、49.9%。

在贸易金融方面，重庆金融监管局数据显示，截至2023年7月，中新金融合作跨境融资超200亿美元，带动中西部10省（区、市）赴新融资65亿美元，跨境人民币结算量突破3000亿元、保持中西部第一。组建西部陆海新通道金融服务联合体，形成覆盖新通道全域的金融服务网络体系。落实自贸金融改革创新试点任务，发行全国首笔点心债，创新信保白名单融资、铁路电子提单质押融资等一批跨境金融创新首笔首单。

在绿色金融和普惠金融方面依托“长江渝融通”货币信贷大数据系统和“长江绿融通”绿色金融大数据系统，搭建重大建设项目、制造业、科技创新、绿色低碳、乡村振兴等重点领域债券融资项目对接平台。中国人民银行重庆分行数据显示，2023 年上半年，重庆金融机构累计运用支农、支小再贷款、再贴现资金 482 亿元，同比增长 22. 8%，惠及市场主体 6. 6 万户。

重庆建设西部金融中心对西部地区带动作用明显。多式联运“一单制”等创新性金融服务在西部陆海新通道中的推开减少了货物运输换单环节，沿线省（区、市）参与通道物流效率得到极大提升。重庆金融监管局数据显示，截至 2022 年末，重庆市金融机构已累计为西部陆海新通道基础设施项目、贸易物流企业发放贷款近 5000 亿元。

（二）10 年来，重庆积极融入共建“一带一路”

过去 10 年，位于“一带一路”和长江经济带联结点上的重庆在推动共建“一带一路”方面取得了实实在在的成果，已经形成“东南西北”四向开放通道格局，以西部陆海新通道建设为抓手打造“一带一路”倡议枢纽，并在人文交流、贸易往来等方面发挥重要作用。

1. 政策沟通引领作用不断提升

重庆加强与“一带一路”共建国家多层次战略对接，不断拓展“朋友圈”。高标准实施中新（重庆）战略性互联互通项目，开创性策划建设陆海新通道并推动其上升为国家战略，成为中新双方高质量共建“一带一路”的标志性项目。目前，中新双方累计签约政府和商业合作项目 265 个、总金额达 256. 5 亿美元。与“一带一路”共建国家开展各领域交往活动 400 余场，先后邀请多国政要来渝访问，重庆市领导率团出访新加坡、斯里兰卡、尼泊尔等国。重庆已与“一带一路”共建国家结成国际友好城市 29 个、国际友好交流城市 84 个。

2. 基础设施互联互通布局不断完善

重庆坚持把四向通道基础设施“硬联通”作为重要共建方向，陆、海、天、网“四位一体”互联互通布局加快形成。向东，建设长江黄金水道智慧物流工程，常态化运行沪渝直达快线、渝甬沿江铁海联运国际班列，有效推动长江经济带发展。向西，在全国率先开行中欧班列（渝新欧），开行量率先突破 1 万列重箱折列，并整合川渝两地资源开行中欧班列（成渝），已累计开行超 1. 4 万列重箱折列，近 50 条稳定运行线路联通亚欧大陆上百个节点城市，干支网络覆盖亚欧大陆全境。向南，推进西部陆海新通道建设，通道网络覆盖全球 120 个国家和地区的 473 个港口，实现内陆地区“一带”与“一路”倡议闭环，形成铁海联运班列、国际铁路联运班列、跨境公路班车三种运输组织方式，截至 2023 年 9 月底，已累计运输 54.6 万标准箱，货值 906.5 亿元。向北，常态化开行“渝满俄”班列，串联中蒙俄经济走廊。

空中，开通国际航线 110 条，构筑通达“一带一路”共建国家的空中走廊。网络，依托中新互联互通项目，启动运行全国首条面向单一国家点对点的国际数据专用通道，打造渝新合作信息“高速路”。加快推进国际性综合交通枢纽城市建设，推动重庆成为全国首个兼有港口型、陆港型、空港型、生产服务型、商贸服务型“五型”国家物流枢纽的城市。

3. 贸易投资合作渠道不断拓展

重庆大力促进与“一带一路”共建国家贸易往来，贸易规模不断扩大，贸易结构持续优化。重庆与“一带一路”共建国家进出口贸易额 2022 年达到 3331.4 亿元，10 年间年均增速为 9%。2013 年以来全市累计吸引外资 293.5 亿美元，在渝世界 500 强企业累计达 319 家。深入实施自贸试验区提升战略，培育形成 147 项重点制度创新成果，7 项在全国复制推广，89 项在全市复制推广。开立全球首份“铁路提单国际信用证”，其背书转让效力获司法审判实践支持，目前已累计签发铁路提单 6834 笔，货值约 33.5 亿元。

加快推进内外贸一体化试点、进口贸易促进创新示范区等试点示范建设工作，推动万州综保区、江津综保区、永川综保区封关运行。全面实施全国通关一体化改革，深入实施“两步申报”“两段准入”等海关重大业务改革试点，推广应用国际贸易“单一窗口”，全面推行铁路快速通关模式，创新“保税+”系列外贸新业态，探索“关银一 KEY 通”川渝一体化监管模式，成为全国海关第一项跨关区自贸协同创新举措。深入对接 RCEP 经贸规则，制订重庆行动计划。出台重庆首个帮扶企业通过高级认证的地方政策，培育 94 家重庆企业通过 AEO 高级企业认证，居西部地区首位。

4. 资金融通支撑作用不断发挥

重庆持续优化银行保险机构金融服务供给，强化政府、银行、信保、商协会多方合作机制，金融服务体系不断完善。市内银行业支持“一带一路”融资余额由 2017 年末的 1701 亿元提升至 2022 年末的 2968 亿元。积极扩大出口信用保险覆盖面，截至 2023 年 9 月累计为重庆企业向“一带一路”共建国家出口提供信用保险支持143亿美元。中新互联互通项目累计实施金融服务项目259个、总金额达305.6亿美元，惠及西部10个省（区、市），亚洲首个奥特莱斯不动产投资信托（REITs）、新加坡企业在渝合格境内有限合伙人（QDLP）试点等落地。推动“区块链+跨境金融”试点，拓展跨境金融服务平台场景应用，上线全国唯一西部陆海新通道物流融资结算应用场景。推动汇率避险服务创新突破，创新建立市、区两级汇率避险财政政策支持体系。

5. 积极深化“一带一路”“心联通”

重庆将“小而美”项目作为对外合作优先事项，推动实施一批“心联通”项目，切实提升“一带一路”共建国家民众获得感。在教育领域，持续实施外国留学生市长奖学金丝路项目，累计举办培训班61个，涉及65个国家2000余名高管和人才。重庆高校发起成立中波（兰）大学联盟、陆海新通道职业教育国际合作联盟等国际合作平台，覆盖欧洲、非洲、东盟等国家和地区451所中外院校。

在科技领域，共同推动全国首个“一带一路”科技创新合作区正式获批建设，国家级国际科技合作基地累计达19个，合作国别达32个，与60余个国家开展了科技交流与合作。

在卫生领域，重庆共派出援巴布亚新几内亚、巴巴多斯医疗队员共19批183人次，涵盖20个临床专业，累计诊治当地患者超19.9万人次，开展手术近1.2万台，培训外方人员1.2万人次，开展“春苗行动”接种新冠疫苗超2.1万剂次，建成中国巴新友好微创外科中心和中国—巴巴多斯中医药中心。

在文旅领域，发挥重庆国际文旅之窗对外交流服务平台作用，与30余家外国驻渝蓉领事机构、境外旅游推广机构建立合作关系，搭建中新（重庆）文旅产业联盟，挂牌“上合智慧旅游中心”“重庆版权贸易基地”，构筑起与“一带一路”共建国家开展广泛交流的桥梁。

（三）蓝迪国际智库：在重庆共探“一带一路”发展与中美竞合关系

2023年，蓝迪国际智库在重庆应邀出席史迪威将军诞辰140周年纪念活动和2023“一带一路”陆海联动发展论坛两场活动，见证重庆的对外交流历史，深刻认识重庆新时代的重要战略地位，积极发挥智库作用，开展智库外交。

1. 蓝迪国际智库应邀出席 2023“一带一路”陆海联动发展论坛，平台专家谈陆海联动

2023 年 5 月 17 日，“一带一路”智库合作联盟和重庆市人民政府主办、中联部当代世界研究中心和重庆市人民政府外事办公室承办的 2023“一带一路”陆海联动发展论坛在重庆召开。中共中央政治局委员、重庆市委书记袁家军出席开幕式并致辞。老挝人民革命党中央书记处书记、国会副主席顺通·赛雅佳，印度尼西亚专业集团党专家委员会主席、前国会议长阿贡·拉克索诺，中联部副部长郭业洲致辞。重庆市委副书记、市长胡衡华主持开幕式。

本次论坛以“共创陆海联动发展新未来”为主题，还举行了全体会议、平行论坛、成果发布、座谈交流等活动。来自 17 个“一带一路”共建国家的 100 余位政党政要、智库学者、工商界人士出席。

作为“一带一路”与长江经济带的联结点，西部陆海新通道的运营组织中心，重庆近年来推动“一带一路”陆海联动发展的成就，得到了专家们的认同。

2023 年 5 月，十二届全国人大外事委员会副主任委员、蓝迪国际智库专家委员会主席赵白鸽应邀出席 2023“一带一路”陆海联动发展论坛并致辞。

十二届全国人大外事委员会副主任委员、蓝迪国际智库专家委员会主席赵白鸽应邀出席全体会议并发表主题演讲。赵白鸽指出，重庆最重要的，不仅是在硬件技术上有它很独到的地方，更重要的是它的软实力，包括营商环境、产业企业的匹配等。赵白鸽表示，“一带一路”倡议已成为深受欢迎的国

际公共产品、不可或缺的国际合作平台。中国式现代化和“一带一路”高质量发展目标相同、本质相同、标准相同，将相互促进，推动“一带一路”更大范围、更高水平、更深层次发展。

蓝迪国际智库专家、复旦大学“一带一路”及全球治理研究院常务副院长黄仁伟表示，随着世界产业链重组、全球物流变革等因素叠加，发展陆海联运成为必然趋势。陆海联运具有长远战略意义，重庆前途广阔、潜力无限。作为西部中心城市和唯一的直辖市，重庆处在“一带一路”和长江经济带的联结点上，西部陆海新通道打通后，重庆中心枢纽地位更加突出。未来，全球市场和中国市场增量部分，将聚集在中国西部及其连接的周边地区，这给重庆创造了一个巨大的空间。希望重庆进一步扩大金融开放，成为“一带一路”融资中心，持续在新兴技术领域发挥龙头作用，实现跨越式高质量发展。

蓝迪国际智库专家、国家开发银行研究院副院长曹红辉表示，在当前的国际格局下，落实“一带一路”倡议，促进陆海新通道的建设，对推动构建和重塑安全稳定的产业链供应链具有重大意义。

蓝迪国际智库专家、新西兰中国友好协会主席黎开盛表示，希望在陆海新通道南端之外，搭建中国通向南美洲和太平洋岛国潜在转运通道，进一步加强中新互联互通倡议中的各种连接。

2. 蓝迪国际智库应邀出席史迪威将军诞辰140周年纪念活动，在重庆见证中美友谊

2023年8月8日，史迪威将军诞辰140周年纪念活动在重庆举办，来自中美两国政府的专家学者、企业和媒体代表等150余人参会。

本次纪念活动以“铭记共同抗战岁月　传承中美人民友谊”为主题，由史迪威研究中心主办，北京大学中外人文交流研究基地协办。史迪威将军曾外孙女苏珊·科尔、南希·米尔沃德，美国驻华大使馆代表陆杰新，美军太平洋司令部前副司令丹尼尔·立夫，美中贸易全国委员会前会长罗伯特·柯白，重庆市人大常委会副主任、重庆市对外友协会长赵世庆，全国对外友协副会长姜江，中国人民外交学会副会长张吉明，外交部美大司副司长邱文星等出席纪念活动。

出生于1883年的约瑟夫·史迪威是美国陆军四星上将，1941年太平洋战争爆发后，他曾任同盟国中国战区参谋长、中缅印战区美国部队最高司令官等职。在史迪威的一生中，他曾五次来华，在中国一共生活了12年，为中国人民抗日战争暨世界反法西斯战争的胜利作出了贡献。

2023 年 8 月，史迪威将军诞辰 140 周年纪念活动
“铭记共同抗战岁月　传承中美人民友谊”嘉宾合影。

蓝迪国际智库代表向史迪威将军曾外孙女苏珊·科尔、
南希·米尔沃德赠送大足石刻纪念册。

2023 年，适逢史迪威将军诞辰 140 周年，曾与其有着深厚渊源的重庆举行一系列活动纪念，包括纪念史迪威将军诞辰 140 周年开幕式和研讨会。中外嘉宾出席该活动，围绕史迪威将军生平事迹、中美民间交流合作、促进中美关系等方面进行了广泛交流。此外，重庆还特别举办了“伟大的朋友——史迪威将军生平图片展”、种植友谊树、市内参访等多项活动。

蓝迪国际智库代表与史迪威将军后代们合影。

十二届全国人大外事委员会副主任委员、蓝迪国际智库专家委员会主席赵白鸽应邀出席研讨会并发表主旨演讲。赵白鸽表示，当前，追忆史迪威将军一生的贡献，见证中美共同抗战岁月与中美合作和交流的历史，具有重要的历史与现实意义。在新科技革命浪潮下、新型全球化进程中，应遵循共商共建共享原则看待和处理中美关系。

六、昆山：创新赋能高质量发展的先行者

昆山地处中国经济最发达的长江三角洲，是上海经济圈中一个重要的新兴工商城市。昆山开发区创建于 1984 年，1991 年经江苏省政府批准为省级经济技术开发区，1992 年 8 月成为国家级经济技术开发区，辖区面积为 108 平方千米。自建区以来，昆山开发区始终以扩大开放、改革创新为主题，以解放思想、抢抓机遇为先导，勇毅笃行、薪火相传，探索出了开发区建设的一系列成功经验。

昆山市人民政府官网公布的数据显示，截至 2023 年底，昆山开发区累计

引进欧美、日韩、中国港澳台等 51 个国家和地区客商投资超 2850 个项目，投资总额超 440 亿美元，注册外资超 250 亿美元，注册内资企业数量超 40000 家，注册资金近 2000 亿元，成为全球资本、技术、人才的集聚地，海峡两岸产业合作的集聚区，中国重要的对外贸易基地。昆山开发区在国家级经济技术开发综合发展水平考核评价中再进一位，跃居全国第四，连续 20 年稳居全国前五；在全省经济技术开发高质量发展综合考评中连续 16 年稳居第二；营商环境连续 4 年稳居全国第二；连续多年获评全市高质量综合考核“第一等次”第一名，交出了一份厚重提气的高分答卷。

2023 年，昆山开发区完成规模以上工业产值 6197 亿元，固定资产投资 330 亿元，工业投资 93 亿元，一般公共预算收入 188 亿元，进出口总额 730 亿美元。全区产业质量持续提高，战略性新兴产业产值占比超过 70%。

（一）聚力产业创新与改革开放，服务构建新发展格局

昆山制造业非常发达，外资聚集，是国际资本投入的高密度地区之一，也是外商投资产出的高回报地区之一。

1. 中国制造业的样本城市：昆山从“制造”向“创造”跃升

自 20 世纪 90 年代起，电子信息业、装备制造业两大产业集群齐头并进，逐渐成为拉动昆山经济的两个重要增长极，并不断开辟出新赛道，形成更多新的经济增长点。作为昆山两大传统优势产业，截至 2023 年电子信息和装备制造两大产业规模年产值已分别达 6000 亿元和 3000 亿元。昆山正全力推动加工制造向研发制造转型，深化产业联动、跨界融合，着力向产业链上下游延伸、向价值链高端迈进。推进新型工业化、强化数字技术赋能是昆山一直在做的事情。

在实现新型工业化的道路上，先进制造业是实体经济的根基，是推动产业结构优化的重要抓手。在推进新型工业化的大背景下，昆山始终坚持实体经济为本、制造业当家，把实现新型工业化作为建设全国一流现代化示范园区的重要一环，不断提高制造业的“含金量”“含智量”“含绿量”，围绕现代产业体系建设，持续推动制造业向高端化、智能化发展。

近年来，昆山的装备制造产业集群形成了工程机械、通用设备、汽车零部件、智能制造装备四大特色行业。其中，智能制造装备、汽车零部件等优势产业不断创新升级，尤其基于我国新能源汽车的发展优势，昆山汽车零部件产业迎来新机遇。

借助下一代新型显示技术，昆山将目光投向元宇宙产业，发力探索电子信息产业新赛道。特色专业创新园区是昆山崛起的根基所在，也是昆山发展的底气所在。按照“产业园就是产业链、上下楼就是上下游”的理念，昆山打造以云昆大厦为核心的元宇宙产业园。该园区建筑面积 17 万平方米，集项目招引、企业培育、成果转化、技术攻关、平台搭建于一体，致力于打造国内有吸引力、影响力、竞争力的元宇宙特色专业创新园区，未来 3 年预计入驻元宇宙相关企业超 200 家，年产值超 50 亿元。元宇宙是新一代信息技术集成创新和应用的未来产业，孕育着巨大的发展潜力。自 2023 年以来，昆山大力实施元宇宙产业创新发展行动计划，精心举办元宇宙产业大会 2023 春季会、元宇宙国际装备展等品牌活动，集聚元宇宙重点企业近百家，涵盖硬件研制、软件开发、内容创造、应用创新各领域，初步形成了上下游贯通的完整产业链条，“打造元宇宙产业看昆山、发展元宇宙产业来昆山”已经成为新的城市产业标识。

与此同时，基于产业上下游配套优势、以服务型政府为特色的营商环境，以及昆山优越的地理位置，更多中小新型显示创新企业选择落户昆山，探索更多新技术。

在开辟新赛道的征程中，昆山始终“未雨绸缪”“抢抓先机”，在每一次产业快速发展时期大胆探索新领域、新赛道，助推一批批企业和项目落地，为千亿级产业集群不断“开枝散叶”，提供多元发展和多极支撑。而在漫长的发展道路中，“紧抓机遇”“敢闯敢试”“从无到有”始终是“昆山之路”的代名词，助力着这座城市领跑县域经济，敢为人先。

2. 协同育新，昆山发挥重要对台优势

2013 年 2 月 3 日，国务院批复同意设立昆山深化两岸产业合作试验区，赋予昆山对台合作先行先试的重要使命。在昆山的经济脉动中，台资经济一直是一支强劲的力量，台资经济是昆山经济发展的鲜明特色。

截至 2023 年，台企在昆山设立功能性投资机构、采购中心、销售中心、区域总部超过 50 家，中国台湾前 100 强的制造企业有 50 家在昆山。昆山拥有产值千亿级台企 1 家、百亿级 5 家、50 亿级 7 家，台企平均每天完成超过 15 亿元的产品销售额，实现超过 10 亿元的进出口贸易额，创造超过 5000 万元的税收收入。

10 年来，昆山地区生产总值连跨 3 个千亿级台阶，历史性地突破 5000 亿元大关，一般公共预算收入实现翻番，高新技术企业增至 2744 家、增长近 7 倍，培育了 2 个千亿级和 6 个百亿级产业集群。近 3 年新批台资项目 485 个、总投资 50.5 亿美元。

昆台融合是历史的偶然与必然。自 1990 年第一家台资企业落户昆山以来，昆台融合发展已经走过 30 多个年头。可以说，昆山因台资而兴、因台企而强，并肩打拼、合作共赢成为昆山最精彩的注解。1990 年 4 月，国务院正式宣布开发开放浦东。对于一座城市而言，开放蕴含着无限发展红利，许多外资、台资闻风而至。而昆山占据着紧邻上海的绝佳区位优势，拥有低廉的土地价格、劳动力成本，以及政策红利的加持等一系列早期招引台资的重要“筹码”。1990 年 10 月，江苏省首家台资企业——台湾顺昌纺织落户昆山开发区，自此，昆山揭开了昆台深度融合的序幕。

“昆山之路”是一条没有人走过的路，是一条创业之路，也是一条创新之路。“敢为天下先、敢当弄潮儿”的胆识气魄一直奔涌于昆山人的血脉中。“引进来”是第一步，更重要的是要能“留得住”。昆山用最质朴诚恳的态度，尽最大努力打造优良的营商环境，坚定了台商扎根于此的信心，写就了一段又一段合作共赢的佳话。

2000 年 10 月 8 日，昆山出口加工区正式封关运作，成为大陆首个封关运作的出口加工区。得益于高效的报关机制，仁宝、纬创、神达等台企巨头纷纷落户，这也是昆山逐步“蝶变”为全球电子信息产业高地的重要驱动力。2013 年 2 月 3 日，国务院批复同意设立昆山深化两岸产业合作试验区。而仅 7 个月后，9 月 16 日，国家发展改革委牵头，建立由 22 个部委和江苏省参与的昆山试验区部省际联席会议制度，当年 11 月召开第一次会议，赋予试验区八个方面支持举措。如此高效迅速，昆山开创了当年获得国批、当年建立部省际联席会议制度、当年召开第一次会议的先河。

主动作为、积极争取，昆山人骨子里的拼劲儿写就了历史的必然，昆山与台湾地区，相隔千里的两地呼吸与共，携手向前。昆山试验区在探索探路中破除路径依赖，历次部省际联席会议赋予昆山先行先试改革举措累计达 134 项，为昆山发展注入了澎湃动力。2020 年经国务院批复同意扩大试验区范围至昆山全市。不只是试验区，不只是昆山，这些创新政策、改革经验、发展路径正逐步对江苏乃至全国产生深刻而广泛的影响。

一直以来，昆山积极打造两岸文化交流，促进两岸融合发展。昆台融合发展的主体是 300 多万昆山市民与 10 万台胞，大家朝夕相处、携手互助，生动诠释了“两岸一家亲”。妈祖文化作为中华优秀传统文化的重要组成部分，是众多台湾民众精神信仰的核心，更是两岸共同的宝贵精神财富。

此外，昆山在创业、教育、医疗、社会救助等领域大力推动“同等待遇”落细落实。此心安处是吾乡，昆山人用开放包容、热情好客、淳朴真挚的情感全方位深度践行“两岸一家亲”理念，尊重关爱造福台湾同胞，促进两岸经济文化交流合作，深化两岸各领域融合发展，完善增进台湾同胞福祉的制度和政策，让台胞台企愿意来、留得住、融得进、发展好。

33 年，立足昆山，台商以转型之“变”坚定信心“不变”，以信念“不变”应形势之“变”。友达光电、正新橡胶等一批科技含量高、投入强度大、生态保护好、产出效益多的台资项目发展壮大带动了上下游产业链快速集聚。在昆山涵盖新一代电子信息高端装备制造、现代服务业等的“多元复合体”正在形成。

当前，昆山正以更广的视野、更高的平台、更足的底气进军元宇宙产业。对于这一新赛道，昆山台企也纷纷行动。台商所想，昆山所系，围绕元宇宙、新能源、新基建等方向，昆山试验区正着力破解招商模式单一化、惠企政策趋同化、企业需求多样化等难题，大力引导在昆台资企业积极抢抓新一轮创新发展的“上升期”和“风口期”。

（二）连续 19 年稳居全国百强县市之首

昆山连续 19 年位居全国百强县市之首，包揽综合实力、绿色发展、投资潜力、科技创新、新型城镇化质量五个第一，是名副其实的县域“排头兵”。

2023 年，昆山牢牢把握长三角一体化发展上升为国家战略五周年的重大机遇，动作频频。深度对接上海“3+6”产业体系，聚焦电子信息、装备制造、先进材料及生物医药产业，高水平规划建设元宇宙、先进计算、生命健康等 40 个特色创新园区；与嘉定、太仓共同发布深化一体化“五大行动”和“百项重点合作事项”，获评首批长三角 G60 科创走廊产城融合发展示范区；成立长三角科研院所联盟昆山站，成功举办昆山元宇宙国际装备展；首次入选《上海大都市圈空间协同规划》12 个全球功能性节点城市，继续书写中国县域发展的传奇。

扩大对外开放，抢占全球市场。2023 年前 11 个月，昆山外贸进出口总值 6870 亿元，较 2022 年同期增长 8. 8%，占全省外贸进出口总值的 14. 4%。优异的外贸“成绩单”背后，是昆山积极落实鼓励企业参与集团保税、保税研发、保税维修等加工贸易创新业务试点，并以政策讲解、简化报核流程等手段助力进出口企业降本增效。

在内聚合力，向外拓空间。依托试验区和金改区两大载体，2022 年昆山新获 19 项先行先试政策；出台关于打造台湾同胞就业创业“首选地”的若干措施，华灿（昆山）总部基地顺利落户。昆山还通过梳理企业 500 强榜单、编制招商目录图谱等形式，成功举办境内招商推介活动 56 场、境外招商活动 21 场。2023 年 12 月 8 日，冰岛最大企业马瑞奥签约落户千灯镇，全球在昆山投资的国家和地区数量再次刷新，达到了 80 个。

布局未来，昆山将全力打造外资创新发展高地，坚持项目为王，加大对外资总部、功能性机构、研发中心的招引培育，加快应用 QFLP、本外币一体化等金融便利化举措，拓宽外资吸引方式，推动产业链向“微笑曲线”两端延伸；着力培育外贸发展更强动能，聚焦订单为要，积极开拓“一带一路”等新兴市场，抢抓消费电子和汽车电子融合发展、新兴优势产业产品迭代升级等机遇，超前布局更多增长极，发展服务贸易、跨境电商、数字贸易、保税维修等新模式新业态，深入推进进口贸易促进创新示范区建设，实施新的三年行动计划；聚力构筑开放发展全新体系，主动对标 RCEP 等高标准经贸规则，用好全省唯一全国首批商务部外贸政策直报点等通道，加大服务业扩大开放、数字贸易等前瞻性政策研发、储备和争取力度，更高站位推进自由贸易区联创区建设，以改革引领发展。

（三）蓝迪国际智库立足新形势，聚焦昆山对台发展机遇与挑战

昆山作为县域经济“火车头”，已经形成两大千亿级产业集群，产业链优势明显，促进两岸合作与吸引外资能力强，对我国县域经济高质量发展起着引领作用。2023 年，蓝迪国际智库持续关注昆山的在制造业等领域的创新发展，把握两岸关系发展新变化和新形势，以问题导向、需求导向、结果导向为原则，深入分析昆台合作的机遇与挑战，推动昆山深化两岸产业合作。

2013 年 2 月，国务院批复设立昆山深化两岸产业合作试验区，赋予昆山对台合作先行先试的使命。成立 10 年来，昆山试验区开展了一系列政策先行先试和集成创新，形成昆台产业深度融合的良好态势，对推动两岸产业合作具有重要样板意义和标杆意义。2022 年 11 月 28 日，昆山开发区高质量发展研讨会暨蓝迪国际智库高层咨询会在昆山召开。会议由中共昆山市委、昆山市人民政府、中国社会科学院“一带一路”国际智库指导，昆山经济技术开

重庆市原市长、蓝迪国际智库专家委员会联合主席黄奇帆在
昆山开发区蓝迪国际智库高层咨询会上发言。

发区管委会、蓝迪国际智库承办。昆山市、昆山开发区相关负责同志及昆山开发区部分重点企业负责人参加会议。

重庆市原市长、蓝迪国际智库专家委员会联合主席黄奇帆，中国基本建设优化研究会会长、蓝迪国际智库专家委员会委员孙晓洲，工信部赛迪院规划所区域发展研究室主任侯彦全，清华大学新闻学院元宇宙文化实验室主任沈阳等多位专家围绕打造现代化建设县域示范、构建高端制造业集群主题共同探讨“十四五”新形势下昆山经济技术开发区在产业、生态、数字化等领域的发展定位、路径和举措。

会后，蓝迪国际智库专家一行调研了三一重机、清陶能源、友达光电、国力电子等代表企业，详细了解了昆山智慧综保区、咖啡创意产业园等的建设情况。

2023 年，恰逢两岸企业家峰会 10 周年年会在江苏举办，国务院批复设立昆山深化两岸产业合作试验区 10 周年。在上述基础上，结合两岸关系新形势与产业创新发展，蓝迪国际智库发挥智库资源优势，组织相关专家，深入分析新形势下两岸开展产业合作的挑战与机遇，总结昆山深化两岸产业合作试验区发展经验与启示，为昆山开发区进一步深化两岸合作提供举措与建议。

展 望

在时间的长河中，2023年也许只是沧海一粟。但它就像一叶扁舟，带我们乘风破浪，经历着风雨，也沐浴着阳光。勇气驱动前行，我们正是从挫折和困难中汲取力量和智慧，涅槃前行，去创造属于我们的未来。

过去的一年，我们共同经历了全球产业重构与地缘政治重构带来的深刻调整。面对复杂多变的国际政治经济局势，中国以坚定的步伐承压前行，稳住宏观经济大盘，实现了经济的稳步增长，综合国力再上新台阶。值此共建“一带一路”倡议10周年之际，中国以更加开放的姿态深化与沿线国家的合作，为世界经济的稳定发展贡献了中国力量。其中，新质生产力的崛起成为推动经济社会发展的重要引擎，为企业和城市服务带来了前所未有的机遇。

站在新的历史交汇点，我们深刻感受到新质生产力带来的澎湃动力，它正在深刻改变着数字经济、人工智能、医药大健康、新能源和新材料五大赛道的竞争格局，为企业服务与城市发展注入了强大的创新活力，也正在以前所未有的速度与深度推动着经济社会的发展。

在数字经济领域，数据成为新的生产要素，云计算、大数据、物联网等技术正深刻改变着企业的生产方式和运营模式，催生出一批批具有全球竞争力的数字经济企业。人工智能的崛起不仅提高了生产效率，更在医疗、教育、交通等领域开启了智能化新时代。医药大健康产业在新质生产力的推动下，加速创新药物的研发和生产，为人民健康福祉提供了有力保障。新能源和新材料领域则通过技术创新和产业升级，为可持续发展提供了强大的动力。新质生产力代表着科技创新、产业升级和智能化发展的融合趋势，它推动企业实现数字化转型，优化业务流程，提升运营效率，从而在全球市场竞争中赢得先机。

2024年，我们将屹立于新的历史起点，翘首企盼新的发展机遇，亦惕然应对潜在的挑战。

蓝迪国际智库作为国家高端应用智库典范，不仅高度关注产业的技术创新和产业升级，更密切关注优秀企业的成长和发展，以“挖掘、培育、推介”潜力企业参与国际合作为己任，为企业提供全生命周期的咨询和助力服务。未来，我们希望在以下三个方面发挥更加积极的作用。

一是加强国际交流与合作。在第四次科技革命的浪潮下，蓝迪国际智库将充分发挥智库的资源整合优势和平台优势，积极打造中国企业“走出去”和外国企业“走进来”的对外开放、交流合作新平台。同时，通过与“一带一路”、金砖国家间开展国际经贸交流合作，全力构建最具影响力的科技交流平台，为全球和平与发展贡献力量。

二是精准识别和助力新兴产业赛道发展。蓝迪国际智库将发挥其作为新型国际智库所具备的全球视野、前瞻性思维和资源整合优势，积极助力国家深入实施区域协调发展战略。重点关注新质生产力在数字经济、人工智能、医药大健康、新能源和新材料领域的应用与发展，并围绕战略性新兴产业，针对产业链中的薄弱环节，实施补链扩链强链计划，积极赋能区域战略性新兴产业高质量发展。同时，我们还将通过与地方政府紧密合作，共同打造优质的产业生态及产业链集群，促进产业链上下游企业的协同发展，推动形成具有国际竞争力的区域产业集群。

三是深化新质生产力在企业服务领域的融合应用。蓝迪国际智库将通过精细化的评估，深入挖掘具备发展潜力和创新能力的科技企业，精准赋能，帮助企业以科技创新为核心，推动生产方式的变革，全面提升企业的综合竞争力，并通过积极推荐企业与政府、资本、技术、服务机构及行业协会等资源的交流合作，为企业引入更多优质的外部资源，助推企业高质量发展。

未来，蓝迪国际智库将以更加开放的心态、更加务实的作风，继续秉承共商、共建、共享的原则，把握时代机遇，积极推动“一带一路”沿线国家间的国际经贸合作和科技创新实践。在人类前进的道路上，中国愿与各国携手并肩，迈向更加辉煌的未来，共同书写人类发展的新篇章。

附　录

一、蓝迪国际智库及服务模式介绍

2013 年 4 月，习近平总书记对“中国特色新型智库”建设作出重要批示，将智库发展提升到国家战略高度，作为国家软实力的重要组成部分。2015 年 1 月，中共中央办公厅、国务院办公厅印发的《关于加强中国特色新型智库建设的意见》为新型智库建设进行了系统的顶层设计，对中国特色新型智库的概念确定与功能描述做了详细的阐述与规划，将智库的作用与重要性提到了空前的高度，也将新型智库建设正式定格在国家决策层的执行方案上。2021 年发布的《中华人民共和国国民经济和社会发展第十四个五年规划和 2035 年远景目标纲要》再次明确提出“加强中国特色新型智库建设”。

这一系列纲领性文件均表明了智库的重要性，指导着智库研究和发展方向。中国特色新型智库的发展模式必须深入贯彻落实习近平总书记关于中国特色新型智库建设的指示精神。在中国特色新型智库蓬勃发展的当下，在当前世界风云变幻、国际格局发生重大变化、新冠疫情给世界经济贸易发展带来巨大冲击的背景下，智库在为服务主体提供智力支撑的同时，也在积极探索自身的创新发展之道。通过高水平决策推动研究成果转化、平台搭建整合资源、提升服务水平等举措，探索创新型服务内涵，施展新作为，展现新气象。

（一）蓝迪国际智库简介

蓝迪国际智库在新型全球化和第四次产业革命的浪潮中应运而生，在国家发展改革委、财政部、工业和信息化部、社会科学院等部门的支持下，于 2015 年 4 月设立运营，旨在推动国家治理体系和治理能力现代化，促进第四次产业革命发展和实践，服务“一带一路”倡议和人类命运共同体。9 年来，蓝迪国际智库作为新型应用型平台型智库，以问题导向、需求导向、项目导向和结果导向为原则，建立了较为完善的智库网络、国际网络、城市网络、企业网络和媒体网络，现已形成具有较大影响力和知名度的智库品牌。

智库网络：已建立由126位专家学者组成的专家委员会，汇聚国内外专业智库、学界及企业等各领域智慧力量，发挥咨政建言、理论创新、舆论引导、社会服务、公共外交等重要功能。组织开展高层交往、智库研讨、能力建设和专题研究，在深入调研的基础上形成了百余篇高质量报告，向中央及地方政府建言献策，相关报告及政策均有效地转化为有关部委和地方政府的政策措施。

国际网络：形成了统筹国内外政党、政府、议会、智库、企业、金融机构、社会组织、媒体和国际多双边机构等各方战略合作伙伴及支持机构的服务体系，以国际战略委员会、重点国家双主席制度和国际分支网络为组织支撑，以多、双边高层交往为重要纽带，以企业合作为载体，促进“一带一路”建设。

城市网络：助力地方经济社会高质量发展，为地方发展创新思想、集聚智慧、储备人才。着力提升地方政府决策的科学化、民主化和法治化水平，积极开展城市综合经济研究和产业研究，为城市建设与产业发展提供智力支持。蓝迪国际智库与珠海、青岛、宁波、苏州、吉安、南宁、保定、湘潭及青海省、海南省等地方政府开展密切合作，建立“智库+城市”服务网络，成功开展百余场蓝迪国际智库专家高层咨询会、技术研讨会等系列品牌活动，为地方经济社会高质量可持续发展出谋划策。

企业网络：蓝迪国际智库汇聚559家平台企业及服务机构，覆盖人工智能、智能制造、智慧城市、基建与新基建、能源与新能源、医疗健康、节能环保、农业及食品加工等领域。不断挖掘、培育、推介第四次产业革命中涌现的新兴技术企业，通过建立法律服务、政策研究、技术标准、信息服务、金融支持、文化与品牌、能力建设七大专业服务组，积极组织政府、企业和行业资源，带领企业抱团出海，为企业参与“一带一路”建设提供了大量系统服务支持。

媒体网络：联合《人民日报》、新华社、央视新闻、中国网、光明网、中国日报网等中央重点媒体资源，更深层次地展现蓝迪国际智库在服务国家战略和提升国家软实力方面所发挥的重要且积极的作用。

蓝迪国际智库获得了国内外相关机构的认可。2016年，欧洲对外关系委员会发布的《分析中国：中国兴起百家智库》将蓝迪国际智库作为中国新型智库建设中的范例，称“蓝迪国际智库已拥有系统的对话交流及合作机制”；

同年，“一带一路百人论坛”通过系统性公开信息分析，将蓝迪国际智库评选为年度“一带一路”优秀智库；2017 年 2 月，蓝迪国际智库加入中联部牵头的“一带一路”智库合作联盟理事会；2019 年 8 月，蓝迪国际智库获得巴基斯坦“卓越新月奖”国家荣誉勋章；2019 年 12 月，蓝迪国际智库荣获“一带一路”智库合作联盟理事会年度优秀理事单位品牌活动奖；2020 年，蓝迪国际智库与国家发展改革委城市和小城镇改革发展中心、民盟中央经济委联合申报的重大课题“‘一带一路’城市合作发展研究”荣获国家发展改革委优秀研究成果奖；2023 年 9 月，蓝迪国际智库入选首届横琴粤澳深度合作区咨询委员会；2023 年 10 月，蓝迪国际智库受聘为中联部金砖国家智库合作中方理事会共同理事长单位。

（二）蓝迪国际智库“3+1”品牌服务

作为国家新型应用型智库，蓝迪国际智库一直将“服务创新”作为自身可持续发展的核心要素，以提升决策影响力、学术影响力、社会影响力和实践应用价值为目标，统筹规划、突出优势、聚焦目标，形成了一套独特的创新型智库服务范式。确切地说，这套范式是以“智库+”与“平台化”的国际视野和前瞻性思维，精准对标服务对象的需求，通过推动需求方与合作方之间的融合发展，实现提质增效和服务对象的高质量转型发展。

蓝迪国际智库始终聚焦战略性和前瞻性，以战略思维和前瞻视角为双轮驱动，汇聚思想，注重成果，以“中国视角”聚焦中国实际，为政府和企业问诊把脉，深入研究相关国家及地区经济社会和企业经营发展面临的重大问题，并充分利用专家智库资源，对相关问题提出有切实针对性、可操作性、精确精准的对策建议及措施方案，促进地区经济高质量发展。与此同时，蓝迪国际智库更加注重顺应时代潮流和发展趋势，紧紧围绕“人类命运共同体”以及“共商、共建、共享”的全球治理体系建设等重要课题和焦点问题，提供中国方案，贡献中国智慧。经过讨论与实践，蓝迪国际智库形成了“3+1”的品牌服务。以报告、会议和企业三大板块进行品牌服务的输出，结合国际交流活动进行海内外资源的有效链接和业务拓展。

1. 组织高质量研究报告

蓝迪国际智库在开展研究工作时，以国际化战略眼光，在强化理论与实践、国内外经验相结合的基础上，经过比较分析和政策评估，组织平台“政商研”三界专家，凝汇出具有可执行性的独创性思想智慧产品。这种以应用研究为根本的成果，大幅提升了智库的影响力。报告的类型可细分为国际关系分析报告、宏观政治经济报告、区域经济发展报告、行业研究报告和其他相关领域的报告。对于区域经济的发展报告，蓝迪国际智库通过深度调研需求，集合智库专家资源，为政府提供顶层设计、战略研究、决策咨询、产业规划、传播话语体系设计、城市品牌打造、招商引资、项目资源导入等服务。

2. 举办品牌论坛和高层咨询会

论坛和高层咨询会是蓝迪国际智库的核心业务品牌，其主要以城市为抓手，通过前期调研、现场考察、项目匹配、高层咨询会建言献策和总结回访五个步骤，根据区域经济特征和产业基础与国家战略规划进行精准匹配设计，有力推动区域经济高质量发展。蓝迪国际智库自成立以来，一直把各级政府作为重要的合作对象，积极布局国内具有重大经济发展战略加持的关键节点区域及城市，如粤港澳大湾区、粤澳深度合作区、RCEP 创新试验基地、长三角城市群、京津冀地区、珠海、青岛、苏州、宁波、保定、涿州等，与相关地方政府建立了极强的信任基础与紧密的交流合作，为区域品牌论坛组织专家助力，做好城市宣传；为政策决策高层组织闭门会议落实咨政建言行动方案。

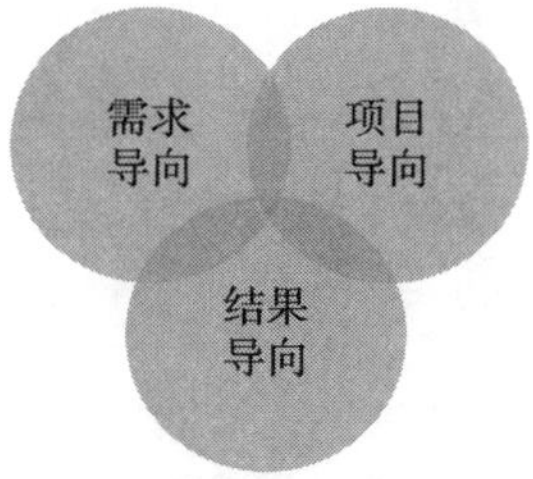

图 1 蓝迪国际智库企业服务三大导向

3. 以需求为导向的企业服务

自 2015 年成立以来，蓝迪国际智库一直在积极探寻新型智库与企业的合作路径，致力于“挖掘、培育、推介”优秀的中国企业与技术，尤其是第四次产业革命的高新技术企业以及“隐形冠军”企业，为全球发展与国家战略实施服务，现已搭建起广泛的企业网络及完备的企业服务体系。

截至 2023 年底，蓝迪平台已汇聚 550 余家平台企业，覆盖人工智能、智能制造、智慧城市、基建与新基建、能源与新能源、医疗健康、环保、教育、农业及食品加工、文旅等众多新兴技术和民生领域。蓝迪国际智库精准抓住

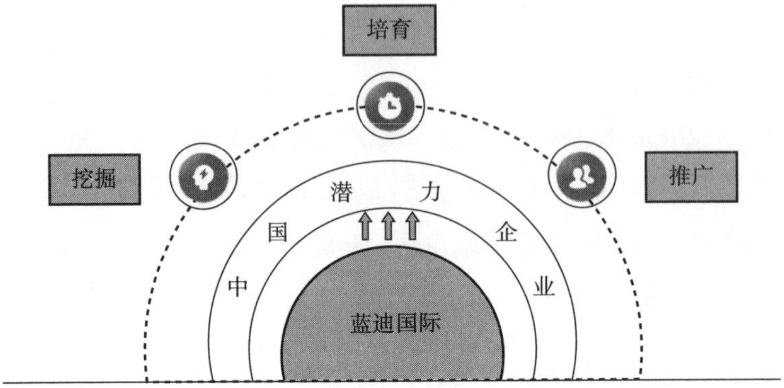

图 2　蓝迪国际智库与企业的合作模式

政企良性互动机制不健全这一限制地方经济发展的重要问题，积极成为政企交流合作的沟通桥梁。在为政府决策提供智力支持的过程中，因地制宜。例如，对于事关民营企业和民营企业家的重大经济决策与重要产业政策，在制定、落实、评估过程中，广泛、充分吸收民营企业家意见，向上传达行业、企业发展过程中所面临的诸多痛点、难点，促进“政府之手”与“市场之手”的融合发展，推动政企合力，共克时艰。

4. 积极参与国际交流活动

蓝迪国际智库旨在推动“一带一路”倡议的国际合作与研究。经过多年的发展，蓝迪平台构建了智库网络、国际网络、企业网络等重要网络，积极参与国际国内关于“一带一路”建设等议题的讨论，为国家的战略性目标研究建言献策；多次参加国内外高端论坛及会议，主题内容涉及“一带一路”建设及人文对话、空中丝绸之路建设、金融风险防范、生态文明建设等。此外，蓝迪国际智库还积极进行出访与调研，紧密围绕国家大政方针，对未来国内外发展趋势及大势作出自己独有的研判，聚焦中美、中巴、朝鲜、巴基斯坦、粤港澳大湾区、军民融合等国际热点和中央关切的重大战略议题，适时向中央提供有价值的智库报告，充分发挥咨政建言、理论创新、舆论引导、公共外交等重要功能。聚焦中美关系，就加强中美对外战略传播体系比较研究、新形势下推动中美和谐共处与文明互鉴等议题开展智库研究，并产生积极影响力；参加美国驻华大使馆晚宴活动、史迪威将军诞辰 140 周年系列活动等多场国际交流活动，为推动新时代中美关系建言献策；积极发挥智库作用，组织参与民族文化交流与传播国际研讨会、中西方文明交流与互鉴研讨会等多轨交流，促进各国间多层级对话与合作。

蓝迪国际智库确定了以“区域+节点城市”对接相关“国别”的合作机制，例如“横琴粤澳深度合作区+澳门”对准“葡语系国家”，“RCEP 创新试验基地+青岛”对应“东盟国家、德国、日韩”，“上合示范区+胶州”链接“上合组织成员国”，“中东欧国家经贸合作示范区+宁波”瞄准“16+1 合作机制国家”等，建立起了完善的国际网络和国内城市网络。通过确定国内重点区域和重点城市的发展与资源需求，高效整合对接优质的国内外政党、政府、议会、智库、企业、金融机构、社会组织、媒体和国际多双边组织等优质合作伙伴以及多元化的产业资源，以国际化战略眼光助力政企开发新的发展高地，为政企搭建国际化的互动合作平台以及配置核心的发展资源要素，从而推动“双循环”大背景下地方新一轮的经济转型、产业调整、对外开放、对标国际、企业战略调整以及“抱团出海”，参与国际竞争，从而实现互利共赢。

（三）蓝迪国际智库企业服务体系

蓝迪国际智库不仅充分发挥自身企业赋能手段，还通过整合优质合作伙伴共同搭建起包含法律服务、政策研究、技术标准、信息服务、金融支持、文化与品牌、能力建设七大要素的企业服务体系，为企业发展提供全方位、全周期的服务。该体系的高效运转极大地助力了蓝迪国际智库平台企业优化资源配置、加强能力建设，为企业转型升级与“抱团出海”赋能，加快融入“双循环”新发展格局。

图 3 蓝迪国际智库平台的企业服务体系

1. 法律服务

蓝迪国际智库携手中国律师业具有领先优势的集团性律师事务所，以及全国政协委员、中华全国律师协会监事长、国浩律师事务所合伙人、蓝迪国际智库专家委员会委员吕红兵，国浩律师（上海）事务所主任、管理合伙人、蓝迪平台成员黄宁宁等为代表的法律行业专家，为平台企业提供法律咨询服务。对涉法问题进行分析、指导，帮助企业及时做好防控、排除法律风险，深入企业开展“法律体检”“法企对接”等专项法律活动，确保企业的合法权益以及商业价值不受侵犯。

在地方城市拓展上，蓝迪国际智库在横琴挖掘了北京大成（珠海）律师事务所和金杜（横琴）联营律师事务所，在琴澳跨境执法、跨境业务咨询、上市企业辅导等方面提供助力，并参与主题沙龙的交流与探讨。

2. 政策研究

蓝迪国际智库认为营商政策的稳定性是地方政府“商誉”的关键，与频繁出台优惠招商政策相比，保持合理稳定的“稳商”政策更能吸引长期合作的企业。蓝迪国际智库组建了由东南大学文化传媒与国际战略研究院和中国社会科学院俄罗斯东欧中亚研究所、中国社会科学院“一带一路”研究中心、中国俄罗斯东欧中亚学会、赛迪研究院、中国旅游研究院等青年学者主导的研究团队，与相关重要节点国家以及中国地方政府（如横琴粤澳深度合作区、上合示范区、宁波自贸区、昆山开发区等）、商协会和企业之间建立了密切的沟通机制，积极引导地方优化营商环境，为优质企业及项目的落户做好政策支撑。

3. 技术标准

技术标准犹如市场边界，是企业拓展国内外市场的重要条件。蓝迪国际智库非常重视技术标准的引领性作用，通过联手中国标准化研究院、北京标研科技发展中心等相关专业机构，与中国标准化研究院和北京标研科技发展中心等标准领域的专家团队合作，系统梳理各产业、产品在国际及中国的准入和技术标准，确保企业能够以标准为引领，开展研发、设计、加工、制造等业务及进行国内外合作，促进市场联通。

4. 信息服务

商机信息是企业开展经济技术合作的必要前提。对于单一企业，特别是中小企业而言，了解和把握跨国商机存在一定难度。蓝迪国际智库积极与中国电子信息产业发展研究院、中国信通院等国内外重要的产业创新发展平台及服务机构合作，在 5G、工业互联网、智能制造、移动互联网、物联网、车联网、未来网络、云计算、大数据、人工智能、虚拟现实/增强现实（VR/

AR)、智能硬件、网络与信息安全等方面进行深入研究与前瞻布局；在融合各大领域的战略和政策研究、技术创新、产业规划与发展、安全保障等方面发挥了重要作用；联合中国电子信息产业发展研究院和中国电子信息产业发展研究院的专家团队，为各地政府及平台企业提供宝贵、及时的市场信息指导，从而助力地方政府及企业的科学合理规划发展。

5. 金融支持

蓝迪国际智库已与横琴粤澳深度合作区金融发展局、金融全牌照的兴业证券等建立了战略合作伙伴关系，共同合力支持地方政府进行金融创新，在政府资金引导下，充分发挥贷款、债券、基金等金融工具的作用，吸引全球资金支持国际合作。同时，为在成长过程中的蓝迪平台企业提供投融资对接，并为具有一定规模和资质的平台企业提供保荐上市服务。

为了深度挖掘地方金融需求，蓝迪国际智库定期召开主题沙龙和金融政策推介会，不断挖掘企业金融服务需求、链接金融机构拓展相关业务，已与高和资本、广发证券、国金证券、珠光琴澳金服、澳碳资产交易等机构展开交流合作。

6. 文化与品牌

企业文化和品牌是塑造企业影响力、控制力、领导地位的有力武器。蓝迪国际智库积极发挥自身的智库网络、媒体网络资源，积极与中国旅游研究院的专家团队合作，开展文旅发展研究及产业规划，导入优质的文创资源，借助大数据平台共同塑造与提升企业的品牌形象，扩大企业的内涵，以助力企业构筑特色企业文化，打造高质量的企业品牌，发挥企业的整体品牌效应。

为拓展地方宣传渠道，提升品牌影响力和输出范围，蓝迪国际智库拓展了与南方财经全媒体集团和澳门商报的合作，在品牌会议活动中可增加媒体宣传渠道和曝光度；在品牌建设板块，引进了智循（珠海）品牌管理有限公司，为海外客户从仓储物流、销售运营、渠道分析、政策咨询、市场战略到营销公关策划，提供更加快速精准地进入中国市场、立足于中国市场的“一站式”服务。

7. 能力建设

蓝迪国际智库充分发挥其行业专家的资源整合优势，对企业进行有针对性的培训和指导，助力企业高质量发展。例如，为加快推动我国基因治疗产业技术的创新研究及应用，蓝迪国际智库组织召开了“基因治疗创新技术研讨会”，评估总结了今迪森基因技术公司自主研发的肿瘤基因治疗产品创新技术，这有助于加快该项创新技术的成果转化与落地，为全国甚至全球广大肿瘤患者带来更多福音。此外，为助力企业抓住碳中和发展新机遇以及实现企业自身的高质量发展，蓝迪国际智库邀请了中国标准化研究院就企业如何建立健全生物降解技术标准体系，充分发挥标准在技术型企业发展中的重要作用进行了探讨，并为江苏欧尔润生物科技有限公司制定了餐厨垃圾微生物降解技术要求企业标准及团体标准，指导欧尔润取得了科技部中国生产力促进中心协会的科技成果评价，为欧尔润进一步参与我国绿色环保建设提供了有力的认证支持。蓝迪国际智库通过培训和指导企业构建指标体系，在助力企业实现高质量发展的同时，将智库的智慧成果系统化、标准化，构建了一个能够促进和引领各类主体健康发展并形成合力的生态体系，有利于优化营商环境，推动地方经济社会发展。

总之，蓝迪国际智库现已探寻出一条新型应用型平台型“智库+企业”合作路径，积极通过自身的资源优势为企业发展赋能，努力帮助平台企业解决发展问题。未来，蓝迪国际智库将继续关注重点企业的核心技术发展、技术标准建设，重点挖掘企业与科技的发展潜力，助力企业插上梦想的翅膀，让更多的科技成果走向民生领域，造福人民；同时，将着重提升企业的国际化能力建设，更加多方位地提升企业的文化与品牌建设，并在国际舞台上展现出更大的中国企业实力，助力其参与国际竞争。

（四）蓝迪国际智库秘书处团队合照

蓝迪国际智库秘书处核心成员合影。

蓝迪国际智库北京团队合影。

蓝迪国际智库珠海团队合影。

二、蓝迪平台企业目录

（一）基建工程

1. 交通建设

（1）中国中铁股份有限公司
（2）中国交通建设股份有限公司
（3）中国铁建股份有限公司
（4）中国中车股份有限公司
（5）中车株洲电力机车有限公司
（6）中铁国际集团有限公司
（7）中铁十七局集团有限公司
（8）中铁十八局集团有限公司
（9）中铁三局集团有限公司
（10）中铁北京工程局集团有限公司（中国中铁航空港建设集团有限公司）
（11）中国港湾工程有限责任公司

2. 地产建筑

（12）中元建设集团股份有限公司
（13）中国土木工程集团有限公司
（14）中国土木工程（澳门）有限公司
（15）中阳建设集团有限公司
（16）广东合力建造科技有限公司
（17）中国建筑集团有限公司
（18）中国建筑材料集团有限公司
（19）中信建设有限责任公司
（20）上海建工集团股份有限公司
（21）北京建工集团有限责任公司
（22）北京城建集团有限责任公司
（23）青建集团股份公司
（24）中国山东国际经济技术合作集团有限公司
（25）烟建集团有限公司

（26）南通建工集团股份有限公司
（27）重庆对外建设（集团）有限公司
（28）云南省建设投资控股集团有限公司
（29）中冶置业集团有限公司
（30）建业住宅集团（中国）有限公司
（31）新疆生产建设兵团建设工程（集团）有限责任公司
（32）江西中煤建设集团有限公司
（33）中鼎国际工程有限责任公司
（34）江苏燕宁工程科技集团有限公司
（35）中国河南国际合作集团有限公司
（36）中国成套设备进出口集团有限公司
（37）中钢设备有限公司
（38）宏鑫建设集团有限公司
（39）中国国际工程咨询有限公司
（40）中国建筑第三工程局有限公司
（41）中国海外集团有限公司
（42）中国海外工程有限责任公司
（43）中建科工集团有限公司
（44）北京建工博海建设有限公司
（45）中国新兴集团有限责任公司
（46）江苏南通三建集团有限公司
（47）江苏南通六建建设集团有限公司
（48）中地海外集团有限责任公司
（49）中国地质工程集团公司
（50）贵州黔中铁旅文化产业发展有限公司
（51）中国武夷实业股份有限公司
（52）山东天泰建工有限公司
（53）安徽省华安外经建设（集团）有限公司
（54）威海国际经济技术合作股份有限公司
（55）烟台国际经济技术合作集团有限公司
（56）中国江苏国际经济技术合作集团有限公司
（57）中国大连国际经济技术合作集团有限公司

(58) 中国江西国际经济技术合作有限公司
(59) 中国沈阳国际经济技术合作有限公司

(二) 制造业

1. 先进制造

(60) 泰豪科技股份有限公司
(61) 舜宇集团有限公司
(62) 上海泷洋船舶科技有限公司
(63) 中国航天科技集团公司
(64) 中国船舶重工集团公司第七一一研究所
(65) 富通集团有限公司

2. 能源装备

(66) 特变电工股份有限公司
(67) 特变电工新疆新能源股份有限公司
(68) 远东控股集团有限公司
(69) 远东电缆有限公司
(70) 特来电新能源科技有限公司
(71) 南京康尼机电股份有限公司
(72) 大全集团
(73) 正泰电气股份有限公司
(74) 江联重工股份有限公司

3. 机械制造

(75) 智昌科技集团股份有限公司
(76) 宁波伟立机器人科技股份有限公司
(77) 中国通用技术(集团)控股有限责任公司
(78) 中国机械工业集团有限公司
(79) 三一重工股份有限公司
(80) 中信重工机械股份有限公司
(81) 上海电气集团股份有限公司
(82) 加西贝拉压缩机有限公司
(83) 江苏天明机械集团有限公司

(84) 无锡信捷电气股份有限公司

4. 汽车装备

(85) 北方凌云工业集团有限公司

(86) 中国重型汽车集团有限公司

(87) 山东五征集团有限公司

(88) 中国一拖集团有限公司

(89) 合众新能源汽车股份有限公司

(90) 长城汽车股份有限公司平湖分公司

(91) 河北永昌车辆部件科技有限公司

(92) 河北德科斯汽车零部件有限公司

5. 电子及专业设备

(93) 甬矽电子（宁波）股份有限公司

(94) 宁波佳音机电科技股份有限公司

(95) 青岛维信诺电子有限公司

(96) 歌尔微电子股份有限公司

(97) 嘉兴斯达半导体股份有限公司

(98) 宁波志伦电子有限公司

(99) 宁波湛京光学仪器有限公司

(100) 恒锋工具股份有限公司

(101) 江苏天瑞仪器股份有限公司

(102) 闻泰通讯股份有限公司

(103) 麒盛科技股份有限公司

(104) 宁波华远电子科技有限公司

(105) 吉安满坤科技股份有限公司

(106) 吉安米田科技有限公司

(107) 摩比通讯技术（吉安）有限公司

(108) 江西佳合智能技术有限公司

(109) 江西立讯智造有限公司

(110) 安福县海能实业股份有限公司

(111) 江西合力泰科技有限公司

6. 新材料

（112）深圳杉海创新技术有限公司
（113）广东合一新材料研究院有限公司
（114）珠海凯利得新材料有限公司
（115）盈创建筑科技（上海）有限公司
（116）山联（长兴）新材料股份有限公司
（117）华阳新材料科技集团有限公司
（118）巨石集团有限公司
（119）东旭集团有限公司
（120）青海诺德新材料有限公司
（121）江苏宝利国际投资股份有限公司
（122）鼎镁新材料科技股份有限公司
（123）三房巷集团有限公司（江苏三房巷集团有限公司）
（124）连云港中复连众复合材料集团有限公司
（125）江阴兴澄特种钢铁有限公司
（126）江苏华宏实业集团有限公司
（127）江苏法尔胜股份有限公司
（128）株洲硬质合金集团有限公司
（129）日照钢铁控股集团有限公司
（130）沈阳远大铝业工程有限公司
（131）江阴市西城钢铁有限公司
（132）江阴澄星实业集团有限公司
（133）南亚新材料科技（江西）有限公司
（134）江西蓝海芯科技集团有限公司
（135）金森林环保科技有限公司
（136）北京蓝晶微生物科技有限公司
（137）江苏特丽亮新材料科技有限公司
（138）深圳绿能粒子开发有限公司
（139）北京天罡助剂有限责任公司
（140）苏州银锐环保材料有限公司
（141）中航上大高温合金材料股份有限公司

(142) 河北株冀硬质合金有限公司

7. 纺织服装

(143) 华坚鞋业集团有限公司
(144) 华纺股份有限公司
(145) 江苏阳光集团有限公司
(146) 海澜集团有限公司
(147) 环思智慧科技有限公司
(148) 内蒙古鹿王羊绒有限公司
(149) 圣华盾防护科技股份有限公司
(150) 贝德服装集团股份有限公司
(151) 好孩子集团有限公司
(152) 江西明耀实业有限公司
(153) 河北新华羊绒制品有限公司
(154) 河北宇腾羊绒制品有限公司

8. 家具制造

(155) 海尔集团公司
(156) 冰山冷热科技股份有限公司（大连冷冻机股份有限公司）
(157) 武汉蓝宁能源科技有限公司
(158) 惠达卫浴股份有限公司

(三) 信息技术

1. 移动电信服务

(159) 中国移动通信集团有限公司
(160) 中国联合网络通信集团有限公司
(161) 中国电信集团有限公司
(162) 中国移动辛姆巴科有限公司（中国移动巴基斯坦公司）

2. 互联网信息服务

(163) 北京百度网讯科技有限公司
(164) 阿里巴巴（中国）网络技术有限公司
(165) 深圳市腾讯计算机系统有限公司
(166) 华为技术有限公司

（167）三胞集团有限公司

（168）浪潮集团有限公司

3. 信息系统集成服务

（169）中国电子科技集团有限公司

（170）广联达科技股份有限公司

（171）京东方科技集团股份有限公司

（172）东软集团股份有限公司

（173）科大讯飞股份有限公司

（174）杭州海康威视数字技术股份有限公司

（175）北京市商汤科技开发有限公司

（176）安世亚太科技股份有限公司

（177）海尔衣联网研究院

（178）青岛东软载波智能电子有限公司

（179）上海眼控科技股份有限公司

（180）深圳蓝胖子机器智能有限公司

（181）杭州艾米机器人有限公司

（182）鉴真防务技术（上海）有限公司

（183）浙江凡聚科技有限公司

（184）珠海镓未来科技有限公司

（185）珠海一微半导体股份有限公司

（186）广州极飞科技股份有限公司

（187）广东嘉腾机器人自动化有限公司

（188）北京圣博赢科技有限公司

（189）传神语联网网络科技股份有限公司

（190）北京汇真科技股份有限公司

（191）酷哇科技有限公司

4. 信息技术咨询服务

（192）上海天数智芯半导体有限公司

（193）广西中科曙光云计算有限公司

（194）飞诺门阵（北京）技术有限公司

（195）北京辰安科技股份有限公司

（196）北京上奇数字科技有限公司
（197）以萨技术股份有限公司
（198）山东海博科技信息系统股份有限公司
（199）深圳市中电数通智慧安全科技股份有限公司
（200）深圳行云创新科技有限公司
（201）昆仑海比（北京）信息科技有限公司
（202）海能达通信股份有限公司
（203）青岛檬豆网络科技有限公司
（204）创新奇智青岛科技有限公司
（205）泰科诺德信息科技（杭州）有限公司
（206）青岛众恒信息科技股份有限公司
（207）南京斯坦德云科技股份有限公司

5. 数据处理和存储服务

（208）杭州安恒信息技术股份有限公司
（209）布瑞克（苏州）农业互联网股份有限公司
（210）中联云港数据科技股份有限公司
（211）北京零点有数数据科技股份有限公司
（212）亿赞普（北京）科技有限公司
（213）广东一一五科技股份有限公司
（214）浙江爱立示信息科技有限公司

6. 软件开发

（215）随锐科技集团股份有限公司
（216）用友网络科技股份有限公司
（217）文思海辉技术有限公司
（218）泰盈科技集团有限公司
（219）北京易华录信息技术股份有限公司
（220）杭州海兴电力科技股份有限公司
（221）北京知优科技有限公司
（222）深圳市科南软件有限公司
（223）珠海金智维信息科技有限公司
（224）宝驾（北京）信息技术有限公司

(225) 博看科技（北京）有限公司

(四) 碳中和

1. 传统能源

(226) 中国长江三峡集团有限公司
(227) 中国电力建设集团有限公司
(228) 中国能源建设集团有限公司
(229) 中国葛洲坝集团股份有限公司
(230) 中国电力国际发展有限公司
(231) 中国电建集团中南勘测设计研究院有限公司
(232) 中国水电工程顾问集团有限公司
(233) 中国电力工程顾问集团有限公司
(234) 中国水利电力对外有限公司
(235) 中国石油集团工程设计有限责任公司
(236) 中国石油化工集团公司
(237) 中国石油工程建设有限公司
(238) 中国化学工程集团公司
(239) 中国石油西部钻探工程有限公司
(240) 中国东方电气集团有限公司
(241) 中国石油天然气管道局有限公司
(242) 常熟风范电力设备股份有限公司
(243) 浙江省能源集团有限公司
(244) 四川省能源投资集团有限责任公司
(245) 中国寰球工程有限公司
(246) 中石化胜利油建工程有限公司
(247) 中石化炼化工程（集团）股份有限公司
(248) 中国能源建设集团浙江省电力设计院有限公司
(249) 新疆光明天然石油技术服务有限责任公司
(250) 天津恒运能源集团股份有限公司

2. 新能源

(251) 晶科能源股份有限公司
(252) 远景能源（江苏）有限公司

（253）宁德时代新能源科技股份有限公司
（254）天合光能股份有限公司
（255）广东昱辰电子科技有限公司
（256）至玥腾风科技投资集团有限公司
（257）新疆金风科技股份有限公司
（258）中国中原对外工程有限公司
（259）湖南科力远新能源股份有限公司
（260）新奥集团股份有限公司
（261）协鑫（集团）控股有限公司
（262）中国核工业建设集团公司
（263）双良集团有限公司

3. 环保科技

（264）江苏欧尔润生物科技有限公司
（265）珠海蓝欧环保生物科技有限公司
（266）山东天壮环保科技有限公司
（267）福建龙马集团股份有限公司
（268）北京仁创科技集团有限公司
（269）三川智慧科技股份有限公司
（270）广西丰林木业集团股份有限公司
（271）万华生态板业股份有限公司
（272）湖南永清环境科技产业集团有限公司
（273）中国水环境集团有限公司
（274）上海太和水环境科技发展股份有限公司
（275）北京安力斯科技发展有限公司
（276）苏州银锐环保材料有限公司
（277）北京碧水源科技股份有限公司

（五）大健康

1. 生物医药

（278）养生堂药业有限公司
（279）北京万泰生物药业股份有限公司
（280）天士力医药集团股份有限公司

（281）绿叶制药集团有限公司
（282）江苏恒瑞医药股份有限公司
（283）上海复星医药（集团）股份有限公司
（284）丽珠医药集团股份有限公司
（285）深圳华大基因股份有限公司
（286）圣湘生物科技股份有限公司
（287）健帆生物科技集团股份有限公司
（288）斯威（上海）生物科技股份有限公司
（289）金迪森基因技术（深圳）有限公司
（290）广州因明生物医药科技有限公司
（291）南京世和基因生物技术股份有限公司
（292）广东长康科技有限公司
（293）天津贝罗尼集团有限公司
（294）国药集团药业股份有限公司
（295）石药控股集团有限公司
（296）华兰生物工程股份有限公司
（297）江苏普莱医药生物技术有限公司

2. 中医药

（298）珠海蓝萱生物制药有限公司
（299）江苏康缘集团有限责任公司
（300）太安堂集团有限公司
（301）广誉远中药股份有限公司
（302）正大天晴药业集团
（303）金诃藏药股份有限公司
（304）江阴天江药业有限公司
（305）佩兰生物科技（上海）股份有限公司
（306）江西普正制药股份有限公司
（307）江西半边天药业有限公司
（308）洛阳顺势药业有限公司
（309）费森尤斯卡比华瑞制药有限公司

3. 医疗器械

（310）武汉兰丁智能医学股份有限公司

(311) 推想医疗科技股份有限公司
(312) 浙江强脑科技有限公司
(313) 深圳市蓝韵实业有限公司
(314) 海信医疗设备有限公司
(315) 宁波江丰生物信息技术有限公司
(316) 上海安翰医疗技术有限公司
(317) 江苏苏云医疗器材有限公司
(318) 江西国科美信医疗科技有限公司
(319) 昂科生物医学技术（苏州）有限公司
(320) 苏州雾联医疗科技有限公司
(321) 武汉杨森生物技术有限公司

4. 医疗服务

(322) 浙江瑞华康源科技有限公司
(323) 国际医疗协作体
(324) 浙江诺迦生物科技有限公司
(325) 微医贝联（上海）信息科技有限公司
(326) 远盟康健科技有限公司
(327) 深圳易特科信息技术有限公司
(328) 柒贰零（北京）健康科技有限公司
(329) 世康口腔

（六）农林牧渔矿冶

1. 农业

(330) 中国农业发展集团有限公司
(331) 中粮集团有限公司
(332) 中农发种业集团股份有限公司
(333) 江西农标汇农业开发有限公司
(334) 湖北省种子集团有限公司
(335) 山东中农联合生物科技股份有限公司
(336) 江西井冈红茶业有限公司
(337) 北京吉奥金禾农业发展有限公司

2. 畜牧业

（338）正邦集团股份有限公司
（339）新希望六和股份有限公司
（340）内蒙古蒙牛乳业（集团）股份有限公司
（341）昭苏县西域马业有限责任公司
（342）新疆宇飞国际渔业有限公司

3. 食品

（343）华润（集团）有限公司
（344）青岛啤酒股份有限公司
（345）河南双汇投资发展股份有限公司
（346）中粮糖业控股股份有限公司（中粮屯河股份有限公司）
（347）雅士利新西兰乳业有限公司
（348）北京顺鑫控股集团有限公司
（349）三全食品股份有限公司
（350）青海大宋农业科技股份有限公司
（351）徐州一统食品工业有限公司
（352）圣元国际集团
（353）青海三江雪生物科技集团有限公司
（354）内蒙古燕谷坊生态农业发展（集团）有限公司
（355）江西思派思香料化工有限公司

4. 矿冶

（356）中国五矿集团公司
（357）中国冶金科工集团有限公司
（358）江西铜业集团公司
（359）中铝国际工程股份有限公司
（360）中冶京诚工程技术有限公司
（361）中国石化阿达克斯石油公司
（362）中国有色金属建设股份有限公司
（363）华北铝业有限公司

（七）贸易

（364）中电科技国际贸易有限公司
（365）湖南五江轻化集团有限公司
（366）新疆亚欧国际物资交易中心有限公司
（367）物产中大集团股份有限公司
（368）江苏华西集团公司
（369）江阴恒阳化工储运有限公司
（370）江苏省海外企业集团有限公司
（371）中国石油国际事业有限公司
（372）中国电子进出口有限公司
（373）江苏有色金属进出口有限公司
（374）广东省五金矿产进出口集团有限公司
（375）野马集团有限公司
（376）巴中苏斯特口岸有限公司
（377）新疆三宝实业集团有限公司
（378）新疆八钢国际贸易股份有限公司
（379）淮北皖宏贸易有限公司
（380）天津世纪五矿贸易有限公司

（八）港口

（381）日照港集团有限公司
（382）中国国际海运集装箱（集团）股份有限公司
（383）中国海外港口控股有限公司
（384）巴基斯坦瓜达尔港
（385）中国外运长航集团有限公司
（386）山东岚桥集团有限公司
（387）上海信洋互联网络有限公司（信洋国际物流有限公司）

（九）金融

（388）亚洲基础设施投资银行
（389）国家开发银行
（390）兴业证券股份有限公司
（391）珠海华发投资控股集团有限公司

（392）招商局集团（香港）有限公司
（393）嘉实基金管理有限公司（公募基金）
（394）瀚华金控股份有限公司
（395）嘉兴市城市投资发展集团有限公司
（396）青岛红景四方产业发展集团有限公司
（397）横琴金融投资集团有限公司
（398）启迪控股股份有限公司
（399）昆仑银行股份有限公司
（400）江苏省国信资产管理集团有限公司
（401）中国平安财产保险股份有限公司
（402）浙江私募华侨基金管理有限公司
（403）深圳博林集团有限公司
（404）深圳市盛世华房股权投资基金管理有限公司
（405）上海复星高科（集团）有限公司
（406）深圳市宝能投资集团有限公司
（407）湖南高新创业投资集团有限公司
（408）万贝科技发展（天津）集团有限公司
（409）洋浦国际投资咨询有限公司
（410）海南第一投资控股集团有限公司
（411）盛世投资

（十）教育

（412）民生教育集团有限公司
（413）星影艺术教育集团
（414）蓝迪希望（北京）科技文化有限公司
（415）青岛伟东云教育集团有限公司
（416）北京大学海洋研究院
（417）商务部国际商务官员研修学院
（418）清华大学国际传播研究中心
（419）清华大学中美关系研究中心
（420）北京大学国家战略传播研究院
（421）大连海事大学

（422）中山大学公共卫生学院
（423）浙江大学中国西部发展研究院
（424）国家卫健委干部培训中心
（425）深圳市寒武纪智能科技有限公司
（426）山东师范大学
（427）北京易知路科技有限公司
（428）北京传智播客教育科技有限公司
（429）北京拔萃双语学校

（十一）文旅

（430）中国旅游集团中免股份有限公司（中国国旅股份有限公司）
（431）中国华夏文化遗产基金会
（432）中国职工国际旅行社总社
（433）华谊启明东方
（434）智循（珠海）品牌管理有限公司
（435）北京中青旅置业（集团）有限公司
（436）浙江大丰实业股份有限公司
（437）深圳市名家汇科技股份有限公司
（438）迪岸双赢集团有限公司
（439）天洋控股集团有限公司
（440）大余章源生态旅游有限公司
（441）北京中青旅资源投资有限公司
（442）青旅（北京）资产管理有限公司

（十二）媒体

（443）新华新媒文化传播有限公司（新华社）
（444）中国经济信息社有限公司（中国经济信息社）
（445）中国日报社
（446）中国外文局中东欧与中南亚传播中心（人民画报社）
（447）中国新闻社
（448）光明网传媒有限公司（光明网）
（449）中国互联网新闻中心（中国网）
（450）中报国际文化传媒（北京）有限公司（中国日报网）

（451）发展网文化传媒（北京）有限公司（中国发展网）
（452）北京中新网信息科技有限公司（中国新闻网）
（453）中经网传媒有限公司（中国经济网）
（454）新华网股份有限公司（新华网）
（455）人民网股份有限公司（人民网）
（456）中青网新媒体科技（北京）有限公司（中国青年网）
（457）央视国际网络有限公司（央视网）
（458）央广新媒体文化传媒（北京）有限公司（央广网）
（459）环球时报在线（北京）文化传播有限公司（环球网）
（460）国广国际在线网络（北京）有限公司（国际在线）
（461）上海东方网股份有限公司（东方网）
（462）上海界面财联社科技股份有限公司（界面新闻）
（463）新疆天山网络传媒有限公司（天山网）
（464）《中国企业报》股份有限公司（中国企业网）
（465）中央电视台（CCTV）
（466）中国教育电视台
（467）贵州广播电视台（贵州卫视）
（468）光明日报社
（469）经济日报社
（470）工人日报社
（471）农民日报社
（472）人民政协报网络有限公司（人民政协报）
（473）香港文汇报北京办事处（香港文汇报）
（474）北京新京报传媒有限责任公司（新京报）
（475）中国青年报社
（476）中国财经报社
（477）《中国产经新闻》报社
（478）中国经济导报社
（479）中国联合商报社
（480）中国贸易报社
（481）中国能源传媒集团有限公司（中国电力报）
（482）中国石油报社

（483）《中国企业报》股份有限公司（中国企业报）
（484）广东二十一世纪传媒股份有限公司（二十一世纪经济报道）
（485）上海第一财经传媒有限公司（第一财经日报）
（486）经济参考报社
（487）北京经观文化传媒有限公司（经济观察报）
（488）新疆经济报社
（489）湖北长江商报有限公司（长江商报）
（490）《证券日报》社
（491）中华工商时报社
（492）法制晚报社
（493）中国商报社
（494）《南方都市报》社
（495）丝路瞭望文化传媒（北京）有限公司
（496）北京《财经》杂志社有限公司（财经杂志）
（497）中国报道杂志社
（498）《中国对外贸易》杂志社
（499）《大陆桥》杂志社
（500）中华英才杂志社有限公司
（501）《民主与法制》社
（502）北京《商业观察》杂志社有限公司（商业观察杂志）
（503）中国工人出版社
（504）中国商业股份制企业经济联合会
（505）克拉玛依市委宣传部
（506）中央人民广播电台（中国之声）

（十三）园区

（507）中新苏州工业园区开发集团股份有限公司
（508）中南高科产业园管理有限公司
（509）海南生态软件园
（510）巴基斯坦海尔·鲁巴经济园
（511）杭州东部软件园
（512）克拉玛依云计算产业园

（513）陕西西咸新区发展集团有限公司

（514）青岛欧亚经贸合作产业园区

（515）南京经济技术开发区

（516）湖州莫干山高新技术开发区

（517）德清通航智造小镇

（十四）机构协会

（518）国浩律师事务所

（519）中国电子信息产业发展研究院（赛迪研究院）

（520）国家发展和改革委员会城市和小城镇改革发展中心

（521）中国开发区协会

（522）横琴粤澳深度合作区金融发展局

（523）中国经济信息社经济智库

（524）中国标准化研究院

（525）北京标研科技发展中心

（526）珠海澳标云舟科技发展有限责任公司

（527）中国医药创新促进会

（528）中国基本建设优化研究会

（529）中国生产力促进中心协会

（530）中国生产力学会

（531）蓝天救援队

（532）北京易二零环境股份有限公司

（533）北京德恒律师事务所

（534）国信招标集团股份有限公司

（535）巴基斯坦中资企业服务有限公司

（536）北京金太轩集团

（537）中国国家认证认可监督管理委员会认证认可技术研究所

（538）国家机床产品质量监督检验中心（山东）

（539）中国（海南）改革发展研究院

（540）中国对外承包工程商会

（541）丝路产业与金融国际联盟

（542）“一带一路”智库合作联盟

（543）中外友好国际交流中心
（544）中国石油和化学工业联合会
（545）中国民营经济国际合作商会
（546）中国五矿化工进出口商会
（547）清华房地产总裁商会
（548）中国对外贸易 500 强企业俱乐部
（549）北京律师协会
（550）新疆维吾尔自治区律师协会
（551）中国开发性金融促进会
（552）农业农村部对外经济合作中心
（553）昆山市工业技术研究院
（554）世界华人医师协会
（555）世界医疗旅游与全球健康大会
（556）旅英华人高新科技商业协会
（557）清河羊绒产业发展服务中心
（558）清河汽车研究院

三、重点地区政策汇编

（一）横琴粤澳深度合作区

第一部分：指导文件

政策一：《横琴粤澳深度合作区总体发展规划》

1. 出台目的

《横琴粤澳深度合作区总体发展规划》（以下简称《规划》）是指导横琴粤澳深度合作区当前和今后一段时期建设发展的重要依据，规划期至 2035 年。规划范围为横琴岛一线和二线之间的海关监管区域，总面积约 106 平方千米。其中，横琴与澳门特别行政区之间设为一线；横琴与中华人民共和国关境内其他地区（以下简称内地）之间设为二线。

2. 主要内容

《规划》包含十个章节，从奋力开启合作区建设新征程、塑造琴澳一体化总体发展新格局、发展促进澳门经济适度多元新产业、共建便利澳门居民生活就业新家园、建设琴澳智慧低碳共生新城市、构建与澳门一体化高水平开放新体系、打造国际一流的营商环境新高地、完善粤澳共商共建共管共享新体制、共谱区域协同发展新篇章、规划实施保障等方面进行编制。

3. 发展目标

《规划》强调，到 2024 年澳门回归祖国 25 周年时，粤澳共商共建共管共享体制机制运作顺畅，合作区管理委员会、执行委员会管理决策执行效率不断提升，管理委员会成员单位对合作区的支持协同更加有力，广东省派出机构对合作区开发建设的配合更加高效；创新要素明显集聚，研究与试验发展经费投入占地区生产总值的比重显著提高，一批高素质人才、创新企业、科研平台入驻；特色产业加快发展，科技研发和高端制造产业、中医药等澳门品牌工业、文旅会展商贸、现代金融（以下简称四新产业）增加值占地区生产总值的比重大幅提升至 55%；公共服务和社会保障体系与澳门有序衔接，就业创业、教育、医疗等民生热点问题得到初步解决；在合作区就业、居住的澳门居民大幅增加，在合作区就业的澳门居民约 5000 人、居住的澳门居民约 2 万人；合作区封关运作顺利实施，琴澳产业、基础设施、民生服务等一体化发展格局初步建立；促进澳门经济适度多元发展的支撑作用初步显现，期末实有澳资企业 8000 家，澳资产业增加值达 20 亿元。

到 2029 年澳门回归祖国 30 周年时，合作区与澳门经济高度协同、规则深度衔接的制度体系全面确立，市场准入制度、社会保障体系等高效衔接；各类要素跨境流动高效便捷，电子围网系统和跨境金融管理体系建立健全，货物一线放开、二线管住的体系高效运转，人员出入境高度便利；特色产业发展形成规模，四新产业增加值占地区生产总值的比重约为 65%；公共服务和社会保障体系更加完善，建设保障性住房 7.8 万套，劳动年龄人口平均受教育年限达 12.5 年，医疗卫生机构千人床位数 6 个；琴澳一体化发展水平进一步提升，澳门品牌工业园等产业园区、更多趋同澳门的生活街坊落地建成，在合作区就业的澳门居民约 4 万人、居住的澳门居民约 6 万人；促进澳门经济适度多元发展取得显著成效，期末实有澳资企业 2.5 万家，澳资产业增加值达 90 亿元。

到 2035 年，“一国两制”优越性全面彰显，合作区经济实力和科技竞争力大幅提升，成为广珠澳科技创新走廊的有力增长极；公共服务和社会保障体系高效运转，实现琴澳居民幼有善育、学有优教、病有良医、老有颐养、住有宜居；琴澳一体化发展体制机制更加完善，琴澳要素流动自由便利，在合作区就业的澳门居民约8万人、居住的澳门居民约12万人，四新产业有力支撑澳门产业多元发展，合作区促进澳门经济适度多元发展的战略目标基本实现。

政策二：《横琴粤澳深度合作区建设总体方案》

1. 指导思想

以习近平新时代中国特色社会主义思想为指导，全面贯彻党的十九大和十九届二中、三中、四中、五中全会精神，立足新发展阶段，贯彻新发展理念，构建新发展格局，紧紧围绕促进澳门经济适度多元发展，坚持“一国两制”、依法办事，坚持解放思想、改革创新，坚持互利合作、开放包容，创新完善政策举措，丰富拓展合作内涵，以更加有力的开放举措统筹推进粤澳深度合作，大力发展促进澳门经济适度多元的新产业，加快建设便利澳门居民生活就业的新家园，着力构建与澳门一体化高水平开放的新体系，不断健全粤澳共商共建共管共享的新体制，支持澳门更好融入国家发展大局，为澳门“一国两制”实践行稳致远注入新动能。

2. 战略定位

（1）促进澳门经济适度多元发展的新平台；

（2）便利澳门居民生活就业的新空间；

（3）丰富“一国两制”实践的新示范；

（4）推动粤港澳大湾区建设的新高地。

3. 发展目标

（1）到2024年（澳门回归祖国25周年）：粤澳共商共建共管共享体制机制运作顺畅；创新要素明显集聚；特色产业加快发展；公共服务和社会保障体系与澳门有序衔接；在合作区居住、就业的澳门居民大幅增加；琴澳一体化发展格局初步建立；促进澳门经济适度多元发展的支撑作用初步显现。

（2）到2029年（澳门回归祖国30周年）：合作区与澳门经济高度协同、规则深度衔接的制度体系全面确立；各类要素跨境流动高效便捷；特色产业发展形成规模；公共服务和社会保障体系更加完善；琴澳一体化发展水平进一步提升；促进澳门经济适度多元发展取得显著成效。

（3）到2035年：“一国两制”的强大生命力和优越性全面彰显；合作区

经济实力和科技竞争力大幅提升；公共服务和社会保障体系高效运转；琴澳一体化发展体制机制更加完善；促进澳门经济适度多元发展的目标基本实现。

4. 发展促进澳门经济适度多元的新产业

（1）大力发展集成电路、电子元器件、新材料、新能源、大数据、人工智能、物联网、生物医药产业；

（2）加快构建特色芯片设计、测试和检测的微电子产业链；

（3）探索允许在内地已获上市许可的澳门中药在大湾区内地生产；

（4）高水平建设横琴国际休闲旅游岛；

（5）支持粤澳两地研究举办国际高品质消费博览会暨世界湾区论坛；

（6）建设中葡国际贸易中心和数字贸易国际枢纽港；

（7）打造中国—葡语国家金融服务平台；

（8）对合作区符合条件的产业企业减按 15%的税率征收企业所得税；

（9）对在合作区工作的境内外高端人才和紧缺人才，其个人所得税负超过 15%的部分予以减免。

第二部分：产业及税收政策

序号	主要内容	参考文件	发布日期
1	明确符合三项条件的减按 15%征收企业所得税。三项条件包括：须符合《横琴粤澳深度合作区企业所得税优惠目录（2021 版）》、主营业务收入占收入总额的 60%和实质性运营	《关于横琴粤澳深度合作区企业所得税优惠政策的通知》	2022 年 5 月 25 日
2	支持企业发展，最高给予 1000 万元一次性奖励；支持人才引进培养，给予年度最高 100 万元补贴；支持平台建设，给予年度最高 500 万元补贴；支持粤澳协同创新，最高还可获 1000 万元奖励	《横琴粤澳深度合作区促进集成电路产业发展若干措施》	2022 年 7 月 25 日
3	合作区成立以来首个支持生物医药大健康产业发展的专项扶持措施，对具有全局带动和重大引领作用的重大项目，单个项目最高补贴 6 亿元	《横琴粤澳深度合作区支持生物医药大健康产业高质量发展的若干措施》	2022 年 10 月 27 日
4	为了进一步吸引和培育具有核心竞争力的企业集群，通过经营扶持、人员聘用扶持、贷款贴息扶持、并购扶持、办公用房扶持的方式，对企业进行补贴，最高可获 2000 万元补贴	《横琴粤澳深度合作区促进引领型企业实质性运营发展扶持办法》	2022 年 12 月 12 日

续表

序号	主要内容	参考文件	发布日期
5	为打造具有国际影响力的展会平台，提供13种项目补贴，最高100万元；提供4种企业补贴，最高100万元；提供2种人才补贴	《横琴粤澳深度合作区会展产业发展扶持办法》	2023年7月10日
6	支持澳门世界旅游休闲中心建设，促进横琴粤澳深度合作区文旅产业高质量发展，给予一次性奖励最高500万元	《横琴粤澳深度合作区文旅产业发展扶持办法》	2023年8月14日

第三部分：金融政策

序号	主要内容	参考文件	发布日期
1	明确支持粤港澳大湾区开展合格境外有限合伙人境外投资试点，国家外汇管理局于2021年3月批复同意广东省扩大开展试点，给予广东省50亿美元试点额度	《广东省开展合格境内有限合伙人境外投资试点工作暂行办法》	2021年10月29日
2	包括港澳台地区的境外投资者皆可在合作区申请QFLP试点，并在境内开展股权投资等业务。本次合作区印发的该试点办法具有“零门槛、无限制、投向广”的亮点特色	《横琴粤澳深度合作区外商投资股权投资类企业试点办法（暂行）》	2021年12月29日
3	旨在培育和扶持合作区企业上市挂牌，对在四大证券交易所首次公开发行股票并直接上市交易的合作区企业，一次性给予最高不超过5000万元的专项扶持	《横琴粤澳深度合作区企业上市挂牌专项扶持办法》	2022年9月15日
4	通过贴息、费用补贴、风险补偿等扶持合作区中小微企业，解决中小微企业融资难题	《横琴粤澳深度合作区促进中小微企业融资发展扶持办法》	2022年9月15日
5	包含对金融企业落户、经营、增资、并购、贡献、用房等多方面的大力扶持	《横琴粤澳深度合作区促进金融产业发展扶持办法》	2022年10月25日
6	按照企业实际募集资金规模的2%给予一次性债券一般发行费用资金扶持，最高不超过500万元	《横琴粤澳深度合作区企业赴澳门发行债券专项扶持办法》	2023年6月8日

第四部分：人才政策

序号	主要内容	参考文件	发布日期
1	为澳资企业创造良好的营商环境，提供租金补贴、装修补贴等优惠	《横琴粤澳深度合作区关于支持澳资企业发展的扶持办法》	2023年2月28日

续表

序号	主要内容	参考文件	发布日期
2	合作区企业所得税、个人所得税的“双15%”税收优惠政策	《横琴粤澳深度合作区享受个人所得税优惠政策高端和紧缺人才清单管理暂行办法》	2023年4月11日
3	特殊人才奖励个税返还比例最高可达36%	《横琴新区特殊人才奖励办法》《横琴粤澳深度合作区执行委员会关于调整2022年度特殊人才奖励政策执行标准的公告》	2020年7月14日、2023年6月26日
4	支持澳门青年参与合作区建设，一次性扶持最高达100万元，运营扶持最高达100万元，还可享受租金减免、创业奖励等扶持	《横琴粤澳深度合作区关于促进澳门青年创新创业的办法》	2023年12月29日

（二）海南自由贸易港

第一部分：指导文件

政策一：《海南自由贸易港建设总体方案》

1. 重大意义

在海南建设自由贸易港，是推进高水平开放，建立开放型经济新体制的根本要求；是深化市场化改革，打造法治化、国际化、便利化营商环境的迫切需要；是贯彻新发展理念，推动高质量发展，建设现代化经济体系的战略选择；是支持经济全球化，构建人类命运共同体的实际行动。

2. 基本原则

（1）借鉴国际经验。

坚持高起点谋划、高标准建设，主动适应国际经贸规则重构新趋势，加快建立开放型经济新体制，打造我国深度融入全球经济体系的前沿地带。

（2）体现中国特色。

坚持党的集中统一领导，坚持中国特色社会主义道路，坚持以人民为中心，践行社会主义核心价值观，确保海南自由贸易港建设正确方向。

（3）符合海南定位。

紧紧围绕国家赋予海南的战略定位，聚焦发展旅游业、现代服务业和高新技术产业，加快培育具有海南特色的合作竞争新优势。

（4）突出改革创新。

赋予海南更大改革自主权，支持海南全方位、大力度推进改革创新，积极探索建立适应自由贸易港建设的更加灵活高效的法律法规、监管模式和管理体制。

（5）坚持底线思维。

全面推行准入便利、依法过程监管的制度体系，建立与国际接轨的监管标准和规范制度。加强重大风险识别和系统性风险防范，建立健全风险防控配套措施。

3. 制度设计

- 贸易自由便利：对货物贸易，实行以“零关税”为基本特征的自由化便利化制度安排。对服务贸易，实行以“既准入又准营”为基本特征的自由化便利化政策举措。
- 投资自由便利：大幅放宽海南自由贸易港市场准入，进一步激发各类市场主体活力。
- 跨境资金流动自由便利：重点围绕贸易投资自由化便利化，分阶段开放资本项目，有序推进海南自由贸易港与境外资金自由便利流动。
- 人员进出自由便利：实行更加开放的人才和停居留政策，打造人才集聚高地。在有效防控涉外安全风险隐患的前提下，实行更加便利的出入境管理政策。
- 运输来往自由便利：实施高度自由便利开放的运输政策，推动建设西部陆海新通道国际航运枢纽和航空枢纽。
- 数据安全有序流动：在确保数据流动安全可控的前提下，扩大数据领域开放，创新安全制度设计，实现数据充分汇聚，培育发展数字经济。
- 现代产业体系：大力发展旅游业、现代服务业和高新技术产业，不断夯实实体经济基础，增强产业竞争力。
- 税收制度：按照零关税、低税率、简税制、强法治、分阶段的原则，逐步建立与高水平自由贸易港相适应的税收制度。
- 社会治理：着力推进政府机构改革和政府职能转变，构建系统完备、科学规范、运行有效的自由贸易港治理体系。
- 法治制度：建立以《海南自由贸易港法》为基础，以地方性法规和商事纠纷解决机制为重要组成的自由贸易港法治体系。

• 风险防控体系：制定实施有效措施，有针对性防范化解贸易、投资、金融、数据流动、生态和公共卫生等领域的重大风险。

政策二：《海南自由贸易港法》

1. 出台背景

《海南自由贸易港法》于2021年6月10日经十三届全国人大常委会第二十九次会议表决通过，共八章57条，涵盖贸易自由便利、投资自由便利、财政税收制度、生态环境保护、产业发展与人才支撑、综合措施等方面。

2. 核心要点

（1）赋予海南更大的改革自主权。

国务院及其有关部门根据海南自贸港建设实际需要，及时依法授权或者委托海南省人民政府及有关部门行使相关管理职权。国家建立海南自由贸易港建设领导机制，统筹协调海南自由贸易港建设重大政策和重大事项。国家建立与海南自由贸易港建设相适应的行政管理体制，创新监管模式。

（2）赋予海南一定的立法自主权。

海南省人民代表大会及其常务委员会可以根据《海南自由贸易港法》，结合海南自由贸易港建设的基本情况和实际需要，遵循宪法规定和法律、行政法规的基本原则，就贸易、投资及相关管理活动制定法规，在海南自由贸易港范围内实施。

（3）突出贸易和投资自由便利。

国家建立健全全岛封关运作的海南自由贸易港海关监管特殊区域制度。在依法有效监管基础上，建立自由进出、安全便利的货物贸易管理制度，优化服务贸易管理措施，实现贸易自由化便利化。海南自由贸易港实行投资自由化便利化政策，全面推行极简审批投资制度，完善投资促进和投资保护制度，强化产权保护，保障公平竞争，营造公开、透明、可预期的投资环境。

（4）明确内地货物进入海南自由贸易港退税。

全岛封关运作时，将增值税、消费税、车辆购置税、城市维护建设税及教育附加等税费进行简并，在货物和服务零售环节征收销售税；全岛封关运作后，进一步简化税制。货物由内地进入海南自由贸易港，按照国务院有关规定退还已征收的增值税、消费税。

（5）加强生态环境保护。

健全生态环境评价和监测制度，健全自然资源资产产权制度和有偿使用制度。推进国土空间规划体系建设，实行差别化的自然生态空间用途管制。严格保护海洋生态环境，建立健全陆海统筹的生态系统保护修复和污染防治区域联动机制。实行环境保护目标责任制和考核评价制度，实行生态环境损害责任终身追究制。

（6）建立风险预警和防控体系。

建立与其他地区的反走私联防联控机制，境外与海南自由贸易港之间、海南自由贸易港与内地之间，人员、货物、物品、运输工具等均需从口岸进出。实施外商投资安全审查制度，对影响或者可能影响国家安全的外商投资进行安全审查。建立健全金融风险防控制度，实施网络安全等级保护制度，建立人员流动风险防控制度，建立传染病和突发公共卫生事件监测预警机制与防控救治机制，保障金融、网络与数据、人员流动和公共卫生等领域的秩序和安全。

政策三：《智慧海南总体方案》

1. 出台背景

国家在海南建设首个全域自由贸易港，赋予海南先行先试的重大历史使命。建设智慧海南，是支撑海南自由贸易试验区和中国特色自由贸易港建设与履行“三区一中心”国家战略使命的重要抓手，是构建现代化治理体系和治理能力的必然选择，是提升人民获得感、幸福感、安全感的重要手段，是发展数字经济驱动经济高质量发展的高效引擎。为深入贯彻习近平总书记重要指示精神、加快推进智慧海南建设并制定方案。

2. 发展目标

围绕海南在国家战略总体布局中的“三区一中心”发展定位，发挥海南改革开放试验田先行先试的政策优势，全面引入新理念、新模式、新机制、新应用，充分运用先进技术和前沿科技，以打造“数字孪生第一省”为主要手段，以国际信息通信开放试验区、精细智能社会治理样板区、国际旅游消费智能体验岛、开放型数字经济创新高地为四大战略定位和发展方向，引领支撑海南自由贸易试验区和自由贸易港实现高标准建设、高质量发展。

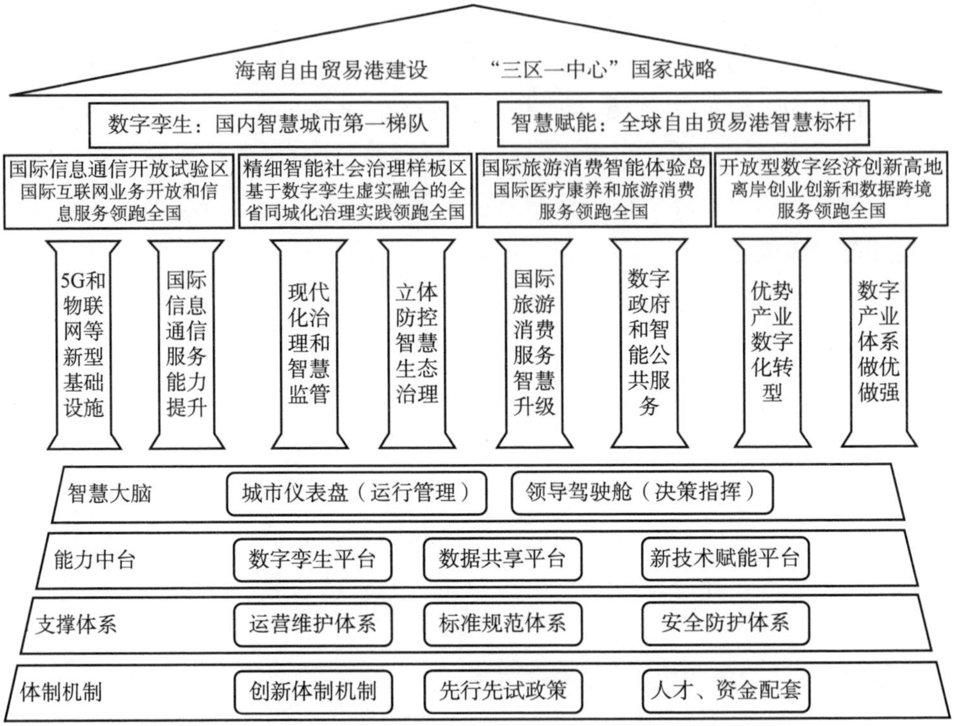

图 4 海南自由贸易港建设“三区一中心”国家战略

第二部分：产业及税收政策

序号	主要内容	参考文件	发布日期
1	设立区块链产业基金，鼓励省工业和信息产业投资基金按市场化方式发起设立 10 亿元区块链产业子基金，吸引社会资金集聚形成资本供给效应	《海南省关于加快区块链产业发展的若干政策措施》	2020 年 5 月 9 日
2	鼓励类产业企业减按 15% 征收企业所得税	《关于海南自由贸易港企业所得税优惠政策的通知》	2020 年 6 月 23 日
3	离岛旅客每年每人免税购物额度为 10 万元，不限次；扩大免税商品种类，增加电子消费产品等 7 类消费者青睐商品；仅限定化妆品（30 件）、手机（4 部）和酒类（合计不超过 1500 毫升）商品的单次购买数量；具有免税品经销资格的经营主体可按规定参与海南离岛免税经营	《关于海南离岛旅客免税购物政策的公告》	2020 年 6 月 29 日
4	三亚将打造“一区、两园、两中心、大通道”产业布局，探索跨境电子商务发展的三亚模式，为加快建设海南自由贸易港提供可借鉴的制度和经验	《中国（三亚）跨境电子商务综合试验区实施方案》	2020 年 7 月 31 日

续表

序号	主要内容	参考文件	发布日期
5	对高新技术企业研发经费增量给予奖励，每年额度为企业年度研发经费增量的30%，规模以上企业（纳入省统计局一套表网报平台企业）不高于200万元人民币，其他企业不高于100万元人民币	《海南省支持高新技术企业发展若干政策（试行）》	2020年10月24日
6	将中医药服务纳入海南自由贸易港新增鼓励类产业目录，吸引更多中医药服务贸易企业落户。重点支持三亚市中医院建设国家中医药服务出口基地。 新增目录包含14个大类行业、143个细分行业，并将根据海南自由贸易港建设需要适时调整	《关于促进中医药在海南自由贸易港传承创新发展的实施意见》 《关于印发〈海南自由贸易港鼓励类产业目录（2020年本）〉的通知》	2020年11月2日 2021年1月27日
7	对符合条件的海南自由贸易港企业进口自用的生产设备，除法律法规和相关规定明确不予免税、国家规定禁止进口的商品，以及本通知所附《海南自由贸易港零关税自用生产设备负面清单》所列设备外，免征关税、进口环节增值税和消费税	《关于海南自由贸易港自用生产设备“零关税”政策的通知》	2021年3月4日
8	从货物贸易和服务贸易两个方面，明确了28项政策措施，其中，货物贸易方面共13项政策措施，服务贸易方面共15项政策措施	《关于推进海南自由贸易港贸易自由化便利化若干措施的通知》	2021年4月19日
9	全岛封关运作前，对消博会展期内销售的规定上限以内的进口展品免征进口关税、进口环节增值税和消费税。每个展商享受税收优惠政策的展品销售上限按附件规定执行	《关于中国国际消费品博览会展期内销售的进口展品税收优惠政策的通知》	2021年4月26日
10	到2023年，实现主要科技创新指标“六翻番、六突破”，为数字经济、石油化工新材料、现代生物医药、热带特色高效农业和种业、深海、航天、清洁能源、节能环保、高端食品加工等支柱产业和实体经济高质量发展提供强大科技支撑	《海南省以超常规手段打赢科技创新翻身仗三年行动方案（2021—2023年）》	2021年6月16日
11	明确列出针对境外服务提供者的11个门类70项特别管理措施。凡是在清单之外的领域，在海南自由贸易港内，对境内外服务提供者在跨境服务贸易方面一视同仁平等准入	《海南自由贸易港跨境服务贸易特别管理措施（负面清单）（2021年版）》	2021年7月23日
12	到2023年底，建立健全全省工业互联网网络、平台、安全、创新体系，促进新一代信息技术与制造业融合发展，加强数据要素聚集，支撑全省工业经济高质量发展再上新台阶	《海南省加快工业互联网创新发展三年行动计划（2021—2023年）》	2021年9月30日
13	奖励涵盖三类项目，即首台（套）试点示范项目、首台（套）推广应用项目和首台（套）量产扩能项目，最高奖补可达1000万元	《海南省先进装备制造首台套奖励资金管理实施细则》	2022年4月26日

第三部分：金融政策

序号	主要内容	参考文件	发布日期
1	取消非金融企业外债逐笔登记；开展境内信贷资产对外转让业务；简化外商直接投资外汇登记手续	《关于支持海南自由贸易港建设外汇创新业务政策的通知》	2020年2月18日
2	海南自由贸易港内公司经中国证券监督管理委员会许可，可以在境外发行股票（含参与型优先股及股票派生形式证券）等证券，并在境外证券交易所公开上市流通	《海南自由贸易港内公司境外上市登记试点管理办法》	2020年11月26日
3	支持基于实体经济创新发展需要的新型离岸国际贸易业务，对相关跨境资金结算实现本外币一体化管理	《关于支持海南开展新型离岸国际贸易外汇管理的通知》	2020年12月1日
4	明确了非居民参与交易的品种范围，列示了各参与者的条件与权责，规定了非居民参与交易的基本规则及监督管理要求	《非居民参与海南自由贸易港交易场所特定品种交易管理试行规定》	2021年1月4日
5	措施包括支持外汇结算便利创新、支持监管措施创新、健全信息共享机制、支持企业享受税收优惠、加大财政奖励力度、完善配套金融服务、提升银行展业能力、加强行业自律建设、优化人才发展政策、合力推进招商引资等	《海南省关于支持洋浦保税港区开展新型离岸国际贸易的工作措施》	2021年1月18日
6	从提升人民币可兑换水平支持跨境贸易投资自由化便利化、完善海南金融市场体系、扩大海南金融业对外开放、加强金融产品和服务创新、提升金融服务水平、加强金融监管防范化解金融风险六个方面提出33条具体措施	《关于金融支持海南全面深化改革开放的意见》	2021年3月30日

第四部分：人才政策

序号	主要内容	参考文件	发布日期
1	在实行落户自由、提供安居保障、推动充分就业等方面提供支持，吸引留住更多高校毕业生在海南创业就业。 高端人才个人所得税实际税负超过15%的部分予以免征	《吸引留住高校毕业生建设海南自由贸易港的若干政策措施》 《关于海南自由贸易港高端紧缺人才个人所得税政策的通知》	2020年6月19日 2020年6月23日
2	聚焦人员进出和就业执业自由化便利化，在国际人才引进使用、培养评价、工作居留、激励保障上大胆创新，建立起与国际接轨、体现中国特色、符合海南定位的国际人才服务管理体制，吸引集聚大批国际人才，加快推动人才国际化，助力海南自由贸易港建设	《关于开展海南自由贸易港国际人才服务管理改革试点工作的实施方案》	2020年9月21日

续表

序号	主要内容	参考文件	发布日期
3	对境外人员担任法定机构、事业单位、国有企业领导人员涉及的主要问题，包括聘用、管理、监督、薪酬、退出等都作出了规定，让境外人员放心来、放手干、有保障	《海南自由贸易港聘任境外人员担任法定机构、事业单位、国有企业领导职务管理规定（试行）》	2021 年 2 月 27 日
4	在赋予科研人员职务科技成果所有权方面，试点单位可以将职务科技成果所有权，采用分级赋权的方式赋予成果完成人（团队），使试点单位和成果完成人（团队）成为共同所有权人，改变过去科研人员在科技成果转化中的无权状态	《海南省赋予科研人员职务科技成果所有权或长期使用权试点实施方案》	2023 年 10 月 19 日

（三）上海

第一部分：指导文件

政策：《上海市提信心扩需求稳增长促发展行动方案》（以下简称《行动方案》）

1. 发布背景

上海全面落实国家稳经济“一揽子”政策和接续措施，先后制定实施三轮助企纾困稳增长政策，全年合计为各类市场主体减负超过 3000 亿元。经过社会各界的共同努力，最终经济走出了“V”形反转态势。同时，当前疫情防控进入新阶段，经济持续恢复的基础仍不牢固，要实现 2023 年 5.5%的预期增长目标仍需付出艰苦努力。为此，在前期评估 2022 年系列助企纾困稳增长政策效果和听取各类市场主体诉求建议的基础上，制定形成《行动方案》。

2. 着重聚焦“三个着力”

一是着力稳预期提信心。随着疫情防控措施不断优化，经济加快恢复发展面临新机遇新形势，要抢抓经济复苏的窗口和先机，大力提振市场预期和信心，充分激发各类市场主体活力动力。

二是着力阶段性助企纾困。在疫情防控措施转段期，部分行业和企业仍面临较多困难，推动经济运行整体好转仍存在一些阶段性“瓶颈”和结构性障碍，特别是一季度经济实现平稳开局面临较大压力，需要延续、拓展和优化实施助企纾困政策，启动实施一批重大项目和重大活动，帮助企业度过阶段性困难。

三是着力推动高质量发展。制定实施扩需求、强主体、增动能的增量政策，充分释放内需潜力，增强科技创新能力，提升产业链供应链韧性和安全水平，加强要素服务保障，营造国际一流营商环境，推动经济运行整体好转，实现质的有效提升和量的合理增长。

3. 主要内容

《行动方案》突出“政策+行动”双轮驱动，聚焦以更大力度助力企业发展，以更实举措扩大需求、强化供给，以更高水平夯实支撑保障三方面，共推出10项行动32条政策措施。

（1）以更大力度助力企业发展，推出两项行动。

第一，实施助企纾困行动。具体包括3条：一是全面落实各项税费优惠政策，包括减免小规模纳税人增值税、按月全额退还增值税增量留抵税额、免征新能源汽车车辆购置税、减免“六税两费”、减半收取非居民用户超定额累进加价水费等。二是开展延期还本付息和续贷服务，对于因疫情影响暂时遇困的到期小微企业贷款，鼓励按市场化原则协商延期还本付息，延期贷款正常计息，免收罚息。三是实施中小微企业贷款贴息贴费，市中小微企业政策性融资担保基金继续按0.5%收取担保费，鼓励区级政府性融资担保机构担保费率继续减半收取。

第二，实施援企稳岗扩岗行动。具体包括3条：一是降低企业用工成本，包括缓缴社会保险费的用人单位可在2023年底前采取分期或逐月等方式补缴，阶段性降低失业、工伤等社会保险费率等。二是支持行业企业稳岗扩岗，对招录登记失业3个月以上人员或上海市2023届高校毕业生且符合相关条件的用人单位，按每人2000元给予一次性吸纳就业补贴。三是支持和规范发展新就业形态。

（2）以更实举措扩大需求、强化供给，推出五项行动。

第一，实施恢复和提振消费行动。具体包括4条：一是促进消费扩容升级，实施消费市场创新发展奖励支持，鼓励国有企业所属的商业设施和自有品牌带头开展让利促销活动。二是促进汽车、家电等大宗消费，对个人消费者2023年6月底前置换购买纯电动汽车的给予每辆车1万元财政补贴，对消费者购买绿色智能家电给予支付额10%、最高1000元一次性补贴。三是全面激活文旅市场，市区联动发放文旅、体育、餐饮、零售等专项消费券，广泛动员电商平台和各类商户参加。四是支持会展行业恢复重振，对今年在沪举办的对外经济技术展览会给予场租费用补贴，对引进具有全球影响力的权威机构认证的展览项目给予补助。

第二，实施扩大有效投资行动。具体包括 4 条：一是开展全球招商引资活动，举办“潮涌浦江”系列投资推介活动、上海全球投资促进大会和上海城市推介大会，组织专业化招商团队赴海外精准开展专题招商推介活动。二是充分发挥重大项目牵引作用，完善协调机制，推动重大产业项目、重大基础设施项目、重大民生项目等加快开工建设。三是全面提速“两旧一村”改造，全年完成零星旧改 12 万平方米，实施旧住房成套改造 28 万平方米，启动“城中村”改造项目 10 个。四是用好各类投融资政策和工具，落实资源性要素指标“六票”统筹政策，推广实行标准化审批、并联审批、容缺后补等措施。

第三，实施外贸保稳提质行动。具体包括 3 条：一是支持外贸企业抢订单拓市场，组织外贸企业参加各类境内外展会，放大进口博览会溢出带动效应。二是发挥稳外贸政策综合效应，按照国家要求取消对外贸易经营者备案登记，优化国家外经贸发展和我市商务高质量发展等专项资金支持范围。三是加快发展新型国际贸易，争创首批“丝路电商”合作先行区和国家服务贸易创新发展示范区。

第四，实施外资稳存量、扩增量、提质量行动。具体包括 3 条：一是更大力度吸引和利用外资，落实国家新版鼓励外商投资产业目录，深入推进服务业扩大开放综合试点。二是持续提升总部型经济能级，落实新修订的跨国公司地区总部支持政策，培育一批事业部总部企业。三是加强重大外资项目服务保障。

第五，实施产业创新提升行动。具体包括 3 条：一是加快培育壮大新兴产业集群，制订新一轮三大产业上海方案，实施新赛道和未来产业集群行动方案，继续实施新基建项目优惠利率信贷贴息政策。二是支持创新型企业加快成长，由各区对新认定市级专精特新中小企业、国家级专精特新、“小巨人”企业分别给予不低于 10 万元和 30 万元奖励；制订创新型企业总部认定和奖励管理办法，在三大产业和数字经济等重点领域加快培育一批创新型企业总部。三是促进重点产业提质增效，制订实施新一轮技术改造三年行动方案，对符合条件的重点产业领域重大技术改造项目支持上限提高至 1 亿元。

（3）以更高水平夯实支撑保障，推出三项行动。

第一，实施营造国际一流营商环境行动。具体包括 4 条：一是实施持续优化营商环境行动方案，深化国家营商环境创新试点，对标世界银行营商环境新评估体系推出一批含金量高、市场主体获得感强的改革举措。二是支持民营企业和平台企业发展，落实促进民营经济和民间投资发展政策举措，引导平台企业提升科技创新能力。三是促进中小微企业调结构强能力，落实国家政策措施，将政府采购工程面向中小企业的预留份额阶段性提高至40%以上政策延续到2023年底，鼓励大型企业和平台机构发布面向中小微企业的采购清单，实施大中小企业融通创新“携手行动”、科技成果赋智中小企业专项行动、数字化赋能中小企业专项行动等。四是开展服务企业大走访工作。

第二，实施加强要素服务保障行动。具体包括4条：一是保障优质产业项目用地，支持符合功能导向的成片战略预留区加快整体启动使用，市区联动、政企联手制订国企低效用地转型升级方案。二是加强能源电力保供，确保高峰期能源供应安全有序。三是大力引才聚才留才，全面落实各类人才计划和政策，完善住房、教育、医疗等政策和服务。四是加大财政支持稳增长力度。

第三，实施重点区域领跑行动。主要是加快落实浦东新区、临港新片区、一体化示范区、虹桥国际开放枢纽等重大改革开放举措；支持各区发挥比较优势，结合主城区提升中心辐射功能、五个新城建设和南北转型发展，全面推进功能升级、产业创新和空间转型，加快结构调整增创发展优势。

第二部分：产业及税收政策

序号	主要内容	参考文件	发布日期
1	在人才支持、企业培育支持、投融资支持、研发和应用支持、长三角协同创新和行业管理支持六个方面推出25条核心政策措施	《新时期促进上海市集成电路产业和软件产业高质量发展的若干政策》	2021年12月21日
2	引进和培育100家以上数字经济领军企业和高成长性企业	《上海市数字经济发展“十四五”规划》	2022年6月12日
3	聚焦绿色低碳、元宇宙、智能终端产业，培育10家绿色低碳龙头企业，建设元宇宙产业八大重点工程，大力发展智能网联汽车、智能机器人	《上海市瞄准新赛道促进绿色低碳产业发展行动方案(2022—2025年)》	2022年6月24日
4	重点实施“四个行动+八项工程”	《上海市培育“元宇宙”新赛道行动方案（2022—2025年)》	2022年6月24日
5	重点发展六大终端产品，包括智能网联汽车、智能机器人、虚拟现实交互终端、智能家居终端、智能穿戴终端、信创终端，夯实两大基础支撑，提升硬软件基础支撑能力，推进操作系统、分布式数据库和中间件等基础软件发展	《上海市促进智能终端产业高质量发展行动方案(2022—2025年)》	2022年6月24日
6	布局未来健康、未来智能、未来能源、未来空间、未来材料等“五大方向、16个领域”未来产业，打造未来产业集群	《上海打造未来产业创新高地发展壮大未来产业集群行动方案》	2022年9月24日

续表

序号	主要内容	参考文件	发布日期
7	提高上海生物医药研发的经济贡献总量，打造全球生物医药研发经济和产业化高地	《上海市加快打造全球生物医药研发经济和产业化高地的若干政策措施》	2022年10月24日
8	推进集成电路和新一代信息技术、生物医药、人工智能、高端装备制造、新材料、新能源汽车、新能源、节能环保等领域以及新赛道的产业创新	《上海市战略性新兴产业发展专项资金管理办法》	2022年10月24日
9	从深化重点领域对标改革、优化全生命周期服务和监管、支持重点区域创新引领和加强组织保障四个方面提出二十七大项195项任务举措，提升营商环境竞争力	《上海市加强集成创新持续优化营商环境行动方案》（6.0版）	2023年1月4日
10	围绕增强发展优势、优化发展环境、提升管理水平三个方面提出16项措施	《关于促进本市生产性互联网服务平台高质量发展的若干意见》	2023年7月18日
11	到2025年，浦江数链“1+1+1+X”数字基础设施体系全面建成；区块链核心技术攻关、标准体系建设取得突破进展；推动长三角区块链网络资源协同，打造国际区块链交换枢纽链接	《上海市推进城市区块链数字基础设施体系工程实施方案（2023—2025年）》	2023年7月31日

第三部分：金融政策

序号	主要内容	参考文件	发布日期
1	明确上海国际再保险中心建设机制，完善再保险市场基础设施体系和机构体系，深化再保险产品供给和创新能力，推动再保险高水平制度型对外开放，加强再保险人才吸引和培养机制建设	《关于加快推进上海国际再保险中心建设的实施细则》	2023年6月8日
2	破解融资租赁发展难点，优化行业发展的制度规则	《上海市促进浦东新区融资租赁发展若干规定》	2023年7月25日
3	以正面清单为主，指明行业范围、降碳路径、技术，从能效提升，能源替代，管理优化，碳捕集、利用与封存等多个维度提出200余项低碳转型技术路径；以原则兜底为辅，对于采用《上海市转型金融目录（试行）》外降碳路径和技术但符合相关条件的转型主体，允许其参照《上海市转型金融目录（试行）》申请转型金融支持	《上海市转型金融目录（试行）》	2023年12月21日
4	包括优化股权投资机构设立服务和行业管理；引导投早投小投科技；支持企业风险投资发展；培育长期资本、耐心资本；畅通股权投资退出渠道；落实财税优惠政策；推动行业联动创新发展；高质量建设股权投资集聚区；加强行业社会组织建设九个方面32条措施	《关于进一步促进上海股权投资行业高质量发展的若干措施》	2024年2月1日

第四部分：人才政策

序号	主要内容	参考文件	发布日期
1	清晰界定管理范围，衔接法律法规新要求；大幅简化核准材料，全面实施告知性备案；强调落实国民待遇，明确保障投资自主权；突出高效协同管理，体现高水平政务服务	《上海市外商投资项目核准和备案管理办法》	2021年12月22日
2	最高可申请50万元资助	《上海市白玉兰人才计划浦江项目实施办法》	2023年6月6日

（四）昆山

第一部分：指导文件

政策：《关于支持昆山打造社会主义现代化建设县域示范　走好新时代“昆山之路”的意见》

1. 发布背景

为全面贯彻落实苏州市委常委会专题调研昆山市工作会议精神，坚决打起“争当表率、争做示范、走在前列”的光荣使命，传承弘扬“敢闯敢试、唯实唯干、奋斗奋进、创新创优”的新时代“昆山之路”精神，聚力建设新城市、大力发展新产业、全力布局新赛道，在社会主义现代化建设新征程上奋勇争先、当好示范，为苏州建设展现“强富美高”新图景的社会主义现代化强市作出更大贡献，昆山市委、市政府出台了《关于打造社会主义现代化建设县域示范　走好新时代“昆山之路”的总体方案》（以下简称《总体方案》）。

2. 发展目标

《总体方案》围绕2025年和2035年两个时间节点，描绘了昆山打造社会主义现代化建设县域示范的美好蓝图。

到2025年，经济结构、发展动力、质量效益、空间布局实现重大转变，创新驱动发展取得实质性进展，特色产业创新集群建设成效显著，现代化产业体系基本构建，现代化城市建设初具规模，社会治理和人居环境明显改善，创新城市、青年城市、人民城市建设不断深化，成为全省社会主义现代化建设的样板。

到2035年，现代化产业体系全面建成，城乡宜居水平、社会文明程度和百姓富裕程度大幅跃升，充分展现“经济强、百姓富、环境美、社会文明程度高”的现实图景，成为在全国具有强大吸引力、创造力、竞争力、影响力的社会主义现代化县域示范。

3. 主要内容

昆山锚定新的战略定位，围绕一个《总体方案》，提出争当区域一体发展、产业创新发展、深化改革开放、现代化城市建设、社会综合治理、实现共同富裕“六个示范”，制订12项现代化行动计划，明确25项主要任务，细化形成200项具体项目。

（1）争当区域一体发展的县域示范。

向东接轨上海，以花桥国际商务城为引领，强化与陆家镇协同发展，形成国际数字商务贸易组团，加快建设数字经济实验区、进口贸易促进创新示范区，当好苏州全面对接上海“桥头堡”。

向西融入苏州主城，以昆山高新区为支撑，强化与巴城镇协同发展，形成两岸科技创新教育组团，加快建设产业创新引领区，打造苏州市域一体化发展科创强引擎。

向北联动太仓，以昆山开发区为“龙头”，强化与张浦镇、周市镇、千灯镇协同发展，形成长三角先进智能制造组团，加快建设产城融合示范区，共同打造苏州先进制造增长极。

向南协同推进长三角生态绿色一体化发展示范区建设，以昆山旅游度假区为主体，推进锦溪镇、淀山湖镇、周庄镇一体化发展，形成江南水乡生态人文组团，打造江南文化样板区。

全面融入“吴淞江科创带”总体布局，规划建设昆山未来城。

（2）争当产业创新发展的县域示范。

推动新一代信息技术产业集群由大体量向高质量转变，加快“强芯”“亮屏”步伐，做强智能终端，打造先进计算基地，力争到2025年新一代信息技术产业产值突破6000亿元。

推动高端装备制造产业主体由小而多向大而强转变，提升汽车产业发展能级，推动工程机械装备、机器人和智能成套装备创新发展，力争到2025年高端装备制造产业产值突破4000亿元。

推动产业集群建设由要素驱动向创新驱动转变，构筑重大创新平台，集聚高端创新人才，激发企业创新动能，力争到2025年形成3个千亿级、30个百亿级和150个十亿级企业矩阵，规模以上工业企业和高新技术企业各3500家。

（3）争当深化改革开放的县域示范。

注重制度创新，提升先行先试政策含金量。深入推进昆山试验区、昆山金改区建设，加快打造一流营商环境，力争到2025年上市企业达80家。

深化产业合作，跑出台企转型升级加速度。大力支持台企创新发展、台青创新创业，不断丰富合作内涵、提升合作层次，到2025年新增台资总部或功能性机构25家。

扩大交流交往，增强在昆台商台胞归属感。落实同等待遇，办好品牌活动，建好特色载体，精心打造台商大陆“精神家园”。

（4）争当现代化城市建设的县域示范。

聚力打造城市中心，推进青阳港滨水城市客厅、昆山南站城市门户、西部生态城市庭院建设，开启城市新界面。

大力推进有机更新，点上加大攻坚，线上注重牵引，面上有效激活，焕发城市新活力。

全力提升设施功能，加快推进“轨道上的昆山”“两环四连八射”快速路网、“七横四纵”生态廊道等基础设施建设，打造城市新动脉。

（5）争当社会综合治理的县域示范。

突出党建引领，实施基层治理“根系工程”，提升社会治理效能；

优化功能设置，实施街镇治理“基石工程”，理顺基层治理体系；

合理划分单元，实施社区治理“乐居工程”，完善社区治理架构；

强化科技赋能，实施社会治理“智慧工程”，增强应急处置能力。

（6）争当实现共同富裕的县域示范。

聚焦群众增收做“加法”，推动富裕富足更有力度，力争到2025年居民人均可支配收入达8.5万元，村均集体可支配收入达1300万元。

聚焦“急难愁盼”做“减法”，推动公共服务更有厚度，居民享有更多均衡优质的教育、卫生、文化、养老、托育等社会资源。

聚焦品质生活做“乘法”，推动现代城市更有温度，建立“三级公园体系”，实现市民“推窗见绿、开门进园”。

聚焦精准帮扶做“除法”，推动社会保障更有广度，困难群众得到精准帮扶。

4. 具体项目

为确保《总体方案》中明确的各项目标任务落到实处、取得实效，组织实施12项现代化行动计划，落实200项具体项目。

- 《昆山现代产业体系建设行动计划（2022—2025 年）》
- 《昆山打造现代化一流开发园区行动计划（2022—2025 年）》
- 《昆山人才科创发展行动计划（2022—2025 年）》
- 《昆山现代化城市建设行动计划（2022—2025 年）》
- 《昆山加快建设长三角生态绿色一体化发展示范区协调区行动计划（2022—2025 年）》
- 《昆山推进昆台融合高质量发展行动计划（2022—2025 年）》
- 《昆山促进共同富裕行动计划（2022—2025 年）》
- 《昆山推进城市文化文明建设行动计划（2022—2025 年）》
- 《昆山构建人与自然和谐共生的现代化行动计划（2022—2025 年）》
- 《昆山推进治理体系和治理能力现代化行动计划（2022—2025 年）》
- 《昆山城市安全发展行动计划（2022—2025 年）》
- 《昆山推进鹿城青年伙伴行动计划（2022—2025 年）》

第二部分：产业及税收政策

序号	主要内容	参考文件	发布日期
1	支持特色优势产业、战略性新兴产业和未来产业领域攻克技术难关、推动产业转型升级，落实“1”系列科技创新政策、开展“4”大重点任务	《关于进一步深化实施昆山市祖冲之自主可控产业技术攻关计划的工作方案》	2022 年 8 月 9 日
2	涉及创新型领军企业、高成长科技企业、产业创新集群等主体和内容，奖励最高可达 2000 万元	《昆山市装备制造产业创新集群建设实施意见》	2022 年 9 月 30 日
3	涉及培育创新型领军企业、壮大高成长科技企业、加快自主创新产品推广应用、培育壮大产业创新集群、加快壮大生物医药产业、推动集成电路产业发展、全面推动企业智能化改造数字化转型、持续打响工业互联网品牌等内容，最高补助 2000 万元	《市科技局贯彻落实〈关于支持产业创新集群建设的若干政策（试行）〉工作实施细则》	2022 年 10 月 8 日
4	到 2025 年元宇宙相关产业规模达 1000 亿元，建成 15 项以上典型应用场景项目，培育 5 家以上具有国际竞争力的领军企业、100 家以上元宇宙专精特新中小企业	《昆山市元宇宙产业创新发展行动计划（2022—2025 年）》	2022 年 12 月 9 日
5	对落户昆山的品牌首店给予最高 1000 万元奖励，对招引首店的商业载体给予最高 500 万元奖励	《关于促进现代商贸流通业加快发展的政策实施细则》	2022 年 12 月 19 日
6	聚焦“2+6+X”新兴产业布局，积极做好创链建链、稳链固链、强链补链文章，加快构建现代化产业体系，为打造中国式现代化的县域示范提供坚实支撑	《昆山市特色专业创新园区发展行动计划（2023—2025 年）》	2023 年 2 月 9 日

第三部分：金融政策

序号	主要内容	参考文件	发布日期
1	共包括6项工作任务以及23条具体措施，力争到2025年末，在昆山金改区建成与区域开放型经济相适应、两岸合作特色鲜明、功能较为齐备的现代金融体系，使金融支持两岸产业合作能力有效提升、金融服务更加完善、金融开放水平全面提高、金融改革创新成效越发显著	《江苏省昆山市建设金融支持深化两岸产业合作改革创新试验区实施方案》	2022年3月4日
2	按照“鼓励增量、发展存量”的思路，引进、培育和壮大金融相关企业，重点支持在昆山注册设立并依法经营的法人金融机构、金融持牌专营机构、金融机构分支机构、私募股权投资、绿色金融领域的发展，最高可给予2000万元落户奖励	《昆山市促进金融业高质量发展扶持政策实施细则》	2022年10月28日

第四部分：人才政策

序号	主要内容	参考文件	发布日期
1	加快引进和培育一批支撑产业高质量发展的创新型、应用型、技能型人才，推动产才融合发展，助力打造产业人才集聚高地，最高给予100万元安家补贴	《昆山市产业人才计划实施办法（试行）》	2021年6月21日

（五）苏州

第一部分：指导文件

政策：《关于促进全市经济持续回升向好的若干政策措施》

1. 发布背景

为深入贯彻习近平总书记对江苏、苏州工作重要讲话指示精神，贯彻落实党中央、国务院和省委、省政府决策部署，2023年9月8日，中共苏州市委、苏州市人民政府印发了《关于促进全市经济持续回升向好的若干政策措施》，推出八个方面30条具体措施，坚定信心稳经济促发展，全力以赴抓创新促转型，持续巩固经济回升向好势头，推动高质量发展继续走在前列。

2. 主要内容

这次出台的政策“组合拳”包括提振和促进消费、着力扩大有效投资、促进房地产和建筑业平稳健康发展、稳住外贸外资基本盘、大力提升科技创新水平、激发产业发展新动能、持续增进民生福祉、优化服务保障举措八个方面，共30条。

（1）“组合拳”瞄准重点领域，省市重点项目全面加速。

苏州市发展改革委有关负责人首先介绍了政策整体情况。据了解，一方面，“30条”不折不扣贯彻上级要求，聚焦新能源车推广、核心技术攻关、投资项目要素保障、支持刚性和改善性住房需求、开放城市空间等领域，细化具体操作办法，完善地方配套举措，推动政策“组合拳”尽快落地见效；另一方面，“30条”结合苏州实际，聚焦算力发展、楼宇经济、会展经济、直播经济、电竞产业、婚庆消费等领域，谋划出台一批增量特色政策，进一步充实完善政策工具箱，提高政策精准度有效性，巩固经济回升向好势头。重大项目是经济发展的“加速器”。2023年1—8月，全市43个省重大项目、468个市重点项目的年度投资完成率均超序时进度。

（2）因城施策完善房地产政策措施，满足居民刚性和改善性住房需求。

为促进房地产平稳健康发展，“30条”提出，要因城施策完善房地产政策措施，满足居民刚性和改善性住房需求，落实降低首付比例和贷款利率等政策，优化住房公积金提取。此次在支持刚性和改善性住房需求方面打出“组合拳”，从供需两端协同发力，促进房地产市场平稳健康发展。苏州将按照国家和省部署要求，完善房地产政策措施，优化购房服务流程。优先保障和解决新市民、青年人、新就业人群、常住人口等刚需人群。综合采取购房补贴、房票安置、团购等方式，更好满足居民刚性和改善性住房需求。满足改善性住房需求，对于购买120平方米及以上商品住房不再进行购房资格审核。与此同时，苏州将着力提升住房品质，始终把房屋的居住属性和民生属性摆在首位。综合运用优质优价、容积率激励、鼓励建设多样化类型住宅产品等措施，支持房地产企业开发高品质住宅。紧抓设计、施工、销售、交付入住、服务五大关键环节，推进“好房子”建设，全面提升住房整体性能和综合品质。

（3）加快推动科技成果转移转化，加大金融支持创新。

“30条”提出，要攻坚关键核心技术，围绕重点领域加快组织实施前沿技术研究和科技成果转化项目，力争形成一批具有自主知识产权的原创技术，加快推动科技成果转移转化，加大金融支持创新力度。紧扣创新链5个关键环节构建自主可控、安全高效、竞争力强的现代产业体系，促进全市经济持续回升向好。一是着力建设高能级创新载体集群。强化国家战略科技力量，举全市之力保障苏州实验室建设；围绕脑科学、生物医药、海洋通信、人工智能等领域，建设重大科技创新载体，争取成为国家战略科技力量；建好现有战略科技力量，实现更多“从0到1”的突破、“从1到10”的转化。二是着力提升基础研究和应用基础研究能力。实施“强基计划”，围绕产业创新集群发展和未来产业培育，打造重要原始创新策源地。三是着力突破“卡脖子”关键核心技术。实施“铸剑计划”，围绕四大产业创新集群的16个细分领域和8个未来产业领域，凝练技术攻关重点，构建“产业界出题、科技界答题”机制，提高体系化技术攻关能力，全力攻克“卡脖子”关键核心技术，实现重点领域和关键环节的自主可控。四是打通科技成果转移转化通道。研究制定推动科技成果转移转化政策举措，健全技术转移体系，畅通成果转化链条，打造科技成果转移转化首选城市。五是着力拓展创新产品推广应用场景。坚持场景驱动，推动建设科技成果应用场景创新促进中心，开展场景挖掘、发布、对接等工作，促进科技成果加速产业化。

（4）多措并举，推动中小企业迈向产业链中高端。

近年来，苏州加大对中小企业支持力度，激发涌现更多专精特新中小企业，多措并举推动中小企业迈向产业链中高端。苏州鼓励中小企业走专精特新发展之路，先后出台了《苏州市促进专精特新中小企业高质量发展的实施意见》《苏州市金融支持加快培育“专精特新”企业专项方案》，分别从创新能力、知识产权、智改数转、市场拓展、金融支持、要素保障和优化产品服务供给、强化银企对接机制等方面，提出26项具体举措和19条具体方案，助力苏州专精特新中小企业高质量发展。苏州建立并完善企业服务专员制度，强化“一企一策”精准提供创新、融资、人才、市场等专业服务。注重收集、梳理专精特新中小企业困难诉求，整合协调各方资源，破解企业发展难题。

第二部分：产业及税收政策

序号	主要内容	参考文件	发布日期
1	高水平构建具有苏州特色的生物医药产业创新集群，重点领域方向包括创新医药、高端医疗器械、CXO（合同研发生产组织）、BT（生物技术）+IT（信息技术）融合、产业链配套、商贸供应链、医疗健康服务和其他专业服务	《苏州市生物医药产业创新集群建设实施方案》	2022年5月19日

续表

序号	主要内容	参考文件	发布日期
2	重点聚焦数字赋能型服务、知识驱动型服务、消费导向型服务三大战略方向，高水平培育构建具有时代特征、苏州特质、服务品牌的高质量发展新体系，支撑产业创新集群融合互动	《关于支持新兴服务业高质量发展的若干政策（试行）》	2022 年 8 月 17 日
3	引导企业以高端化、智能化、绿色化、服务化改造为重点方向开展技术改造活动，培育新的发展动能，全力推动实现工业技术改造投资稳定增长。促进工业投资，推动产业强链补链，打造具有持久竞争力的产业创新集群	《关于推进全市工业企业技术改造的若干措施》	2022 年 9 月 18 日
4	结合推动苏州市产业创新集群和新兴服务业高质量发展需要，聚焦管理服务、作用发挥、培育赋能、规范自治四个方面，提出“优化管理服务、加强平台建设、夯实人才基础、落实财税扶持、支持服务购买、强化行业自律、深化品牌创建”7 项具体举措，加大对 25 个细分领域行业协会的政策扶持和管理引导，更好发挥行业协会在服务苏州市产业创新集群融合发展等重大战略中的积极作用	《关于强化机制推进产业创新集群和新兴服务业细分领域发展的工作意见》	2022 年 9 月 25 日
5	到 2025 年培育集聚元宇宙核心企业超 200 家，元宇宙相关产业规模达 2000 亿元。该意见提出，率先在工业、医疗、文旅、教育等契合度较高的领域打造 30 个应用场景示范项目，加快元宇宙与数字经济、数字生活、数字治理等实体要素融合发展，赋能智慧城市建设和产业数字化转型	《苏州市培育元宇宙产业创新发展指导意见》	2023 年 1 月 31 日
6	到 2030 年，重点突破一批填补国内空白的关键核心技术，未来产业与战略性新兴产业、优势主导产业形成有效衔接，全市未来产业总产值突破 5000 亿元。结合电子信息、装备制造、生物医药、先进材料四大主导产业的规模优势，依托光子、集成电路、人工智能、新能源、创新药物、纳米新材料等战略性新兴产业的发展优势，重点发展前沿新材料、光子芯片与光器件、元宇宙、氢能、数字金融、细胞和基因诊疗、空天开发、量子技术等未来产业	《市政府关于加快培育未来产业的工作意见》	2023 年 9 月 2 日
7	扶持政策包括支持旅游载体建设、完善文旅产品体系、提升文旅服务水平、培育文旅企业竞争力、加强重大项目招引建设、优化旅游人才队伍六大方面。明确将咨询服务提升、导游服务提升等纳入扶持范围	《苏州市促进旅游业高质量发展若干扶持政策》	2023 年 10 月 27 日

第三部分：金融政策

序号	主要内容	参考文件	发布日期
1	针对“信用贷”“信保贷”“投贷联动”“首贷”政策制定本实施细则	《金融服务实体经济融资畅通工程新政实施细则》	2019年9月12日
2	该意见包括六个方面，实施“保就业”薪金云贷专项信贷计划，扩大短期出口信用保险覆盖面，提升企业“首贷”比例，加大“信保贷”支持力度，开展普惠金融优秀产品推介活动，派驻行业协会专职金融顾问	《关于进一步做好当前金融支持小微企业稳定发展的若干政策意见》	2020年4月30日
3	该计划具体任务共三部分15条。第一部分是通过汇集金融资本、国有资本、社会资本、境外资本等各方资本，加速集聚资本活水；第二部分是通过搭建产业项目与资本的有效对接平台，促进产业与资本深度合作；第三部分是通过完善产业资本配套生态体系，促进资本循环支持实体	《苏州市加快推进产业资本中心建设行动计划（2020—2022年)》	2020年6月22日
4	促进企业通过登陆资本市场实现更高质量发展，充分发挥资本市场在推动科技创新、推进新旧动能转换、促进实体经济转型升级中的枢纽作用，主要包括汇聚“资本活水”、实施“育林计划”、推进“参天计划”和打造“森林生态”等内容，最高500万元奖励	《苏州市促进企业利用资本市场实现高质量发展的实施意见（2023—2025年)》	2022年12月24日
5	为进一步推动苏州高新区金融业高质量发展，促进各类金融机构加快集聚，打造特色金融产业优势，提供落户奖励、发展奖励、金融人才引进和金融发展品牌建设等方面的支持，补贴金额最高达5000万元	《苏州高新区推进金融业高质量发展若干政策实施细则》	2023年12月31日

第四部分：人才政策

序号	主要内容	参考文件	发布日期
1	大力引进具有国际视野的产业高端人才，重大创新团队给予最高5000万元项目资助，对优秀人才项目资助提高至最高500万元	《关于加快人才国际化引领产业高端化发展若干政策措施》	2020年7月10日
2	深入实施姑苏创新创业领军人才计划，深化拓展上市公司招才引智矩阵，对上市公司引进并入选重大创新团队、创新创业领军人才分别给予最高5000万元、1000万元的资助	《推进苏州上市公司做优做强若干措施》	2022年8月12日

续表

序号	主要内容	参考文件	发布日期
3	加快构建新发展格局，着力推动高质量发展，以高价值知识产权引领高质量发展为主线，以最大化实现知识产权价值为目标导向，打通知识产权创造、保护、运用、管理、服务全链条，推动知识产权高质量创造、高标准保护、高效益运用、高品质服务和高水平合作，实现知识产权治理体系和治理能力现代化走在全国前列，构建最优创新生态和营商环境，支撑充分展现“强富美高”新图景的社会主义现代化强市建设	《苏州市国家知识产权强市建设示范城市工作方案（2022—2025年）》	2022年11月6日
4	将“先落户后就业”对象范围进一步放宽至本科学历、中级职称和技师。落户要求社保缴费年限缩短、年龄放宽。落实长三角一体化国家重大发展战略，长三角区域社保缴纳累计认可。通过压减申报材料、简化申报流程，进一步推进人才落户服务提质增效	《苏州市人才落户管理办法》	2023年11月28日

（六）宁波

第一部分：指导文件

政策：《宁波市加快打造“361”万千亿级产业集群行动方案（2023—2027年）》（以下简称《行动方案》）

1. 发布背景

为巩固提升优势产业集群，培育壮大特色产业集群，抢占新兴和未来产业新赛道，全面提升产业竞争力，增强产业链供应链韧性与安全水平，宁波着力打造“361”万千亿级产业集群为建设现代化滨海大都市提供硬核支撑。

2. 主要目标

到2027年，在全市培育形成数字产业、绿色石化、高端装备3个万亿级产业集群，新型功能材料、新能源、关键基础件、智能家电、时尚纺织服装、现代健康6个千亿级产业集群，以及一批新兴和未来产业集群，完备建立起以绿色化、新型化、高端化为主要特征的“361”万千亿级产业集群体系。产业集群规模以上企业营业收入达3.7万亿元，有力支撑全市制造业增加值占GDP的比重保持稳定、占全省工业增加值的比重提升至25%左右。工业增加值规模在全国城市中争先进位，高技术制造业增加值占规模以上制造业增加值的比重达15%。构建形成一批空间布局合理、产业特色明显、资源要素集聚、产城融合发展的产业平台，培育形成国家级产业集群5个以上。

3. 主要内容

（1）增加含“绿”率。

此次《行动方案》再次表明了宁波推进产业集群绿色化发展的决心。按照计划，宁波力争到2027年，建成国家级绿色工厂150家，探索培育创建一批“零碳示范工厂”和“零碳（近零碳）示范园区”；聚焦化工新材料重点细分领域，力争将绿色石化产业打造成万亿级的产业集群。

通过加快向新能源化转型，“再造一个宁波汽车产业”，全力打造新能源汽车之城的宁波将力争到2025年，实现新能源汽车产量超过70万辆、产业规模超过2000亿元、培育形成10个以上新能源整车品牌等一连串新目标。围绕光伏、风电、智慧电网、储能、氢能等新能源领域，宁波将聚焦发展智能光伏、电池及储能等细分行业集群，力争到2027年，新能源产业集群产值突破3000亿元。

（2）逐梦“新”舞台。

近年来，宁波不断加快新兴产业的布局。从集成电路到工业互联网，从光学电子到石墨烯，宁波新旧动能转换的步伐不断加快，但发展的速度与成效仍有待加强。

从此次公布的《行动方案》来看，宁波对新兴产业以及未来产业的布局正在不断加快。比如元宇宙产业，宁波将聚焦区块链、数字孪生、智能传感等领域，加强区块链核心技术在元宇宙中的融合应用，开发新一代智慧文旅、智慧医疗、智能交通、城市安全、智能电网等应用场景；突破脑机接口、AR/VR、全息显示、人机沉浸式交互、虚拟数字人等技术研发，推进元宇宙交互终端、系统软件、原创内容的集成应用。又如量子科技产业，宁波将聚焦量子测量、量子通信、量子计算等领域，突破高精度操控系统、集成化磁屏蔽环境、高性能磁屏蔽材料、拓扑量子材料等技术“瓶颈”；发展量子照明雷达、惯性测量和极弱磁场测量等装备；前沿探索量子纠缠光源、线性光学体系、新型量子信息器件等技术。

（3）迈向“高”端化。

为加快推动宁波制造向高端化转变，在此次《行动方案》中，高端化发展是整个文件的高频词汇。

从企业培育来看，宁波将培育一流“链主”企业，推进企业上市发展，鼓励企业专精特新发展，大力培育科技型企业和生产型服务业领军企业。力争到2027年，培育营业收入超千亿元的龙头企业10家以上，新增制造业上市企业50家以上，累计培育国家级制造业单项冠军企业超120家，国家级专精特新“小巨人”企业超600家。从鼓励企业提升创新能力上看，宁波将鼓励企业加大研发投入，支持企业加快突破关键核心技术，研发实施进口替代的重点工业新产品，开发一批首台（套）装备、首批次材料、首版次软件等创新产品。从做强“宁波制造”品牌上看，宁波将打造一批具有较强影响力的区域品牌和行业品牌，强化企业品牌建设，支持企业做大品牌价值。

为实现以上目标，宁波将实施产业平台提升、工业投资攻坚、企业“四上”培强、科技创新加速、品质管理创优、数字融合赋能、未来产业培育七大行动，巩固提升优势产业集群，培育壮大特色产业集群，抢占新兴和未来产业新赛道，全面提升产业竞争力，增强产业链供应链韧性与安全水平，为建设现代化滨海大都市提供硬核支撑。

第二部分：产业及税收政策

序号	主要内容	参考文件	发布日期
1	包括实施资本市场主体倍增工程、实施上市公司质量跃迁工程、实施中介机构聚变升华工程、实施数智赋能资本先行工程和实施金融生态品质提升工程	《关于深入实施“凤凰行动”宁波计划促进经济高质量发展的若干意见》	2021年10月11日
2	主要任务包括：建设油气资源和大宗商品配置中心、加大精准招商引资力度、完善港口基础设施、持续优化贸易金融服务、积极推动人民币跨境使用、鼓励外汇结算便利创新、简化跨境人民币结算流程、建立优质企业清单、提升配套服务发展水平，以及实施财政奖励政策、落实税收优惠政策、优化人才发展机制、构建信息共享机制、建立风险监测和补偿机制等配套设施	《关于加快推进新型离岸国际贸易发展的实施意见》	2021年12月27日
3	产业基础主要包括关键基础零部件、核心基础电子元器件、关键基础材料、关键基础软件、先进基础工艺及装备、产业技术基础等重点领域。为此，该方案包括实施关键核心技术攻关工程、实施企业梯队培育工程、实施特色产业链培育工程、实施创新产品推广应用工程、实施数字赋能创新工程和实施质量品牌提升工程	《宁波市推进产业基础高级化实施方案（2021—2025年）》	2021年12月29日

续表

序号	主要内容	参考文件	发布日期
4	进一步规范和完善制造业创新中心培育、创建、运营、评估和政策支持等管理制度	《宁波市制造业创新中心管理办法（试行）》	2021年12月29日
5	该政策共10条，从支持企业加强研发投入、支持高新技术企业发展壮大、落实技术转让等税收优惠政策、支持企业创新平台建设、鼓励企业承担重大科技项目、落实企业引进创新人才补助政策、加强企业自主创新产品推广应用、加大企业科技金融支持、落实科技创新券支持政策和支持企业开展国际科技合作等方面加大对企业的支持力度	《宁波市科技惠企政策十条》	2022年2月8日
6	该十条从全力推进产业链供应链稳定，鼓励企业抢单扩能增产，组织专家助企诊断服务，加大工业投资项目服务保障力度，加大企业“腾笼换鸟”力度，实施企业“四上”行动，支持企业数字化转型，加大对新兴产业培育力度，全面落实降本减负系列政策，优化升级企业服务十个方面加大对企业的支持力度	《宁波市工业稳增长扩投资促转型惠企助企十条》	2022年2月28日
7	扶持符合条件的直播电商平台企业、直播电商基地、网络直播经纪机构（MCN）、直播电商品牌企业、直播电商代运营企业、直播电商示范（试点）创建主体等，提供最高1000万元的全额补助	《宁波市直播电商经济发展扶持资金实施细则》	2022年3月24日
8	围绕培育、优化商贸企业结构，做好商贸企业挖潜增效，实现商贸经济指标稳中向好，最高奖励200万元	《关于进一步促进商贸企业发展的实施意见（试行）》	2022年7月12日
9	确立了“力争到2025年，新能源汽车产量提升至70万辆以上，占全市汽车产量比重50%以上，产业规模达到2000亿元以上”的发展目标。宁波将重点发展纯电动、插电混动（含增程式）新能源汽车，探索发展氢燃料电池和甲醇汽车，中远期实现氢燃料电池和甲醇汽车规模化生产	《宁波市新能源汽车产业发展规划（2023—2030年）》	2023年5月6日
10	该行动方案将着力培塑前沿新材料、未来智能、元宇宙、未来能源、空天科技、未来海洋、量子科技、原创新药以及未来诊疗这九大未来产业赛道新优势，持续提升产业基础高级化和产业链现代化水平，率先将宁波打造成为未来产业创新引领区、场景应用示范区、融合发展先行区	《宁波市加快培育发展未来产业行动方案》	2023年9月26日

第三部分：金融政策

序号	主要内容	参考文件	发布日期
1	推动宁波金融高质量服务市场主体，提出加大跨周期逆周期政策调节力度、加强重点领域资金保障、保障薄弱环节金融精准支持和综合施策推动纾困帮扶等意见	《关于金融支持激发市场主体活力的实施意见》	2022 年 5 月 17 日
2	为有效落实各项扶持政策，加快推进宁波区域性股权市场创新试点落地实施，规范了专项资金的支持方式及补助标准，包含市场化激励、政策性补助、争先进位奖励等	《推进区域性股权市场创新试点建设专项资金管理办法》	2022 年 10 月 10 日
3	扎实推进文化与金融合作的组织创新、机制创新、产品创新和服务创新，打通产业链、做精价值链、构建生态链，不断推动宁波文旅产业和金融业高质量发展。 根据该实施方案，到 2025 年底，全市文旅法人单位总数保持在 3.5 万家以上，文旅及相关产业增加值年均增速 8%；文旅金融生态链不断完善，文旅金融特色机构超过 15 个，文旅产业贷款增速高于各项贷款平均增速；在各类资本市场上市、挂牌、展示的文旅企业保持在 300 家以上	《宁波市创建国家文化与金融合作示范区实施方案》	2022 年 3 月 29 日
4	推进“创新深化”加大金融支持和服务科技创新力度，加快推进甬江科创区金融保障“三个千亿、两个百亿”工程，助力宁波打造高水平创新型城市	《关于支持甬江科创区打造世界一流科创策源中心金融专项政策》	2023 年 12 月 27 日

第四部分：人才政策

序号	主要内容	参考文件	发布日期
1	围绕知识产权创造、运用、保护、管理和服务全链条，制定资金补助条款 28 项	《宁波市知识产权战略专项资金管理办法》	2022 年 6 月 30 日
2	培养人选每两年选拔一次，以 5 年为一个培养周期，分三个层次进行选拔培养。在自然科学、工程技术、教育卫生、人文社科、经济金融等领域，进一步培养造就一支德才兼备、创新踊跃、作用显著，能够有效引领宁波经济社会高质量发展的领军拔尖人才队伍	《关于加强人才自主培养实施领军拔尖人才培养项目的意见》	2022 年 8 月 31 日
3	以 25 条新政对现有招商引资工作体系进行优化重塑，以招商引资作为做大新增量、做强新动能的关键抓手，扎实推进高水平对外开放，着力打造全球优质外资集聚地、头部企业投资向往地	《关于进一步强化招商引资工作的若干措施》	2022 年 12 月 8 日